Kohlhammer

Die Herausgebenden

Dr. Sandra Fleischer-Tempel ist Prokuristin bei der DPFA Akademiegruppe und verantwortlich für Bildung, Digitalisierung und Schulentwicklung. Seit mehr als 25 Jahren ist sie in Wissenschaft und pädagogischer Praxis tätig und Fachbuchautorin.

Dr. Daniel Hajok ist Honorarprofessor an der Universität Erfurt und seit über 20 Jahren Dozent und Fachautor im Bereich Medienpädagogik und Jugendmedienschutz.

Sandra Fleischer-Tempel,
Daniel Hajok (Hrsg.)

Medienerziehung in der digitalen Welt

Grundlagen und Konzepte für Familie, Kita, Schule und Soziale Arbeit

2., überarbeitete und erweiterte Auflage

Verlag W. Kohlhammer

Dieses Werk einschließlich aller seiner Teile ist urheberrechtlich geschützt. Jede Verwendung außerhalb der engen Grenzen des Urheberrechts ist ohne Zustimmung des Verlags unzulässig und strafbar. Das gilt insbesondere für Vervielfältigungen, Übersetzungen, Mikroverfilmungen und für die Einspeicherung und Verarbeitung in elektronischen Systemen.

Die Wiedergabe von Warenbezeichnungen, Handelsnamen und sonstigen Kennzeichen in diesem Buch berechtigt nicht zu der Annahme, dass diese von jedermann frei benutzt werden dürfen. Vielmehr kann es sich auch dann um eingetragene Warenzeichen oder sonstige geschützte Kennzeichen handeln, wenn sie nicht eigens als solche gekennzeichnet sind.

Es konnten nicht alle Rechtsinhaber von Abbildungen ermittelt werden. Sollte dem Verlag gegenüber der Nachweis der Rechtsinhaberschaft geführt werden, wird das branchenübliche Honorar nachträglich gezahlt.

Dieses Werk enthält Hinweise/Links zu externen Websites Dritter, auf deren Inhalt der Verlag keinen Einfluss hat und die der Haftung der jeweiligen Seitenanbieter oder -betreiber unterliegen. Zum Zeitpunkt der Verlinkung wurden die externen Websites auf mögliche Rechtsverstöße überprüft und dabei keine Rechtsverletzung festgestellt. Ohne konkrete Hinweise auf eine solche Rechtsverletzung ist eine permanente inhaltliche Kontrolle der verlinkten Seiten nicht zumutbar. Sollten jedoch Rechtsverletzungen bekannt werden, werden die betroffenen externen Links soweit möglich unverzüglich entfernt.

2., überarbeitete und erweiterte Auflage 2025

Alle Rechte vorbehalten
© W. Kohlhammer GmbH, Stuttgart
Gesamtherstellung: W. Kohlhammer GmbH, Heßbrühlstr. 69, 70565 Stuttgart
produktsicherheit@kohlhammer.de

Print:
ISBN 978-3-17-044596-3

E-Book-Formate:
pdf: ISBN 978-3-17-044597-0
epub: ISBN 978-3-17-044598-7

Inhalt

Vorwort 11

Vorwort zur 2., überarbeiteten und erweiterten Auflage 13

I Grundlagen

1 Erziehung ist politisch – eine Skizze 17
Ronald Lutz
   1.1   Warum Freire? 17
   1.2   Thesen einer Anthropologie des Erziehens 19
   1.3   Verborgener Kolonialismus im pädagogischen Alltag 22
   1.4   Entpolitisierung 25
   1.5   Von den Menschen ausgehen 28
   1.6   Skizze einer verstehenden Pädagogik 30
   1.7   Politische Ethik des Erziehens – eine Pädagogik des Lebens 34
   1.8   Nachwort 36

2 Heranwachsen in der zunehmend mediatisierten Gesellschaft: Kinder und Jugendliche im Spannungsfeld digitaler Medien 38
Daniel Hajok
   2.1   Wie sich Kindheit und Jugend gewandelt haben 38
   2.2   Freizeitwelten junger Menschen im Wandel 46
   2.3   Aktuelle Medienwelten von Kindern und Jugendlichen 48
   2.4   Herausforderungen für die Medienerziehung 52

3 Medienerziehung als intendiertes, auf die Lebenswelten, Vorlieben und Kompetenzen Heranwachsender bezogenes Handeln 60
Sandra Fleischer-Tempel & Daniel Hajok
   3.1   Einleitung 60
   3.2   Medienerziehung als besondere Herausforderung der digitalen Welt 62
   3.3   Medienkompetenz als Erziehungs- und Bildungsziel 63
   3.4   Individuelle Medienaneignungsprozesse 65

	3.5	Lebensweltliche Kontexte von Medienerziehung	66
	3.6	Medienbezogene Vorlieben und Kompetenzen als Ansatzpunkt	68
	3.7	Fazit	81
4	**Online-Risiken: Sichtweisen von Eltern, Pädagog*innen und Heranwachsenden**		**86**
	Christa Gebel, Niels Brüggen & Achim Lauber		
	4.1	Risikobezogene Sorgen und negative Online-Erfahrungen	87
	4.2	Fähigkeiten und Kenntnisse	89
	4.3	Verantwortungszuschreibung für den Kinder- und Jugendmedienschutz	92
	4.4	Schutzbezogenes Handeln	93
	4.5	Fazit	97
5	**Kinderrechte, Erziehungsprivileg und die Mehrfachrolle des Staates: Medienerziehung aus der Perspektive von Grund- und Menschenrechten**		**99**
	Stephan Dreyer		
	Einleitung		99
	5.1	Verfassungsrechtliche und menschenrechtliche Grundlagen der Rollenverteilung bei der Medienerziehung	100
	5.2	Kinder und ihre medien- und kommunikationsbezogenen Rechte und Schutzinteressen	103
	5.3	Erziehungsrecht und -auftrag der Eltern	108
	5.4	Auffangverantwortung des Staates	112
	5.5	Staatlicher Bildungs- und Erziehungsauftrag im Schulwesen	114
	5.6	Auflösung der Konfliktlinien: Alles im Interesse des Wohls des Kindes	115

II Medienerziehung in Familie und Kita

6	**»Maschinelles Spielen«? Vom elektrischen Spielzeug zum Internet of Toys**		**123**
	Friederike Siller		
	6.1	Internet of Toys	123
	6.2	Die Vernetzung des Kinderzimmers	125
	6.3	Beispiele für programmierbares Spielzeug für Vorschule und Grundschule	125
	6.4	Diskussion	126
	6.5	Fazit	128

7	**Familiäre Medienerziehung in der Welt digitaler Medien: Ansprüche, Handlungsmuster und Unterstützungsbedarf von Eltern**	**129**
	Susanne Eggert	
	7.1 Einleitung	129
	7.2 Medienerziehung als Teilbereich von Erziehung	130
	7.3 Haltung von Eltern zu digitalen Medien	131
	7.4 Herausforderungen, Sorgen und Ängste	132
	7.5 Vorbildrolle	135
	7.6 Medienerziehung in Familien	136
	7.7 Unterstützung im medienerzieherischen Alltag	142
8	**Medienbezogene Eltern- und Familienarbeit – Erfahrungen aus dem Thüringer Projekt »MEiFA – Medienwelten in der Familie«**	**145**
	Erika Bartsch, Bastian Miersch & Frank Röhrer	
	8.1 Der Einzug von digitalen Geräten in die Familien	145
	8.2 Notwendigkeit von Elternarbeit	146
	8.3 Gesellschaftliche Herausforderungen und Veränderungen für Familien	147
	8.4 Das Projekt »MEiFA – Medienwelten in der Familie«	149
	8.5 Medien mit allen Generationen erleben	150
	8.6 Sozial benachteiligte Familien erreichen	154
	8.7 Gelingt generationsübergreifende Medienarbeit?	155
9	**SCHAU HIN! Was Dein Kind mit Medien macht: Ein Ratgeber zur familiären Medienerziehung und die Rolle der Mediencoaches**	**157**
	Iren Schulz	
	9.1 Einleitung	157
	9.2 SCHAU HIN! ist eine Initiative mit wissenschaftlichem Fundament und starken Partnern	157
	9.3 Verstehen ist besser als Verbieten: Die SCHAU HIN!-Leitlinien setzen auf eine vermittelnde Perspektive in der Medienerziehung	158
	9.4 Zielgruppen da erreichen, wo sie sind: Formate und Kommunikationskanäle	159
	9.5 Exkurs: Die Eltern-Medienkurse als Reaktion auf den wachsenden Orientierungsbedarf	160
	9.6 Exkurs: Die Mediencoaches als Impulsgebende und Beratende	162
	9.7 Verständnis zeigen und Orientierung bieten: Eine persönliche Einordnung	165
10	**Ganz alltäglich – Medien gehören auch in die Kita**	**167**
	Julia Behr	

10.1	Weshalb frühkindliche Medienbildung selbstverständlich sein muss	167
10.2	Besonderheiten der frühkindlichen Medienbildung	169
10.3	Mediennutzung ab dem frühen Kindesalter erfordert eine frühe Medienbildung	170
10.4	Wie medienpädagogische Arbeit in der Kita aussehen kann	171
10.5	Die Qualifizierung der pädagogischen Fachkräfte ist das A und O	173

11 Sehnsuchtsort Natur oder das Verschwinden der sinnlichen Wahrnehmung ... 176
Klaus Lutz

11.1	Der Mensch und sein Verhältnis zur Natur	177
11.2	Technikfeindlichkeit	179
11.3	Die Natur als ideale Lehrmeisterin	180
11.4	Der erste Schultag – das unvermittelte Ende des Naturbezugs	182

III Medienerziehung und Medienbildung in Schule und anderswo

12 Medien in die Schule: Freie Materialien zur Begleitung, Sensibilisierung und Unterstützung Jugendlicher beim Medienumgang ... 187
Lidia de Reese, Jo Schuler & Björn Schreiber

12.1	Open Educational Resources – Begriffserklärung	188
12.2	OER – Chancen und Hürden für die digitale Bildung	189
12.3	»Medien in die Schule« – OER zur digitalen Bildung und Medienerziehung im Unterricht	190
12.4	Grundsätzliche Leitlinien	191
12.5	Auffindbarkeit und Bewertung	192
12.6	Unterrichtseinheiten	193
12.7	Werkzeugkästen	193
12.8	Aktuelle Themen: Jugendliche online/Künstliche Intelligenz/Desinformation	194

13 Potenziale von Kinderwebseiten für den Kompetenzaufbau von Medienbildung und Medienerziehung im Unterricht ... 197
Laura Keller & Antje Müller

13.1	Was sind ›pädagogisch wertvolle‹ Kinderseiten?	197
13.2	Welche konkreten Anschlussmöglichkeiten bieten Lehrpläne?	199
13.3	Kinderwebseiten konzeptionell in die Grundschule einbinden – Wie? Was? Warum?	204

13.4	Einsatzmöglichkeiten von Kinderseiten im Grundschulunterricht	205
13.5	Fazit	210

14 Notwendige Ergänzung oder Lückenfüller? Externe Anbieter von Schulmaterialien zur Medienbildung und Medienerziehung 214
Olaf Selg

14.1	Medienbildung mit der Bundeszentrale für politische Bildung (bpb)	215
14.2	Zwei Best Practice-Beispiele der letzten Jahre: »Krieg in den Medien« und »Faszination Medien«	217
14.3	Filmbildung mit Vision Kino – Netzwerk für Film- und Medienkompetenz	220
14.4	Fazit	227

15 Medienerziehung als Thema von Kinder-, Jugend- und Erziehungshilfen 230
Daniel Hajok

15.1	Welche ›Probleme‹ des Medienumgangs junger Menschen prägen die Kinder-, Jugend- und Erziehungshilfen?	230
15.2	Welche besonderen Herausforderungen stellen sich den pädagogischen Fachkräften in den Einrichtungen?	233
15.3	Welche (medien-)pädagogischen Konzepte lassen sich sinnvoll in die Arbeit mit Kindern, Jugendlichen und Erziehenden integrieren?	235
15.4	Wie sind Heranwachsende in den Einrichtungen angemessen medienerzieherisch zu begleiten und Erziehende zu unterstützen?	238
15.5	Welche rechtlichen Bestimmungen sind beim Umgang mit digitalen Medien zu beachten?	241
15.6	Fazit	243

16 Jugendmedienbildung in ländlichen Räumen 246
Björn Schreiber & Isgard Walla

16.1	Einleitung	246
16.2	Ländliche Räume	246
16.3	Herausforderungen der Medienpädagogik und Medienerziehung in ländlichen Räumen	248
16.4	Medienpädagogische Ansätze: Projekt jumblr^{JIM} – Jugendmedienbildung im ländlichen Raum	250
16.5	Von Maßnahmen und Projekten zur Strategie	253
16.6	Schluss	254

17	Medienkompetenzförderung für geistig beeinträchtigte Heranwachsende – eine Projektidee	256
	Sarah Marie Kazmaier & Johanna Wunsch	
17.1	Überblick	256
17.2	Warum inklusive Medienbildung?	256
17.3	Was unterscheidet Medienbildung von inklusiver Medienbildung?	258
17.4	Rahmenbedingungen inklusiver Medienbildung	258
17.5	Projektkonzept für inklusive Medienbildung	260
17.6	Fazit und Ausblick	273
18	**Medienerziehung im Internet – ein Überblick**	**276**
	Sandra Fleischer-Tempel & Daniel Hajok	

Verzeichnisse

Verzeichnis der Autorinnen und Autoren ... **285**

Vorwort

Medienbildung, Medienkompetenzförderung, Medienerziehung – die Begrifflichkeiten sind verschieden, aber alle hier angesprochenen Perspektiven verfolgen den pädagogischen Anspruch, Kinder und Jugendliche in der zunehmend mediatisierten Welt zu einem sachgerechten und kritisch-reflexiven Umgang mit den Medien zu befähigen – oder sie eben dabei zu unterstützen. Im Spannungsfeld von Medienbildung soll dies vor allem in den formellen Bildungsprozessen der Schule passieren, zumeist mit einem (vor-)strukturierten und kompetenzorientierten Lernen mit und über Medien. Im Feld der Medienkompetenzförderung setzt man demgegenüber eher auf die Initiierung von Learning-by-Doing-Prozessen, auf die Aneignung von Kompetenzen im Rahmen pädagogisch begleiteter Selbstlernprozesse etwa im Rahmen von Projekten aktiver Medienarbeit, bei denen sich die Heranwachsenden die Kompetenzen im Medienumgang selbst aneignen. Im Bereich der Medienerziehung geht es demgegenüber um die ganz unterschiedlichen Ansätze und Methoden, mit denen Eltern und andere Erziehende, Lehrende und pädagogische Fachkräfte und viele andere engagierte Menschen es sich zur Aufgabe gemacht haben, den Medienumgang junger Menschen angemessen anzuleiten und zu begleiten. Auch hier ist Medienkompetenz das Ziel, die Kinder und Jugendliche unter dem Einfluss erzieherischer Maßnahmen zur Aufklärung, Befähigung, Anregung zur Selbsreflexion, diskursiven Begleitung oder eben zum Schutz vor beeinträchtigenden und gefährdenden Medieninhalten und Medienumgangsweisen ausbilden soll.

Wie Medienbildung und Medienkompetenzförderung ist auch Medienerziehung heute in besonderem Maße an den neuen Möglichkeiten digitaler Medien orientiert. Abseits der Diskussionen zur Digitalisierung von Schulen geht es hier aber nicht primär um die Medien, mit denen sich Lerninhalte vermeintlich besser (und nachhaltiger) vermitteln lassen, sondern um die Medienwirklichkeiten im Alltag von Kindern und Jugendlichen. Die wichtigsten Akteure sind dementsprechend Eltern mit ihrem erzieherischen Handeln in den Familien. Aber auch die pädagogischen Fachkräfte in Kitas, Schule und Hort, in offener Kinder- und Jugendarbeit sowie in Kinder-, Jugend- und Erziehungshilfen sind in ihrem Handeln gar nicht so selten auf einen angemessenen und kompetenten Medienumgang ihrer Schützlinge aus. Im Detail lassen sich dann aber ganz unterschiedliche Konzepte, Zielvorstellungen und Formen des medienerzieherischen Handelns ausmachen. Ebenso gibt es verschiedene Zugänge, wie eine angemessene Medienerziehung (von außen) unterstützt und gefördert werden kann. Der hier vorliegende Herausgeberband gibt Einblick.

Im ersten Teil werden zentrale Grundlagen von Medienerziehung entfaltet. Ausgehend von einer Skizze, die in einer etwas ungewöhnlichen Perspektive über den Tellerrand nationaler Grenzen schaut und Erziehung allgemein als etwas Politisches entwirft, richtet sich der Blick auf das veränderte Heranwachsen von Kindern und Jugendlichen in der zunehmend mediatisierten Gesellschaft. Die hier skizzierten aktuellen Entwicklungen des Medienumgangs junger Menschen differenzieren den Zielbereich medienerzieherischen Handelns aus. Mit den im nachfolgenden Beitrag beschriebenen medienbezogenen Vorlieben und Fähigkeiten junger Menschen wird anschließend entlang der Frage, was Kinder und Jugendliche eines bestimmten Alters idealtypisch mit Medien machen können (und wollen), fundiert gezeigt, wo die Ansatzpunkte medienerzieherischen Handelns sind. Den Abschluss des Teils zu den Grundlagen bildet eine sehr spannende, bislang im Diskurs eher kursorisch entfaltete Sichtweise, in der die Rechte von Kindern und Jugendlichen, das Elternprivileg und das Wächteramt des Staates als zentrale Rahmungen medienerzieherischen Handelns aus der Perspektive unserer Verfassung betrachtet werden.

Die beiden folgenden Teile des Bandes sind den verschiedenen Handlungskontexten von Medienerziehung gewidmet. Im Mittelpunkt stehen zunächst Familie und Kita. Hier geben die Beiträge Einblicke in Ansprüche, Handlungsmuster und Unterstützungsbedarf von Eltern, entfalten die wichtige Perspektive einer der an einer Unterstützung medienerzieherischen Handelns orientierten Eltern- und Familienarbeit, sensibilisieren Erziehende für aktuelle Phänomene in den Kinderzimmern oder machen den pädagogischen Umgang mit Medien zu einem ganz selbstverständlichen Thema von frühkindlicher Bildung und Erziehung in Kindertagesstätten. Im Weiteren geht es um verschiedene, meist in den übergeordneten Kontext von Medienbildung eingebettete Facetten von Medienerziehung in der schulischen Bildung sowie um die mittlerweile große Relevanz des Themas in den Einrichtungen der Kinder-, Jugend- und Familienhilfen. Eine besondere Rolle spielen hier konkrete Konzepte und Materialien zur Medienerziehung. Den Abschluss bildet eine Übersicht, mit der das Internet als ein wichtiger Ort zur Unterstützung von Eltern und anderen Erziehenden, Lehrenden und pädagogischen Fachkräften sowie von Kindern und Jugendlichen selbst ausgewiesen wird.

Auch nach dem Lesen aller Beiträge kann sich das diverse, von verschiedenen Akteuren und unterschiedlichen Handlungsräumen mit Leben gefüllte Feld von Medienerziehung zwar nicht in Gänze erschließen. Es wird dennoch an vielen Stellen unmissverständlich deutlich, dass in der Welt digitaler Medien Erziehung immer mehr auch ein auf den Medienumgang junger Menschen bezogenes Handeln ist. Ob es uns als Erziehenden oder pädagogischen Fachkräften passt oder nicht – wir werden das Rad nicht zurückdrehen, unser Handeln aber an den neuen Gegebenheiten orientieren können. Die Beiträge dieses Herausgeberbandes bieten hierfür wertvolle Anregung und Unterstützung.

Vorwort zur 2., überarbeiteten und erweiterten Auflage

Weniger die Grundlagen und Konzepte von Medienerziehung, gleichwohl aber die entscheidenden Rahmungen und konkreten Möglichkeiten eines angemessenen, auf den Medienumgang junger Menschen bezogenen Handelns sind in der digitalen Welt einem schnellen Wandel unterworfen. Mittlerweile sind seit der erfolgreichen Erstauflage dieses Buches sechs Jahre vergangen, von denen ein beträchtlicher Teil unter dem Eindruck der Covid19-Pandemie mitsamt forciertem ›Digitalisierungsschub‹ in der Lebenswelt von Kindern und Jugendlichen (und ihren Erziehenden) stand. Die zweite Auflage aktualisiert nicht nur die verschiedenen Perspektiven, sondern ergänzt sie auch um vier neue Facetten.

Im Grundlagenteil findet sich nun auch ein Beitrag, der sich empirisch fundiert neben den Sichtweisen der zentralen Akteur*innen von Medienerziehung, Eltern, Pädagog*innen und Heranwachsenden, auch den Onlinerisiken widmet. Für den zweiten Teil zur Medienerziehung in Familie und Kita konnten wir einen Beitrag zu dem seit vielen Jahren schlicht wichtigsten Medienerziehungsratgeber gewinnen. Und im dritten Teil zu Medienerziehung und Medienbildung in Schule und anderswo wird nun auch ein Konzept zur Jugendmedienbildung im ländlichen Raum und eine Projektidee für die bislang eher stiefmütterlich behandelte Medienkompetenzförderung für geistig beeinträchtigte Heranwachsende entfaltet.

I Grundlagen

1 Erziehung ist politisch – eine Skizze

Ronald Lutz

> *Es wäre ein schreiender Widerspruch, wenn sich das menschliche Wesen, das sich in unfertigem Zustand befindet und sich dessen bewusst ist, nicht in einen permanenten Prozess hoffnungsvoller Suche einbrächte.*
> *Paulo Freire*

Für die »Kunst des Erziehens« als Pädagogik im weitesten Sinne (auch als wissenschaftliches Fach) besitzen zwei »Dinge« essentielle Bedeutung: zum einen muss diese eine »Politik des Lebens« sein, zum anderen ist sie verpflichtet, die »Kultur des Schweigens« bzw. die »Monologie« des Erziehens zu beenden. Ziel ist es doch, Menschen eine Stimme zu geben, sie zu unterstützen und zu fördern, damit sie sich in ihrem eigenen Leben zurechtfinden, sich in das öffentliche Leben einbinden und dieses mitgestalten können. Für die Akteure der Pädagogik (von Kindergärten über Schule bis zur Sozialen Arbeit oder Sozialpädagogik) verbindet sich damit eine Haltung und eine Praxis, die ich dialogisch, verstehend und politisch verdichten will.

In der hier vorgelegten Skizze einer »Politischen Ethik des Erziehens«, einer »Politik des Lebens«, beziehe ich mich wesentlich auf Paulo Freire, der für einen solchen Ansatz stand und aktuell neu gelesen werden muss. Für ihn war »Erziehung immer politisch«, er wollte die »Kultur des Schweigens« beenden und setzte dabei auf Dialoge – letztlich auf das, was aktuell unter Resonanz (Rosa 2016) verstanden wird und was Jürgen Habermas (1981) mit Kommunikation, Diskurs und Aushandlung erörterte.

1.1 Warum Freire?

Zweifellos steht zunächst die Frage im Raum, weshalb dieser politisch denkende und handelnde Pädagoge, der sich als Marxist und als Christ begriff, 20 Jahre nach seinem Tod Impulse für unsere Gegenwart und Zukunft geben kann. Das ist schnell beantwortet: Ich bin zutiefst davon überzeugt, dass uns die Befreiungspädagogik, in deren Tradition sich Freire befindet, noch immer oder wieder viel zu sagen hat. Dabei beziehe ich mich auch auf meine These, dass wir vom »Süden lernen können und müssen«, da dort viel früher und heftiger Globalisierungsfolgen auftraten, die erst allmählich auch den Alltag in nördlichen Gesellschaften prägen.

Freire stand mit Befreiungstheologen und Befreiungspädagogen eindeutig an der Seite der Heranwachsenden, der Fragenden, der Verunsicherten, der Marginalisierten, der Ausgebeuteten, der Verwundeten und der Ausgegrenzten. Er stand an der Seite der Menschen, die sich im Mittelpunkt pädagogischer Arrangements befanden. Sie wurden als »Protagonisten« (und nicht als Zöglinge oder Klienten) begriffen, als Wesen, die zu sich selbst finden wollen und können, die in Gemeinschaft, Verantwortung, Glück, Zufriedenheit, Stolz und Würde leben wollen.

Zusammen mit sozialen Bewegungen, und dies nicht nur in Lateinamerika, entfaltete die Befreiungspädagogik, in vielen Regionen der Welt bis heute andauernd, eine »befreiende Praxis« (auch mit pädagogischen Mitteln), die gegen herrschende, kolonialisierende, ökonomisierte und ausbeutende Kontexte und Herrschaftsstrukturen Menschen eine Stimme geben wollte, um wieder Subjekt für sich zu werden und zu sein. Sie wollte der »Kultur des Schweigens«, diese fast fatalistische Übernahme gesellschaftlicher Bilder und Zwänge im Verhalten der Menschen, eine Praxis gegenüberstellen, die Menschen wieder ein eigenes Wort ermöglicht. Eine befreiende Praxis kann und muss Basis und Aufgabe aller Pädagogik sein, gerade in einer Zeit, die sich wie die unsrige im Norden in einer tiefen Krise ihres Selbstverständnisses befindet.

Ideen der Befreiungspädagogik (und andere aus dem Süden wie Ansätze einer Indigenisierung Sozialer Arbeit in Indien, Australien oder Afrika) gewinnen in Zeiten »neoliberaler Erfindung des Sozialen« (Lessenich) große Bedeutung. Soziale Verwerfungen werden individualisiert, Ungleichheit sowie Armut erfahren eine stete Skandalisierung, es wird aber immer weniger gegen deren Verhinderung getan. Der Kult des Individuums hat den *Arbeitskraftunternehmer* hervorgebracht, der nur noch für sich selbst sorgt und somit auch für sich völlig verantwortlich ist.

Damit sind ethische Grundzüge aller Pädagogik (aller Erziehung im weitesten Sinne) benannt. Zugespitzt kommt damit ihre eigentliche Bedeutung zum Ausdruck:

- mit Menschen zusammen Zugänge zum Leben finden bzw. diese zu verbessern, sie darin zu unterstützen und zu fördern, sich und ihre Vorstellungen vom Leben auch umzusetzen, stark zu werden und zu sein sowie gegen Widerstände Lebensentwürfe durchzuhalten, hierzu gehört auch der Erwerb notwendigen Wissens und erforderlicher Kompetenzen.

Doch allein schon daraus ergibt sich eine essentielle Frage: Was ist erforderlich und warum? In modernen Gesellschaften hat man als kritischer Beobachter immer mehr den Eindruck, erforderlich sei das, was ökonomisch verwertbar ist. Bildungsprozesse vermitteln doch vor allem abfragbare Kenntnisse, die wesentlich ökonomischen Verwertungsinteressen nützen. Pädagogik ist vielfach eine ökonomisierte und zugleich entpolitisierte Praxis, die ihre kritischen und auch politischen Positionen zum Teil entsorgte, oder sie zumindest abdrängte, und sich auf eine Praxis und eine Haltung zurückzog, die der neoliberalen »Neuerfindung des Sozialen« entspricht und den Kontexten kapitalistischer Gesellschaft kaum noch kritisch gegenübertritt. Sie unterstützt dies in weiten Teilen sogar, indem sie in ihrer täglichen, in der Sozialen Arbeit wesentlich auf den Einzelfall bezogenen Praxis, Fähigkeiten von zu

Erziehenden (Zöglingen) oder Klienten »fördern« oder »wieder herstellen« will, ohne die Verhältnisse anzuprangern oder gar verändern zu wollen.

Die Gesellschaft arrangiert sich insgesamt mit diesen Zusammenhängen und setzt auf Bildung und Erziehung, die bezogen auf Kompetenzen Subjekte vor allem resilient und fit machen soll, sich in den Verwerfungen des neoliberalen und globalen Kapitalismus unkritisch und sich selbst verleugnend einzurichten, um dem Terror der Ökonomie zu genügen. Pädagogik hat sich dabei an das Kapital verkauft bzw. sich einbinden lassen, statt innovativ agiert sie lediglich affirmativ. Unter diesem Verwertungszwang wird »Totes Wissen« (Gronemeyer & Fink) zum Inhalt der Bildung, reines und abfragbares Faktenwissen, mit dem Individuen gesellschaftlich und ökonomisch nutzvoll und einsetzbar scheinen. Bildung wird zum Faktor der Produktion. Befreiung und Befähigung ist nicht mehr ihr Ding, sie ist lediglich damit beschäftigt, eine oberflächliche Beruhigung von Konflikten zu erreichen bzw. verwertbare Subjekte als Objekte herzurichten.

Wenn die Welt sich aber inzwischen in Metamorphosen windet, also völligen Umwandlungen und Zerbröselungen seitheriger Errungenschaften und Selbstverständlichkeiten, wie es Ulrich Beck in seinem letzten Buch »verkündete« (Beck 2017), dann wächst neben Katastrophenszenarien, wie sie so manche Populisten beschwören und das Ende liberaler Demokratien fordern, aber auch die Chance bzw. der Bedarf, den Menschen doch wieder eine Stimme zu geben, die nicht den Vorgaben der Ökonomie entspricht. Die etablierte »Kultur des Schweigens« kann und sollte durchbrochen werden, indem sich die Menschen wieder in die zukünftige Gestaltung des Sozialen einbringen. Dieses darf man nicht jenen ›Rattenfängern‹ überlassen, die vom extremistischen Rand der Gesellschaft kommend laut posaunen, Sorgen, Ängste und Vertrauensverluste aufgreifen und nachhaltig bedienen.

»Befreiende Praxis« kann (muss) ein Ergebnis dieser Metamorphosen der Welt sein. Doch dazu bedarf es großer Anstrengung seitens der pädagogischen Akteure, die sich von bisherigen Routinen verabschieden müssen. Ein Wiederlesen von Freire gibt hierzu jenseits der Traditionspflege seines Werkes Impulse, insbesondere könnte sich die Pädagogik in ihrer ganzen Breite als eine kritisch-reflexive neu aufstellen.

1.2 Thesen einer Anthropologie des Erziehens

In der Aufklärung wurde die »Erziehbarkeit« des Menschen zum Thema, diskutiert wurde, was geplante Sozialisation sein könnte. Philosophen, Anthropologen und Pädagogen in dieser Zeit gewannen die Überzeugung, dass der Mensch nur durch »Erziehung« zum Menschen werde, zum Wesen seiner selbst, er werde nur das, was diese gestaltbaren Prozesse aus ihm machen. Erziehung wurde als Mittel gesehen, um »Humanität« herzustellen, um Welt zu gestalten und sich von unveränderbaren Schicksalen zu lösen. Darin lag und liegt immer auch die Idee der »Vollkommenheit«.

Erziehung wurde und wird eben nicht mehr nur als Vorbereitung auf das Leben verstanden, sie soll und muss auch Beitrag zur Verbesserung der menschlichen Verhältnisse sein. Erziehung wird zur Hoffnung und zur Utopie auf ein »Gutes Leben«. Rousseau hat diese Hoffnungen in seinem Erziehungsroman »Emile« wunderbar beschrieben. Doch wer definiert »Gutes Leben« und vor allem für wen? Ist nicht die Idee der Vollkommenheit, die aller Aufklärung und sozialen Utopien innewohnt, gleichfalls eine unantastbare Schicksalsmacht, die ein Bild der Zukunft formt, das der Gestaltung von Gegenwart, die in der Aufklärung postulierte Weltoffenheit des Menschen, als Zwang entgegensteht und diese zu beherrschen droht?

Bis heute ist doch völlig unklar, was Natur und Kultur am Menschen ist, was Erziehen tatsächlich bewirkt und wie sie gestaltet und organisiert sein sollte. Die gleichfalls im Denken der Aufklärung formulierten Prozesse von Geschichtlichkeit und Veränderbarkeit der Kulturen, des Humanen an sich, geben uns eine stetige Aufgabe der Reflexion. Sie zeigen die Relativität und Unwägbarkeit des Verhältnisses von Natur und Kultur. Wo wir beim Menschen auf seine Natur und sein Wesen zu treffen hoffen, stehen wir in Wahrheit immer vor einem Menschen, dessen natürliche Ausstattung durch Lernen »geformt« wurde. Allerdings bleibt deren Ausmaß ein Rätsel, da wir zugleich auch auf Natur blicken, die sperrig bleibt, die sich nicht fügen will, die sich verweigert oder aufbegehrt. Mitunter wird dies als Auffälligkeit und Abweichung diskutiert, was dann die elterliche Erziehung an die Grenzen stoßen lässt und Soziale Arbeit und andere Sonderpädagogik in die Pflicht nimmt bzw. diese erst entwickelt.

In einer kritischen Sichtweise analysiert Philippe Descola das Denken des Westens als Glauben, in dem Erziehen einen zentralen Aspekt darstellt: Der Mensch sei zum Beherrscher und Besitzer der Natur berufen. Dies habe ihn von ihr und somit von sich selbst getrennt. Es sei eine Dichotomie, ein Dualismus, von Natur und Kultur entstanden, die eine reine Konstruktion sei, eine Erzählung, ein starres Narrativ, die das Leben begrenze. Eigentlich wären Natur und Kultur nicht getrennt, sie stellten zusammen etwas Drittes dar, das diese im Denken fast aller Kulturen immer vereinigt und interdependent sah. Dies müsse neu hergestellt werden, durch Kontinuität statt Abbruch, durch Kontakt statt Trennung, durch Gemeinschaft statt Individualisierung, durch Zyklen statt Beschleunigung.

Vor diesem Hintergrund ist Erziehung, in welcher Form auch immer, ein Mythos, ein gesellschaftlich erzeugtes Narrativ, das immer nur Vorstellungen und Wünsche formuliert, wie der Mensch, sein Wesen, seine Beziehungen und sein Leben, seine Welt, zu sein habe bzw. werden solle. Dieses Narrativ wird als Erziehung und Bildung in das Leben transplantiert und formt Menschen nach Ideen und Konzepten, die zwar nicht mehr von Gott und anderen unantastbaren Mächten kommen, aber von Menschen, die sich mitunter für Gott halten und sich quasi als wissende, pädagogische Experten darstellen, zumindest für Menschen, die zu wissen meinen, was gut für andere und insbesondere für Heranwachsende sei.

In einem weiteren kritischen und reflexiven Diskurs lässt sich die »Erziehbarkeit« des Menschen auch als Narrativ sehen, in dem das Kind, der Jugendliche, als Zögling von Eltern und Erziehenden oder der Klient von pädagogischen Fachkräfte in der Sozialer Arbeit zu einer »Einschreibhülle« für Erwachsene, für Eltern, für Pädagogen, für moralische Entwürfe oder für Zurichtungsprozesse wird. Darin liegt eine fatale und doch auch faszinierende Hoffnung: Da der Mensch eben erziehbar sei, könne er auch so erzogen werden, wie ein generalisiertes und gesellschaftlich entworfenes »man« es wolle. Darin liegt Gutes und Böses zugleich: Zum einen würde der Mensch zum Gestalter seiner eigenen Kultur, kann sie schaffen und ändern. Zum anderen könnte man aus dem Menschen das machen, was Eltern, Pädagogen oder Bildungsplaner wollen.

Genau diese Idee und Praxis der Formbarkeit geschah und geschieht sowohl in autoritären als auch in liberalen Kontexten, jeweils abhängig vom Bild und der Struktur von Gesellschaft, denen das generalisierte »man« sich verpflichtet fühlt. Doch genau das ist immer abhängig von Macht- und Herrschaftsbeziehungen. Alle Erziehung ist vor diesem Hintergrund als ambivalent zu sehen. Es gab und gibt im philosophischen und anthropologischen Denken schon immer erhebliche Zweifel an Positionen zum Phänomen »Erziehung«.

Sie ist zwar erforderlich, zweifellos, sie war es immer, auch vor ihrer Wiederentdeckung in der europäischen Aufklärung; auch frühere bzw. andere Kulturen hatten eine Idee und ein Wesen davon. Immer wurde die nachwachsende Generation in die bestehende Kultur eingegliedert bzw. auffällige und abweichende als solche begriffen und mitunter auch »behandelt.

Erziehung kann neben dem Wesen der Freiheit, die in ihr liegen kann, aber auch zur Praxis der Affirmation werden, die zur Bestätigung, zum Erhalt und evtl. zur moderaten Fortentwicklung bestehender gesellschaftlicher Verhältnisse taugen soll. Darin kann sie Zurichtung und zum Zwang werden, eine Erziehung zur »Brauchbarkeit« und »Verwertbarkeit«, in der nur noch Anforderungen und Fähigkeiten, die das moderne Arbeitsleben an die künftigen Gesellschaftsmitglieder stellt (employability), im Fokus stehen. Faktenwissen rangiert dann vor sozialen Kompetenzen, auch vor Medienkompetenz als existenzielle Fähigkeit in der zunehmend mediatisierten und digitalisierten Gesellschaft. Das erste ist totes und äußerliches Wissen, das zweite wäre ein lebendiges Wissen, das Persönlichkeiten formt, das aber hinter dem ersten nachrangig scheint. Lehrpläne, Bildungsprozesse und deren Inhalte, pädagogische Arrangements und die »Feuerwehr- und Rettungsfunktion« der Sozialen Arbeit scheinen darauf abzuzielen.

Der Mensch ist ein lernendes Wesen, das ist gut so, aber eben nicht nur. Pädagogische Bemühungen zur Sozialisation, zur Erziehung, zu Veränderung, zu Gestaltung und zum Lernen haben notwendigerweise »Grenzen«, sei es in der »Natur«, sei es im Wertsystem oder in ethischen Konzepten. Von daher ist immer eine Ethik des Erziehens nötig. Doch auch diese wird von Menschen entworfen, auch das können Utopien sein, die mit der Idee der Vollkommenheit spielen.

Es kann aber auch eine Ethik sein, die Diskurse, Aushandlung, Partizipation, Offenheit, Dialoge und Resonanzen betont und als ihre Basis sieht. Aus der Begegnung von Ich und Du, die sich immer in einer moralischen Beziehung der vorbehaltlosen Einbindung des Anderen als Mensch befindet, können über Aushandlung und Kommunikation Normen und Ethiken erwachsen, die Welt demokratisch und offen gestalten und dabei immer wieder zur Disposition stehen. Von Menschen Gemachtes, aus dem Verhältnis von Ich und Du heraus, kann durch Menschen auch wieder neu gemacht werden.

Was ist denn nun aber der »Fakt des Erziehens«, der als solcher im menschlichen Leben nicht geleugnet werden kann, der aber immer kritisch reflektiert und ethisch gerahmt sein muss? Eigentlich geht es doch darum, Menschen zu unterstützen und zu fördern, damit sie Wesen ihrer selbst werden, im Kontext von Gemeinschaft, dem moralischen Ich und Du, der Einbeziehung der Anderen. Damit verbunden ist die Absicht, Fähigkeiten zu fördern und Persönlichkeiten Raum zu geben. Es geht doch immer um eine dialogische und resonante Einübung in die Vergangenheit und die Gegenwart und um eine Öffnung zur Zukunft hin, die nur von solidarisch handelnden Menschen gestaltet werden kann.

Für den »Prozess der Erziehung« bedeutet das, eine frühest mögliche Partizipation, ein Ich und ein Du herzustellen. Pädagogische Arrangements müssen Autonomie, Kreativität, Reflexivität und solidarisches Handeln erzeugen bzw. darauf aufbauen. Nicht die »Pädagogen«, sondern alle Menschen im Prozess sind die Protagonisten dieser Beziehungen. Im Fokus steht notwendig ein »Lebendiges Wissen«, das meint, Wissen und Kompetenzen, um das Leben in seinen Widersprüchen zu gestalten, und die Fähigkeit, sich allein oder gemeinsam sowie situativ »Totes Wissen« (Faktenwissen) anzueignen und es auch wieder zu verflüssigen. Erziehung ist notwendig verstehend, öffnend und politisch.

Verstehende, reflexive, kritische und politische Ansätze sind in der elterlichen Erziehungspraxis, in pädagogischen Einrichtungen von der Kindheitspädagogik über Einrichtungen der Sozialpädagogik bis hin zu Schulen derzeit aber eher eine Randerscheinung. Zu sehr stehen die Performance des Wissenserwerbs bzw. die normative Behandlung von Auffälligkeit im Vordergrund. Viel zu selten finden sich Auseinandersetzungen, Aushandlungen und Diskussionen, die hinterfragen und nachfragen, reflektieren und einbeziehen. Vor diesen Hintergründen sollen hier zwei Kontexte betont werden, die eine politische und verstehende sowie an Freire orientierte Ethik des Erziehens erschließen, zum einen der koloniale Blick im Alltag und zum anderen die erkennbare Entpolitisierung des Erziehens.

1.3 Verborgener Kolonialismus im pädagogischen Alltag

Mansour hat, mit Blick auf die »Fremden in Land«, klar formuliert, dass pädagogische Einrichtungen nur wenig von jenen Menschen wissen, die fremd scheinen, aber dennoch dem Bildungssystem anvertraut sind. Nur selten sind deren Werte, Vorstellungen, Intentionen und Lebenswelten bekannt oder werden im pädagogischen Alltag berücksichtigt und reflektiert. Das betrifft nicht nur junge Menschen mit Migrationshintergrund. Auch Kinder aus armen und benachteiligten Familien erfahren hinsichtlich ihrer Lebenssituationen eine radikale Missachtung.

Zu fragen ist deshalb zunächst: Was wissen Pädagog*innen (zu denen ich immer auch Sozialarbeiter*innen und Sozialpädagog*innen zähle) über die Situationen und Lebenslagen der Kinder und Jugendlichen, über die Integrationsprobleme, die Arbeitslosigkeit, die materiellen Entbehrungen und die Erschöpfung ihrer Familien, über die benachteiligenden Lebensumstände, über alltägliche Diskriminierungen (auch im pädagogischen Alltag), über traumatische Erlebnisse und die ständige Angst zu versagen? Was wissen sie über Erfahrungen und Hürden aus dem Leben der Menschen, die zunächst den Zielen pädagogischer Performance der Wissenseinlagerung bzw. sozialarbeiterischer Fallarbeit entgegenstehen?

Es ist allzu bekannt und muss nicht expliziert werden, dass Schule ein Platzanweiser in unserer Gesellschaft ist, in der Herkunft immer auch schon Zukunft meint. Schule segregiert, Bildungstitel werden noch immer analog zur sozialen Lage vergeben, indem Kinder und Jugendliche mit einem Benachteiligungshintergrund, der sich auch nachteilig auf ihre Medienzugänge auswirkt (Digitale Spaltung), systematisch schlechtere Chancen haben. Dafür kann man viele Gründe angeben, aber einer ragt heraus: Es finden sich in pädagogischen Arrangements immer auch Tendenzen eines »verborgenen Kolonialismus«. Andere Lebenslagen, Verhaltensmuster und Einstellungen bleiben fremd, da Pädagog*innen überwiegend aus einer anderen Schicht und meist auch aus einer anderen Kultur kommen, mit anderen Erfahrungen, Lebenswelten, einem anderen Wissen und anderen Mustern.

Mit »verborgener Kolonialismus« bezeichne ich ein beobachtbares Phänomen, dass kulturelle Muster – Vorstellungen, Werte, Ziele – einer überwiegend mittelschichtorientierten Pädagogik generalisiert und auf die Lebenswelt der Zöglinge und Klienten zumeist unreflektiert übertragen werden. Dadurch werden diese aber überfremdet und überfordert, bei Menschen aus anderen Kulturen, mit Migrationshintergründen, verdoppelt sich das noch. Ein Scheitern an diesen kulturellen Mustern, Vorstellungen, Werten und Zielen kann Ausgrenzung, Benachteiligung und Diskriminierung verfestigen. Dies geschieht durchaus im unreflektierten Wissen, »dass man das ja schon von Anfang an gewusst habe«.

Gerade die Forschungen der neu formierten Kindheitspädagogik, der Migrationsforschung und der Flüchtlingssozialarbeit zeigen, wie unterschiedlich kindliche und jugendliche Lebenslagen sind. Diese Heterogenität und Vielfalt muss sich in der Praxis spiegeln, sonst greift der verborgene Kolonialismus Raum und zeigt fatale Wirkung. Es folgt eine unreflektierte Überfremdung durch jene, die als pädagogische Akteure symbolische Definitionsmacht besitzen und darin den Vorstellungen ihrer eigenen Kultur folgen, die aber nur eine von mehreren ist. Soziale Ungleichheit würde symbolisch gedoppelt.

Trotz erkennbarer Überlegungen in Bildungs- und auch Lehrplänen, an den Lebensrealitäten der Kinder und Jugendlichen anzusetzen, sie aufzudecken und im pädagogischen Alltag zu berücksichtigen, etwa mit der Stärkung des Bereichs Medienbildung, ist nicht ausgeschlossen, dass diese »andere« und tendenziell auch »fremde Wirklichkeit« an kulturellen Mustern und Vorstellungen gemessen werden, die aus der Lebenswelt der Pädagog*innen stammen und letztlich nur das Handeln und Denken dieser strukturieren und als Muster für die Anderen angesehen werden. »Man will die Menschen zwar dort abholen, wo sie mit ihren Interessen und Neigungen gerade stehen«, doch wo es hingehen soll, wissen professionell Erziehende und pädagogische Fachkräfte am ehesten bzw. haben sie die Definitionsmacht hierfür. Das macht einen Blick auf Vielfalt als reales Phänomen erforderlich.

Für die Unterscheidung und Anerkennung von Unterschiedenen wurde der Begriff Diversität eingeführt. Vielfalt, wofür der Begriff steht, zeigt sich immer auf mehreren Ebenen gleichzeitig, zu denen vor allem Kultur (Ethnie), Alter, Geschlecht, sexuelle Orientierung, Behinderung, Religion oder Weltanschauung gehören. In einer erweiterten Perspektive zählen auch Arbeitsstile, Wahrnehmungsmuster, Dialekte, Wertorientierungen, Zugehörigkeiten zu Szenen, Peers oder Cliquen dazu. Diversität ist aber nicht nur ein analysierender Begriff, daran ist auch eine Haltung verbunden. Gemeint ist der bewusste und wertschätzende Umgang mit Vielfalt in der Gesellschaft. Dahinter liegt der Gedanke, dass gerade moderne Migrationsgesellschaften notwendigerweise auf Vielfalt aufbauen, diese sogar fördern und diese somit immer im Fokus steht.

Dieses organisatorische sowie politische Konzept fordert sowohl Achtsamkeit als auch Verstehen. Das umfasst einen wertschätzenden, bewussten und respektvollen Umgang mit Verschiedenheiten und Individualitäten. Im Blick sind die vielfältig heterogenen Biographien, Erfahrungen, Fähigkeiten und Leistungen von Menschen, die es anzuerkennen gilt. Diversität ist als Potential zu begreifen, das es in der Pädagogik zu nutzen gilt. In der Konsequenz werden Abbau von Diskriminierung und die gleichzeitige Förderung von Chancengleichheit zu essentiellen Herausforderungen; es sind Lösungen für die Gestaltung von Vielfalt zu finden.

Dimensionen von Geschlecht, sozialem Milieu, Migrationshintergrund, Nation, Ethnizität, sexueller Orientierung, Behinderung oder auch Alter (Generation) sind soziale Konstruktionen, die nicht isoliert voneinander verstanden werden können, da sie sich prinzipiell in einem Wechselverhältnis befinden und sich aufeinander beziehen. Diese Unterschiedlichkeit besitzen, ähnlich wie das Konzept Gruppenbezogene Menschenfeindlichkeit, darin liegende Wechselbeziehungen, die sich als soziale Macht-, Herrschafts- und Normierungsverhältnisse darstellen lassen. Mit dem Konzept *Intersektionalität* wird beschrieben, wie diese Wechselbeziehungen immer auch zu Mehrfachdiskriminierungen führen und eine Dynamik des Zusammenwirkens verschiedener Diskriminierungsformen auslöst, die in ihrer Komplexität immer das Ergebnis von Diskriminierung sowie den jeweils gültigeren Definitionen von Normalität und Abweichung sind.

Diese Wechselverhältnisse resultieren aus Überschneidungen (intersections) von Diskriminierungen. Im Resultat ergeben sich mehrfache Diskriminierungen, die sich im Einzelfall als Rassismus, Sexismus, Handicapism oder Abwertung bei einer Person verdichten; bspw. ein gehbehinderter, schwuler Obdachloser oder eine blinde Frau mit Migrationshintergrund, die zugleich auch noch im Rollstuhl sitzt. Bei den Betroffenen führt dies zu einer eigenen Diskriminierungserfahrung der Intersektionalität.

Diversität und intersektionale Ansätze sowie deren ungleichheitstheoretische Fragestellungen müssen von der Pädagogik in der Migrationsgesellschaft stärker beachtet werden, nur so ist eine verstehende Pädagogik möglich, die in den Erziehungs- und Bildungsprozessen bei den Menschen beginnt und sich ethnologischer Methoden vergewissert und ihrer bedient. Wer eine verstehende Pädagogik, die sich den unterschiedlichen Lebenslagen stellt, als notwendig begreift, muss sich dem Anderen öffnen, die Menschen befragen und deren Alltag in der Praxis spiegeln. Das erfordert aber auch eine politische Ethik des Erziehens; doch Politik scheint in der Pädagogik seit Jahren an den Rand gedrängt zu werden.

1.4 Entpolitisierung

Ein zentraler Anspruch der Pädagogik (des Erziehens) muss sein, Menschen zur Teilhabe zu befähigen und für diese Teilhabe zugleich politisch zu streiten. Ich frage mich aber seit einiger Zeit, wie werden in pädagogischen Feldern, von den Kindergärten über Schulen bis zur Sozialarbeit, politische Tendenzen reflektiert, wie reagiert man u. a. auf eine wachsende Armut in diesem Lande, die immer auch Ausgrenzung aus den Möglichkeiten und Optionen einer reichen Gesellschaft darstellt.

Hat Pädagogik Positionen zur wachsenden sozialen Ungleichheit, zu Rechtspopulismus, zum Erstarken nationalistischen oder gar faschistischen Denkens, zu Theorien »identitärer Bewegungen«? Hat sie die Folgen des Klimawandels auf dem Schirm? Erkennt sie einen Zusammenhang desselben mit wachsender Migration? Was sagt sie zu systematischer Überwachung und dem »gläsernen Menschen« im digitalen Zeitalter? Ist sie sich bewusst, dass die neoliberale Neuerfindung der Welt eine Fülle von Modernisierungsskeptikern und Globalisierungsverlierern hervorgebracht hat, die sich Sorgen machen, sich missachtet fühlen, ihre Stimmen als unerhört erleben, den Etablierten deshalb ihr Vertrauen entziehen und zunächst den Rattenfängern des Populismus und Extremismus »glauben« bzw. sich in deren – zunehmend digital – aufgespannten Netzen verfangen? Was sagt Pädagogik zur Kernfrage der Gegenwart: Wie wollen wir leben? Streitet sie noch offensiv auf allen Ebenen für eine Politik der Teilhabe und gegen Ausgrenzung? Befähigt sie noch Menschen zur Teilhabe? Versteht sie sich noch als politische Institution? Versteht sie Erziehung noch als politisch?

Sicherlich sind viele Erziehende, Pädagog*innen und Sozialarbeiter*innen politisch denkende und handelnde Menschen. In Seminaren an Hochschulen wird *auch* politisch diskutiert. Doch: Manche Studierende verweigern sich diesen Diskussionen, da sie selber sich schon längst von politischem Denken verabschiedet haben. Das beginnt mitunter bereits in den Familien und wird im Bildungssystem noch verschärft. Bildung beschränkt sich doch, wenn wir ganz ehrlich sind, weitestgehend auf die Vermittlung von Faktenwissen, »totem Wissen«, statt kritisches Denken, Reflexionsfähigkeiten und Kompetenzen zu betonen. Gejagt von PISA-Rankings wird Wissen nur noch eingetrichtert anstatt es reflexiv und problemorientiert zu erarbeiten. Paulo Freire bezeichnete dies, wie ich noch erörtern werde, als *Bankiers-Konzept der Bildung*: Wissen wird wie Geld oder Aktien »eingelagert, in der Hoffnung, Gewinne zu erzielen.

Bei vielen jungen Menschen, auch und besonders in pädagogischen Studiengängen, gilt Politik als uncool. Es läge an den Hochschulen, dies zu verändern, politisches Denken zu beleben, dessen Bedeutsamkeit zu zeigen, Lust darauf zu wecken und Zugänge zu öffnen. Von jüngeren Kolleg*innen höre ich immer mal wieder: klar, Politik ist wichtig, doch das gehört nicht zentral in die Lehre, dazu ist keine Zeit, Politik muss an anderen Orten stattfinden. Wir müssen unsere Studierenden vielmehr für die Praxis fit machen, da sind vor allem Wissen, Methoden und Techniken gefragt.

Natürlich gibt es Gründe hierfür, die im Bildungssystem zu identifizieren sind: Jene unsägliche Ausdünnung der Bildungswege bis hin zu den Studiengängen, die oft auch zu Lasten von Kreativität, Reflexivität und vor allem politischen Diskursen gehen. Verkürzten Curricula steht, gerade an Hochschulen, eine hohe Prüfungsbelastung gegenüber, begleitet von einer Beschleunigung der Studiendauer sowie einer endlosen Qualitätsdebatte und dem Druck der Praxis, »Professionelle« zu »produzieren«, die beschäftigungsfähig (employability) sind – also den Vorgaben eines ökonomisierten Bildungssystems entsprechen.

Bedeutet das nicht aber auch Verluste an reflexiver Theorie, an Philosophie und an Ethik, an Geschichtsbewusstsein, an Vorstellungen Guten Lebens, an politischer Verantwortung an utopischem Denken? Naomi Klein fragt zurecht: Wo sind die Utopien? Die Phantasie, sich eine Welt vorzustellen, die völlig anders aussehe als die gegenwärtige, fehlt doch. In der westlichen Welt gebe es doch kaum noch Bevölkerungen, die sich ein anderes Wirtschaftssystem als das Jetzige vorstellen könnten.

Ich bin in den letzten Jahren angesichts dieser Entwicklungen skeptisch geworden, ob Pädagogik und Soziale Arbeit als »Professionen und Institutionen der Moderne« noch einen politischen Auftrag verspüren bzw. sich diesem sogar explizit widmen. Statt Fragen nach dem Sinn und einem Guten Leben zu stellen, werden Fragen nach Didaktik, aber auch Effizienz und Evidenz privilegiert. Sinn wäre dabei die Einforderung von Gerechtigkeit, Gutes Leben meinte die Verbesserungen der Teilhabemöglichkeiten für alle Menschen. Statt Armut, Benachteiligung und Ausgrenzung zu bekämpfen werden im Geist neoliberalen Denkens subjektive Folgen gelindert.

Um meinen Kritikern schon hier entgegenzutreten: Ich rede von Trends, bei denen es immer Ausnahmen gibt; noch immer gibt es Inseln des politischen Engagements, wie es die Arbeitskreise »Kritische Soziale Arbeit« bzw. »Kritische Pädagogik« und manche pädagogischen Publikationen belegen. Allerdings sind Entwicklungen zu beobachten, die meine Skepsis begründen. Ökonomisierung ist schon seit Jahren, so vor allem auch in der Sozialen Arbeit, zu erkennen, schon 2005 wies ich mit meinem Begriff einer »erschöpften Sozialarbeit« darauf hin (Lutz 2005). Ich beschrieb eine Soziale Arbeit, die sich in der Ökonomie des Neoliberalismus zu verlieren schien bzw. sich daran abarbeitete, sich immer mehr mit Zwängen arrangierte und sich dabei schleichend veränderte. Ihr von den Ursprüngen her eingelagerte Ideen sozialer Bewegungen, von Gerechtigkeit, Offenheit und Menschenrechten passten sich den auf ihr lastenden ökonomischen Diktaten an. Dies gilt inzwischen auch für Kindheitspädagogik und Schule

Ich will den politischen Anspruch nicht heroisieren und übermäßig privilegieren. Aber: Mit der Ökonomisierung wird aus meiner Sicht ein genuin politischer Anspruch abgeschliffen bzw. aus den Erziehungs- und Bildungssystemen ausgelagert. Pädagogik scheint sehr viel von den Menschen zu verstehen, aber eben immer weniger von einer kritischen Theorie der Gesellschaft, in der Erziehung eine

Funktion einnimmt, die kaum noch reflexiv, sondern immer mehr affirmativ ist. Das hat fatale Konsequenzen: Es schwächen sich visionäre Vorstellungen des Guten ab, die einstmals in der Pädagogik durch die sie tragenden Sozialen Bewegungen eingelagert waren und sie prägten! Eine Politik der Teilhabe wird damit zwar nicht unbedeutend, aber sie wird aus der Alltagspraxis und auch tendenziell der Lehre ausgelagert.

Als nicht neutraler Beobachter frage ich, ob sich Pädagogik der Selfie-Generation angepasst hat, indem sie den Blick nur noch auf sich und ihr Geschäft richtet? In meiner Wahrnehmung ist sie nämlich längst Teil einer »ausgedehnten Gegenwart« des globalen und neoliberalen Zeitalters, der Vergangenheit, die Wurzeln in sozialen Bewegungen, und Zukunft, Visionen eines guten Lebens offensichtlich fehlen: Der zu Erziehende ist das Geschäft, Menschen sind die Kunden, Inhalte sind Techniken und Methoden.

Neoliberal gewendet ist Pädagogik doch inzwischen das, was Bourdieu mit der Metapher »Politik der Entpolitisierung« meinte: Ein sich Arrangieren mit dem neoliberalen Kontext einer individualisierten und beschleunigten Gegenwart, das Hinnehmen von Bedingungen und Rahmungen, an denen man ohnehin nichts mehr zu ändern vermag.[1] Darin werden Bildungs-, Gesundheits- und Sozialpolitik nur noch als Marktgeschehen gefasst. Der ehemals utopische Überschuss ist pragmatischem Realismus gewichen, der nicht mehr Verhältnisse verändern, sondern Subjekte erziehen will, sich in bestehenden Situationen und Bedingungen besser einzurichten als zuvor.

So wird bspw. in der Sozialen Arbeit menschliches Leid als subjektives Unvermögen gesehen, sich in den Verwerfungen der Gegenwart zurecht zu finden. Dabei will man helfen. Das ist gut, es stärkt das Subjekt und dessen Autonomie und überfällt Menschen nicht mit den ideologischen Zielen ihrer Helfer. Doch zu welchem Preis geschieht dies? Ich sehe nur noch wenige Visionen eines »Besseren«. Schlimmer noch: Das Bessere liegt in den Sachzwängen der Ökonomie. Damit schwächt sich der Blick auf die strukturelle Ungleichverteilung von Gütern und Chancen ab. In der Konsequenz wird das Soziale und das Politische marginalisiert, es droht hinter den Methoden zu »verschwinden«. Für die anstehenden Metamorphosen der Welt ist Pädagogik damit aber denkbar schlecht gerüstet.

Pädagogik will vor allem die Resilienz der Subjekte fördern; dies meint, Menschen stark, handlungsfähig, zielorientiert und effektiv trotz widriger Umstände zu machen. Es geht darum, individuelle Kompetenzen zu fördern, um im Alltag moderner Gesellschaften einen individuellen Weg gehen zu können. Resilienzförderung meint, Subjekte können mit Unterstützung soziale Benachteiligungen individuell überwinden und einen Platz finden, den die Gesellschaft anbietet oder gar zuweist. Hierfür muss man sich aber mit Bedingungen sozialer Ungleichheit und der Ungleichverteilung von Chancen arrangieren, die selbst nicht mehr in Frage gestellt werden. Resilienz verdichtet sich deshalb in der Figuration des Menschen als »unternehmerischem Selbst«, als »Arbeitskraftunternehmer«, der resilient sein muss. Resilienz ist die Metapher für eine Pädagogik, die nicht mehr nach den Verhältnisse

---

1 http://www.sozialismus-von-unten.de/archiv/text/bourdieu.htm; Zugriff am 20.6.2018

fragt, sondern diese als unveränderbar hinnimmt. Die Verhältnisse sind die neue Schicksalsmacht, der man sich ergibt und gut alimentiert einrichtet.

Für mich ist aber weiterhin klar: Pädagogik hat von ihren Wurzeln her ein politisches Mandat, dem sie sich vor allem anderen verpflichtet fühlen muss. Eine Politik der Teilhabe hat somit über die Subjekte hinaus das Soziale und das Politische im Blick und will darauf einwirken. Gefragt ist eine Pädagogik, die bei den Menschen beginnt, diese fördert und ermutigt, sie darin unterstützt, ihre Stimme wieder zu entdecken, mit der sie Gegenwehr leisten und die Kultur des Schweigens zu durchbrechen vermögen.

1.5 Von den Menschen ausgehen

Die Frage bleibt: Wie kann Erziehung wieder politischer und zugleich verstehender werden? Dies lässt sich in zwei Thesen andeuten. Zum einen: in ihrer täglichen Praxis, indem sie sich als politische und verstehende Profession sieht – nach innen und nach außen. Zum anderen: in der Einmischung in Politik, indem sie auf Missstände in Lebenswelten hinweist, an denen sie doch so nah dran ist. Dies bedarf aber bestimmter Voraussetzungen.

Zunächst ist das Geschichtsbewusstsein zu stärken, um die ausgedehnte Gegenwart als Affirmation des Bestehenden zu verstehen, als Ökonomisierung und die Produktion von Verwertbarkeit. Es ist aber auch eine Wiederbelebung von Visionen erforderlich, wie die Welt ein wenig besser werden kann, durch die Offenheit ihrer Entwicklung und durch die Teilhabe aller. In einer mediatisierten und digitalisierten Gesellschaft sind hierfür mediale Kommunikationsstrukturen und digitale Beteiligungsmöglichkeiten essentiell und ermöglichen den Menschen immer früher ein partizipatives Medienhandeln, mit dem gesellschaftliche Diskurse, ja sogar politische Entscheidungsprozesse aktiv mitgestaltet werden (können).

Politik der Teilhabe meint doch, dass Pädagogen im weitesten Sinne stärker politisch und auch utopisch sozialisiert werden müssen. Das ist nicht nur eine Frage an die Inhalte, an die Curricula, an die Qualitätsdebatte, an den pädagogischen Alltag. Es ist auch eine Frage an Professionalität und Haltung. Zu fragen ist, ob es um ein besseres Ankommen im Neoliberalismus geht oder um eine befreiende Praxis und den notwendigen Ausbau kritischer Positionen?

Eines ist dabei sicher: Pädagogik ist angesichts anstehender Metamorphosen der Welt eminent bedeutsam und wird sich positionieren und darin auch wieder politisch sein müssen. Um Subjekten eine Stimme zu geben, ist eine Reflektion ihrer Wurzeln notwendig. Diese liegen in sozialen Bewegungen, in den Menschenrechten, im Aufklärungsdiskurs, in Kritischer Theorie, in einem an Gerechtigkeit und Teilhabe orientiertem Handlungsauftrag, in Erfahrungen aus antikolonialen Kämpfen. Zu ihren Wurzeln zählt deshalb auch eine verstehende und befreiende Pädagogik, die sich an Paulo Freire orientieren kann und immer eine befreiende Praxis auf dem Schirm hatte.

Das Wiederlesen von Freire liefert eine Bildungstheorie als Bildungspraxis, die kein Instrument oder eine Methode ist, sondern verstehende, befreiende und politische Praxis. Darin geht es primär um die Befähigung von Menschen, selbst zu werden und selbst zu sein. Dies geht von den Menschen und deren Erfahrungen in ihren eigenen Welten aus, da diese prinzipiell und in allen Situationen als handelnde und zur Handlung befähigte Wesen zu sehen sind.

Von den Subjekten in deren Welten auszugehen heißt, grundlegende Fragen zu stellen, wie: Welche Zwänge engen mich ein bzw. welche Möglichkeiten habe ich, heißt eine verstehende und befreiende Perspektive zu entfalten. Im Fokus müssen die Menschen stehen – und somit ihre Ansichten über ihre Welt. Dem liegt ein Bild zugrunde: Menschen sind nie Opfer, sondern Gestalter ihres Lebens, sie haben keine Defizite, sondern Ressourcen. Defizite sind immer Interpretationen aus einer kolonialistischen Sichtweise.

Wichtig wird darin aber auch: Die Bewusstwerdung des Eingebunden-Seins in ein System der Benachteiligung und Diskriminierung. Benachteiligung und Diskriminierung sind Zustände, die sich selbst manifestieren, wenn Menschen stets mit stigmatisierenden Defiziten und Unzulänglichkeiten, die ihnen angeblich eigen sind, konfrontiert und sortiert werden, beginnen sie daran zu glauben minderwertig, fremd, anders und unfähig zu sein. Es ist eine aus der Befreiungspädagogik und aus antikolonialen Kämpfen bekannte Tatsache: In benachteiligenden und diskriminierenden Situationen übernehmen Benachteiligte und Diskriminierte eine fatale Selbstdefinition; sie handeln nach den Bildern ihrer »Unterdrücker« und schreiben dadurch ihre Benachteiligung erst richtig fest

Situationen und Bilder sind *mit* den Menschen aufzudecken, um *gemeinsam* nach Lösungen zu suchen. Als Subjekte sind sie *DIE* Protagonisten und *DIE* Experten ihres eigenen Lebens. Sonst niemand. Nur sie können Auskunft über ihre Realität geben. Nur sie können diese auch verändern. Dies fordert von der pädagogischen Praxis dialogische Prozesse und dialogische Methoden. Sie muss wieder zuhören, Lebensweisen verstehen, das Fragen neu lernen. Im Blickpunkt steht eine dialogische Analyse, wie Menschen ihr Leben erleben, wie sie es interpretieren, welche Chancen sie für sich sehen, was sie erwarten, was sie dabei benötigen, um Subjekte zu sein und zu werden. Aus der Dialektik »Zuhören und Fragen« kann eine gemeinsame pädagogische Praxis gestaltet werden

Ich halte es schlichtweg für richtig, Menschen, die Förderung und Unterstützung benötigen und auch wollen, selbst über ihr Leben bestimmen zu lassen. Sie tun es sowieso, und sei es eben durch die uns allen bekannten Formen des Widerstands gegen pädagogische oder sozialarbeiterische Interventionen, sei es als Schulverweigerer oder als auffälliger Jugendlicher. Dazu muss der pädagogische Akteur aber aufhören, zu bewerten, zu wissen, was gut für die Menschen ist, sie zu diagnostizieren und in Schubladen zu stecken. Deshalb: Schluss mit dem kolonialistischen Blick und der fürsorglichen Belagerung. Gefordert ist eine dialogische Anerkennung und Einbindung der Anderen, damit alle Beteiligten ihre Identität und Integrität als durchgängigen Entwurf entwerfen und stabil halten können. Das Wiederlesen von Paulo Freite öffnet weite Zugänge zu einer verstehenden Theorie und Praxis.

1.6 Skizze einer verstehenden Pädagogik

Die Bildungstheorie und Bildungspraxis von Paulo Freire, die für den Alltag von Erziehenden, Pädagog*innen und Sozialarbeiter*innen viele Impulse setzen kann, ist auf dem Boden einer weit gefassten Anthropologie der Hoffnung entfaltet. In ihrem Kern stellt sie eine humanistische, bewusstseinsbildende und dialogische Pädagogik dar; als solche nimmt sie Menschen als Subjekte ernst und bemächtigt Professionen zur Arbeit mit ihnen. In ihrer Praxis geht sie von den Subjekten in deren Welten aus und will diese befähigen, selbst zu werden, um selbst zu sein. Von den Menschen auszugehen bedeutet, ihre Interpretationen, ihre Perspektive, ihre Sicht der Dinge und ihre Handlungsmuster als authentisch, aus realen Situationen gewachsen und als für die Bewältigung von Situationen konzipiert zu betrachten. Damit sind Menschen nicht Opfer, sondern Gestalter ihres Lebens.

Zu den Fähigkeiten der Menschen gehören die prinzipielle Entwicklungsoffenheit menschlichen Denkens und menschlicher Praxis sowie die Veränderbarkeit der Welt und des Menschen durch die Praxis der Menschen. Das Gesicht dieser Welt trägt die Züge der Menschen; ihre Kultur ist nur von ihnen gemacht und somit wandelbar. Das verdichtet sich in der These des kulturschaffenden Wesens:

> »Kultur stellt [...] das nur menschliche Mittel der Umweltbewältigung dar. Kultur, wie auch immer wir sie definieren, ist vom Menschen Geschaffenes, ist Produktion, schöpferisches Tun, durch das der Mensch sich aus seiner Abhängigkeit von der äußeren und inneren Natur zu befreien vermag« (Greverus 1978, S. 59 f.).

Um diese These in der pädagogischen Praxis zu leben, bedarf es der grundsätzlichen Anerkennung des Anderen, damit alle Beteiligten ihre Identität und Integrität als durchgängigen Entwurf stabil halten können. Axel Honneth hat in seiner Theorie der Anerkennung deren Sphären prinzipiell herausgearbeitet: Es sind die emotionale Achtung, die rechtliche Anerkennung und die wechselseitige Anerkennung zwischen soziokulturell unterschiedlich sozialisierten Personen. Daraus lässt sich ein essentieller Auftrag für den pädagogischen Alltag gewinnen, der zwingend auf einer Praxis der Aushandlung aufbauen muss.

Paulo Freire hat dies in seiner humanistischen, bewusstseinsbildenden und verstehenden Pädagogik aufgegriffen. Er »begriff« die Menschen als Wesen in Situationen, in Lebenslagen, in Beziehungen; nie hat er diese isoliert betrachtet, sondern immer als »Menschen mit Anderen«. Er fokussierte sich auf die Menschen als handelnde und zur Handlung befähigte Wesen und war davon überzeugt, dass es der Menschen Bestimmung sei, in der Auseinandersetzung mit seiner Umwelt und seiner inneren und äußeren Natur die eigene Menschwerdung zu erreichen.

In seinem Zugang war auch die Bewusstwerdung des Eingebunden-Seins in ein System der Benachteiligung und Diskriminierung notwendiger Aspekt pädagogischer Praxis. Seine These war: In benachteiligenden und diskriminierenden Situationen übernehmen Benachteiligte und Diskriminierte oftmals eine fatale Selbstdefinition jener die gesellschaftlichen Beziehungen determinierenden Verhältnisse; sie handeln nach diesen Bildern und schreiben somit ihre Benachteiligung erst richtig fest. Dies kann sich schließlich in Empörung, Wut, Gewalt und Fundamentalismus ausdrücken. Benachteiligung und Diskriminierung hat Freire als Zustände begriffen, die sich selbst manifestieren, da Menschen daran zu glauben beginnen, minderwertig, fremd, anders und unfähig zu sein. Diese Situation wollte er mit den Menschen aufdecken, um gemeinsam nach Lösungen zu suchen.

Mit seinem humanistischen und zugleich verstehenden und darin »befreienden« Blick eröffnete Paulo Freire der Pädagogik einen gewichtigen Aspekt. Neben seiner Achtung gegenüber den Leistungen und Fähigkeiten der Menschen, die er mit Demut, Toleranz, Glaube und Liebe umschrieb, ruhte seine Pädagogik auf dem Wort und dem Dialog, der Menschen in Kommunikation und Aushandlungen einbindet, in ein Ich und ein Du, in resonante Beziehungen. Freire formulierte das so: *Es gibt kein wirkliches Wort, das nicht zugleich Praxis ist.*

Ein jedes Wort, das den Dialog nicht abbricht, sondern weiterführt, kann die Welt gestalten und verändern. Damit ist der Dialog, das Ich und Du, die resonante Beziehung, die Grundlage eines Verstehens, der Formierung eine gemeinsame Welt, die eben nicht auf die Beeinflussung des Gegenübers zielt. Im Zentrum dieser Pädagogik stand die prinzipielle Dialogfähigkeit des Menschen, die zu einem gegenseitigen Verstehen als Voraussetzung pädagogischen Handelns führt. Eine jede Pädagogik, die dies nicht grundsätzlich umsetzt, verstärkt Benachteiligung, Ausgrenzung und Diskriminierung.

Eine verstehende Praxis macht es erforderlich, mit den Menschen zunächst ihre Situation zu decodieren, damit diese sich nicht mehr als defizitäre Menschen entwerfen, sondern sich als Wesen der Praxis sehen, die Vorstellungen und Hoffnungen für ihr Leben haben, diese entwickeln und auch umsetzen können. Dekodierungsarbeit ist eine notwendige Aufdeckungsarbeit alltäglicher Verwerfungen und Verstrickungen sowie das daraus resultierende gemeinsame Agieren. Sie bedarf der grundsätzlichen Anerkennung des Anderen. Diese Anerkennung des Anderen hat weitere Konsequenzen für eine verstehende Pädagogik: Als vertrauende und andere Lebenswelten anerkennende Praxis muss sie prinzipiell und radikal von den Menschen ausgehen, die als die eigentlichen Protagonisten zu begreifen sind.

Das hat Konsequenzen: In der pädagogischen Praxis ist das notwendigerweise immer als Konfliktlinie erkennbar. Das Leben der Anderen ist durch Unmittelbarkeit, durch Ungewissheit und durch die Authentizität von Erfahrungen gekennzeichnet, die nicht selten den Entwürfen der Erziehenden und Pädagog*innen widersprechen. Gut sichtbar machen dies auch die spezifischen Zugänge zur Welt digitaler Medien und die damit verbundenen neuen Formen der Information und Orientierung, der Aneignung von Wissen und von Welt insgesamt. Zudem muss verstanden werden, auch wenn es den pädagogischen Alltag noch komplexer und schwieriger macht, dass der »Mythos der Homogenität« an ein Ende gekommen ist. Pädagogische Akteure können nicht mehr länger von homogenen und tradierten Lebenslagen ausgehen. Nicht vorab definierte soziale Muster prägen das Leben der Menschen, sondern erst über die Rekonstruktion subjektiver Existenz (z. B. durch Verbalisierung von Gewalterfahrungen) werden dahinterliegende Strukturen erkennbar – und diese können extrem unterschiedlich sein.

Pädagogik, Kindheitspädagogik und Soziale Arbeit sind radikal gefordert: Ihre Ziele werden flüssiger und abhängiger von der Unterschiedlichkeit und der Vielfalt der Lebenswelten, die sich jenseits aufgebrochener Homogenität entwickelt haben.

Normalität ist nur noch ein normativer Entwurf, der das Denken und Handeln diskursiv herrschender Milieus absolut zu setzen sucht. Stattdessen ist Abweichung von dieser Normalität das eigentlich Normale, lebt aus sich heraus und gewinnt somit eine gewichtige Bedeutung. Um diese Herausforderung zu bewältigen, muss im Zentrum einer verstehenden Praxis immer die Ermächtigung des Subjektes in seiner sozialen Welt für die verändernde Praxis in dieser Welt stehen. Hinsichtlich der Praxis ist deshalb immer ein differenzierter Blick auf die jeweiligen Lebenslagen der Menschen erforderlich.

Noch einmal und in aller Klarheit: Die Subjekte in der Praxis sind die eigentlichen Protagonisten in einer zunehmend unübersichtlicher werdenden Welt; nur sie können Auskunft über ihre Realität geben, nur sie können diese auch verändern. Der Einbezug gängigen und tradierten Wissens (auch indigenes) über Lebenslagen ist vielfach zu kurz, denn das Leben ist immer etwas schneller als die Wissenschaft. Das fordert von der Praxis dialogische Prozesse und dialogische Methoden: Akteure müssen wieder zuhören und dabei vor allem und zunächst Lebensweisen verstehen, sie decodieren lernen, um daraus zusammen eine gemeinsame Basis zu finden.

Verstehen ruht auf dem dialogischen Prozess, wie er von Paulo Freire beschrieben wurde:

> »Weil Dialog Begegnung zwischen Menschen ist, die die Welt benennen, darf er keine Situation bilden, in der einige Menschen auf Kosten anderer die Welt benennen. [...] Er darf nicht als handliches Instrument zur Beherrschung von Menschen durch andere dienen. Die Herrschaft, die der Dialog impliziert, ist die Beherrschung der Welt durch die im Dialog Befindlichen« (Freire 1973, 72).

Der daran anschließende verstehende und zugleich aktivierende Prozess kann als *problemformulierende Methode* definiert werden. Darin muss der pädagogische Begleiter ein offener Dialogpartner sein, sein einziges methodisches Instrumentarium ist die Dialogfähigkeit beider: »In einer humanisierenden Pädagogik«, so Freire, »ist die Methode nicht länger ein Instrument, mit dessen Hilfe manipuliert wird. Ihr einzig wirksames Instrument ist der dauernde Dialog« (Freire 1973, 54). Darin nehmen Pädagog*innen und Sozialarbeiter*innen die Rollen von Diskurspartnern, Maklern, Mittlern und Anwälten, Erleichterern, Einrichtern, Anstoßern ein; sie sind Menschen, die sich zunächst zurückhalten.

Das methodische Arbeiten setzt Offenheit voraus: Offenheit der Einrichtung, Offenheit hinsichtlich der Problematik der Betroffenen und Offenheit hinsichtlich der Vielfalt möglicher Lösungswege und Optionen. Um diese Offenheit in ihren Implikationen zu verstehen, muss man an die pädagogische Praxis von Freire erinnern. In seiner praktischen Arbeit hat er nie Menschen in die Institutionen geholt, die Wege und Methoden bereits in ihrer Struktur vorgegeben haben. Er ist zu ihnen gegangen, in ihre Welt, auf die Plätze und Straßen; er hat versucht, mit ihnen in ihren Lebenswelten zu arbeiten. Dafür war er zunächst ihr Schüler, um ihre Welt zu verstehen. Und er war ihr Lehrer, um ihnen bei der Bewältigung ihrer Situationen nachgefragte Hilfen zu leisten, ihnen Wege zur Erweiterung ihrer Horizonte und Optionen zu öffnen. Gemeinsam haben sie an der gemeinsamen Situation, die sie aus unterschiedlichen Gründen zusammenführte, gearbeitet.

Dieser an den Lebenswelten orientierte Ansatz reflektiert die Situationen des Lebens in den Interpretationen der Menschen. Er ist vielfältig übertragbar auf Felder der Pädagogik und der Sozialen Arbeit. Es sind vor allem essentielle methodische Prinzipien, die in der Praxis tragfähig werden können:

- Im »*thematischen Universum*« der Menschen (Kinder und Jugendliche) wird nach »generativen Themen« gesucht, nach Erfahrungen, mit denen diese Menschen Tag für Tag zu tun haben, Erlebnisse, die sie bewegen, Probleme, die sie wissbegierig Fragen stellen lassen, die sie verstehen und begreifen wollen.
- Gefragt wird nach den Bedeutungen dieser Themen für das je eigene Leben, den je eigenen Alltag.
- In diesen Themen werden »*Schlüsselsituationen*« ausfindig gemacht, Begriffe und Bilder, in denen Bedeutungen der Situationen codiert sind.
- Die integrierten Bedeutungen und Hintergründe werden aufgedeckt und so einem Verständnis und einer gemeinsamen Verständigung zugeführt.
- Damit eröffnen sich neue Themen und Situationen.
- Es verdichten sich Strukturen dahinter, die in ihren Wirkungen reflektiert werden können.

Dies kann ein Weg sein, Welt nicht nur zu verstehen, sondern sie auch anzueignen. Durch den Einbezug von Kindern und Jugendlichen geht eine verstehende Pädagogik radikal von diesen aus und orientiert Konzeptionen, Maßnahmen und Arrangements mit ihnen, an ihren Weltsichten und Fähigkeiten. In den zunehmend mediatisierten und digitalisierten Gesellschaften wird sie nicht umhinkommen, hier sinnvoll auch die Möglichkeiten zu berücksichtigen, die digitale Medien zu Selbstausdruck, Selbst- und Mitbestimmung, Selbstsozialisation und Selbstlernen bieten. Man muss Kindern und Jugendlichen das Wort geben; das impliziert Achtung angesichts deren Wahrnehmung und Interpretation von Welt sowie die Ermöglichung ihrer Einmischung, wie sie aktuell nirgendwo so sichtbar werden kann, wie in den öffentlichen Diskursen der Social Media Welt. In einem Prozess dialogischen Verstehens werden Kinder und Jugendliche als Wesen im Prozess des Werdens bestätigt, als unvollendet und unfertig, aber als entwicklungsoffen, als kulturschöpferisch, als dialogfähig.

Die gemeinsame pädagogische Arbeit wird deshalb vom *Schüler-Lehrer-Lehrer-Schüler-Verhältnis* geprägt, wie es Freire entworfen hat – vom Dialog, in den alle Beteiligten eingebunden sind. In den methodischen Implikationen des Verstehens sind Menschen Experten ihres eigenen Lebens und sonst niemand. Es geht um sie und um niemanden anderen. Ziel des Dialogs darf es deshalb nicht sein, dass die Pädagogin oder der Pädagoge den Betroffenen seine Weltsicht erklärt und sie für diese gewinnen will. Es geht nicht um eine *Bankiers-Methode* – ein anderer Begriff für die Performanz des Wissenserwerbs, der Einlagerung von Wissen in die »Klienten«. Es geht vielmehr um die bereits benannte *problemformulierende Methode*, die Menschen befähigt und ermächtigt, wieder Wesen für sich zu werden und Fragen zu stellen, Wissen zur Bewältigung und zur Gestaltung des eigenen Lebens zu erwerben.

Eine verstehende Praxis ist immer auch eine »*befreiende Praxis*«, die sich an den Menschen und deren gesellschaftlichen Verhältnissen orientieren muss: sozial, kulturell, politisch, ökonomisch und rechtlich. Dann erst beginnt Pädagogik bzw. Soziale Arbeit bei den Menschen, sie wird eine »*Pädagogik für das Leben*«. Die eigentliche Absicht dieser Pädagogik ist es, mit Menschen in einen Entwicklungsprozess zu treten, um diese für Gestaltungsprozesse ihres eigenen Daseins zu befähigen, mit ihnen Chancen zu öffnen. Darin werden bspw. soziale Probleme, die immer nur negative Zuschreibungen produzieren, zu positiven und auch politischen Herausforderungen, um sie in Gestaltungs- und Entwicklungsoptionen zu übersetzen, die es zu bewältigen gilt.

Dieses Konzept richtet das Augenmerk auf die Handlungsmöglichkeiten der Menschen, die sich in der Welt digitaler Medien durchaus erweitert haben, und damit auf deren immer und stetig auszuweitende Handlungsfreiheiten und Bewältigungsstrategien. Eine Pluralität von Entfaltungschancen wird gewahrt, die Mitbestimmungs- und Gestaltungsmöglichkeiten werden erweitert und Biographien bleiben offen und im Fluss. Mitbestimmung und Gestaltung der sozialen Welt macht aus Kindern und Jugendlichen starke und fähige Menschen, die sich ihre Welt anzueignen vermögen: Sie können durch dialogische Praxis zu selbstbewussten und selbstverantwortlichen Menschen werden, entwickeln Resilienz, Kompetenz und Handlungsfähigkeit. Menschen sind dann nicht mehr Objekte der Bildung; sie sind vielmehr deren Subjekte. Aus der Erfahrung von Benachteiligung kann ein Integrationsprozess als Veränderung sozialer Verhältnisse werden.

1.7 Politische Ethik des Erziehens – eine Pädagogik des Lebens

Erziehung ist immer politisch, sie muss sich gegen die Kultur des Schweigens positionieren und auf Resonanz, einer moralischen Beziehung von Ich und Du, ruhen und sich daraus immer neu entwickeln. Jeder Mensch ist nämlich ein soziales Wesen in einem ständigen Prozess des Lernens und der Veränderung. Es wäre deshalb, wie Freire es formulierte, ein schreiender Widerspruch, wenn sich das menschliche Wesen, das sich in unfertigem Zustand befindet und sich dessen bewusst ist, nicht in einen permanenten Prozess hoffnungsvoller Suche einbrächte.

Eine Ethik der Erziehung ist somit beides: Praxis der Freiheit und der Hoffnung, sie bedarf der Übernahme von Verantwortung und das Ausüben von Solidarität in der Gemeinschaft ohne Furcht vor Veränderungen und gegen eine totale soziale Kontrolle

In einer »verstehenden und befreienden Pädagogik« kann es immer nur Wege geben, die sich in ihrer Vielfalt an den jeweiligen Realitäten der Menschen orientieren. Um Gleichheit der Chancen auf Teilhabe und Bildung herzustellen, ist deshalb ein radikaler Einbezug der Subjekte in die pädagogische und politische Praxis erforderlich. Diese muss insbesondere auch hinsichtlich junger Menschen von deren Lebenslagen und Lebenserfahrungen ausgehen. Nicht das Herantragen gesellschaftlicher Muster und das pädagogisch gut gemeinte Bemühen, Teilhabe und Chancenreichtum für alle herzustellen, ist der Zugang zu ihnen, sondern die Frage an sie, wie sie ihr Leben erleben und interpretieren, welche Chancen sie für sich sehen, was sie erwarten und was sie dabei benötigen. Eine Decodierung der jeweiligen Realität kann Optionen entwickeln, die weit über die Enge der bisherigen Erfahrungen hinausgehen. Daran muss sich Mandat und Praxis orientieren.

Das Wiederlesen von Paulo Freire führt zur Reformulierung einer politischen Erziehung, die zugleich befreiende Praxis ist. Als »befreiende Praxis« gibt sie den Menschen ihre Stimme wieder und durchbricht damit die erzwungene Kultur des Schweigens. Wenn sich Mandat und Praxis an einer verstehenden und problemformulierenden Bildung orientieren, dann beginnt Pädagogik bei den Menschen und wird ihr Instrument in ihrer Politik des Lebens, sie wird eben »*Pädagogik für das Leben*«. Damit aber kommt sie doch in die Nähe von Utopien, die ich aber als Handlungsfähigkeit sehe, als »Schiffe bauen«, weil »man« Lust hat, über das Meer zu fahren (Rammler); Utopie ist eine Kompetenz und kein festgefügtes Bild von Vollkommenheit.

Ein Beispiel hierfür liefert Wendy Brown; sie beendet ihre Auseinandersetzung mit dem »apokalyptischen Populismus« von Donald Trump mit einer utopischen Skizze, der sich Pädagog*innen in ihrem Denken und Handelns vergewissern sollten. Sie öffnet das Fenster der Reflektion für eine Betrachtung, die das Leben und die krisenhaften Aporien einer Spätmoderne, die regelrecht nach einer Metamorphose verlangen, in faszinierender Totalität in den Blick nimmt. Sie fragt ganz einfach, wie wir alle mit dem »tiefen, uneingestandenen Nihilismus und der Verzweiflung unserer Zeit« und dem Wissen, »dass die politischen, ökonomischen und ökologischen Katastrophen« von uns selbst verursacht wurden, langfristig umgehen sollen: Können wir das rückgängig machen, was das Produkt unserer Art zu denken, zu erschaffen, zu sprechen und zu leben ist? Können wir Ausbeutung, Gewalt und das Überziehen des Planeten mit Dreck und Müll überwinden? Ist eine nachhaltigere, gerechtere und humanere Ordnung, die das alles hinter sich lässt, herstellbar?

Wenn wir Wendy Brown weiter folgen: Noch niemals zuvor in der Geschichte war ein Wandel so schwierig und dennoch zugleich so essentiell. Die Metamorphose findet schon längst statt, sie muss gestaltet werden oder sie gestaltet uns. In Browns Diktion wäre deshalb der erste Schritt, den Nihilismus in die Erkenntnis zu verwandeln, »dass das Schicksal der Welt in unseren Händen liegt«, wenn »wir die Demokratie aufgeben, dann geben wir auch die Hoffnung auf die Vereinigung von Freiheit und Gleichheit auf« (Brown 2017, S. 60).

Naomi Klein hat dieses notwendig utopische und zugleich radikale Denken wunderbar poetisch ausgedrückt (Klein 2017, S. 62): Es ist an der Zeit, glaubwürdige und inspirierende Pfade in eine andere Zukunft aufzuzeigen. Diese kann nicht so aussehen wie die, sie kann auch nicht die Befestigung des seitherigen sein. Es MUSS eine völlig andere sein. Naomi Klein fordert: »Wir müssen dorthin, wo wir noch nie waren.« Das erinnert an Blochs abschließende Gedanken im »Prinzip Hoffnung«. Um dies zu ermöglichen, müssen »wir uns die utopischen Traditionen wieder zu eigen machen, die so viele über das Bestehende hinausweisende Bewegungen in der Vergangenheit mit Leben erfüllt haben« (Klein 2017, S. 62).

Mut ist gefragt, Grenzen, auch der Wissenschaft, insbesondere der Pädagogik, zu überwinden, das Denken aus dem ehernen Gehäuse der Moderne zu befreien und ihm seine Fesseln zu nehmen. Naomi Klein lässt Oscar Wilde sprechen (Klein 2017, S. 62):

> »Eine Weltkarte, in der das Land Utopia nicht verzeichnet ist, verdient keinen Blick, denn sie lässt eine Küste aus, wo die Menschheit ewig landen wird. Und wenn die Menschheit da angelangt ist, hält sie Umschau nach einem besseren Land und richtet ihre Segel dahin.«

1.8 Nachwort

Wenn es in den nachfolgenden Beiträgen um die Perspektiven und Handlungsfelder von Medienerziehung geht, dann offeriert die in diesem Beitrag ausformulierte Skizze einer politischen Erziehung einen zentralen Hintergrund, den Erziehende und pädagogische Fachkräfte auch in ihrem auf den Medienumgang junger Menschen bezogenen Handeln »mitdenken« sollten. Gerade die Nutzung von Medien bedarf der Autonomie des Subjektes, bedarf einer Vorstellung von Welt, die gestaltbar ist und der »man« sich nicht »schweigend« fügt, indem »man« davon abhängig wird. Es kann nicht darum gehen, den Medien zu »verfallen«, sondern diese als Option für das eigene Leben zu nutzen, um sich darin besser einzurichten. Medienerziehung ist auch deswegen hoch politisch und bedarf der ethischen Rahmung, da mit den Möglichkeiten, die sich in der Vielfalt und der Macht von Medien öffnen, ein ungeheuerliches Potential an Manipulation in die Welt gekommen ist.

Literatur

Beck, U. (2017): Die Metamorphosen der Welt. Berlin: Suhrkamp.
Bloch, E. (1985): Das Prinzip Hoffnung. Werkausgabe. Band 5. Frankfurt am Main: Suhrkamp.
Brown, W. (2017): Demokratie unter Beschuss. Donald Trump und der apokalyptische Populismus. In: Blätter für deutsche und internationale Politik, 8, S. 47–60.
Bühler-Niederberger, D. (2005): Kindheit und die Ordnung der Verhältnisse. Wiebaden: Juventa.
Descola, P. (2011): Jenseits von Natur und Kultur. Berlin: Suhrkamp.
Fink, M. & Gronemeyer, R. (2016): Vom toten und vom lebendigen Wissen, In: Lutz, R. (Hrsg.), Globale Herausforderungen – Regionale Entwicklungen. Oldenburg: pfk-verlag, S. 257–270.
Freire, P. (1973): Pädagogik der Unterdrückten. Reinbek: Rowohlt.
Freire, P. (1987): Pedagogia, dialogo y conflict. Buenos Aires.
Freire, P. (1992): Pedagogia de esperanca. Rio de Janeiro.
Greverus, I.-M. (1978): Kultur und Alltagsleben. München: Beck.
Habermas, J. (1981): Theorie des kommunikativen Handelns. 2 Bände. Frankfurt am Main: Suhrkamp.
Honneth, A. (1992): Kampf um Anerkennung. Frankfurt am Main: Suhrkamp.

Klein, N. (2017): Die Rache der Realität und die Kraft der Utopie. In: Blätter für deutsche und internationale Politik, Heft 9, S. 51–62.
Knauth, T. & Schröder, J. (Hrsg.) (1998): Über Befreiung. Münster: Waxmann.
Lessenich, Stephan (2010): Die Neuerfindung des Sozialen. Bielefeld: transcript.
Lutz, R. (2001): Die partizipative Chance in der schulischen und außerschulischen Begleitung. In: Dücker, U. von (Hrsg.), Straßenkids. Neu lernen in der Freiburger Straßenschule. Freiburg: Lambertus, S. 237–257.
Lutz, R. (2002): Freire neu lesen: Menschenbild und dialogisches Prinzip in der Straßensozialarbeit. In: BAG Streetwork (Hrsg.), Jugend für Demokratie und Toleranz. Berlin, S. 79–81.
Lutz, R. (2005): Erschöpfte Sozialarbeit? Eine Rekonstruktion ihrer Rahmungen. In: neue praxis, 2, S. 126–144.
Lutz, R. (2008): Perspektiven der Sozialen Arbeit. In: Aus Politik und Zeitgeschichte, 12–13, S. 3–10.
Lutz, R. (2011): Das Mandat der Sozialen Arbeit. Wiesbaden: VS
Lutz, R. (2010): Erschöpfte Familien. In: Soziale Arbeit 6, S. 234–240.
Lutz, R. (2012): Soziale Erschöpfung – Erschöpfte Familien. In: Lutz, R. (Hrsg.), Erschöpfte Familien. Wiesbaden: VS, S. 11–70.
Lutz, R. (2015): Kinder- und Jugendarmut: Gesellschaftliche Wahrnehmungen und pädagogische Herausforderungen. In: Hammer, V. & Lutz, R. (Hrsg.), Neue Wege aus der Kinder- und Jugendarmut. Weinheim: Juventa, S. 12–56.
Mansour, A. (2015): Generation Allah. Frankfurt am Main; Fischer.
Rammler, S. (2016): Schiffe bauen. Über die Kunst, Zukunft anders zu erzählen. In: Kursbuch 187.
Rosa, H. (2016): Resonanz: Eine Soziologie der Weltbeziehung. Berlin.

2 Heranwachsen in der zunehmend mediatisierten Gesellschaft: Kinder und Jugendliche im Spannungsfeld digitaler Medien

Daniel Hajok

Kinder und Jugendliche wachsen heute ganz selbstverständlich mit digitalen Medien auf – und damit in einigen markanten Punkten auch völlig anders als noch vor 20, 30 Jahren. Mit Internet, Onlinediensten und den mobilen Alleskönnern als präferierten Zugang erschließen sie sich die Welt der Medien zunehmend autonom und entziehen sich dabei auch immer früher einer Kontrolle und Begleitung durch Erziehende. Bevor im nächsten Kapitel dieses Bandes die medienbezogenen Kompetenzen und Vorlieben junger Menschen als ein wichtiger Ansatzpunkt für eine an Alter und Entwicklungsstand orientierte Medienerziehung entworfen werden, sind im Folgenden zunächst die zentralen Hintergründe für ein angemessenes medienerzieherisches Handeln skizziert.

Der Blick richtet sich zunächst auf die Frage, wie sich Kindheit und Jugend unter dem Eindruck der Veränderungsprozesse in der zunehmend differenzierten, individualisierten und mediatisierten Gesellschaft gewandelt haben. Mit den Ergebnissen der Studien, die schon seit vielen Jahren ihren Blick auf den Alltag junger Menschen richten, wird dann gezeigt, dass sich die Freizeitwelten von Kindern und Jugendlichen in den letzten Jahren grundlegend gewandelt haben und der Bedeutungszuwachs digitaler Medien mit aktuellen Daten zum Medienumgang von Kindern und Jugendlichen skizziert. Dabei wird deutlich, dass der beschleunigte ›Digitalisierungsschub‹ in der Lebenswelt junger Menschen unter den Bedingungen der Covid19-Pandemie insofern seine Spuren hinterlassen hat, als dass junge Menschen bis heute noch immer mehr Zeit in ihrem Alltag mit digitalen Endgeräten und Anwendungen verbringen als vor der Pandemie. Abschließend werden erste Herausforderungen für ein am Medienumgang junger Menschen orientiertes medienerzieherisches Handeln skizziert, die in den anderen Beiträgen des Bandes dann vertieft und Möglichkeiten der Bewältigung aufgezeigt werden.

2.1 Wie sich Kindheit und Jugend gewandelt haben

Wenn wir uns als Erwachsene anschauen, was Kinder und Jugendliche Tag für Tag so alles treiben, haben wir schnell den Eindruck, dass Kindheit und Jugend nicht mehr allzu viel mit dem zu tun haben, was uns in den ersten Abschnitten unseres Lebens prägte. Tatsächlich scheint sich das Leben junger Menschen mit den gesamtgesellschaftlichen Entwicklungen und den markanten Veränderungen in der Welt der Medien grundlegend gewandelt zu haben. Im Fachdiskurs von Soziologie, Kommunikations- und Medienwissenschaften, partieell auch der Pädagogik sind hierfür bereits früh Perspektiven entwickelt worden, die in der Zusammenschau sogar für einen neuen Sozialisationstypus sprechen (Hajok 2018). Die hier thematisierten Entwicklungen hin zu mehr Autonomie und Selbstverantwortung, neuen Formen von Kommunikation und Vernetzung werden nirgendwo so deutlich wie beim Umgang junger Menschen mit digitalen Medien, mit Internet und Onlinediensten auf der einen und den mobilen Endgeräten auf der anderen Seite.

Suchend in einer individualisierten unübersichtlichen Welt

Schon vor über 30 Jahren hat der Soziologe Ulrich Beck (1986) mit seiner Risikogesellschaft die fortschreitende *Individualisierung von Lebensentwürfen* als eine zentrale Entwicklung in unserer von Differenzierung und Pluralisierung gekennzeichneten Gesellschaft beschrieben. Heute erleben wir vielerorts hautnah mit, dass Heranwachsende unter diesen Bedingungen ihr Leben immer autonomer gestalten können und – das wurde in der öffentlichen Diskussion leider oft vergessen – es zugleich immer selbstverantworteter gestalten müssen. In der zunehmend komplexen Welt sind Erziehende nun einmal immer weniger in der Lage, Kindern und Jugendlichen den für sie ›besten‹ Weg zu zeigen und die ›richtigen‹ Antworten auf drängende Fragen zu geben: hier die immer spezielleren Wünsche, Bedürfnisse und Interessen, dort die immer schwerer zu durchschauenden gesellschaftlichen Handlungsbereiche und sozialen Problemlagen, die selbst Erwachsene an die Grenzen des Versteh- und Nachvollziehbaren bringen.

In dieser unübersichtlichen Welt etablieren junge Menschen mit digitalen Medien schnell ihre eigenen Zugänge zu den Antworten auf die sie drängenden Fragen. Interessengeleitet stellen sie sich immer früher *individuelle Medienmenüs* zusammen und verleihen so auch einem partizipativen Medienhandeln neuen Ausdruck.[2] Kleine Expertinnen und Experten ihrer ganz eigenen Welt stehen dann vor uns. Die Achtjährige wird erst wenige Wochen im Internet unterwegs sein und ihren Eltern die ersten Fragen à la »Wie findet das Zebrajunge seine Mutter?« stellen. Klassische Sozialisationsinstanzen wie das Elternhaus und die Schule, die sich seit zig Jahren erstaunlich ›erfolgreich‹ gegen ein zeitgemäßes Lernen mit und vor allem über Medien gewehrt hat, sind in dieser Welt zwar nicht bedeutungslos geworden. Jugendliche, bereits Kinder, vertrauen aber immer mehr auf das, was ihnen die Medien mit ihren halbwegs verlässlichen Informationen und all den breit gestreuten Kommunikaten bekannter und unbekannter Anderer an Vorlagen fürs Leben bieten. Selbstsozialisation und Selbstlernen sind hier die Stichworte.

---

2 Neben Information und Orientierung etablieren Heranwachsende auch die Formen von Austausch und Vernetzung, Selbstausdruck über eigene Medienprodukte sowie Kooperation und Kollaboration (Wagner & Würfel 2013). Dies verweist auf die zum Ende des Beitrages noch kurz ausgeführte Herausforderung, das medienerzieherische Handeln nicht nur an Risiken, sondern auch an den Potenzialen digitaler Medien für das Heranwachsen zu orientieren.

I Grundlagen

Allerdings agieren die Heranwachsenden in der vernetzten Welt auch immer mehr in der vom Internetaktivisten Eli Pariser (2011) thematisierten *Filterblase*, im gebrochenen Hall des eigenen Echos, in dem Algorithmen ganz selbstverständlich das ausspielen, was den ganz persönlichen Bedürfnissen, Interessen, Träumen und Wünschen wohl am nächsten kommt. Und dort, wo das unübersichtliche Ganze verblasst, werden schnell auch die Konturen eines Netzwerkkapitalismus sichtbar, der mit seinen ökonomischen Prinzipien nicht auf irgendein kritisch-reflexives Subjekt setzt, sondern auf das sich situativ-anpassende Individuum (Niesyto 2013). Der *flexible Mensch* ist hier gefragt, und nach der beeindruckenden, bereits vor gut 25 Jahren vom Soziologen Richard Sennet (1998) postulierten *Kultur des neuen Kapitalismus* arrangiert sich dieser lieber mit seiner Umwelt, passt sich den neuen Marktentwicklungen an, bindet sich besser nicht allzu zu sehr an Ort und Zeit, meidet langfristige Bindungen und sieht Fragmentierung dann sogar noch als einen Gewinn. Heute steht längst auch das Leben von Jugendlichen, ja bereits Kindern unter diesen Vorzeichen und lässt nur eine Facette eines veränderten Heranwachsens sichtbar werden, das zunehmend unter dem Eindruck digitaler Medien steht.

Beschleunigtes Leben durch Digitalisierung

Die soeben angesprochenen Entwicklungen in unserer Gesellschaft haben keineswegs ihr schnelles Ende gefunden, sondern mit den (medien-)technischen Entwicklungen ab den 1990er-Jahren auf beeindruckende Art und Weise weiter Fahrt aufgenommen. In seiner vielbeachteten Sicht auf die Veränderung der *Zeitstrukturen in der Moderne* hat der Soziologe Hartmut Rosa (2005) bereits Mitte der 2000er-Jahre treffend in den Diskurs eingebracht, wie rasant sich mit der Digitalisierung die Produktion, Vermittlung und Rezeption medialer Inhalte beschleunigt haben. Heranwachsenden, die sich die neuen Möglichkeiten schnell und unbefangen zu eigen gemacht haben, bieten sich dadurch ohne Frage neue und durchaus attraktive Optionen zur Ausgestaltung des eigenen Alltags. Bereits das, was wenige Globalplayer mit ihren Plattformen, Diensten und vorgegebenen Strukturen in das und durch das Netz lassen, lässt junge Menschen aber immer mehr unter Druck geraten, die unzähligen Inputs in ihrem Leben überhaupt noch unterzubekommen. Der zunehmend ›verdichtete‹ Freizeitraum Jugendlicher (▶ Kap. 2.2) erscheint dabei fast schon komplett digitalisiert, der von Kindern auf dem Weg dahin.

Schon dem mit *Digitaler Stress* überschriebenen Abschnitt der JIM-Studie 2016 war dann auch zu entnehmen, dass ältere Kinder und Jugendliche dies selbst bereits als ein ›Problem‹ ihres Alltags wahrnehmen – und auch im Jahr 2024 war noch immer ein beträchtlicher Teil der Jugend allein von den Nachrichten, die auf dem Handy eingehen, ›total genervt‹ (Feierabend et al. 2016, 2024). Man muss nur einmal hinschauen, was ein heutiger Heranwachsender alles abzuarbeiten hat, wenn sein Smartphone mal zwei Stunden ausgeschaltet war – und hat das ganze Ausmaß unmissverständlich vor Augen. Zu den vielen Inputs kommt dann noch der Druck des zunehmend mediatisierten Sozialen hinzu, darauf angemessen zu reagieren und sich selbst anderen mitzuteilen. Nachrichten, ob geschrieben oder gesprochen, und die unzähligen Bilder brauchen in der neuen Kommunikations- und Selfiekultur kaum noch Sekunden, bevor sie bei *WhatsApp, Snapchat* und *Instagram* ohne Medienbruch gepostet sind – und sofort die ersten Kommentare evozieren. Das, was Erziehende ›früher‹ noch mit »Erst denken, dann handeln!« pädagogisierten, erhält im Alltag heutiger Heranwachsender so ein immer kürzeres Zeitfenster. Auch das ist *Beschleunigung*.

Bleiben wir aber noch kurz beim permanenten Feuerwerk an Inputs, dann haben wir es mit einer der grundlegenden Veränderungen des Lebens junger Menschen zu tun, die vielleicht am besten einen neuen Typus des Heranwachsens kennzeichnen. Denn in der beschleunigten Welt machen junge Menschen immer mehr Erfahrungen, die weitgehend unverbunden nebeneinanderstehen und gewissermaßen zu (nur noch) episodischen Erlebnissen ›verkommen‹, die vom Einzelnen immer weniger miteinander, mit der Geschichte und eigenen Identität verknüpft werden können. In ihrem Einführungswerk *Sozialisation und Bewältigung* haben Lothar Böhnisch, Karl Lenz und Wolfgang Schröer (2009) jedenfalls bereits vor Jahrzehnten dieses nicht wirklich schöne, aber wohl durchaus zutreffende Bild in den Diskurs eingebracht: Heutige Heranwachsende leben immer mehr von Situation zu Situation, von Punkt zu Punkt und sehen vor lauter Punkten – das die pädagogische Befürchtung – irgendwann das große Ganze nicht mehr.

Im durchlässigen Schonraum und risikoreichen Experimentierraum

Wenn wir das Auf- und Heranwachsen junger Menschen noch etwas mehr unter pädagogischen Gesichtspunkten betrachten, haben wir oft noch ein grundlegendes Konzept im Hinterkopf, das in seiner normativen Bedeutung für eine ›gute‹ Erziehung nicht zu unterschätzen ist. Demnach müssten wir mit Blick auf das, was gerade Jugendliche so alles treiben, vor allem nachsichtig sein. Es gilt, ihnen Aufschub zu gewähren und Spielräume zum Experimentieren und Bewältigen ihrer Entwicklungsaufgaben einzuräumen. Hauptjob bei der Erziehung von Kindern ist demgegenüber, den Kleinen eine Spielwiese für ein ›gutes‹ Heranwachsen zu bereiten, die ihrem Entwicklungsstand angemessenen ist. Hier gilt es, mit transparenten Grenzen einen Handlungsraum zu definieren, diesen dann möglichst frei von Gefahren zu halten und ansonsten eine weitgehend freie, an persönlichen Bedürfnissen, Interessen und Kompetenzen orientierte Entfaltung der eigenen Persönlichkeit zu ermöglichen. Müssen wir uns in der Welt digitaler Medien von diesem Grundgedanken verabschieden?

Man kann es auf eine ganz einfache Formel bringen: Wenn – seit einigen Jahren schon – mit zehn Jahren die meisten Heranwachsenden ein Smartphone im persönlichen Besitz haben, ist das, was auf den Moratoriumsgedanken von Erik H. Erikson zurückgeht, vielleicht gar nicht mehr herstellbar. So wie Heranwachsende immer früher und autonomer in der offenen vernetzten Welt agieren, wird auch der in der Vergangenheit sorgfältig abgegrenzte *Schonraum Kindheit* immer durchlässiger – und der *Experimentierraum Jugend* immer riskanter. Lothar Böhnisch (2009) hat dies bereits vor 15 Jahren in einem Essay zur *Jugend heute* in den Blick genommen und vielleicht auch etwas wehmütig festgehalten, dass die bisherigen Experimentierräume Heranwachsender im Ideal sozial, kulturell und auch rechtlich geschützt waren, die neuen medialen Experimentierräume aber in eben diesem Sinne nicht mehr schützbar sind. So gesehen fällt gerade ein wesentliches Element der bisherigen pädagogischen Konzeptionierungen von Jugend – und mit den immer früheren Medienzugängen bereits von Kindern.

Das heißt nicht, dass wir als Erziehende nun außen vor sind. Wir müssen unser Handeln vielmehr einer Zeit anpassen, die nicht mehr allzu viel mit dem zu tun hat, was uns in Kindheit und Jugend umgab. Da gilt es auch, sich schnell von der Vorstellung zu verabschieden, man könne das Rad zurückdrehen oder mit etablierten bewahrpädagogischen Mitteln wirksam einen Kontakt der eigenen Schützlinge mit problematischen Inhalten (Sex, Gewalt, Extremismus etc.) und eine Etablierung problematischer Umgangsweisen (Mobbing, Belästigungen, dysfunktional-pathologische Nutzung etc.) verhindern. Wer zu Hause (oder in pädagogischen Einrichtungen) den Stecker zieht, braucht sich nicht wundern, wenn die Heranwachsenden dann immer häufiger bei Freunden, *McDonalds* oder sonstwo im ›freien Netz‹ unterwegs sind – und sich so einer erzieherischen Begleitung und Kontrolle mehr denn je entziehen.[3] Wer glaubt, mit rein restriktiven und technischen Schutzinstrumenten die Medienzugänge von Kindern und Jugendlichen sicher machen zu können, wird technisch und vom (Ausweich-)Handeln seiner Schützlinge schnell eines Besseren belehrt. Heute muss es vielmehr darum gehen, Heranwachsende frühzeitig für einen souveränen Umgang mit digitalen Medien stark zu machen. Sie beim Erwerb der Fähigkeit zu unterstützen, sich die Grenzen selbst setzen zu können, ist hier nur eine der Herausforderungen.

Unmündig ins digitale Netz eingesponnen?

Wer einem Achtjährigen schon einmal das Tablet mit Worten überlassen hat »Jetzt kannst Du mal eine halbe Stunde spielen und dann legst Du das Ding von selbst wieder zurück« weiß, wie überfordernd eine erwartete Selbstregulation gerade für Kinder noch ist. Vielmehr scheint es so, als würden heutige Heranwachsende mit jedem Level eines Games, jeder Nachricht, jedem Bild oder Videoclip ein Stück weit mehr in das digitale Netz eingesponnen. Sei dahingestellt, ob man hier gleich an die Szenen mit den Menschen züchtenden Kokons in *Matrix* denkt – es gibt jedenfalls eine ernstzunehmende Perspektive, in der Heranwachsende als weitgehend unmündig und das Internet als ein Machtinstrument gesehen werden. Dort wo klassische gesellschaftliche Strukturen zerfallen, traditionelle Verhaltensweisen sich auflösen und die zentrale Steuerungskraft des Staates sich verflüchtigt, kann das digitale Netzwerk als zentraler Lebensraum durchaus eine spezifische Sogwirkung für junge Menschen entfalten. Die Rede ist hier von einer *Sucht 2.0*, die Jürgen Schiedeck und Martin Stahlmann (2012) schon vor gut zehn Jahren aber nicht als

---

3 Dass bereits Kinder im Alter zwischen sechs und 13 Jahren schon seit Jahren gerade digitale Medien überwiegend alleine nutzen, ist eine der besonderen Herausforderung für eine Medienerziehung, auf die in Kapitel 2.4 (▶ Kap. 2.4) noch etwas eingegangen wird.

klinischen Tatbestand, sondern als ein Sinnbild für die sich herausbildenden Erscheinungsformen eines scheinbar unwiderstehlichen Verlangens verhandelt haben.

Lässt man sich auf diese Sicht ein, dann wird das Verlangen, das bereits Kinder dazu bewegt, sich ziellos und unentwegt von Level zu Level, von Link zu Link, von Nachricht zu Nachricht treiben zu lassen, von (wenigen) kommerziellen Unternehmen befeuert. Sie befördern bewusst das Bedürfnis des Einzelnen, am digitalen Strom teilzunehmen, um ihn dann als Lieferanten von Daten und Aufmerksamkeit immer tiefer ins Netz einzuspinnen. Wenn ich in Seminaren und Fortbildungen danach frage, wie viel Prozent der älteren Kinder und Jugendlichen, in der Tat die ›Hauptrisikogruppe‹, hierzulande wohl bereits eine ›Mediensucht‹ entwickelt haben, liegen die Schätzungen fast immer zwischen besorgniserregenden 30 und 90 Prozent. Die halbwegs verlässlichen, nach klassischen Suchtkriterien erhobenen um die knapp acht Prozent ›Abhängigen‹ und weiteren fast 30 Prozent ›Gefährdeten‹ in der Zeiten vor der Covid19-Pandemie nahm sich da schon fast bescheiden aus, aber die Prävalenzen sind weiter angestiegen.[4] Nicht über-, sondern unterschätzt werden demgegenüber die Zusammenhänge, die sich aus den Lebenskontexten ergeben, etwa wenn junge Menschen den permanenten Streits und Konflikten in Familien (eskapistisch) in digitale Welten entfliehen. Folgerichtig nehmen sich mittlerweile spezialisierte Beratungsstellen und Hilfeeinrichtungen dem ›Problem‹ dann auch gerne mit systemischen Ansätzen an, so dass Erziehende, die ihren Schützling dort mit den Worten »Sie können das doch wieder wegmachen?!« durch die Tür schieben wollen, etwas verwundert zu hören bekommen: »Bleiben Sie doch mal kurz mit hier!«

Richtet man den Blick nun noch einmal auf die Medien selbst, dann sind auch sie nicht so ganz unschuldig daran, wenn Heranwachsende zu tief in die Welten von Internet und digitalen Spielen eintauchen. Neben der viel zitierten Interaktivität und Multioptionalität sowie den implementierten Belohnungssystemen sind die vielfältigen Möglichkeiten zu Eigenaktivität und kreativen Selbstausdruck, zu Involvement und sozialer Vernetzung sowie die Allgegenwärtigkeit und Endlosigkeit dessen, was heute medial zur Verfügung steht, die zentralen Aspekte (Hajok 2025). Man muss seinem Kind nur einmal von den fehlenden medialen Interaktionsmöglichkeiten oder dem Sendeschluss des Fernsehens in der eigenen Kindheit berichten, um an den verwunderten Augen schnell zu erkennen, wie grundlegend sich Heranwachsen damit verändert hat. Wenn alles zumindest medial jederzeit verfügbar ist, steigt auch die Schwierigkeit, eine Fähigkeit zu entwickeln, die für das spätere Leben nicht ganz unwichtig ist: Verzicht und Frust aushalten zu können. Den populistischen Thesen, die heutige Kinder und Jugendliche insgesamt als digital dement, cyberkrank oder im digitalen Burnout befindlich pathologisieren, muss hier aber noch nicht Folge geleistet werden.

---

4   Die Daten der BZgA-Teilstudie zur Drogenaffinität Jugendlicher in Deutschland zeichneten von Anfang bis Ende fast eine Verdoppelung einer entsprechenden internet-/computerbezogenen Störung unter den 12- bis 17-Jährigen von 2011 auf 2019 auf (Orth 2020). Die DAK-Studienreihe weist nach dem Anstieg unter Corona im Jahr 2023 noch immer für über vier Prozent der 10- bis 17-Jährigen ein pathologisches Gaming und für gut sechs Prozent eine pathologische Nutzung von Social Media aus (Thomasius 2024).

Sein heißt medial stattfinden – im Hier und Jetzt

Sieht man sich an, wie selbstverständlich Heranwachsende ihr Selbst heute im Netz verhandeln, bekommt man schnell den Eindruck, dass die Suche nach Antworten auf die drängenden Fragen (»Wer bin ich?«, »Wer will ich sein?«, »Als wen sehen mich die anderen?«) für die meisten ohne das Social Media gar nicht mehr vorstellbar ist. Die Prozesse der Identitätsbildung mit der von Lothar Krappmann (1969) vor über 50 Jahren so treffend beschriebenen Herausforderung, so zu sein wie niemand und zugleich so zu sein wie alle, gerierten sich dabei in den letzten Jahren immer mehr als eine mediatisierte Suche nach Beachtung, bei der auch Andy Warhols Vision, einmal für 15 Minuten berühmt zu sein, zumindest optional möglich ist. So gesehen ist die 2010 in der FAZ ausgerufene *Gesellschaft der Beachtungsexzesse* auch eine ganz gute Beschreibung dessen, was heute Dreh- und Angelpunkt der jugendlichen Selbstrepräsentationen im Netz ist. Ursprünglich von Bernhard Pörksen und Wolfgang Krischke auf die Welt der Castingshows bezogen, steht dahinter eine zentrale Message, die im Social Web das Lebensmotto Heranwachsender ist: Sein heißt, medial stattzufinden (Pörksen & Krischke 2012). Im pädagogischen Umgang kommt hier mit dem Zeigefinger weniger »Das Internet vergisst nicht!«, sondern vor allem »Du bis, was Du postest!«

Machen wir es kurz: Identitätsarbeit führt Heranwachsende heute nahezu ungebremst in die Orts- und Grenzenlosigkeit des Internets. Bewusst angelegte Strukturen für soziale Rückkopplung unterstützen dabei den Austausch mit einem Publikum, das in den Worten der handlungstheoretisch fundierten Perspektive des Symbolischen Interaktionismus als *Generalisierter Anderer* fungiert.[5] Das Netz dient Heranwachsenden dabei vor allem als ein Raum zu Artikulation, Selbstthematisierung und Einholen von Feedback. Tag für Tag ein bisschen mehr können wir beobachten, wie eine mediatisierte Selbstrepräsentation im Hier und Jetzt zur kulturellen Praxis fast aller Heranwachsenden geworden ist – chancen- und risikoreich zugleich. Ebenso hat sich der so wichtige Aufbau eines Beziehungsnetzes zu einer mediatisierten Pflege des eigenen Freundeskreises gemausert. Im Sinne des Konzeptes der *Patchwork-Identität* von Heiner Keupp und anderen (1999), in der ersten Konturierung auch schon mehr als 20 Jahre alt, bleibt es aber existenziell, eine von Kohärenz und Authentizität, Anerkennung und Handlungsfähigkeit gekennzeichnete Persönlichkeit auszubilden. In den Welten von Social Media unterliegt nun aber jedes noch so kleine Detail von Ich-Erprobung und sozialem Rückkanal den Bedingungen von Persistenz, Duplizier- und Skalierbarkeit, was einem später noch den Schweiß auf die Stirn treiben kann.

In individualisierter und zugleich kollektivierter Form agieren Heranwachsende letztlich immer mehr in einem Handlungs- und Erfahrungsraum, der nach einem Prinzip funktioniert, das Georg Franck (1998) in seiner *Ökonomie der Aufmerksamkeit* schon auf den Punkt gebracht hat: In einer zunehmend vernetzten Welt, in der die einzelnen Medienzugänge immer weniger begrenzt sind, wird das Streben nach

---

5 Dieser kommunikative Austausch des Individuums mit seiner Umwelt ist zentral für die Identitätsarbeit, denn in der wechselseitigen Perspektivverschränkung wird das eigene Handeln reflektiert und die eigene Identität ausgebildet (Kammerl 2005, Unger 2014).

Aufmerksamkeit als grundlegendes menschliches Bedürfnis zur zentralen Währung einer kommerziellen Verwertbarkeit. Heute laufen deshalb ganze Serverstädte heiß – und werden so ziemlich alle Heranwachsenden zum Wettstreit um Beachtung und Generieren von Aufmerksamkeit getrieben. Dabei steigt natürlich auch der Druck, sich von den anderen abzuheben – mit Aufsehen erregenden Bildern, provokanten Texten, drastischen Meinungen und all den anderen ›Originalitäten‹, mit denen Heranwachsende als aktiv Handelnde heute zuweilen selbst die Grenzen des Tolerierten überschreiten. Öffentlich zur Schau getragene Sexualisierungen des eigenen Körpers, Hass und Häme gegenüber anderen, unbefangene Posts eigener Devianz und Delinquenz sind hier die problembehafteten Entwicklungen.

Kommunizieren, (nur) um zu kommunizieren

Dieser, heutiges Heranwachsen noch immer gut beschreibende Slogan, war bereits vor über zehn Jahren, als es den Messengerdienst WhatsApp noch gar nicht gab, in der Wochenzeitung *Die Zeit* zu lesen. In dem mit *Total vernetzt* überschriebenen Beitrag wurde der Medientheoretiker Norbert Bolz mit der zu dieser Zeit noch recht steilen These zitiert, dass sich mit der Etablierung neuer Dienste auch der Zweck von Kommunikation geändert hat (Uehlecke 2008). Demnach kommunizieren wir (und vor allem junge Menschen) immer häufiger, nur um zu kommunizieren – um permanent Kontakt zu halten und wahrgenommen zu werden. Und das alles auch noch mit einer nicht zu bändigenden Lust. Erinnern wir uns an die Zeit: Die kostenpflichtige SMS hatte sich längst etabliert und verführte die so Kommunizierenden mit ihrem Diktat der 160 Zeichen pro Nachricht zu allerhand Abkürzungen – bei im Schnitt zwei bis drei pro Tag verschickten Nachrichten.

Der Siegeszug von Messengerdiensten bei Heranwachsenden zeigt nun sehr eindrucksvoll, wie die erweiterten Möglichkeiten, Gruppen zu bilden und quasi unbegrenzt auch Bilder, Videos und Sprachnachrichten zu verschicken, seitdem zu einer Vervielfachung der kommunikativen Aktivitäten geführt haben. *WhatsApp* berichtete vor Jahren selbst einmal stolz von im Schnitt 30 bis 50 täglich versendeten Nachrichten pro Nutzer.[6] Heute ist der für die Sozialisation so immens wichtige Austausch in der Peergroup, den wir in unserer eigenen Kindheit meist noch mit dem Fahrrad organisierten, ohne solche Dienste überhaupt nicht mehr denkbar. Das Soziale ist damit keineswegs verschwunden, wie zu Beginn der Entwicklungen kritisch prophezeit. Es ist nur immer mehr ins Netz gewandert und hat dabei eine völlig neue Form des Zusammenlebens junger Menschen hervorgebracht, bei der Erziehende vor allem eines sind: außen vor. Nur einen Gruppenchat weiter organisieren Eltern und ihre Kinder allerdings immer häufiger den eigenen Familienalltag.

Mit seinem vielbeachteten theoretischen Konzept der *Mediatisierung des kommunikativen Handelns* hat der Mathematiker und Soziologe Friedrich Krotz (2001)

---

6 2009 ins Rennen gegangen, galt WhatsApp wenig später als der am schnellsten gewachsene Internetdienst. 2014 wurde er von der *Facebook Inc.* ›eingekauft‹, um – neben *Instagram* und *Facebook* – die zu dieser Zeit rasant im Aufwind befindliche mobile Kommunikation junger Menschen unter dem eigenen Dach zu haben.

diesen prägnanten Wandel von Alltag und sozialen Beziehungen, Kultur und Gesellschaft in zentralen Punkten bereits Anfang der 2000er-Jahre trefflich beschrieben. Mit direktem Bezug zum Alltag von älteren Kindern und Jugendlichen lässt sich sagen, dass gerade sie mit den veränderten Formen, Strukturen und Bedingungen von Kommunikation immer mehr in einer Welt aufwachsen, die einerseits von einer Ausdifferenzierung und Integration von Medien zu kaum noch unterscheidbaren kommunikativen Mischformen gekennzeichnet ist. Andererseits – das der springende Punkt – ist ihr Leben zunehmend von einer zeitlich, räumlich und sozial entgrenzten Medienkommunikation geprägt. Da wurde zu Beginn einfach per SMS ›Schluss gemacht‹, Jahre später dann ein Gutteil des (auch konfliktbeladenen) Austauschs über *WhatsApp* realisiert. Seit einigen Jahren scheint sich zudem eine frühe, bereits zu Zeiten von *SchülerVZ* geäußerte Befürchtung zu bewahrheiten. Zumindest zeigen die Daten der KIM- und JIM-Studien, dass sich die junge Menschen in den letzten Jahren immer seltener face-to-face getroffen haben (▶ Tab. 2.1). Dass die Heranwachsenden sich dann auch noch in den realweltlichen Settings physischer Anwesenheit nicht zuletzt mediatisiert austauschen, lässt den grundlegenden Wandel von Kommunikation überdeutlich werden.

2.2 Freizeitwelten junger Menschen im Wandel

Verlassen wir nun die Ebene der eher theoretisch-konzeptionellen Perspektiven auf das veränderte Heranwachsen in der Welt digitaler Medien, dann lässt sich mit den Ergebnissen der einschlägigen Studien[7] empirisch sehr gut nachzeichnen, wie markant sich der Alltag junger Menschen unter dem Eindruck digitaler Endgeräte und Anwendungen verändert hat. Das betrifft sowohl die Relevanz von medialen im Verhältnis zu nonmedialen Freizeitbeschäftigungen als auch speziell den Umgang von Kindern und Jugendlichen mit Medien, die schon immer eine besondere Bindung zu den jungen Menschen aufzubauen vermochten. Die zentrale Größe in diesem ›Spiel‹ sind seit Jahren die Smartphones. Einmal im persönlichen Besitz sind sie schnell so etwas wie der Dreh- und Angelpunkt ihres Alltags.

Dies wird bereits mit Blick auf die Freizeitwelten von Kindern im Alter von sechs bis 13 Jahren unmissverständlich deutlich. Zuerst waren es die verschiedenen Möglichkeiten von (Offline-)Computern, dann die Computerspiele, später die ersten Handys, und in den letzten Jahren eben vor allem die Smartphones. Betrachtet

---

7 Hervorzuheben ist hier die seit Ende der 1990er-Jahre kontinuierlich durchgeführten KIM- und JIM-Studien des Medienpädagogischen Forschungsverbundes Südwest (MPFS) zum Freizeitverhalten und Medienumgang von Sechs- bis 13-Jährigen (KIM-Studie) und Zwölf- bis 19-Jährigen (JIM-Studie) (zuletzt Feierabend et al. 2023, 2024). Ebenfalls online gibt es regelmäßig aktualisiert die vom Internationalen Zentralinstitut für das Jugend- und Bildungsfernsehen (IZI) herausgegebenen Grunddaten zum Medienumgang von Kindern bzw. Jugendlichen, in die ganz verschiedene Studienergebnisse einfließen und verschiedene Studien prägnant zusammengestellt sind (zuletzt von Orde & Durner 2023, 2024).

man die verschiedenen Aktivitäten im Gesamtzusammenhang, dann sind Kinder in Deutschland mit der Schulpflicht mit nichts so häufig beschäftigt wie mit der Erfüllung der schulischen Anforderungen. Seit der ersten KIM-Studie im Jahr 1999 rangieren die Hausaufgaben bzw. das Lernen ganz weit oben in der Liste der häufigsten Freizeitaktivitäten und führen das Ranking im Jahr 2022 noch immer an.

Tab. 2.1: Nach den Daten der KIM- und JIM-Studien zu den (fast) täglichen Freizeitaktivitäten von Kindern (zuletzt Feierabend et al. 2023) und Jugendlichen (zuletzt Feierabend et al. 2024)

Kinder im Alter von 6 bis 13 Jahren (Tendenz seit 2010)		Jugendliche im Alter 12 bis 19 Jahren (Tendenz seit 2010)
Hausaufgaben/Lernen (-)	1.	Smartphone nutzen (++)
Fernsehen (-)	2.	Internet nutzen (++)
Handy/Smartphone nutzen (++)	3.	Musik hören (=)
Drinnen spielen (=)	4.	Videos im Internet (++)
Draußen spielen (-)	5.	Fernsehen (--)
Freunde treffen (--)	6.	Digitale Spiele (++)
Internet nutzen (++)	7.	Video-Streaming-Dienste (++)
Mit Tier beschäftigen (+)	8.	Freunde/Leute treffen (--)
Musik hören (-)	9.	Sport treiben (=)
Digitale Spiele (++)	10.	Tablet nutzen (++)
Radio hören (=)	11.	Radio hören (--)
Videos im Internet (++)	12.	Sprachassistent/Smartspeaker (++)
Bücher lesen (=)	13.	Bücher lesen (=)
Fotos/Videos machen (+)	14.	Familienunternehmungen (+)
Tablet (+)	15.	Podcasts (++)

Von besonderer Bedeutung für die 6- bis 13-Jährigen sind zwar noch immer die Medienbeschäftigungen, die heutige Erwachsene bereits in ihrer Kindheit begleitet haben. Gemeint ist das Fernsehen und – mit einigen Abstrichen – auch das Musik- bzw. Radiohören. Mit dem Rückblick auf die Entwicklungen seit 2010 zeigt das Ranking der häufigsten Freizeitbeschäftigungen in Tab. 1 eindrucksvoll, dass nichts mehr an Relevanz im Leben von Kindern so zugenommen hat wie die Handy- bzw. Smartphonenutzung: Im Jahr 2022 lagen die mobilen Alleskönner nur knapp hinter dem Fernsehen, viele Jahre das ›Leitmedium‹, auf das Kinder am wenigsten verzichten können, auf Platz drei der häufigsten Freizeitbeschäftigungen. Das (drinnen und draußen) Spielen und das Freunde treffen, was immer seltener stattfand, kommen heute erst danach. Mit Internet, Musik- und Radiohören, Gaming, Videos im Internet und dem Bücherlesen, das zumindest nicht allzu viel an Bedeutung verloren hat, wenden sich die Kinder in ihrer Freizeit vor allem Medien, nicht zuletzt den digitalen Optionen, zu.

Der Freizeitraum der Jugendlichen ist fast schon vollständig von den Möglichkeiten der digitalen Welt durchdrungen. Auch hier genügt ein kurzer Blick in das Ranking der Freizeitaktivitäten. Smartphone, Internet, Musik, Onlinevideos digitaler Spiele und Stremingdienste sind hier die zentralen Größen und werden vielerorts noch um Tablets, Smartspeaker und Podcasts ergänzt. Nimmt man kurz die längerfristige Betrachtung aus 25 Jahren JIM-Studie zur Hand, dann zeigt sich der Wandel besonders eindrucksvoll. Viele Jahre lang, bis in die 2000er-Jahre hinein, waren die Jugendlichen in ihrer Freizeit vor allem mit drei Dingen beschäftigt: dem Fernsehen, dem Musikhören und dem Treffen von Freund*innen (oder anderen Leuten). Abgesehen vom Musikhören, zunehmend digital, sind das klassische Fernsehen und die wichtigen Sozialkontakte die Verlierer der Entwicklung.

Generell standen in der 1990er-Jahren mediale und non-mediale Aktivitäten noch mehr oder weniger gleichberechtigt nebeneinander. Ende der 2000er-Jahre war der Jugendalltag dann schon entscheidend von Medien allgemein und digitalen Anwendungen speziell geprägt. Heute sind nur noch die Treffen unter den Peers, das Sporttreiben und die Familienunternehmungen unter den 15 häufigsten Freizeitbeschäftigungen zu finden – und häufig auch noch digital durchdrungen.[8] Und damit beißt sich, was die grundsätzliche Bedeutung für die Sozialisation der Heranwachsenden anbetrifft, die Katze gewissermaßen in den Schwanz. Denn eine Faustregel mitsamt Ausrufungszeichen besagt: Je weniger Anregungen Kinder und Jugendliche aus dem direkten sozialen Umfeld erhalten, umso bedeutsamer werden die Anregungen aus den Medien (Kap. 3).

2.3 Aktuelle Medienwelten von Kindern und Jugendlichen

Das, was die soeben skizzierten Entwicklungen bereits angedeutet haben, wird mit aktuellen Mediennutzungszahlen unübersehbar: Noch nie verbrachten Kinder und Jugendliche hierzulande so viel Zeit mit Medien wie heute. Gerade die Möglichkeiten von digitalen Medien, von Internet, Online-Diensten und Apps auf der einen Seite und den mobilen Alleskönnern auf der anderen haben in den letzten Jahren mit einer starken Dynamik den Freizeitraum junger Menschen medial durchdrungen, wobei sich folgende Umgangsweisen aktuell als markant herausstellen lassen. Die in der ersten Auflage des Herausgeberbandes herausgestellten Entwicklungen hin zu den mobilen Alleskönnern, zu den Vernetzungsangeboten und digitalen

---

8 Zwar hatten die Sozialkontakte mit dem (endgültigen) Wegfall der Beschränkungen unter Corona wieder zugenommen. Wie das Sport treiben und die Familienunternehmungen erreichten sie gemessen an der Häufigkeit aber im Jahr 2023 noch immer nicht das ›Vor-Corona-Niveau‹ (Hajok 2025).

Spielen, die Abwendung vom ehemals wichtigen Fernsehen und Zuwendung zum Streaming setzen sich in der Zwischenzeit weiter fort und werden nachfolgend für die unterschiedlichen Adressat*innengruppen medienerzieherischen Handelns kurz und knapp skizziert.

Erste Medienzugänge von Klein- und Vorschulkindern

In den ersten Lebensjahren – und das ist zentral für die Frage von Medienerziehung – sind Kinder noch auf das angewiesen, was ihnen die Erwachsenen, allen voran die Eltern, aktiv zur Verfügung stellen (oder deren Nutzung sie dulden). Noch immer haben Klein- und Vorschulkinder in erster Linie Zugang zu den direkt an sie als Kind adressierten (bzw. für sie entwickelten) klassischen Kindermedien. Wie am Beispiel von *tiptoi* und *BOOKii* deutlich wird, sind auch diese aber zunehmend digital durchdrungen und erweitert sich das Spektrum früh im Leben um digitale Klang- und Audioerlebnisse, Hörstifte, Sprachsteuerungen und Smarte Speaker zur frühen sprachlichen Bildung, digitale Bilderbücher (mit Erweiterung um Interaktionen), Serien und Sachgeschichten als gestreamtes Video, spezielle Kindertablets als vielseitige und kreative Werkzeuge (di Vetta 2024). Ansonsten setzen Erziehende heute vor allem auf das, was ohnehin im Haushalt verfügbar ist und – etwa im Fall von Fernsehen, Streamingdiensten und Abspielmöglichkeiten für Auditives – auch die Nutzung ›kindgerechter‹ Dinge ermöglicht.

Nach der aktuellem miniKIM-Studie gibt es heute in fast allen Haushalten mit einem Kind im Alter zwischen zwei und fünf Jahren Internetzugang/WLAN, Handy/Smartphone und Fernseher/SmartTV. In vier von fünf Fällen finden Klein- und Vorschulkinder auch Laptop/PC und Streamingdienst-Abo (*Netflix*, *Prime Video* etc.) vor, meist auch ein Tablet, eine feste/tragbare Spielkonsole (*Playstation*, *Xbox* etc.) und ein Radio. Mit Internet-Radio, digitales Radio oder DAB, DVD-Player, CD-/mp3-Player, Kindercomputer und Pay-TV-Abo (z. B. *Sky*) und einem Sprachassistenten (*Alexa* oder *Google Home*) differenziert sich das Spektrum am Verfügbaren in nicht wenigen Haushalten weiter aus. Medial zeigt sich bei Klein- und Vorschulkindern noch immer eine besondere Bindung an klassische Bilderbücher und vorgelesene Geschichten. Es folgen aber bereits das Fernsehen, Musik- bzw. Hörboxen und mit etwas Abstand Tablet und Smartphone (Kieninger et al. 2024).

Im Jahr 2023 konnten im Vorschulalter bereits fast alle Kinder den Fernseher mitbenutzen und zudem jeweils etwa ein Drittel auch auf den abonnierten Streamingdienst im Haushalt, auf ein Tablet, einen PC/Laptop oder das (elterliche) Smartphone zurückgreifen. Unabhängig von der Frage, ob Mädchen oder Junge, mit zunehmender Bedeutung in den letzten Jahren nutzt nun etwa jede*r sechste Vorschüler*in Smartspeaker/Sprachassistenten, allen voran *Alexa* und *Google Home*, oder Hörspielboxen wie *Toniebox*, *Tigerbox*, *Kekz*, *Technifant* und *V-Story*. Ebenso nutzt jede*r Sechste die zu Hause vorhandene Spielkonsole (*PlayStation*, *Switch*, *Xbox* etc.) bzw. Spiele/Games für tragbare/an den Fernseher angeschlossene Konsolen mit. Und jede*r Siebte hat Zugang zu einer tragbaren Spielkonsole (*Switch Lite*, *2DS/3DS* etc.) (Edeka Verlagsgesellschaft et al. 2023).

Auch für die bislang realweltlichen Zugänge kleiner Kinder zur Welt setzen immer mehr Eltern regelmäßig auf die digitalen Möglichkeiten insbesondere von Apps, etwa was das Spielen, Malen und Gestalten, Lernen und eben das Vorlesen anbetrifft. Wenn mittlerweile jedes fünfte Kind zu Hause überhaupt nicht mehr in den Settings physischen Beisammensein und körperlicher Nähe (mitsamt der Möglichkeit, die Dinge fürs Kind zu individualisieren) von den Eltern vorgelesen bekommt (DIE ZEIT et al. 2023), dann geht das vielerorts zu Lasten der wichtigen frühkindlichen Eltern-Kind-Bindungen.

Zunehmend mediatisierte Freizeit der Sechs- bis 13-Jährigen

Schon zu Beginn des Grundschulalter sind Medien, allen voran das Fernsehen, eine wichtige Größe im Leben von Kindern. In den Jahren danach werden für sie insbesondere die digitalen Endgeräte und Anwendungen interessant. Die besondere Dynamik, mit der sie in den letzten Jahren Einzug in den Alltag von Kindern gefunden haben, wird nirgendwo so deutlich wie bei der Nutzung des Smartphones – dem mobilen ›Alleskönner‹, von dem ja auch die Jugendlichen und Erwachsenen kaum ablassen können. In aller Regel noch auf das Gerät eines Elternteils angewiesen, nutzte im Jahr 2014 jedes fünfte Kind zwischen sechs und sieben Jahren zumindest ab und zu ein Smartphone. Im Jahr 2017 war es dann gut ein Drittel, im Jahr 2019 bereits mehr als die Hälfte und im Jahr 2022 waren schon fast zwei Drittel, die – in aller Regel über die Smartphones ihrer Eltern – zumindest gelegentlich Zugang zur digitalen Welt hatten (Rohleder 2022).

Mittlerweile können in Deutschland mit zehn Jahren die meisten auf ein eigenes Smartphone zurückgreifen (ebd., Guth 2023) und sich damit bereits weitgehend autonom in den digitalen Handlungs- und Erfahrungsräumen ausleben. Die Kinder sind dann bereits über weite Strecken unkontrolliert und unbegleitet in der digitalen Welt unterwegs, einerseits weil das Smartphone in aller Regel unterwegs oder im eigenen Zimmer genutzt wird, anderseits weil es nicht allzu viel verbindliche Absprachen und eher selten technische Beschränkungen auf den genutzten Endgeräten gibt.[9] Was die genutzten Anwendungen des Smartphones anbetrifft, ist *WhatsApp* schon zu Beginn als wichtigste App gesetzt. Von den zehn- bis elfjährigen Kindern nutzt zudem jede*r Vierte bereits *TikTok*, jede*r Sechste *Snapchat* und jede*r Elfte *Instagram* – an der Schwelle zum Jugendalter agieren die meisten in diesen Social Media Welten. Vor allem die Mädchen sind beim kommunikativen Austausch im Netz und dem aufmerksamen (Ver-)Folgen dessen, was andere in der Social Media Welt treiben, sehr aktiv (Feierabend et al. 2023).

Mit den personalisiert in die ForYou-Page der jungen Nutzer*innen eingespielten Kurzvideos hat sich *TikTok* als Einstieg von Kindern in die Social Media Welt etabliert. Und obwohl die Kinder in den letzten Jahren auch immer mehr Strea-

---

9 Eine größere Bedeutung hat noch die Berücksichtigung der Altersfreigaben bei der Installation von Apps und Spielen sowie das Erlauben und Verbieten bestimmter Inhalte/Angebote und die Festlegung von Nutzungszeit/-dauer der Endgeräte/Anwendungen (Gebel et al. 2022). Die konsequente Durchsetzung der Regeln (auch mit Einstellungen und technischen Mitteln) steht indes auf einem anderen Blatt.

mingdienste (allen voran *Netflix*) genutzt haben, deren Verbreitung in den Zeiten der Covid19-Pandemie sprunghaft angestiegen war, hat die beliebte Videoplattform *YouTube* noch immer einen exponierten Stellenwert im Kinderalltag. Nicht gedruckte Bücher, aber Zeitungen und Zeitschriften, Radio und lineares Fernsehen haben demgegenüber weiter an Bedeutung verloren – und verlieren auch im Altersverlauf der Kinder deutlich an Relevanz. Die beliebten Games wurden in den letzten Jahren bereits von Kindern immer häufiger in ihren vernetzten Versionen genutzt, wobei die Jungen noch immer häufiger und länger in die digitalen Spielewelten eintauchen – am liebsten per Computer oder Konsole. Seit einigen Jahren schon sind bei ihnen *FIFA* gefolgt von *Minecraft* und dem offiziell erst ab 12 freigegebenen *Fortnite* besonders beliebt. Die Mädchen sind vor allem an *Die Simps*, *Candy Crush* und *Minecraft* gebunden.

Die ebenfalls in der KIM-Studie abgefragten Einschätzungen der Haupterziehenden geben erste Anhaltspunkte, wie lange Kinder heute Tag für Tag mit klassischem Fernsehen, Radio und Büchern sowie mit Internet, digitalen Spielen und Bewegtbildstreaming beschäftigt sind. Die Sechs- bis Siebenjährigen waren demnach im Jahr 2022 im Schnitt schon fast drei Stunden täglich in der Welt der Medien unterwegs, was angesichts der begrenzten Freizeit auch einer der Gründe ist, dass Dinge parallel genutzt und auch nonmediale Beschäftigungen medial durchdrungen sind. Abgesehen vom Radiohören und Bücherlesen nehmen die Mediennutzungszeiten mit zunehmenden Alter der Kinder weiter zu, und zwar vor allem bei den digitalen Zugängen. Bei den älteren, den 12- bis 13-Jährigen, haben sich die täglichen Nutzungszeiten bereits auf fast sechs Stunden aufsummiert – ca. vier Stunden davon werden allein für die Nutzung digitaler Medien, für Internet, Gaming und Streaming verwandt.

Das digital durchdrungene Leben der Jugend

Für Jugendliche stellt sich angesichts der aktuellen Zahlen zur Nutzung fast schon die Frage, ob sie mit dem Smartphone als Dreh- und Angelpunkt ihres Alltags nicht längst überall und jederzeit online sind – und ob es in ihrer (durchaus begrenzten) Freizeit eigentlich noch etwas anderes gibt außer Messengerdiensten, Social Media, Streaming und digitale Spiele. Die täglichen Onlinezeiten, die von knapp dreieinhalb Stunden im Jahr 2019 auf fast viereinhalb Stunden im Jahr 2020 sprunghaft angestiegen waren, haben sich zwar wieder auf das Vor-Corona-Niveau eingepegelt. Allein die täglichen Bildschirmzeiten am Smartphone summieren sich – weitgehend unabhängig vom Geschlecht und Bildungshintergrund – im Verlauf des Jugendalters aber auf dreieinhalb Stunden auf. Zeitungen, Zeitschriften und auch lineares Fernsehen haben demgegenüber im Jugendalltag weiter an Relevanz verloren (Feierabend et al. 2024).

Was allein bei der Nutzung der multifunktionalen Smartphones im Mittelpunkt steht, zeigt der Blick auf die wichtigsten Anwendungen der 12- bis 19-Jährigen: *WhatsApp* ist noch immer die unangefochtene Nummer Eins. Bei den weiblichen Heranwachsenden ist *Instagram* in puncto Wichtigkeit die Nummer zwei, gefolgt *TikTok*, mit weiterem Zugewinn in den letzten Jahren, *Snapchat*, *Spotify* und *You-*

Tube. Bei den männlichen Heranwachsenden ist *YouTube* die Nummer zwei, erst dann kommen *TikTok*, *Snapchat* und *Spotify*. Größere Bedeutung haben im Weiteren nur noch *Facebook* und *Google*. Beide Anwendungen zählen aber nur noch unter zehn Prozent der Heranwachsenden in der letzten JIM-Studie befragten Heranwachsenden zu ihren drei wichtigsten Apps.

Der alltagspraktische Austausch über Messengerdienste und Social Media zur Information und Orientierung im weitesten Sinne sind für die Jugend seit einigen Jahren bereits die zentralen Bezugspunkte in der digitalen Welt. Hier zeigt sich auch, wie eng die Identitätsbildungsprozesse mit den digitalen Formen von Austausch und sozialer Vernetzung, der mediatisierten Selbstdarstellung und dem Einholen von Feedback verflochten sind – und dem, was die großen YouTuber*innen bzw. Influencer*innen an Vorlagen bieten. Die weiblichen Heranwachsenden sind hier noch immer vor allem an Bianca Heinicke, Dagi Bee, Julia Beautx, Pamela Reif und Katja Krasavice gebunden. Bei den männlichen Heranwachsenden führt Rezo das Feld an, gefolgt von Montana Black, Julien Bam, Younes Zarou und Knossi (vom Orde/Durner 2024).

Abgesehen davon stehen für immer mehr Jugendlichen das Streamen von Filmen und Serien via *Netflix* & Co., das Musikstreaming über *Spotify*, auch die Podcasts hoch im Kurs und haben die vernetzten Spielewelten noch immer einen besonderen Stellenwert. Unter den Bedingungen der Covid19-Pandemie sind die Heranwachsenden nicht nur deutlich häufiger, sondern auch länger in die virtuellen Spielewelten eingetaucht – nicht zuletzt, um den belastenden Alltag und eigene Sorgen zu vergessen sowie soziale Kontakte zu knüpfen (oder aufrecht zu erhalten). Trotz wieder zurückgegangener Spielezeiten tauchten im Jahr 2023 die männlichen Heranwachsenden im Schnitt zwei Stunden und die weiblichen eine Stunde täglich in die digitalen Spielewelten ein. *FIFA*, *Minecraft* und *Fortnite* sind noch immer die beliebtesten Titel der Gamer. Mit *Call of Duty* und *Grand Theft Auto (GTA)* sind für nicht wenige auch 18er Spiele relevant. Bei den Gamerinnen sind *Minecraft*, *Super Mario*, *Die Simps* und *Hay Day* sehr beliebt, bei den jüngeren zudem *Candy Crush* und bei den älteren auch *Animal Crossing* (Hajok 2025).

2.4 Herausforderungen für die Medienerziehung

Die soeben nur grob skizzierten veränderten Freizeit- und Medienwelten von Kindern und Jugendlichen lassen sich letztlich zu einem Gesamtzusammenhang verdichten, in dem das medienerzieherische Handeln heute in besonderem Maße unter dem Eindruck des Umgangs junger Menschen mit digitalen Endgeräten und Anwendungen steht und auch mehr denn je darauf bezogen sein muss. Besondere Herausforderungen für ein angemessenes Handeln im Erzieherischen ergeben sich vor allem daraus, dass sich Heranwachsende insbesondere im Umgang mit digitalen Medien immer früher einer direkten Kontrolle und Begleitung durch die Erziehenden entziehen, sie in den mediatisierten Handlungs- und Erfahrungsräumen aufgrund der erweiterten Risikolagen nicht nur förderliche, sondern eben auch irritierende, belastende, verstörende etc. Erfahrungen machen und sich die Erziehenden und ihre Schützlinge auch uneins über die tatsächlichen Potenziale und Gefahren beim Medienumgang sind.

Einer direkten Kontrolle und Begleitung zunehmend entzogen

Das für das erzieherische Handeln in Familien vermutlich spannendste Ergebnis der KIM-Studien ist, dass bereits Kinder überwiegend alleine in ihren Medienwelten unterwegs sind und die Eltern ihnen diese autonomen Zugänge auch im Erzieherischen einräumen. So sind die Kinder nicht nur beim Fernsehen und Streaming in aller Regel sich selbst überlassen, sondern meist auch alleine im Internet unterwegs und tauchen autark in die digitalen Spielewelten ein (Feierabend et al. 2023). Interessanterweise hat sich die Ausgangslage für eine angemessene medienerzieherische Begleitung in diesem Punkt unter den Bedingungen der Covid19-Pandemie trotz des vermehrten physischen Beisammenseins der Familienmitglieder in den Haushalten nicht verbessert, was im Kontext der besonderen Belastung Erziehender zu sehen ist (Hajok 2025).

Fakt ist: Bereits Kinder nutzen Medien allgemein und digitale Medien speziell überwiegend einer direkten elterlichen Kontrolle entzogen, so dass wichtige Fragen (»Was sieht, hört, liest, spielt mein Kind gerade?«) unbeantwortet bleiben und eine erzieherischen Begleitung durch Gespräche über das Genutzte, Erklären und Anleiten sowie Unterstützen bei Problemen und belastenden Erfahrungen nur bedingt erfolgen kann. Die Konsequenz liegt auf der Hand: Aufklärung sowie klare zeitliche und inhaltliche Regeln im Vorfeld der eigentlichen Mediennutzung werden immer wichtiger – und auch hier gibt es durchaus weit verbreitete Schwierigkeiten, die in einen spezifischen Unterstützungsbedarf von Erziehenden münden (▶ Kap. 7). Sie sind weniger ›böser Wille‹, sondern vielmehr die Folge von Unsicherheiten, fehlenden ›Patentrezepten‹ und persönlichen Sichtweisen.[10]

Sieht man sich das Feld von Regeln zur Mediennutzung und einem an Schutz orientierten Handeln der Erziehenden etwas genauer an, dann zeigt bereits die KIM-Studienreihe an einigen markanten Punkten, dass den Heranwachsenden in den letzten Jahren einerseits immer früher in ihrem Leben Zugänge zu digitalen Endgeräten und Anwendungen eingeräumt wurden, es andererseits aber an angemessener erzieherischer Kontrolle und Begleitung fehlt. Im Jahr 2022 erlaubten die Eltern ihren Kindern im Alter von vier Jahren das Fernsehen, mit neun Jahren Handy/Smartphone, Tablet, PC/Laptop, Spielkonsolen und Internet. Mit im Schnitt zehn Jahren durften die Kinder *YouTube*, mit elf Jahren *WhatsApp*, mit zwölf Jahren

---

10 Schon vor einigen Jahren wurde herausgearbeitet, dass Eltern in einem breiten Handlungsspektrum agieren, bei dem medienerzieherische Maßnahmen keineswegs konsistent angewandt werden. Auf der Grundlage ihrer Erfahrungen, Ansichten und Erwartungen gewähren sie Freiräume, begrenzen den Medienumgang ihrer Kinder, gehen regulierend-kontrollierend vor, halten ihre Schützlinge autoritär vor bestimmten Medien und Inhalten fern oder aber agieren unsicher (Junge 2013).

TikTok und *Snapchat* und mit 13 Jahren *Instagram* und *Facebook* nutzen. Bei all diesen erlaubten Zugängen gibt es aber nur in den wenigsten Familien eine (klare) Regel zur Nutzung. Zwei Drittel der Eltern nutzen auch keine technischen Hilfsmittel (Filtersoftware etc.) zum Schutz vor ungeeigneten Inhalten und nur jede*r vierte*r Haupterziehende setzt auf spezielle Sicherheitseinstellungen am vom Kind benutzten Gerät, auf Programme oder Apps, die die Nutzungszeit einschränken, oder richtet für die Kinder Benutzerkonten ein, die einen altersdifferenzierten Zugang sicherstellen (Feierabend et al. 2023).

Erweiterte Risikolagen und neue Möglichkeiten digitaler Medien

Wenn Erziehende den Medienumgang von Kindern und Jugendlichen in den Blick nehmen, dann richtet sich das Hauptaugenmerk allzu oft primär auf das, was sie selbst nicht unbedingt mögen, als problematisch oder sogar schädlich für die Entwicklung oder Erziehung Heranwachsender ansehen. Die bislang längste Zeit war dieser besorgte Blick auf die möglichen Gefahren fokussiert, die aus der Nutzung ganz konkreter, für bestimmte Altersgruppen als ungeeignet oder gar gefährlich eingestufter Medieninhalte resultieren. Hervorzuheben sind die expliziten Darstellungen von Sexualität und Gewalt, die mit den Entwicklungen in der Welt der Medien nicht nur immer neue Verbreitungswege gefunden haben, sondern auch neue Wege in die Lebenswelten junger Menschen. Mit digitalen Medien, die eine örtlich, zeitlich und sozial entgrenzte Nutzung aller erdenklichen Inhalte ermöglichen, haben Jugendliche nun so früh wie nie zuvor Zugang zu einer breiten Palette auch von absolut unzulässigen, potenziell (schwer) jugendgefährdenden oder entwicklungsbeeinträchtigenden Inhalten und werden bereits Kinder in bisher nicht gekanntem Ausmaß damit konfrontiert (Hajok 2015).

Das mit den immer früheren Zugängen zur digitalen Welt ohne Frage ›vorverlagerte‹ Risiko für Heranwachsende, beim Medienumgang mit solchen Inhalten konfrontiert zu werden, ist aber nur die eine Seite der Medaille. Die andere ist, dass sich mit Internet und Onlinediensten auf der einen und mobilen Alleskönnern als präferierten Zugang neue konsum-, kommunikations- und verhaltensbezogene Risiken etabliert haben, an die bis in die 2000er-Jahre hinein noch gar nicht so recht zu glauben war. Als Nutzer*innen von (standardisierten und zunehmend nutzergenerierten) Inhalten werden Heranwachsende in ihrem Leben nicht nur immer früher mit Darstellungen von Sexualität, Gewalt, Extremismus etc. konfrontiert. Sie machen als Marktteilnehmer*innen auch unliebsame Erfahrungen mit Intransparenzen, versteckten Kosten, Targeting und der Weitergabe persönlicher Daten. Als Kommunizierende sind sie im Kontakt mit anderen zuweilen Mobbing, Belästigungen und Formen von Gruppendruck ausgesetzt. Und als Akteure sind sie es manchmal selbst, die andere attackieren, sich zu freizügig präsentieren oder zu tief in die Welt der Medien eintauchen (Dreyer et al. 2013).

Einen profunden Gesamtüberblick über die Gefahren im Netz bietet heute der aktualisierte und erweiterte, von der Bundeszentrale für Kinder- und Jugendmedienschutz (BzKJ) herausgegebenen Gefährdungsatlas (Brüggen et al. 2022). Er ist für den deutschen Anwendungsbereich die umfassendste Erhebung von möglichen Risiken beim digitalen Auf- und Heranwachsen von Kindern und Jugendlichen und weist mittlerweile 43 Medienphänomene mit einem je spezifischem Gefahrenpotenzial aus. Die hier systematisierten Risiken zeugen von einem überaus breiten, für Kinder und Jugendliche wie für Eltern und pädagogische Fachkräfte sehr unübersichtlichen Spektrum an Gefahren und belastenden Erfahrungen junger Menschen in der digitalen Welt, die nach einer angemessenen medienerzieherischen Begleitung insbesondere von Kindern, die von sich aus noch (sehr) begrenzte Fähigkeiten für einen angemessenen Medienumgang ›mitbringen‹ (▶ Kap. 3), verlangen.

Neben den erweiterten Risikolagen eröffnen sich mit den digitalen Endgeräten und Anwendungen natürlich auch Chancen, insbesondere was ein partizipatives Medienhandeln anbetrifft. Gemeint sind die bereits genannten Möglichkeiten von Austausch und Vernetzung, bei denen junge Menschen online zusammenkommen, die offline nicht zueinanderkämen, aber auch die vielfältigen Optionen zur Wissensaneignung und Orientierung, mit denen bereits Kinder alternative Zugänge zu Information etablieren und sich interessengeleitet individuelle Medienmenüs zusammenstellen. Nicht zu vergessen sind die im Altersverlauf immer wichtiger werdenden neuen Möglichkeiten zum Selbstausdruck mit geposteten eigenen Texten, Bildern und Videos sowie die Formen von Kooperation und Kollaboration, mit denen Jugendliche gemeinsam ihre eigenen Inhalte und Strukturen im Social Web erschaffen (Wagner & Würfel 2013).

Zentrales Moment sind bei den Risiken wie bei den Chancen weniger die neuen medialen Möglichkeiten an sich, sondern die Frage, mit welcher Bedeutung fürs eigene Leben sich die jungen Nutzer*innen sich diese zu eigen machen. Denn Medien und ihre Inhalte ›wirken‹ bekanntlich nicht in einer klar bestimmbaren Weise auf ihre Adressat*innen ein. Vielmehr ist der Umgang mit ihnen in komplexe Medienaneignungsprozesse eingebunden, eröffnen sich für die Nutzer*innen in Abhängigkeit von individuellen und sozialen, situativen und medialen Faktoren je spezifische Chancen und Risiken. Diese lassen sich faktisch in allen wesentlichen Entwicklungsbereichen beobachten, bei der Identitätsbildung Heranwachsender, ihrer kognitiven, körperlich-physiologischen, sozialen, ethisch-moralischen und sexuellen Entwicklung, ebenso bei der religiösen Entwicklung und politischen Sozialisation (Hajok 2019). Medienerzieherisches Handeln kommt hier als sozialer und zugleich situativer Faktor ins Spiel, der Risiken minimieren und Potenziale fördern kann.[11]

---

11 Erst kürzlich ist ein Buch bei Kohlhammer erschienen, in dem der Autor die veränderten Freizeit- und Medienwelten mitsamt der Implikationen für die Persönlichkeitsentwicklung junger Menschen und die Erfahrungen von Kindern und Jugendlichen mit den Potenzialen und erweiterten Risiken der digitalen Welt differenziert beschrieben hat (Hajok 2025).

Unterschiedliche Risikowahrnehmung und negative Erfahrungen Heranwachsender

Eine besondere Herausforderung für die Medienerziehung liegt nun darin, dass Eltern und andere Erziehende natürlich eigene Erfahrungen und Vorstellungen haben. Bezogen auf digitale Medien haben mittlerweile zwar die meisten in ihrer eigenen Kindheit und Jugend Erfahrungen mit digitalen Medien, den Handys, Computerspielen und Internetangeboten gemacht, die Welt von sozialen Netzwerken, Messengerdiensten und *YouTube* haben sich die meisten aber erst nach und nach in ihrer Jugend oder jungem Erwachsenenalter erschlossen. Wie am Beispiel von *Facebook* deutlich wird, setzen die Erziehenden vielerorts noch immer auf das, was ihnen vertraut ist, und nehmen auch in der digitalen Welt nicht jede neue Entwicklung mit. *TikTok* ist hier das Beispiel. Sowohl der Blick auf die Chancen wie auf die Risiken folgt insofern immer einer spezifischen Sicht auf die Dinge, die in markanten Punkten dann doch von der Perspektive ihrer Kinder abweicht. Bis heute ist der Blick der Erziehenden, von den pädagogischen Fachkräften noch sehr viel mehr als von Eltern, auf möglichen Risiken fokussiert, sind die Sorgen bezüglich des Umgangs Heranwachsender mit digitalen Medien weit verbreitet und ein zentraler Kontext von medienerzieherischem Handeln (Hajok 2025).

Sehr deutlich wurde dies bereits mit den Ergebnissen des ersten »Jugendmedienschutzindex«, bei dem Heranwachsende im Alter zwischen neun und 16 Jahren sowie ihre Eltern zum Umgang mit onlinebezogenen Risiken befragt wurden (Brüggen et al. 2017). Offen danach gefragt, welche Sorgen sie sich bezüglich möglicher belastender oder schlimmer Erfahrungen bei der Onlinenutzung machen, zeigten die Antworten, dass die Perspektive von Eltern und ihren Kindern kaum weiter auseinanderliegen könnte: Zwei von fünf befragten Neun- bis 16-Jährigen machten sich zunächst einmal keine Sorgen, die anderen richteten ihren Blick zuerst auf Risiken durch das Verhalten anderer Heranwachsender, im Weiteren auf Kontaktrisiken, persönliche Konsequenzen, finanzielle oder technikbezogene Risiken. Von den befragten Elternteilen machte sich demgegenüber nur gut ein Viertel überhaupt keine Sorgen. Mit der aktuellen neuen Ausgabe des Jugendmedienschutzindex wird deutlich, dass die Kluft in den Perspektiven zwischenzeitlich noch weiter auseinander gegangen ist (Gebel et al. 2022). Aufgrund der besonderen Bedeutung für das Erzieherische wird dies in der Neuauflage dieses Bandes mit einem neuen Beitrag differenziert entfaltet (▶ Kap. 4).

Faktisch, und das belegen die Zahlen seit vielen Jahren, machen nicht wenige Heranwachsende auch negative Erfahrungen beim Umgang mit digitalen Medien. Danach gefragt, ob sie bei ihrer Internetnutzung schon mal auf Sachen gestoßen sind, die ihnen unangenehm waren, ihnen Angst gemacht haben oder für Kinder ungeeignet waren, berichteten gar nicht so wenige von entsprechenden Erfahrungen. Mit den (im Leben) immer früheren Zugängen von Kindern zu Social Media im weitesten Sinne spielen auch die ersten Bekanntschaften mit unangenehmen Leuten eine Rolle. Gleich ob es um ungeeignete Inhalte oder problematische Kontakte geht – mit zunehmendem Alter der Kinder nehmen die Erfahrungen noch im Grundschulalter spürbar zu (Feierabend et al. 2023).

Schaut man sich die repräsentativen Daten für die etwas älteren Zielgruppen an, dann zeigt sich, dass die belastenden, verstörenden oder anderweitig negativen Erfahrungen der Heranwachsenden in den letzten Jahren deutlich zugenommen haben. Greift man wahlweise die Ergebnisse der BITKOM-Studienreihe heraus, dann wird dies bereits mit den (wenigen) hier abgefragten Erfahrungen der 10- und 18-Jährigen mit ängstigenden Inhalten, Beleidigungen und (Cyber-)Mobbing sowie der Verbreitung von Lügen über die eigene Person unmissverständlich deutlich: Im Jahr 2017 hatten 19 Prozent der Befragten zumindest eine der entsprechenden Erfahrungen gemacht, 2019 waren 41 Prozent, 2022 sogar 45 Prozent. Hier zeigt sich auch, dass die Heranwachsenden damit in aller Regel bereits an der Schwelle von der Kindheit zur Jugend, im Alter zwischen zwölf und 13 Jahren, zu tun haben (Berg 2017, 2019; Rohleder 2022).

Wenn in den nachfolgenden Beiträgen dann differenziert die Konzepte, Möglichkeiten, Instrumente und Materialien zur Förderung eines angemessenen, auf den Medienumgang junger Menschen bezogenen Handelns abgestellt wird und dabei auch mögliche Zugänge zu den Erziehenden und Fachkräften sowie Kindern und Jugendlichen in spezifischen Handlungskontexten beschrieben werden, wird die Förderung der dafür notwendigen Kompetenzen der Akteur*innen im Mittelpunkt stehen, ohne dass die Chancen, die sich den Menschen heute in der digitalen Welt bieten, aus dem Blick geraten.

Literatur

Beck, U. (1986): Risikogesellschaft. Auf dem Weg in eine andere Moderne. Frankfurt a. M.
Berg, A. (2017): Kinder und Jugend in der digitalen Welt. Berlin.
Berg, A. (2017): Kinder und Jugend in der digitalen Welt. Berlin. Online unter: https://www.bitkom.org/sites/main/files/file/import/170512-Bitkom-PK-Kinder-und-Jugend-2017.pdf
Berg, A. (2019): Kinder und Jugendliche in der digitalen Welt. Berlin. Online unter: https://www.bitkom.org/sites/default/files/2019-05/bitkom_pk-charts_kinder_und_jugendliche_2019.pdf
Böhnisch, L. (2009): Jugend heute – Ein Essay. In: H. Theunert (Hrsg.), Jugend. Identität. Medien. München, S. 27–34.
Böhnisch, L., Lenz, K. & Schröer, W. (2009): Sozialisation und Bewältigung. Eine Einführung in die Sozialisationstheorie der zweiten Moderne. Weinheim, München.
Brüggen, N., Dreyer, S., Drosselmeier, M., Gebel, C., Hasebrink, U. & Rechlitz, M. (2017): Jugendmedienschutzindex: Der Umgang mit onlinebezogenen Risiken – Ergebnisse der Befragung von Eltern und Heranwachsenden. Berlin.
Brüggen, N., Dreyer, S., Gebel, C., Lauber, A., Materna, G., Müller, R., Schober, M. & Stecher, S. (2022): Gefährdungsatlas. Digitales Aufwachsen. Vom Kind aus denken. Zukunftssicher handeln. Aktualisierte und erweiterte 2. Auflage. Bonn. Online unter https://www.bzkj.de/resource/blob/197826/5e88ec66e545bcb196b7bf81fc6dd9e3/2-auflagegefaehrdungsatlas-data.pdf
Dreyer, S., Hasebrink, U., Lampert, C. & Schröder, H.-D. (2013): Herausforderungen für den Jugendmedienschutz durch digitale Medienumgebungen. In: Soziale Sicherheit (CHSS), Heft 4, 195–199.
DIE ZEIT/Stiftung Lesen/Deutsche Bahn Stiftung (2023): Vorlesen gestaltet Welten – heute und morgen. Vorlesemonitor 2023. Repräsentative Befragung von Eltern mit Kindern zwischen einem und acht Jahren. Online unter: https://www.stiftunglesen.de/fileadmin/PDFs/PM/2023/Vorlesemonitor2023_final.pdf

Edeka Verlagsgesellschaft mbH/Egmont Ehapa Media GmbH/Gruner + Jahr GmbH/Panini Verlags GmbH/SUPER RTL Fernsehen GmbH & Co. KG (Hrsg.) (2023): Kinder Medien Monitor (KiMMo). Berichtsband 2023. Online unter https://kinder-medien-monitor.de/wp-content/uploads/2023/07/KINDER-MEDIEN-MONITOR-2023_Berichtsband.pdf

Feierabend, S., Plankenhorn, T. & Rathgeb, T. (2016): JIM-Studie 2016. Basisuntersuchung zum Medienumgang 12- bis 19-Jähriger. Stuttgart.

Feierabend, S., Rathgeb, T., Kheredmand, H. & Glöckler, S. (2024): JIM-Studie 2024. Basisstudie zum Medienumgang 12- bis 19-Jähriger. Stuttgart.

Feierabend, S., Rathgeb, T., Kheredmand, H. & Glöckler, S. (2023): KIM-Studie 2022. Kindheit, Internet, Medien. Basisstudie zum Medienumgang 6- bis 13-Jähriger. Stuttgart.

Fleischer, S. & Hajok, D. (2016): Einführung in die medienpädagogische Praxis und Forschung. Kinder und Jugendliche im Spannungsfeld der Medien. Weinheim, Basel.

Franck, G. (1998): Ökonomie der Aufmerksamkeit. Ein Entwurf. München, Wien.

Gebel, C., Lampert, C., Brüggen, N., Dreyer, S., Lauber, A. & Thiel, K. (2022): Jugendmedienschutzindex 2022. Der Umgang mit online bezogenen Risiken. Ergebnisse der Befragung von Kindern, Jugendlichen und Eltern. Berlin. Online unter: www.jugendmedien schutzindex.de

Guth, B. (2023): Der Wandel der Kindheit. Wie die Mediennutzung das Aufwachsen von Kindern verändert. Köln. Online unter https://www.ad-alliance.de/download/3269005

Hajok, D. (2025): Kinder und Jugendliche in der digitalen Welt. Stuttgart.

Hajok, D. (2019): Heranwachsen in der zunehmend mediatisierten Gesellschaft: Kinder und Jugendliche im Spannungsfeld digitaler Medien. In: TPJ – Theorie und Praxis der Jugendhilfe, Heft 24, »analog – digital – virtuell. Kinder, Jugendliche und pädagogische Fachkräfte im Spannungsfeld digitaler Medien«, S. 8–35.

Hajok, D. (2018): Alles anders mit digitalen Medien? Wie sich Kindheit und Jugend gewandelt haben. In: merz – medien + erziehung, Jg. 62, Heft 4, S. 61–67.

Hajok, D. (2017b): Aktuelle Entwicklungen des Medienumgangs von Kindern und Jugendlichen. Ergebnisse der KIM- und JIM-Studie im Fokus des Kinder- und Jugendmedienschutzes. In: JMS-Report, Jg. 40, Heft 2, S. 5–8.

Hajok, D. (2015): Veränderte Medienwelten – veränderte Ansprüche an die Soziale Arbeit mit Kindern, Jugendlichen und Familien. In: Jugendhilfe, Jg. 53, Heft 3, 208–220.

Junge, T. (2013): Jugendmedienschutz und Medienerziehung im digitalen Zeitalter. Eine explorative Studie zur Rolle der Eltern. Wiesbaden.

Kammerl, R. (2005): Internetbasierte Kommunikation und Identitätskonstruktion. Selbstdarstellungen und Regelorientierungen 14- bis 16-jähriger Jugendlicher. Hamburg.

Keupp, H., Ahbe, T., Gmür, W., Höfer, R., Kraus, W., Mitzscherlich, B. & Straus, F. (1999): Identitätskonstruktionen. Das Patchwork der Identitäten in der Spätmoderne. Hamburg.

Kieninger, J., Feierabend, S., Rathgeb, T., Gerigk, Y., Glöckler, S. & Spang, E. (2024): miniKIM-Studie 2023. Kleinkinder und Medien. Basisuntersuchung zum Medienumgang 2- bis 5-Jähriger in Deutschland. Stuttgart.

Krappmann, L. (1969): Soziologische Dimensionen der Identität. Strukturelle Bedingungen für die Teilnahme an Interaktionsprozessen. Stuttgart.

Krotz, F. (2001): Die Mediatisierung des kommunikativen Handelns. Der Wandel von Alltag und sozialen Beziehungen, Kultur und Gesellschaft durch die Medien. Wiesbaden.

Niesyto, H. (2013): Bildung – Beschleunigung – Medien. In: A. Hartung, A. Lauber & W. Reißmann (Hrsg.), Das handelnde Subjekt und die Medienpädagogik. München, S. 287–296.

vom Orde, H. & Durner, A. (2023): Grunddaten Kinder und Medien 2023. Zusammengestellt aus aktuellen Befragungen und Studien. München: IZI. Online unter: https://izi.br.de/deutsch/Grunddaten_Kinder_u_Medien.pdf

vom Orde, H. & Durner, A. (2024): Grunddaten Jugend und Medien 2024. Zusammengestellt aus verschiedenen deutschen Erhebungen und Studien. München: IZI. Online unter https://izi.br.de/deutsch/Grundddaten_Jugend_Medien.pdf

Orth, B. & Merkel, C. (2020): Die Drogenaffinität Jugendlicher in der Bundesrepublik Deutschland. 2019. Teilband Computerspiele und Internet. BZgA-Forschungsbericht. Köln:

Bundeszentrale für gesundheitliche Aufklärung. Online unter: https://doi.org/10.17623/BZGA:225-DAS19-DE-1.0

Pariser, Eli (2011): The Filter Bubble: What the Internet Is Hiding from You. New York.

Pörksen, B. & Krischke, W. (2012): Die Gesellschaft der Beachtungsexzesse. In: D. Hajok, O. Selg &. Hackenberg (Hrsg.), Auf Augenhöhe? Konstanz, S. 57–70.

Rohleder, B. (2022): Kinder- & Jugendstudie 2022. Berlin: BITKOM. Online unter: https://www.bitkom.org/sites/main/files/2022-06/Bitkom-Charts_Kinder_Jugendliche_09.06.2022_0.pdf

Rosa, H. (2005): Beschleunigung. Die Veränderung der Zeitstrukturen in der Moderne. Frankfurt a. M.

Sennett, R. (1998): Der flexible Mensch. Die Kultur des neuen Kapitalismus. Berlin.

Schiedeck, J. & Stahlmann, M. (2012): Sucht 2.0 oder von der Sucht zur Suchtmaschine. Das ›aholic‹ als neue Sozialfigur. In: Brückenschlag. Zeitschrift für Sozialpsychiatrie – Literatur – Kunst, Bd. 28. Neumünster, S. 11–21.

Thomasius, R. (2024): Problematische Mediennutzung im Kindes- und Jugendalter in der postpandemischen Phase. Mediensuchtstudie Welle 6. Präsentation UKE. Online unter https://caas.content.dak.de/caas/v1/media/58688/data/a07e6ab7fa121a4c38d4f8892ae2e3ec/240227-download-praesentation-dak-suchtstudie.pdf

Uehlecke, J. (2008): Total vernetzt. In: DIE ZEIT, Ausgabe 36 vom 28. August 2008. https://www.zeit.de/2008/36/OdE45-Kommunikation; Abruf 15.11.2018.

Unger, A. (2014): Identitätsbildung zwischen Kontrolle und Unverfügbarkeit. Die Rahmung von Interaktion, Selbstdarstellung und Identitätsbildung auf Social Network Sites am Beispiel Facebook. In: R. Kammerl, A. Unger, P. Grell & T. Hug (Hrsg.), Jahrbuch Medienpädagogik 11. Wiesbaden, S. 35–56.

di Vetta, S. (2024): Welche Medienangebote gibt es für die Kleinsten. In: merz – medien und erziehung, Jg. 68, Heft 1, S. 10–17.

Wagner, U. & Würfel, M. (2013): Gesellschaftliche Handlungsfähigkeit in mediatisierten Räumen. In: A. Hartung/A. Lauber/W. Reißmann (Hrsg.), Das handelnde Subjekt und die Medienpädagogik. München, S. 159–167.

3 Medienerziehung als intendiertes, auf die Lebenswelten, Vorlieben und Kompetenzen Heranwachsender bezogenes Handeln

Sandra Fleischer-Tempel & Daniel Hajok

Bereits Kinder wachsen heute in einer komplexen Medienwelt auf. Zu den frühen Erfahrungen mit Bilderbüchern und vorgelesenen Geschichten gesellen sich schnell Erfahrungen mit einem breiten Spektrum verfügbarer Medien. Werden zu Beginn noch die Umgangsweisen Erwachsener und älterer Geschwister aufmerksam beobachtet und auch imitiert, gehen Kinder im Grundschulalter bereits gezielt ihren eigenen Interessen nach. Im Kontext der Bewältigung ihrer Entwicklungsaufgaben werden Medien im Jugendalter dann weitgehend autonom zur Ausgestaltung sozialer Beziehungen und zum Selbstausdruck genutzt. Das erzieherische Handeln von Erwachsenen rahmt die verschiedenen Formen der Medienaneignung Heranwachsender. Es orientiert sich im Ideal an den spezifischen medienbezogenen Vorlieben und Kompetenzen von Kindern und Jugendlichen – an dem, was sie zu einem bestimmten Zeitpunkt entwicklungs- und sozialisationsbedingt mit Medien anfangen wollen und bereits können.

3.1 Einleitung

Schnell werden Medien heute zu unverzichtbaren Begleitern junger Menschen. Sie faszinieren Kinder und Jugendliche, bieten ihnen Möglichkeiten zur Unterhaltung und Entspannung, Information und Orientierung, zu Austausch und Vernetzung. Gerade digitale Medien, mobile Endgeräte auf der einen, Internet und Onlinedienste auf der anderen Seite sind heute längst wichtige ›Miterzieher‹ junger Menschen. Sie fungieren als Sozialisationsagenten (vgl. Süss 2004), die in aller Regel ohne expliziten Erziehungsauftrag, also neben den intendierten Einflüssen von elterlicher Erziehung und schulischer Bildung, Sozialisationsprozesse mitgestalten. Denn in welchen mediatisierten Welten Kinder und Jugendliche auch unterwegs sind, permanent werden hier auch Normen, Werte, gesellschaftliche Erwartungen und Ansprüche an den Einzelnen herangetragen. Aufgrund der stark erweiterten Medienzugänge, innerhalb derer sich Heranwachsende schon früh der Kontrolle und Begleitung von Erwachsenen entziehen, ist es in den letzten Jahren immer wichtiger geworden, dass frühzeitig adäquate Kompetenzen im Umgang mit den Medien erworben werden, um die vielfältigen Möglichkeiten positiv für das eigene Leben nutzen und möglichen Gefahren aus dem Weg gehen zu können.

Im Mittelpunkt der Auseinandersetzung um die Funktion und Bedeutung der Medien für Kinder und Jugendliche stehen heute nicht mehr Printmedien (Bücher, Zeitungen, Zeitschriften etc.), Rundfunk (Hörfunk und Fernsehen), Kino und Trägermedien (CDs, Audio-Kassetten, Schallplatten etc.), sondern mehr denn je digitale Medien. Denn mit Mobilfunk, Computerspielen, digitalen Träger-/Speichermedien, Internet, Onlinediensten, Apps und den mobilen onlinefähigen Endgeräten haben sich Produktion, Verbreitung und Nutzung der Medien seit den 1990er Jahren tiefgreifend verändert. Zu verweisen ist hier vor allem auf die neuen, vor 25 Jahren noch unvorstellbaren Möglichkeiten der Echtzeit- und Mobilkommunikation sowie auf die Interaktivität heutiger Mediennutzung mitsamt ihren Chancen für gesellschaftliche Partizipation.

Vor allem mit ihren Kommunikationsmöglichkeiten und Orientierungsangeboten sind Medien, die technischen Endgeräte, Anwendungen und Infrastrukturen sowie die hiermit vermittelten Inhalte zu wichtigen Einflüssen und Begleitern im Kinder- und Jugendalltag geworden. Sie tangieren Erziehungs-, Selbstlern- und Bildungsprozesse längst nicht mehr nur am Rande, sondern werden insofern zu einer immer wichtigeren Größe, als dass die jungen Nutzer in der Aneignung der neuen Möglichkeiten die Prozesse zunehmend eigenaktiv mit ausgestalten. Indem sich Kinder und Jugendliche über die neuen Kommunikationsdienste und das Internet auf vielfältige Weise Informationen, Wissensinhalte und Wertorientierungen aneignen, wird die Nutzung digitaler Medien als Form informeller Bildung neben den Einflüssen von Erziehung und schulischer Bildung immer wichtiger. Dadurch verändern sich letztlich auch die Voraussetzungen, Notwendigkeiten und Möglichkeiten von Bildung und Lernen: Erzieherisches und pädagogisches Handeln sind heute mehr denn je als Handeln in einer medial geprägten Welt zu denken.

Die Konsequenz liegt auf der Hand: Im Rahmen einer ganzheitlichen, an den Interessen und Bedürfnissen von Kindern und Jugendlichen ansetzenden Medienkompetenzförderung im Rahmen eines angemessenen, am Medienumgang von Heranwachsenden ansetzenden medienerzieherischen Handelns sowie pädagogisch strukturierter Medienbildungsprozesse in Kita, Schule und außerschulischer Medienarbeit sollten und können digitale Medien frühzeitig aktiv in die Prozesse von Erziehung und Bildung einbezogen werden. Der zentrale Hintergrund hierfür sind die medienbezogenen Vorlieben und Kompetenzen, die Kinder und Jugendliche im Altersverlauf bedingt von ihrem Entwicklungsstand und ihrer Sozialisation unter den Einflüssen von Erziehung und Bildung entfalten.

Welche Kompetenzen die Heranwachsenden idealtypisch in den unterschiedlichen Phasen ihrer Entwicklung ausbilden, ist bereits für die zentralen Handlungskontexte pädagogischen Handelns theoretisch beschrieben und empirisch fundiert worden, etwa als Grundlage einer angemessenen (familiären) Medienerziehung (vgl. Eggert & Wagner 2016), als zentraler Hintergrund des vor allem am Alter der Heranwachsenden festgemachten Handelns im Kinder- und Jugendmedienschutz (vgl. Hajok 2015a), den Handlungsfeldern Sozialer Arbeit (vgl. Fleischer & Hajok 2014), als Basis für eine Initiierung und Ausgestaltung von Medienbildungsprozessen in Kita und Schule (vgl. Fleischer & Hajok 2015) und mittlerweile auch im Hinblick auf eine gelingende Teilhabe junger Menschen (vgl. Kramer & Gabler 2021). Nach einer kurzen Einführung zum Anliegen von Medienerziehung sowie zu den lebensweltlichen Kontexten für die dahinterstehenden Erziehungs- und Bildungsprozesse beschreiben wir nachfolgend die grundlegenden medienbezogenen Fähigkeiten und Vorlieben junger Menschen im Altersverlauf und skizzieren damit den zentralen Rahmen für ein auf den Medienumgang junger Menschen angemessenes medienerzieherisches Handeln.[12]

3.2 Medienerziehung als besondere Herausforderung der digitalen Welt

Eigentlich ist der Begriff Medienerziehung in den letzten Jahren etwas aus der Mode gekommen. Dafür hören wir immer häufiger von einer Medienbildung in der zunehmend digitalen Gesellschaft. Wir bleiben dennoch beim Begriff Medienerziehung, da dieser auf einen deutlich breiter angelegten Gegenstandsbereich verweist und in unserem Verständnis jegliche erzieherische Einflussnahme und pädagogische Begleitung des Medienumgangs von Kindern und Jugendlichen erfasst. Der Blick richtet sich dabei auf ganz unterschiedliche Handlungsräume (Schule, Familie, Kita etc.) und lässt ein breites Spektrum an spezifischen Erziehungs- und Bildungsaufgaben in der Mediengesellschaft erkennen (vgl. Spanhel & Dichanz 2006). Medienbildung ist demgegenüber dem Verständnis von Bildung im Sinne eines lebenslangen Lernens verpflichtet und als ein dauerhafter, pädagogisch strukturierter und begleiteter Prozess einer konstruktiven und kritischen Auseinandersetzung mit der Welt der Medien vor allem für die formellen Bildungsprozesse an Schulen konzipiert (vgl. KMK 2012).[13]

Wesentlicher Anspruch von Medienerziehung und Medienbildung ist, dass Kinder und Jugendliche nicht vor Medien und ihren Inhalten ›bewahrt‹ werden sollen. Ebenso wenig sollten die auf den Medien und den Medienumgang bezogenen Erziehungs- und Bildungsprozesse nicht nur funktional als gesellschaftliche Anforderung formuliert werden, in der Heranwachsende zu ›nützlichen‹ Mitgliedern in unserer Gesellschaft werden. Als aktives, pädagogisch gerahmtes Tun sollen Medienerziehung und Medienbildung vielmehr Handlungs- und Erfahrungsräume bieten, in denen Kinder und Jugendliche frühzeitig Erfahrungen mit den verschiedenen Medien (vom Foto über das Buch bis hin zu mobilen Endgeräten und Online-Diensten) sammeln, diese auch gegenüber Erwachsenen ausdrücken und gemeinsam aktiv bearbeiten können.

---

12 Grundlage ist eine auf Medienbildungsprozesse fokussierte ausführliche Darstellung an anderer Stelle, die auf den Bereich Medienerziehung fokussiert wird (vgl. Fleischer & Hajok 2019).
13 In einem späteren Strategiepapier der Kultusministerkonferenz wird Medienbildung als ein besonderer Bildungsauftrag von Allgemeinbildenden Schulen und beruflicher Bildung in der digitalen Welt hervorgehoben (vgl. KMK 2016) und mittlerweile auch um eine Empfehlung zur Strategie »Bildung in der digitalen Welt« ergänzt (vgl. KMK 2021).

In diesem Gesamtzusammenhang gilt es zum einen, an die individuellen Kompetenzen, Alltagserfahrungen und das Vorwissen von Kindern und Jugendlichen anzuknüpfen. Die spezifischen Anforderungen im Rahmen medienerzieherischen Handelns reichen hier von einem schrittweisen Heranführen an die Welt der Medien bis hin zur Unterstützung eines kritisch-reflexiven Umgangs mit den verschiedensten Medieninhalten. Zum anderen gilt es, die neueren Entwicklungen bei Kinder- und Jugendmedien sowie den Medienumgang Heranwachsender mitsamt den Chancen und Risiken zum Thema zu machen. Hier sind neben den Akteuren von familiärer und institutionalisierter Erziehung explizit auch die pädagogischen Fachkräfte in den Orten formeller und informeller Bildung gefordert, die didaktischen Möglichkeiten, die der Einsatz digitaler Medien eröffnet, aktiv zu nutzen (vgl. Fleischer & Hajok 2015).

3.3 Medienkompetenz als Erziehungs- und Bildungsziel

Da bereits die frühe Kindheit eine mediatisierte Kindheit ist, sollten Medienerziehung und Medienbildung auch früh Orientierung im ›Mediendschungel‹ bieten und junge Menschen beim Aufbau von Medienkompetenz und der Verarbeitung persönlicher Medienerfahrungen unterstützen (vgl. Fleischer 2014). Das Medienhandeln ist dabei von Beginn an eng mit den Fähigkeiten und Fertigkeiten verknüpft, die als Teil von kommunikativer Kompetenz und Handlungskompetenz im Begriff der Medienkompetenz gebündelt werden (vgl. Schorb & Wagner 2013). In diesem Sinne ist Medienkompetenz keineswegs nur ein formuliertes Ziel formeller Bildungsprozesse, sondern auch ein grundlegendes Entwicklungs- und Erziehungsziel, das es nicht zuletzt in den informellen und nonformalen Bildungskontexten von außerschulischer Kinder und Jugendarbeit sowie in familiärer Erziehung zu erreichen gilt. Die dahinterstehende anvisierte und zu fördernde Kompetenz von Kindern und Jugendlichen lässt sich dabei stark vereinfacht und zunächst noch etwas abstrakt als Befähigung des Menschen zur souveränen Lebensführung in einer (zunehmend) mediatisierten Gesellschaft auf eine grundlegende Formel bringen (ebd.).

Orientiert an den Leitideen von Erziehung und Bildung geht es dabei vor allem um die Fähigkeit und Bereitschaft zu einem sachgerechten, selbstbestimmten, kreativen und sozial verantwortlichen Handeln in der von Medien mitgestalteten Welt (vgl. Tulodziecki 1997). Dies umfasst wiederum eine Reihe von Fertigkeiten und Kompetenzen sowie spezifische Zugänge zur Welt der Medien, die im Fachdiskurs zu grundlegenden Dimensionen von Medienkompetenz gebündelt werden. Den verschiedenen Konzepten und Modellierungen gemein ist, dass Medienkompetenz ein vielschichtiges und mehrdimensionales Phänomen ist, dem sich nicht nur, aber insbesondere die Pädagogik aus unterschiedlichen Richtungen annähert (vgl. z. B. Baacke et al. 1999, Gapski 2001). Bereits an den spezifischen Ansprüchen einer frühkindlichen Medienbildung (vgl. Fthenakis et al. 2009) ansetzend lassen sich – stark vereinfacht – folgende vier Bereiche einer Medienkompetenzförderung in Bildung und Erziehung als zentral herausstellen:

- Erstens geht es darum, die Erfahrungen und praktischen Kenntnisse im Umgang mit Medien sukzessive zu erweitern. Dazu gehört, die verschiedenen Medien im Alltag zu entdecken, deren Funktionsweise zu erforschen und sich im Weiteren dann die Bedienung der technischen Endgeräte und sinnvolle Verwendung ihrer zunehmend multimedialen Anwendungen anzueignen.
- Zweitens geht es darum, Verständnis und Fähigkeiten dafür zu entwickeln, Medien und ihre Inhalte für eigene Anliegen, Fragen und Bedürfnisse zu nutzen. Dazu gehört, dass Heranwachsende sich technische Endgeräte, Angebotsstrukturen, mediale Anwendungen und Inhalte als Informationsquellen, zum Lernen, als Mittel zur Kommunikation, als kreatives Ausdrucksmittel und als Angebote zur Unterhaltung und Entspannung sowie zum ästhetischen Erleben aneignen.
- Drittens geht es darum, Verständnis und Fähigkeiten dafür zu entwickeln, den eigenen Medienumgang bewusst wahrzunehmen und zu reflektieren. Hierzu gehört, dass die Heranwachsenden frühzeitig lernen, medienbezogene Erfahrungen und Emotionen auszudrücken, zu verarbeiten und auf der Basis der eigenen Auseinandersetzung alternative Handlungsoptionen beim zukünftigen Medienumgang mitzubedenken.
- Viertens sollen Verständnis und Fähigkeiten auch dafür entwickelt werden, das Wesen und die Funktionen von Medien zu durchschauen. Dazu gehört, dass Heranwachsende auf der Grundlage eigener Erfahrungen und erworbenen Wissens die Fähigkeit ausbilden, die Medien, ihre Inhalte und Strukturen als vom Menschen gemacht zu erkennen und sich der dahinterstehenden Absichten (z. B. Kommerz und Werbung, Erfassung persönlicher Daten, Kontrolle und Überwachung) bewusst zu werden.

Im Sinne dieser Fähigkeiten und Fertigkeiten wird Medienkompetenz zum einen als eine grundlegende Zielkategorie des Handelns von Eltern und anderen Erziehenden konzipiert. Für die pädagogisch stark vorstrukturierten formellen Bildungsprozesse wird Medienkompetenz als eine ›überfachliche‹ bzw. fächerübergreifende Kompetenz konzipiert, die gerade Schulen – in Deutschland immer noch vor allem auf eine klassischen Vermittlung von Fachwissen ausgerichtet – vor neue Aufgaben stellt (vgl. Meister 2013).[14] In den ›offenen‹ Bildungskontexten der außerschulischen Kinder- und Jugendarbeit haben sich demgegenüber in der aktiven Medienarbeit (vgl. Schell 2003) wichtige Zugänge etabliert, Heranwachsende in pädagogisch gerahmten, authentischen Learning-by-Doing-Prozessen dabei zu unterstützen, reflexiv-praktische, auf den Medienumgang bezogene Kompetenzen auszubilden.

---

14 Im Anschluss an die angepassten Bildungs- und Rahmenlehrpläne der Länder wurde in den letzten Jahren zwar ein Lernen mit Medien weiter etabliert, das Lernen über Medien bleibt im Unterricht aber noch über weite Strecken außen vor (vgl. Fleischer & Hajok 2019). Dem ist bis heute nichts hinzuzufügen.

3.4 Individuelle Medienaneignungsprozesse

Als aktiv handelnde Subjekte eignen sich Kinder und Jugendliche die Medien und ihre Inhalte nicht nur während der eigentlichen Rezeption, bei der Nutzung von Medien und Wahrnehmung ihrer Inhalte an. Eine besondere Bedeutung haben auch die vorgelagerten Such- und Auswahlprozesse sowie die nachgelagerte kommunikative Auseinandersetzung, allem voran in den Peergroups. Das Repertoire verfügbarer Medien erschließen sich die Heranwachsenden nicht ›auf einen Schlag‹ für sich, sondern schrittweise in Abhängigkeit von ihrem Entwicklungsstand und ihren handlungsleitenden Themen, der Angebotsstruktur der Medien und des sozialen Umfelds (vgl. Theunert & Demmler 2007). Die Prozesse von Medienaneignung sind dabei in ein komplexes Zusammenwirken von individuellen und gesellschaftlichen, sozialen und medialen Bedingungsfaktoren eingebettet. Neben den Heranwachsenden mit ihren entwicklungsbedingten Fähigkeiten, je spezifischen realen und medialen (Vor-)Erfahrungen, persönlichen (nicht nur medienbezogenen) Interessen, Vorlieben und Kompetenzen sind die Erziehenden, allen voran die Eltern mit ihren wiederum spezifischen Erfahrungen, Ansichten und Erwartungen sowie weitere soziale Bezugspersonen wie Lehrer und Erzieher, Freunde und ältere Geschwister als ›Miterziehende‹ wichtige Akteure (vgl. Lauber & Hajok 2013).

Visuelle und auditive Medien bilden zwar nach wie vor die ersten Zugänge von Kindern zur Welt der Medien, werden aber mittlerweile schnell (meist bereits vor Schuleintritt) um audiovisuelle und auch interaktive Medien ergänzt. Inhaltlich ist der Medienumgang von Kindern und Jugendlichen vor allem von den individuellen Interessen gekennzeichnet, die in der stark vereinfachten Betrachtung eine Reihe von alters- und entwicklungsspezifischen Bezügen erkennen lässt. Hier spielen auch die vielerorts beobachtbaren, vermeintlich geschlechtsspezifischen Fokussierungen von Mädchen (gesteigertes Interesse an Freundschaften, Musik, Stars, Mode, Kleidung etc.) und Jungen (gesteigertes Interesse an Sport, Technik, Computer, Internet, digitale Spiele etc.) eine Rolle. Sie sind eine wichtige Basis für spezifische Medienvorlieben (v. a. Mädchen mögen Castingshows und Outfitvorlagen, v. a. Jungen sehen gern Actionfilme und Sport) und Medienumgangsweisen (Mädchen nutzen das Internet eher kommunikationsorientiert, Jungen eher spiele- bzw. unterhaltungsorientiert). Doch gibt es im Detail sehr diversifizierte und zunehmend individualisierte Präferenzen und Nutzungsweisen.

Wie Medienbildung verfolgt letztlich auch Medienerziehung den universellen Anspruch, Kinder und Jugendliche unabhängig von Alter, Herkunft und Geschlecht bei der Ausbildung von Medienkompetenz zu unterstützen und eine Nutzungsvielfalt für alle anzustreben. Dennoch gilt es, die wesentlichen interindividuellen Differenzen zu berücksichtigen und darüber hinaus auch im Blick zu behalten, dass Medien und ihre Inhalte selbst wie auch die in den Erziehungs- und Bildungskontexten Tätigen geschlechter- und milieuspezifische Erwartungen und Konnotationen transportieren. Für die Erziehungspraxis bedeutet dies, auf die jeweiligen Stärken und Schwächen der Kinder und Jugendlichen einzugehen (z. B. im Hinblick auf technische und kommunikative Kompetenzen), ohne dabei einer Polarisierung Vorschub zu leisten. Sozioökonomisch Benachteiligten und von Armut Betroffenen, die auch bei den Medienzugängen benachteiligt sind, ist ein altersangemessener Zugang zu Medien und medialen Ausdrucksformen zu eröffnen und so einer digitalen Spaltung der Gesellschaft, insbesondere was eine Reproduktion sozialer Ungleichheiten anbetrifft, entgegenzuwirken.

3.5 Lebensweltliche Kontexte von Medienerziehung

Die Entwicklung und gezielte Förderung von Medienkompetenz im Rahmen erzieherischen Handelns ist nicht nur von den soeben angesprochenen individuellen und sozialen Unterschieden bedingt, sondern auch von technischen Infrastrukturen (z. B. dem Vorhandensein von Highspeed-Netzen) und den ökonomischen Gegebenheiten (z. B. um technische Endgeräte wie Smartphone, Tablets, Spielkonsolen anschaffen zu können). Ob, wie oft, wie lange und in welchen Konstellationen Medien genutzt werden, hängt im Weiteren auch davon ab, in welchen ›Verhältnissen‹ Kinder und Jugendliche leben und inwieweit ihnen hier alternative Freizeit- und Beschäftigungswelten zur Verfügung stehen. Eine angemessene Medienerziehung ist insofern mit dem spezifischen Anspruch verbunden, die materiellen und sozialen Anregungsumwelten von Kindern und Jugendlichen zu berücksichtigen. Welche Zugänge zu Medienangeboten stehen ihnen offen? Welche nicht-medialen Freizeitangebote stehen ihnen zur Verfügung und sind diese vor Ort? Welche Angebote der medialen und nicht-medialen Freizeitgestaltungen wollen und können Erziehende und pädagogische Fachkräfte ermöglichen? Folgende lebensweltliche Kontexte lassen sich in diesem Zusammenhang als zentral herausstellen (vgl. Fleischer & Hajok 2019):

1. Familie: Neben dem sozioökonomischen Hintergrund im Elternhaus, der den Zugang zu bestimmten Medien beeinflusst, steht die Medienaneignung von Kindern und Jugendlichen unter dem Eindruck der verschiedenen Erziehungsstile bzw. Muster der Medienerziehung, die Eltern bezogen auf den Medienumgang ihrer Kinder praktizieren (vgl. Eggert et. al. 2013, Wagner et al. 2016, ▶ Kap. 7). Wesentlich hierfür sind die persönlichen Überzeugungen und Vorstellungen über positive oder negative Implikationen für die Persönlichkeitsentwicklung junger Menschen. Dabei haben die Erziehenden zu den verschiedenen Medien und Medienangeboten durchaus verschiedene Ansichten und ›erinnern‹ das erzieherische Handeln ihrer Eltern, wenn sie bspw. mit (Medien-)Verboten agieren. Wichtig ist zudem, wie die Eltern und andere Familienmitglieder mit den Medien umgehen. Kinder nehmen dies von Beginn an als Erfahrungshintergrund und ›Folie‹ für das eigene Medienhandeln sehr interessiert wahr. Die rasanten Entwicklungen im Bereich digitaler Medien stellen viele Eltern jedoch vor die große Herausforderung, beim erzieherischen Handeln kaum noch auf umfangreiches Erfahrungswissen und im eigenen Handeln begründete Normen setzen zu können.

2. Peers: Mit zunehmendem Alter der Kinder nimmt auch der Einfluss ihrer (meist gleichaltrigen) Freunde und Bekannten zu. Freundschaftsbeziehungen werden nicht zuletzt im gemeinsamen Medienhandeln ausgelebt – in der gemeinsamen Mediennutzung, im Gespräch über die Inhalte, im Nachspielen, in der Begeisterung für bestimmte Figuren. In Kindergartengruppen, Schulklassen sowie Vereinsgruppen etablieren sich Fankulturen. Um in der Peergroup mitreden zu können, ist es bereits im Grundschulalter wichtig, über die präferierten Medieninhalte (Fernsehsendungen, Digitale Spiele, Apps) anderer Bescheid zu wissen. Es bilden sich Expertenstrukturen heraus, in denen ›kleine Medienexperten‹ eine hohe Anerkennung bzw. hohes soziales Ansehen genießen. Der Aufbau einer eigenen Kinder- und Jugend-Medienkultur begünstigt eine frühe Autonomie und setzt die Ablöseprozesse von Eltern immer früher in Gang. Im Jugendalter ist Expertenwissen zu bestimmten Anwendungen digitaler Medien hochgeschätzt und in den Peergroups und Cliquen ein wesentliches Moment bei der Aushandlung der sozialen Positionen.
3. Soziales Netzwerk: Dieses wird heute nicht mehr nur persönlich-lokal, sondern zunehmend medial aufgebaut und gepflegt. Zunächst besteht das soziale Netzwerk aus persönlich bekannten Menschen, erweitert sich in medialen Kontakten aber schnell um Menschen, die man noch nie in der Realität getroffen hat. Sind die Heranwachsenden nicht angemessen sozial eingebunden, etwa weil sie keine beste Freundin oder keinen besten Freund haben, kann dies von den Betroffenen als starke emotionale Belastung empfunden werden, zu deren Bewältigung sie auch in Medien nach Hilfestellungen und Anregung suchen. Auch Protagonisten der Medien (Schauspieler, bekannte YouTuber, aber auch fiktive Figuren) können in das ›eigene‹ soziale Netzwerk aufgenommen werden. Die Heranwachsenden fühlen sich wohl mit ihnen, stellen eine Verbindung zu ihnen her, identifizieren sich mit ihnen oder nehmen sie als idealisiertes Vorbild wahr (vgl. Fleischer 2007). Eine Art Faustregel und zugleich pädagogisches Ausrufezeichen ist: Je weniger Anregungen Kinder und Jugendliche aus ihrem direkten sozialen Umfeld erhalten, umso bedeutsamer werden Anregungen aus den Medien.
4. Erziehungs- und Bildungsinstitutionen: Kindergarten, Schule, Einrichtungen der Kinder- und Jugendhilfe sowie Projekte der außerschulischen Arbeit bieten Kindern und Jugendlichen spezifische Medienwelten. In Kitas etwa werden – bereits pädagogisch begleitet – erste gemeinsame Schritte in die Welt der Kindermedien (Bilder- und Hörbücher, auditive und visuelle Medien) unternommen. In den schulischen Kontexten stehen die Heranwachsenden bereits einer pädagogisch funktionalisierten Medienwelt gegenüber, die vom Einsatz der Medien als didaktische Mittel der Wissensvermittlung und (punktuell) auch von der Verwendung der Medien als Werkzeuge zur (selbständigen) Wissensaneignung gekennzeichnet sind. In den stationären Einrichtungen der Kinder- und Jugendhilfen gestalten pädagogische Fachkräfte die Medienzugänge an den spezifischen Problemlagen der Kinder und Jugendlichen aus. Die ›offeneren‹ Kontexte der außerschulischen Medienarbeit etablieren wiederum Medienwelten, die von einer kritisch-reflexiven Auseinandersetzung mit Medien gekennzeichnet sind und die Potenziale zu Selbstverwirklichung, kreativen Selbstausdruck und gesellschaftlicher Teilhabe junger Menschen in den Vordergrund rücken.

5. Medien: Pädagogische Fachkräfte und Erziehende interessiert besonders, welche Einflüsse die Medien und ihre Inhalte auf die Entwicklung ihrer ›Schützlinge‹ haben. Im Zusammenspiel mit anderen Faktoren (persönliche Vorerfahrungen, Medienkompetenz, Verhandlung im sozialen Umfeld, situative Gegebenheiten etc.) sind die medialen Inputs ein wichtiger Faktor für das Denken, Fühlen und Handeln von Heranwachsenden und tangieren letztlich alle Bereiche der Persönlichkeitsentwicklung, die Identitätsbildung wie die kognitive, soziale, sexuelle, ethisch-moralische Entwicklung, politische Sozialisation und anderes mehr (vgl. Hajok 2015b). Vor allem Kinder gelten hier als besonders ›beeinflussbar‹, weil es ihnen noch an Lebens- und Medienerfahrung fehlt, ihre Einstellungen und ihre Lebensentwürfe noch nicht gefestigt sind und weil sie in besonderem Maße auf Autoritäten und übergeordnete sinnstiftende Agenturen angewiesen sind. Einen besonderen Einfluss haben Medien dann, wenn sie Anregungen zum Aufbau, zur Veränderung oder zur Bestärkung bestehender Orientierungen bieten. Kinder und Jugendliche suchen in den Medien gezielt nach Anregungen, um ihre Entwicklungsaufgaben zu bewältigen, Möglichkeiten und Grenzen gesellschaftlich akzeptierten Handelns auszutesten und aktuelle Probleme und Konflikte zu lösen.

Die soeben skizzierten zentralen Kontexte lassen bereits erahnen, dass die je verschiedenen Handlungsräume und Orte, in denen Kinder und Jugendliche aufwachsen, auch die Entwicklung der medienbezogenen Vorlieben und Kompetenzen junger Menschen je spezifisch beeinflussen. Das, was die jungen Menschen in den Medien suchen und finden, wird in den verschiedenen Handlungskontexten dann wiederum spezifisch be- und verarbeitet, wobei hier individuelle Erfahrungen und Verarbeitungsweisen ein zentraler Hintergrund sind. Auch deshalb kann ein und derselbe mediale Input die Orientierungen, Vorstellungen, Überzeugungen etc. eines Heranwachsenden bestärken und die eines anderen in Frage stellen. Entlang der verschiedenen Phasen der Entwicklung in Kindheit und Jugend lassen sich allerdings einige grundsätzliche Wahrnehmungs- und Verarbeitungsweisen herausarbeiten, die viele Kinder und Jugendliche einer Altersgruppe miteinander teilen.

3.6 Medienbezogene Vorlieben und Kompetenzen als Ansatzpunkt

Schaut man sich die Entwicklung junger Menschen etwas genauer an, dann lassen sich fünf markante Phasen identifizieren, die im Kern auf spezifische und voneinander abgrenzbare Prozesse der körperlichen, psychischen, sozialen etc. Entwicklung verweisen. Für die Kontexte institutionalisierter Bildung und Erziehung sind sie bereits als basale, elementare, primare, heteronom-expansive und autonom-expansive Medienbildungsprozesse konzipiert worden (vgl. Fleischer & Hajok 2015).

In dieser stark vereinfachenden Perspektive sind – mit unscharfen Übergängen – die Altersgruppen der Null- bis Dreijährigen, Drei- bis Sechsjährigen, Sechs- bis Zehnjährigen, Zehn- bis 14-Jährigen und 14- bis 18-Jährigen insofern auch spezifische Zielgruppen eines an den medienbezogenen Vorlieben und Kompetenzen orientierten medienerzieherischen Handelns, als dass sich bei den meisten Kindern und Jugendlichen der jeweiligen Altersgruppen entwicklungs- und sozialisationsbedingt besondere Modi der Aneignung von Welt allgemein und von Medien speziell erkennen lassen. Für die Medienerziehung sind dabei folgende Fragestellungen von besonderer Bedeutung: Was können und wollen Heranwachsende mit Medien (bereits) anfangen und wo benötigen sie (noch) Unterstützung?

Medien registrieren und ihre Funktionen entdecken: Null- bis Dreijährige

In den ersten drei Lebensjahren steht zunächst noch nicht die Aneignung von Medien und ihren Inhalten im Vordergrund, sondern die physiologische Entwicklung und das Erlernen motorischer Fähigkeiten. Abgesehen davon eignen sich die Kinder elementare soziale Regeln und Umgangsformen an, bilden die Grundstrukturen ihrer Persönlichkeit in den Bereichen Sprache, Denken und Empfinden aus und entwickeln erste Muster für soziales Verhalten. Als direkte Bezugspersonen haben die Erziehenden mit ihrem Handeln und ihren Zuschreibungen eine besondere Bedeutung. Die Kinder nehmen dies aufmerksam wahr und erfahren sich in den Interaktionen zunächst vor allem als das, was die Menschen in ihrem direkten Umfeld in ihnen sehen. Schnell erweitern sie aber auch ihre vertraute Umwelt und die feste Bindung zu den Bezugspersonen (v. a. Eltern) um weitere Sozialräume und soziale Kontakte (v. a. zu anderen Kindern) und setzen sich immer intensiver mit allen Sinnen mit ihrer ›eigenen Welt‹ auseinander.

In ihrer konkreten Lebenswelt sind Kinder bereits vom ersten Lebenstag an von Medien umgeben. Ihre ersten Zugänge erfolgen vor allem im familiären Kontext vermittelt durch den Medienumgang der Eltern, Geschwister und anderer Bezugspersonen (vgl. Theunert 2015). Aber auch mit der ersten Kleidung, Bettwäsche, Tapete im Kinderzimmer werden oft schon mediale Bilder an sie herangetragen. Neben den Stimmen der Eltern und anderen Alltagsgeräuschen nehmen die Kinder Töne, Musik und Stimmen aus dem Radio und die visuellen Reize des Fernsehens wahr. Reagieren bereits Neugeborene auf die medialen Quellen, dann ist dies zunächst ›nur‹ eine Orientierungsreaktion, bei der Reize empfangen werden und sich potentiellen Gefahrenquellen zugewandt wird. Kleinstkinder vorm Fernsehen ›zu parken‹ heißt also noch nicht, frühzeitig kindgerechte Medienzugänge zuzulassen, damit die Kleinen gespannt ›ihren‹ Medienangeboten folgen (können). Vielmehr sind sie in den Reizen ›gefangen‹ und in ihrem natürlichen Bewegungsdrang eingeschränkt.

Die Fähigkeit, sich visuelle (Bücher, Bilder), auditive (Radio, Hörspiele, Musik) und audio-visuelle Medien (Fernsehen, Computerspiele, Internetseiten, Apps) sinnverstehend anzueignen, basiert auf der kognitiven und der sozial-moralischen Entwicklung (vgl. Theunert et al. 1995, Charlton 2007, Fleischer 2014). Kinder müssen erst in der Lage sein, ihre Aufmerksamkeit von sich selbst und den direkten Bezugspersonen weg hin zu Medienangeboten zu richten. Oft können sie erst nach dem ersten Lebensjahr zwischen sich und ihrer Umwelt unterscheiden. Die ersten Schritte in die Medienwelt sind das Beobachten des Medienumgangs anderer, das Be- und Ertasten, auch das Erschmecken der Geräte (Fernbedienung, Telefon etc.) und nicht zuletzt das Imitieren des Medienumgangs, allen voran der direkten Bezugspersonen, mit denen die Kinder beginnen, die Medien in ihrer Umwelt zu (be-)greifen. Ein medienerzieherisches Handeln, das diese ersten Formen unterstützt, ist eine wichtige Basis, auf der eine systematische Förderung der medienbezogenen Kompetenzen von Kindern aufsetzen kann (vgl. Theunert 2015).

Wenig später entdecken die Kinder dann die ersten Funktionen der Medien. Sie beginnen, die Medien zu bedienen, inhaltliche Botschaften wahrzunehmen und linear aufgebaute, einfache Geschichten zu erfassen – ihre Konzentrationsspanne ist allerdings noch stark eingeschränkt. Eine besondere Rolle spielt das Wiedererkennen von Dingen, die aus unmittelbarer Erfahrung bereits bekannt sind. Kinder zeigen beispielsweise in Büchern und später auf den Bildschirmen ihnen bekannte Tiere und Spielzeuge. Erst wenn sie geistig in der Lage sind, Ähnlichkeiten zwischen den medialen Darstellungen und den Objekten aus ihrer Alltagswelt festzustellen, werden die verschiedenen Medien für sie zunehmend interessant (vgl. Fleischer 2014). Zwar dominieren das Spielen und (Bilder-)Bücher noch klar den kindlichen Alltag. Im Alter von drei, spätestens vier Jahren sind für die meisten aber auch schon das Fernsehen und Hören von Musik und Hörspielen alltagsrelevant. Auch setzen die Eltern dann vielerorts bereits auf ›digitale Vorleser‹ und werden zuweilen auch schon Kindertablets, erste Apps (zum Malen, Spielen etc.) und Mitbenutzung der Medienzugänge im Haushalt relevant (▶ Kap. 2).

Die Erziehenden haben die ersten Jahre nicht nur eine wichtige Vorbildfunktion. Beim Vorlesen von Geschichten und Zeigen der Bilderbücher individualisieren sie Inhalte der Medien konkret bezogen auf die kindliche Lebens- und Erfahrungswelt. So ›erarbeiten‹ sie für das eigene Kind auch erste Zugänge zur symbolischen Welt der Medien, unterstützen zu Beginn ganz selbstverständlich die kindliche Medienaneignung und Entwicklung von Medienkompetenz. Den ersten Zugang zu den Medien haben Kinder also vermittelt und begleitet. Sie genießen dies auch, weil es mit körperlicher Nähe und einem dialogischen Miteinander verbunden ist. Nicht zuletzt ermöglicht die auf einen gemeinsamen Zugang zur Welt der Medien fokussierte Form medienerzieherischen Handelns dem Herstellen von Nähe und der Ausgestaltung der Beziehungen untereinander. Dies ist auch später beim Radiohören und Fernsehen in den Familien eine wichtige (latente) Funktion des Medienumgangs in Familien, ohne den Beteiligten unbedingt bewusst zu sein (vgl. Fleischer 2014, Hajok 2015a).

Mit zunehmenden kognitiven und insbesondere sprachlichen Fähigkeiten sowie einem wachsenden Erfahrungsschatz vom Umgang mit Dingen und dem Austausch mit Menschen sind die Kinder nicht mehr auf die Individualisierungen anderer angewiesen, sondern können sich Medieninhalte zunehmend selbständig aneignen. Sie erschließen sich Sprache als Symbolsystem und verstehen nun, was die fremden und zum Teil gesichtslosen Medienstimmen ihnen sagen. Und sie beginnen, die sie umgebenden Dinge in sprachliche Kategorien (Begriffe) zu fassen und damit gedanklich umzugehen (vgl. Tomasello 2002). Eine besondere Bedeutung haben Medienfiguren, die Kindern nun immer wieder begegnen. Helden wie Unser Sandmännchen, Der kleine Maulwurf und Bob der Baumeister werden gemocht, weil sie freundlich und lustig aussehen und so positive Gefühle bei den Kindern hervorrufen und ihnen ermöglichen, erste parasoziale Bindungen bzw. Beziehungen zu ihren beliebten Medienfiguren aufzubauen (vgl. Fleischer 2007, 2014).

Im dritten Lebensjahr befreit die Sprache Kinder zunehmend von der Notwendigkeit der unmittelbaren Erfahrung, weil sie sich so buchstäblich in andere Situationen, Gedanken und Welten hineindenken bzw. diese gedanklich hervorrufen können (vgl. Tomasello 2002). Mit der sich ausbildenden Fähigkeit zu Empathie beginnen die Kinder, grundlegende Gefühle und Motive der Medienfiguren wahrzunehmen und zu verstehen. Noch werden die medialen Vorbilder allerdings als leibhaftig anwesend erlebt, ihr Handeln nicht hinterfragt, sondern als gesetzt hingenommen und zum Teil im Spiel imitiert – unmittelbar während der Rezeption oder im direkten Anschluss. Die Kinder beziehen das hier repräsentierte Handeln aber noch nicht auf das eigene Leben, sondern gleichen so lediglich als defizitär erlebte Unterschiede zwischen sich und den medialen Vorbildern aus (vgl. Klein 2013).

Medien als gemacht verstehen und in den Alltag integrieren: Drei- bis Sechsjährige

Zwischen dem dritten und sechsten Lebensjahr entfalten Kinder weitere (fein-)motorische Fähigkeiten. Im Bereich der kognitiven Entwicklung wird das Denken anschaulicher und die Fantasie ausgeprägter. Neben dem ›engen‹ Sozialraum der Kernfamilie wird das Zusammensein mit anderen Kindern, sei es in der Kita oder auf dem Spielplatz, wichtiger und konfrontiert die Kinder mit ›neuen‹ Regeln und Erwartungen. Mit dem Wunsch nach (mehr) Selbständigkeit erforschen die Kinder ihre Umwelt zunehmend eigensinniger und entwickeln im Spiel und den Interaktionen mit anderen erste eigene Konzepte zur Welt, die sie umgibt. Sie beginnen zu verstehen, dass andere Menschen anders denken und fühlen, Dinge anders sehen als sie selbst, dass es Gefühle, Motive und Handlungen gibt, die sich ihrer unmittelbaren, subjektiven Gefühlswelt und Wahrnehmung entziehen (vgl. Tomasello 2002). Dies ist eine wichtige Voraussetzung, um Medien inhaltlich zu verstehen und als etwas Gemachtes zu begreifen.

Im Alter von ca. vier Jahren entwickeln die Kinder dann ein Grundverständnis, das sie befähigt, ›Schein‹ vom ›Sein‹ zu unterscheiden (vgl. Bischof-Köhler 2000). Mit der entwickelten Fähigkeit, sich gedanklich in andere Situationen, in die Gefühls- und Gedankenwelten anderer hineinversetzen können, ist zudem eine wichtige Grundlage geschaffen, um Beziehungen zwischen den Figuren in Medien zu begreifen und Handlungen mit Hintergründen und Intentionen in Verbindung zu bringen. Von besonderer Bedeutung sind die beliebten Kindersendungen im Fernsehen.[15] Die Kinder beginnen zu verstehen, dass Bildschirmmedien keine ›magi-

---

15 Sieht man vom Bilderbüchern und den vorgelesenen Geschichten ab, dann war nach den

schen Fenster‹ der Welt, sondern von Menschen gemachte Produkte sind, die auch Dinge zeigen, die es nicht gibt, die erfunden sind. Sie erschließen sich den Bildschirm als ›Grenze‹ zur Welt der Fiktion und erkennen, dass die Medienfiguren, die sie aus dem Fernsehen, den ersten digitalen Spielen und Zeitschriften kennen, keine Möglichkeit haben, auf sie zuzugreifen (vgl. Fleischer 2007). Sie setzen sich dennoch (aktiv) mit den Figuren auseinander und bauen eine parasoziale, meist noch gleichgeschlechtliche Beziehung zu ihnen auf, wobei auch Realfiguren wie Protagonisten von Wissenssendungen in den Fokus rücken (vgl. Klein 2013).

Wenn Kinder mit vier, fünf Jahren bereits (vehement) danach verlangen, bestimmte Sendungen im Fernsehen zu sehen, zeugt das davon, dass sie sich den eigenen Gefühlen und Wünschen bewusster werden. Eine angemessene Medienerziehung beinhaltet hier, den auf altersangemessene Medieninhalte bezogenen Wünschen zumindest punktuell nachzugeben (z. B. mit zeitlich eng begrenzten Zeitfenstern für die Nutzung von Kindersendungen im Fernsehen) und die Kinder so auch bei der Ausbildung einer wichtigen Fähigkeit zu unterstützen. Denn mit dem ›eigenen Geschmack‹ entwickeln sie auch ein eigenes Bewusstsein für ästhetische Kriterien. Sie wissen und erfahren, was für sie gut, schön und lustig ist, ohne es sprachlich immer genau auf den Punkt bringen zu können. Sie entwickeln ein Gespür für Dauer und Tagesablauf und wissen, wann ihre geliebten Sendungen im Fernsehen oder Radio kommen (vgl. Fleischer 2007; 2014). Eine zunehmend habitualisierte Nutzung der beliebten Formate ermöglicht den Kindern zudem, erste dramaturgische Mittel zu verstehen, etwa Titelmusik als Anfang und Ende einer Sendung.

Mit zunehmender Sensibilität für und das Wissen um bestimmte ästhetische Kriterien bilden die Kinder auch ein erstes Format- und Genrewissen aus, auf dessen Grundlage sie bestimmte Darstellungen bereits im Vorfeld ›erwarten‹ und sie während der eigentlichen Nutzung dann besser einordnen können – auch eine kompetente Rezeption im Sinne einer kritischen und emotional distanzierten Wahrnehmung (vgl. Tulodziecki 1997) ist so immer mehr möglich. Mit ca. fünf Jahren erkennen die meisten bereits den Unterschied zwischen realen Schauspielern und Zeichentrick-/Puppendarstellungen. Etwas später können sie dann auch die Werbespots im Fernsehen vom Programm unterscheiden (vgl. Fleischer 2007), sofern sie hinreichend von den redaktionellen Inhalten getrennt sind. Die Unterscheidung erfolgt allerdings meist noch intuitiv und nicht auf der Grundlage eines tieferen Verständnisses von Werbung (vgl. Rosenstock & Fuhs 2006).

Mit fünf, sechs Jahren sind Kinder bereits in der Lage, einfachen und chronologisch aufgebauten Handlungsabläufen zu folgen und die Beziehungen zwischen den Figuren nachzuvollziehen, sofern diese nicht zu komplex sind. Noch immer nehmen sie die Angebote der Medien allerdings nur ausschnitthaft wahr: Der Fokus liegt auf dem ›Augenblick‹ – behalten und erinnert wird vor allem das, was subjektiv am stärksten einprägsam ist (vgl. Theunert et al. 1995). Oft müssen die Eindrücke

---

Daten der miniKIM-Studie im Jahr 2014 das Fernsehen und im Jahr 2023 die Bewegtbildnutzung insgesamt (TV, Streaming etc.) im Alltag der Vier- bis Fünfjährigen Kinder bereits die mit Abstand häufigste (und wichtigste) Medienbeschäftigung (zuletzt Kieninger et al. 2024).

noch von den Erziehenden eingeordnet und bewertet werden. Wenn Kinder etwa nach den Gründen für das Handeln der Medienfiguren fragen, ist das eine wichtige Initialzündung für eine diskursivbegleitende Medienerziehung. Auch im Vorschulalter brauchen Kinder bei ihren Mediengeschichten noch ein Happy End. Fehlt es, nehmen sie die Sorge um ›ihre‹ Figuren oft noch mit in den Alltag. Gerade wenn sie Bezüge zu sich selbst, zu eigenen Ängsten und Wünschen, zu ihrem familiären Leben entdecken, setzen sie sich intensiv mit dem medial Wahrgenommenen auseinander (vgl. Rogge 2001).

Abgesehen vom Leitmedium Fernsehen erschließen sich Kinder bereits im Vorschulalter einen beträchtlichen Teil des zu Hause verfügbaren Medienensembles. Mit Ausnahme von CD-Playern, die viele Kinder ihr eigen nennen, müssen fast alle noch auf die Endgeräte ihrer Eltern zurückgreifen – oder auf das, was sie in Kitas und bei Freunden vorfinden. Immer häufiger bieten sich ihnen aber auch so Gelegenheiten, Musik zu hören, spannenden Hörspielen zu lauschen, sich Filme im Fernsehen, als Streaming oder als DVD anzusehen. Nicht wenige etablieren schon erste Computerspiele oder Spiele-Apps als faszinierende Möglichkeiten in ihren Alltag. Interessant sind für sie vor allem die digitalen Spiele, die sie kognitiv erfassen und – hier kommen ihnen die Spiele-Apps für Smartphones und Tablets sehr entgegen – einfach bedienen können. Die offene Welt des Internets bleibt demgegenüber nur sehr wenigen vorbehalten, nicht zuletzt, weil die Vorbehalte bei den Haupterziehenden hier (noch) weit verbreitet sind, insbesondere was die Gefahren für ihre Kinder anbetrifft (vgl. Kieninger et al. 2024).

Mit den zugenommenen Kompetenzen und eigenen medienbezogenen Wünschen können und wollen Kinder bereits im Vorschulalter die Medien selbständiger und multifunktional zur Unterhaltung und zum Stillen von Neugierde und Wissensdurst nutzen. Mit den beliebten medialen Repräsentationen gestalten sie erste Freundschaftsbeziehungen inhaltlich aus. Manche jagen und sammeln, hegen und pflegen kleine ›Mediensammlungen‹ und beginnen so, erste Fankulturen auszuleben. Von emotional belastenden Inhalten (Bedrohungssituationen, Gewalthandlungen, heftiger Streit, Demütigung, Verängstigung von Filmfiguren) und Gestaltungsmitteln, die auf eine sensorische Erregung zielen (aggressive Musikuntermalung, visuell überreizende Actionpassagen, düstere Bildgestaltung), sind Kinder aber auch im Vorschulalter noch überfordert, weshalb hier noch ein besonderer Unterstützungsbedarf hinsichtlich einer (dem Entwicklungsstand) angemessenen Beschränkung der kindlichen Medienwelt durch die Erziehenden besteht (vgl. Hajok 2015a).

Medien und ihre Inhalte in ihrer Bedeutung verstehen lernen: Sechs- bis Zehnjährige

Mit Eintritt in die Schule ändert sich das Leben der Kinder grundlegend. Sie werden mit neuen sozialen Umgangsformen, Regeln, Denkweisen und Einstellungen konfrontiert. Im Abgleich mit dem, was von ihnen in bestimmten Situationen erwartet (und toleriert) wird, entwickeln sie die zuvor angeeigneten grundlegenden Verhaltensmuster weiter und variieren sie. Wichtige Inputs hierfür erhalten sie zunehmend von den Sozialisationsagenturen ohne expliziten Erziehungsauftrag, vom Freundeskreis und eben den Medien (vgl. Fleischer & Hajok 2016). In den formellen Bildungskontexten der Grundschule erwerben sie grundlegende Fähigkeiten (Lesen, Schreiben, Rechnen) und bilden auch immer komplexere kognitive Fähigkeiten aus (logisches, abstraktes, hypothetisches Denken), mit denen sie sich Medien und ihre Inhalte zunehmend sinnverstehend aneignen können.

Das Medienhandeln selbst erfolgt im Grundschulalter selbstbewusster. Die Kinder beginnen, Wert darauf zu legen, mit Medien umzugehen, ohne dass ihnen die Eltern dabei ›über die Schulter gucken‹. Interessengeleitet greifen sie auf die Medien im Haushalt zurück, die sie nutzen dürfen, und erschließen sich die verschiedenen Möglichkeiten – mit Hilfestellung von außen, in der aufmerksamen Beobachtung anderer, zunehmend selbständig. Mit Zugang zum Streamingdienst, Spielkonsolen und vor allem dem ersten eigenen Handy erweitern sich noch im Grundschulalter viele das Repertoire an Medien im persönlichen Besitz (vgl. Feierabend et al. 2023a). Inhaltlich ist es ihnen wichtig, dass sie – gleich ob via Fernsehen, Radio, Bücher, Zeitschriften, Computerspiele oder Internet – von speziellen, an sie als Zielgruppe adressierten Angeboten angesprochen werden: Sie begreifen sich als Kind und empfinden dies auch als Wertschätzung (vgl. Fleischer & Hajok 2015).

Mit eigenen Endgeräten und partiell von den Eltern zugestandenen Freiräumen erschließen sich Sechs- bis Zehnjährige erste Zugänge zu den Medien, mit denen sie sich einer Kontrolle von außen zunehmend entziehen. Gerade die mobilen Endgeräte, allen voran das Smartphone, aber auch das Tablet, ermöglichen den Kindern frühzeitig Autonomie. Hinsichtlich der Nutzung digitaler Spiele, des Internets und des Fernsehens sind hingegen die mit Abstand meisten noch elterlichen Regeln unterworfen, was die Nutzungsdauer und genutzten Inhalte anbetrifft. Hier und beim gemeinsamen Medienumgang in den Familien wollen sie aber immer mehr mitbestimmen. Dabei bekommt das Leitmedium Fernsehen zunehmend Konkurrenz von dem, was insbesondere die digitalen Anwendungen bzw. Apps für die mobilen Endgeräte bieten.

Bereits im Alter von ca. sechs, sieben Jahren sind die meisten regelmäßig im Netz unterwegs. Neben den beliebten Bewegtbildangeboten für Kinder (v. a. TOGGO, KiKA) werden schnell auch die Videoplattform *YouTube* und der Streamingdienst im Haushalt (v. a. *Netflix*) alltagsrelevant – digitale Spiele sind ab einem Alter von acht Jahren beliebt (vgl. Guth 2023). Schon vor einigen Jahren waren gerade einmal drei Viertel der Sechs- bis Siebenjährigen sind bei der Internetnutzung noch restriktiven elterlichen Begrenzungen im Sinne festgelegter Nutzungszeiten unterworfen, nur knapp die Hälfte bekam von den Erziehenden erklärt, was im Internet erlaubt ist und was nicht (vgl. Berg 2017). Und auch nach den aktuellen Zahlen sind die diversen Zugänge zu digitalen Endgeräten und Anwendungen elterlichen Regeln unterworfen (vgl. Feierabend et al. 2023a). Mit den ersten Zugängen zu Social Web-Angeboten und der Handynutzung nimmt bereits im Grundschulalter das Interesse an den kommunikativen Möglichkeiten von Medienangeboten und Kommunikationsdiensten zu (vgl. Eggert & Wagner 2016).

Aufgrund der immer zahlreicheren persönlichen Medienerfahrungen auf der einen Seite und den zunehmenden kognitiven Fähigkeiten auf der anderen können die Kinder ›ihre‹ Medienangebote immer besser begreifen und verarbeiten. Handlungsstränge der beliebten Mediengeschichten werden gedanklich erweitert, Informationen losgelöst von konkreten Beispielen ›weitergedacht‹ und Handlungsebenen miteinander verknüpft (vgl. Klein 2013). Schon weit ausgebildet ist die Fähigkeit, zwischen Realität und Fiktion zu unterscheiden, sofern die Angebote beides nicht miteinander ›vermischen‹. So haben Sechs- bis Zehnjährige noch Probleme, authentisch wirkende Angebote etwa des Scripted Reality als inszeniert zu entschlüsseln oder ›verschleierte‹ Werbebotschaften in ihren Fernseh-, Internet- oder Zeitschriftenangeboten ›richtig‹ einzuordnen (vgl. Fleischer & Hajok 2015). Gerade hier besteht noch die Notwendigkeit einer diskursiv-begleitenden Medienerziehung mit zunehmend aufklärerischer Zielsetzung. Mit ca. sechs Jahren sind die Kinder allerdings bereits in der Lage, bedrohliche oder heitere Musik sowie bestimmte Farbgebungen inhaltlichen Merkmalen zuordnen.[16]

Die zuvor so gemochten, einfach aufgebauten Geschichten (z. B. in klassischen Zeichentrickfilmen) werden den Kindern allmählich aber zu vorhersehbar und daher unattraktiv. Angebote, die bei älteren Kindern und Jugendlichen sowie den Erwachsenen beliebt sind (z. B. TV-Shows und Spielfilme), werden demgegenüber beliebter. Innerhalb der persönlichen Interessen, denen vermehrt nun auch im Internet nachgegangen wird, verfestigen sich geschlechtsspezifische Vorlieben und Umgangsweisen: Jungen suchen verstärkt nach Action und ›starken Helden‹, Mädchen nach Geschichten, in denen soziale Beziehungen im Zentrum stehen (vgl. Theunert und Gebel 2000). Ohne dass gezeichnete oder computeranimierte Charaktere ihre Bedeutung als Identifikationsmöglichkeiten und idealisierte Traumvorbilder gänzlich verlieren – als mediale Vorbilder ziehen die Kinder diesen nun Realfiguren vor. Sie ›erleben‹ die Medienfiguren zwar noch immer als Freunde oder Fantasiegefährten, machen sich aber deren Eigenschaften zu eigen, sofern sie zu den eigenen Bedürfnissen und Interessen passen. Ein als positiv erlebtes Ziel des Vorbildes kann bereits erkannt, die Handlung zum Erreichen des Ziels jedoch noch nicht angemessen reflektiert werden (vgl. Klein 2013).

In den Medien repräsentierte Stereotype wie geschlechtsspezifische Körperbilder, Aussehen, Moden und Verhaltensweisen, mit denen die Kinder bereits früh konfrontiert werden (vgl. vom Orde 2013), können im Grundschulalter ohne Unterstützung und erzieherische Begleitung zwar noch nicht adäquat ›entschlüsselt‹ werden. Die Figuren und Geschichten werden aber in individuellen Aneignungsprozessen verändert, geistig so bearbeitet und abgespeichert, dass sie den persönlichen Anforderungen und Vorlieben entsprechen. In begeisterten Erzählungen und anderen nachgelagerten Verarbeitungsprozessen (Malen, Basteln, Nachspielen) attribuieren die Kinder ihre persönlichen Medienhelden dann auch mit Merkmalen, die mit der ursprünglichen Medienfigur nicht mehr allzu viel zu tun haben. Kinder lieben und brauchen ihre Heldenfiguren, kreieren diese aber stets selbst mit (vgl. Theunert & Schorb 1996).

---

16 Sie erkennen zum Beispiel immer besser, dass die Bösen häufig mit dunklen Farben und mit bedrohlicherer Musik eingeführt werden (vgl. Paus-Haase 1998), und erweitern ihr Wissen um Genres und Dramaturgien wie Rückblenden, Parallelmontagen oder Split Screens in Film und Fernsehen (vgl. Theunert et al. 1995).

Sich in zunehmend selbst ausgestalteten Medienwelten ausleben: Zehn- bis 14-Jährige

Ältere Kinder erweitern sich ihre Handlungsräume zunehmend selbständig und setzen sich verstärkt mit grundlegenden Fragen und komplexen Phänomenen auseinander. Ethisch-moralische Überlegungen spielen hier aber noch eine untergeordnete Rolle. Nicht nur, aber vor allem in Schule und Familie werden die Zehn- bis 14-Jährigen zunehmend mit übergeordneten gesellschaftlichen Konventionen, Normen und Werten konfrontiert. Daneben gewinnen die Selbstsozialisationsprozesse in den Peergroups und erweiterten Freundeskreisen an Bedeutung. Analog dazu loten ältere Kinder die zunehmend vernetzte Medienwelt weiter aus und nehmen sie für sich ›in Besitz‹ (vgl. Theunert 2015). Mit den vermittelten gesellschaftlichen Werten und Normen, Mustern der Lebensgestaltung, Leitlinien für soziales Ansehen und Leitbildern erfolgreicher Menschen werden die Medien nun auch für die Ausformung und Stilisierung einer persönlichen Identität relevanter (vgl. Zimmermann 2003).

Im genutzten Medienensemble lässt die bislang prägende Bindung zum Fernsehen spürbar nach. Smartphones und Internet, auch digitale Spiele erobern den Alltag, verbannen aber etablierte Medien wie Fernsehen, das nunmehr über unterschiedliche Verbreitungswege genutzt wird, sowie Radio und Bücher nicht in die Bedeutungslosigkeit (vgl. Feierabend et al. 2023b). In diesem breiten Medienspektrum gestalten ältere Kinder die eigene Medienwelt zunehmend autonom aus, nutzen ›ihre‹ medialen Räume, um sich auszuleben. Die bevorzugte Ästhetik weicht nicht mehr nur aufgrund spezifischer inhaltlicher Präferenzen von der Erwachsener ab. Spätestens beim Übergang ins Jugendalter grenzen sich die Heranwachsenden dann auch mit ihrem Medienhandeln bewusst von ihnen ab. Sie drücken damit ein beginnendes Streben nach mehr Unabhängigkeit aus und beginnen aktiv, die Verbote ihrer Eltern zu umgehen und Medien außerhalb des elterlichen Einflussbereiches zu nutzen.

Gleich welche Medien sie nutzen – ältere Kinder nehmen zunehmend Angebote in den Blick, die primär an Jugendliche oder Erwachsene adressiert sind. Auch hier suchen sie vor allem nach ihren persönlichen, alterstypischen handlungsleitenden Themen (z. B. aus den Bereichen Musik und Lifestyle). Insgesamt betrachtet verfestigen sich auch geschlechtsspezifische Zugänge, etwa von den Mädchen zu ihren beliebten *YouTube*-Stars und von Jungen zu den digitalen Spielen, wobei sie sich mit zunehmendem Alter auch bewusst über die Altersfreigaben hinwegsetzen (▶ Kap. 2).

Hinsichtlich der meisten medialen Angebote können ältere Kinder bereits sicher zwischen Fiktion und Realität unterscheiden. Eine Vermischung von Erfundenem und tatsächlich Passiertem bereitet ihnen aber noch immer Probleme. Die Fähigkeit, bei Filmen zwischen fiktionalen und realen Geschichten zu unterscheiden, befähigt sie zu einer zunehmend distanzierten Wahrnehmung, bei der auch belastende Elemente besser verarbeitet werden können. Mit ca. 11 Jahren können die meisten redaktionelle Inhalte sicher von Werbung unterscheiden. Sie wissen von der

Intention, erkennen sich als Adressaten, unterschätzen aber (noch) den Einfluss auf eigene Kaufentscheidungen (vgl. Fuhs & Rosenstock 2009).

Bei der Handhabung digitaler Medien haben ältere Kinder ihren Eltern oft schon einiges voraus. Die Anwendungen im Spektrum von digitalen Spielen, Social Media und als nützlich empfundenen Apps sind ihnen an der Schwelle zum Jugendalter bereits bestens vertraut. Was Unterhaltung und Spaß verspricht, wird neugierig ausprobiert, auch dann, wenn es sich von den bislang so wichtigen gemeinschaftlichen Präferenzen entfernt. Noch immer fällt es älteren Kindern aber schwer, problematische Inhalte als solche zu erkennen, ›richtig‹ einzuordnen und angemessen zu verarbeiten – noch ist ihr Medienumgang mehr von Neugierde als von Vorsicht gekennzeichnet (vgl. Hajok 2014). Den persönlichen (und von der Schule angeregten) Informationsbedürfnissen gehen sie mit steigender Informations- und Recherchekompetenz nach, die sie mit Eintritt ins Jugendalter bereits zu einer adäquaten Suche, Auswahl, Reduzierung und Aufbereitung von Informationen befähigt.

Über die Mechanismen und Interessen, die hinter den Medienangeboten stehen, wissen ältere Kinder und jüngere Jugendliche oft noch nicht hinreichend Bescheid. Ebenso verhält es sich hinsichtlich der wichtigen Frage, was (Medien-)Öffentlichkeit heute alles beinhaltet und welchen Wert Privatsphäre noch hat. Auch die Möglichkeit, die Gesellschaft in der eigenen Mediennutzung mitzugestalten, ist ihnen noch nicht vollends bewusst – und auch noch nicht sonderlich wichtig. Primär geht es ihnen um Spaß und Unterhaltung, Information und Orientierung, und nicht zuletzt um die Pflege von Freundschaftsbeziehungen, um kommunikativen Austausch und soziale Vernetzung. Zwar beginnen sie, ihre Medienerfahrungen zu bewerten. Um sich ihren Auswahlkriterien und Nutzungsmotiven, dem Einfluss von Medien auf ihre Meinungen und Vorstellungen bewusst zu werden, benötigen sie noch Input und Unterstützung (vgl. Fleischer & Hajok 2015).

Es fehlt ihnen noch an Problembewusstsein und Fähigkeit, die Folgen des eigenen Medienhandelns ›richtig‹ abzuschätzen. Insbesondere für die neuen Gefährdungslagen digitaler Medien müssen sie noch sensibilisiert werden. Neben den Erziehenden und Pädagogen in ihrer Peripherie haben hierfür in den letzten Jahren die Peers als eine wichtige Unterstützungsressource und Netzwerke informeller Hilfe einen besonderen Stellenwert erlangt (vgl. Hajok 2025). Abgesehen von den ›klassischen‹, durch die freien Zugänge ins Netz vorverlagerten inhaltlichen Risiken im Spannungsfeld von Gewalt, Pornografie und Extremismus, verängstigenden Inhalten und bedrückenden realitätsnahen Darstellungen (z. B. von Krieg, zerrütteten Familien und verwahrlosten Kindern) ist nun auch das breite Spektrum an konsum-, kommunikations- und verhaltensbezogenen Gefahren des Medienumgangs relevanter. Die Rede ist hier von Datenmissbrauch, Kostenfallen, Cybermobbing, exzessiver Mediennutzung oder auch einseitig zusammengestellten, einzig an persönlichen Interessen orientierten individuellen Medienmenüs (vgl. Hajok 2015a).[17] Gerade bezüglich der eigenen Nutzung von Internet und Online-

---

17 Wie in Kap. 2 (▶ Kap. 2) bereits skizziert, haben diese Gefahren des Medienumgangs, die in besonderer Weise für die erweiterten Risiken in der digitalen Welt stehen, tatsächlich auch an Relevanz hinzugewonnen.

Diensten machen sich im Gegensatz zu ihren Eltern nur die wenigsten größere Sorgen. Risiken verorten sie vor allem hinsichtlich des Verhaltens anderer Heranwachsender. Ihre Eltern blicken hingegen sehr viel kritischer auf das Netz (▶ Kap. 4).

Mit den Autonomiezugewinnen machen die Heranwachsenden es ihren Eltern gerade bei den (mobilen) Onlinezugängen immer schwieriger, sie mit einer restriktiv-bewahrenden Erziehung vor möglichen Risiken zu schützen. Mit 12, 13 Jahren erhalten nur noch die wenigsten die klare Vorgabe, das Internet nur zu bestimmten Zeiten nutzen zu dürfen. Die meisten Eltern setzen hier auf Aufklärung (was ist erlaubt und was verboten) und bitten ihre Kinder, nicht zu viel Privates von sich preis zu geben (vgl. Berg 2017, Rohleder 2022). Für ihre Schützlinge hat dennoch längst eine sehr intensive Zeit des Erschließens der Welt der Medien begonnen, die in aller Regel als höchst interessant empfunden und in ihren Facetten erkundet wird.

Mit den vielfältigen Zugängen zu Unterhaltungsangeboten des Fernsehens und der bunten YouTube-Welt, zu digitalen Spielewelten, zu Musik und ihren schillernden Stars, zu Informations- und Orientierungsangeboten im Internet und den interaktiven und kommunikativen Möglichkeiten des Web 2.0 nehmen ältere Kinder die medialen Netzstrukturen sukzessive in Besitz – in der Mehrheit rezeptions-, spiel- und kommunikationsorientiert (vgl. Theunert 2015). Hinsichtlich der neuen medialen Artikulationsmöglichkeiten erfassen sie an der Schwelle zum Jugendalter schnell die für sie relevanten Optionen zu Selbstpräsentationen und Austausch mit anderen und eignen sich die notwendigen Kompetenzen zur Anwendung unbefangen an.

Medien zu Austausch, Vernetzung und kreativem Selbstausdruck nutzen: 14- bis 18-Jährige

Jugendliche haben bereits vielfältige Erfahrungen gesammelt und eigene Interessen verfestigt. Sie verfolgen ihre persönlichen Ziele nun auch im Bereich der Medien weitestgehend autonom. Das Smartphone ist dabei Zentrum und Ausgangspunkt für Kommunikation, Information und Unterhaltung, die permanente Nutzung wird aber auch als belastend empfunden: Selbstbestimmung vs. Digitaler Stress sind hier die aufgespannten Extreme (▶ Kap. 2). Immer selbständiger gestalten die Jugendlichen auch die Prozesse von Bildung und Wissenserwerb – in und außerhalb der klassischen Bildungsinstitution Schule. Bei der Suche nach Anregungen in den Medien legen sie ein besonderes Augenmerk auf die Relevanz für sich als Individuum, den persönlichen Lebensentwurf, die spätere berufliche Zukunft. Bei den einen stehen Unterhaltung, Entspannung und Kommunikation mit anderen im Vordergrund, andere suchen explizit nach alternativen Lebensentwürfen und politischen Überzeugungen, um sich damit kognitiv und emotional auseinanderzusetzen (vgl. Fleischer & Hajok 2015). Auch hierfür haben sie die neuen medialen Möglichkeiten in ihr Handlungsrepertoire aufgenommen.

Mit ca. 16 Jahren haben Jugendliche oft bereits ein ethisch-moralisches Bewusstsein entwickelt und verfügen über gefestigte Wertorientierungen, mit denen sie auch mögliche Folgen des eigenen Medienhandelns für sich und andere vertiefter reflektieren. So wie sie bei Problemen im Alltag – auch bei unliebsamen Medienerfahrungen – auf die Meinungen und Hilfe der Freunde vertrauen, verhandeln sie ihre Orientierungen und Vorstellungen vor allem in der Peergroup. Von Familie zu Familie sehr verschieden, gelingt es den Eltern noch immer, einen dialogischen Austausch mit den Jugendlichen aufrecht zu erhalten. Nicht selten werden aber andere erwachsene Vertrauenspersonen als Ansprechpartner und Vorbilder wichtiger (vgl. Fleischer & Kroker 2015).

Die als Stars ›erlebten‹ medialen Vorbilder werden sorgsam nach subjektiv Relevantem abgescannt und bieten den Jugendlichen Vorlagen und Reibungsflächen für die eigene Identitätsarbeit und werden zu einem wichtigen Element des Austauschs in der Peergroup, das auch in ›unsicheren‹ Zeiten Konsistenz und Halt bieten (vgl. Oerter & Dreher 2008). Mit ihrem Aussehen und Handeln werden die medialen Vorlagen zu einem sehr wichtigen Input der Auseinandersetzung mit dem eigenen und anderen Geschlecht und dienen manchmal sogar der Vorbereitung einer realen Liebesbeziehung. Mit der Fähigkeit zum abstrakten und hypothetischen Denken können die Jugendlichen in den parasozialen Interaktionen nun auch Belastungen verdrängen und Handlungsmöglichkeiten erproben. Und sie sind zunehmend in der Lage, die ›vorgelebten‹ Handlungsweisen, Eigenschaften und Wertvorstellungen angemessen zu reflektieren und (erst) bei positiver Bewertung ins eigene Leben zu übernehmen (vgl. Klein 2013).

Internet und Online-Dienste sind für Jugendliche längst ein riesiger Fundus für Information, Orientierung und ästhetische Anregung. Ergänzt um vielfältige Kommunikations- und Partizipationsmöglichkeiten trägt das Netz auch entscheidend zur Entwicklung des sozialen Verhaltens bei und ermöglicht den Jugendlichen darüber hinaus, sich aktiv an der Gestaltung der Gesellschaft, sogar der politischen Umwelt zu beteiligen, was allerdings (noch) nicht in der Breite angenommen wird. Kritisch betrachtet geht bislang nur wenig über das Teilen und Liken von Inhalten hinaus (vgl. Hajok 2015a). Im Mittelpunkt stehen (noch) der kreative Selbstausdruck und das Einholen von Feedback, nicht die aktive Teilhabe an Gesellschaft und politischen Prozessen, etwa durch eigene Blogs oder selbst erstellte *YouTube*-Videos.

Messengerdienste und Social Media, allen voran *WhatsApp* und *Instagram*, haben sich im Jugendalter als wichtigste mediale Handlungs- und Erfahrungsräume etabliert. Die Omnipräsenz in ihrem Alltag lässt die Heranwachsenden aber auch zunehmend unter ›digitalen Stress‹ geraten (vgl. Fleischer & Kroker 2015, Fleischer & Seifert 2016, Hajok 2017) und die Entwicklung im Jugendalter zunehmend zu einer anspruchsvollen Zeit werden, in der es gilt, die vielen, permanent auf das Individuum einströmenden, vor allem medial vermittelten Einflüsse und Offerten im eigenen Leben noch unterzubekommen. Dabei scheint sich tatsächlich ein neuer Sozialisationstypus zu etablieren, in dem Sicherheiten und ein tieferes Verständnis von den Gesamtzusammenhängen ›Mangelware‹ sind und die Heranwachsenden im Hier und Jetzt, von Punkt zu Punkt und von Situation zu Situation leben – und vor lauter Punkten vielleicht das Ganze aus dem Blick verlieren (vgl. Böhnisch et al. 2009, ▶ Kap. 2).

In den ›eigenen‹ Netzwerken nutzen die 14- bis 18-Jährigen ganz selbstverständlich die umfangreichen, aber eben auch unter kommerziellen Gesichtspunkten geschaffenen Möglichkeiten der digitalen Welt – einer elterlichen Kontrolle nun fast vollends entzogen, und somit auch weitestgehend selbständig und selbst verantwortet. Dabei geht es um Selbstdarstellung, soziale Integration, Teilhabe und Suche nach Orientierung, wobei zentrale Fragen der Identitätsbildung (Wer bin ich? Wer sind die anderen? Als wen sehen sie mich?) immer häufiger in den mediatisierten Kommunikationsräumen und im Social Web beantwortet werden (vgl. Hajok & Zerbin 2015). Die kommunikativen und kreativen Fähigkeiten dafür sind im Jugendalter weitestgehend ausgebildet, praktisch angewendet werden sie in den individualisierten Kanälen der Kommunikationsdienste und den (teil-)öffentlichen Profilen der Sozialen Netzwerke. Im Zentrum ›ihrer‹ Netzwerke ist es den Jugendlichen wichtig, sich für andere interessant und attraktiv darzustellen und trotzdem ein möglichst genaues Bild von sich zu zeigen, also wahrhaftig und glaubwürdig zu sein (vgl. Eisermann & Potz 2013).

Mit der zunehmenden Fähigkeit zu Selbstreflexivität, abstraktem, mehrdimensionalen und relativen Denken können die Jugendlichen die Folgen ihres Medienhandelns zwar immer besser abschätzen. Sie geben aber dennoch manchmal zu viel Persönliches von sich im Netz preis, präsentieren sich anderen zuweilen zu freizügig oder es gelingt ihnen nicht, bei den nun auch online ausgetragenen Konflikten und Streitigkeiten, eine Eskalation bis hin zu Cybermobbing zu vermeiden. Viele Jugendliche haben zudem noch Schwierigkeiten, komplexe Medienstrukturen im Spannungsfeld von Anbieterkonzentration, Geschäftsmodellen, zielgruppenspezifischer Werbung (Targeting) und viralem Marketing zu durchschauen. Die grundsätzliche Problematik potenziell beeinträchtigender und verstörender Inhalte im Spektrum von Gewalt, Pornografie und Extremismus ist den Jugendlichen meist ebenso bewusst wie die der Umgangs- und Verhaltensrisiken. Hier haben das Konfliktverhalten beim digitalen Austausch und die exzessive Mediennutzung, das ›Nicht-off-sein-Können‹ aus Angst, etwas zu passen (FoMo), eine besondere Relevanz (vgl. Hajok & Rommeley 2014).

Bei Computerspielen, auch bei Filmen und beim Fernsehen, testen Jugendliche zunehmend Grenzen aus. Nicht selten suchen sie auch mit ihrem Medienumgang die gezielte Grenzüberschreitung, nutzen etwa Angebote, die noch nicht für sie bestimmt sind, oder agieren selbst provokant, austestent und manchmal auch angriffslustig im Netz. Mit bereits gefestigten Wertorientierungen können sie drastische Darstellungen von Gewalt bereits verarbeiten, sofern Gewalt hier nicht als probates Mittel der Konfliktlösung legitimiert oder extreme Gewalt nicht in Verbindung mit attraktiven Helden, also positiv konnotiert ästhetisiert wird. Hier wie auch bei anderen Darstellungen (etwa von Sexualität und Extremismus) besteht noch die Gefahr einer Desorientierung (vgl. Hajok 2015a). Hinzu kommt, dass auch Jugendliche noch von Darstellungen verängstigt werden können, wenn sie in den Alltagsproblemen und -ängsten der Protagonisten oder in den Gewaltkonflikten einen Bezug zu ihrer Realität erkennen (vgl. Fuhs 2009).

3.7 Fazit

Die skizzierten Perspektiven auf Medienerziehung als ein intendiertes, auf die Lebenswelten, Vorlieben und Kompetenzen Heranwachsender bezogenes Handeln haben bereits in einigen wenigen Punkten bereits gezeigt, dass das auf den Medienumgang von Kindern und Jugendlichen bezogene erzieherische Handeln selbst vielfältigen Einflüssen unterworfen ist – insbesondere was die Perspektiven der Erziehenden und ihre Beziehung zu Kindern und Jugendlichen anbetrifft. Wichtige Ansatzpunkte für eine angemessene medienerzieherische Begleitung und Unterstützung junger Menschen sind deren spezifischen Vorlieben und Kompetenzen, die in engem Zusammenhang insbesondere mit der kognitiven und sozialen Entwicklung zu sehen und idealtypisch an das Alter bzw. den Entwicklungsstand gebunden sind. Zentrale Einflüsse sind hier die persönlichen Medienerfahrungen (im Sinne von Selbstsozialisation und Selbstlernen) sowie die Formen und Inhalte der pädagogisch strukturierten Prozesse, die den Heranwachsenden im Rahmen einer gezielten Medienkompetenzförderung (im Sinne von Erziehung und Bildung) zuteilwerden. Vor allem Kinder, aber auch Jugendliche brauchen Unterstützung beim Erwerb medienbezogener Fähigkeiten.

In einer zunehmend mediatisierten, pluralisierten und zugleich individualisierten Gesellschaft ist eine Medienerziehung, die auf eine Förderung eines kritisch-reflexiven Medienumgangs abzielt, von Beginn an als essentiell zu betrachten. Dabei sind Kinder und Jugendliche für die Wahrnehmung der Potenziale zu Selbstverwirklichung, Selbstausdruck und gesellschaftlicher Teilhabe stark zu machen und vor den Risiken im Sinne negativer Einflüsse auf die Entwicklung zu schützen. Dort, wo dies in der zunehmend offenen digitalen Welt nicht mehr mit restriktiv-bewahrenden Maßnahmen gelingt, sind die Grenzen zumindest sichtbar zu machen und Heranwachsende bei der Entwicklung eines Selbstschutzes zu unterstützen, mit dem sie den Gefahren selbst aus dem Weg gehen und sie (nicht zuletzt unter Peers) selbst angemessen bewältigen (können).

Den immer autonomeren Zugängen zur Welt der Medien Rechnung tragend ist Medienerziehung immer weniger als eine Vermittlung von (abstrakten) Grundlagen- und Anwendungswissen zu verstehen. Vielmehr muss es in den verschiedenen Kontexten von Erziehung und Bildung mehr denn je darum gehen, den Kindern frühzeitig pädagogisch begleitete Handlungs- und Erfahrungsräume zur Verfügung zu stellen, in denen sie im geschützten Rahmen ihre eigenen Erfahrungen sammeln und dabei die notwendigen medienbezogenen Kompetenzen ausbilden können. Jugendliche müssen demgegenüber vor allem Unterstützung darin erhalten, mit den Medien reflexiv-praktisch umzugehen und die neuen Möglichkeiten konstruktiv (nicht zuletzt fürs eigene Leben), reflexiv und kreativ zu Selbstausdruck und gesellschaftlicher Partizipation zu nutzen.

Wie an vielen Stellen gezeigt, sind die Erwachsenen (v.a. Erziehende und pädagogische Fachkräfte) bei den Medienbildungsprozessen zunächst Vorbilder und ›Toröffner‹ in die Welt der Medien, später Gesprächspartner und Berater. Sie benötigen Wertschätzung und Feingefühl für das Medienhandeln junger Menschen, zugleich jedoch auch das Bewusstsein, dass Medienkompetenz eine Lebenskompetenz ist und sie ihren Schützlingen auch dann noch ein wichtiger Ratgeber sein können, wenn diese ihnen in der Bedienung und Anwendung digitaler Medien bereits weit voraus sind.

Von besonderer Bedeutung ist nicht zuletzt das Wissen um die Handlungsalternativen im Spektrum von Befähigung und Bewahrung, Medienkompetenzförderung und Kinder- und Jugendmedienschutz mitsamt den unterschiedlichen Ergebnissen von Prävention und Intervention. Denn faktisch führen die Beschränkungen des Medienumgangs Heranwachsender zwar dazu, dass sie weniger Risiken eingehen, es leidet aber die Entwicklung von Medienkompetenz. Mit zunehmender Medienkompetenz machen die Heranwachsenden zwar seltener negative Erfahrungen, bewegen sie aber risikoreicher in den Medien (vgl. Duerager & Livingstone 2012). Unterm Strich bleiben also zum einen das Bewahren vor negativen Einflüssen der Mediennutzung auf die Entwicklung und Erziehung junger Menschen zu einer eigenverantwortlichen und gemeinschaftsfähigen Persönlichkeit und zum anderen das Befähigen von Kindern und Jugendlichen zu einem reflexivpraktischen Medienumgang die zwei zentralen Säulen der gezielten Einflussnahme von Erziehenden und pädagogischen Fachkräften.

Literatur

Baacke, D., Kornblum, S., Lauffer, J., Mikos, L. & Thiele, G. A. (Hrsg.) (1999): Handbuch Medien: Medienkompetenz – Modelle und Projekte. Bonn.
Berg, A. (2017): Kinder und Jugend in der digitalen Welt. Berlin.
Bischof-Köhler, D. (2000): Kinder auf Zeitreise. Theory of Mind, Zeitverständnis und Handlungsorganisation. Bern.
Böhnisch, L., Lenz, K. & Schröer, W. (2009): Sozialisation und Bewältigung. Eine Einführung in die Sozialisationstheorie der zweiten Moderne. Weinheim.
Brüggen, N., Dreyer, S., Drosselmeier, M., Gebel, C., Hasebrink, U. & Rechlitz, M. (2017): Jugendmedienschutzindex: Der Umgang mit onlinebezogenen Risiken – Ergebnisse der Befragung von Eltern und Heranwachsenden. Berlin.
Charlton, M. (2007): Das Kind und sein Startkapital. Medienhandeln aus der Perspektive der Entwicklungspsychologie. In: H. Theunert (Hrsg.), Medienkinder von Geburt an. Medienaneignung in den ersten sechs Lebensjahren. München, S. 25–40.
Duerager, A. & Livingstone, S. (2012): How can parents support children's internet safety? EU Kids Online. https://eprints.lse.ac.uk/42872/; Abruf 16.11.2018
Eggert, S., Schwinge, C. & Wagner, U. (2013): Muster medienerzieherischen Handelns. In: U. Wagner, C. Gebel & C. Lampert (Hrsg.), Zwischen Anspruch und Alltagsbewältigung: Medienerziehung in der Familie. Berlin, S. 141–219.
Eggert, S. & Wagner, U. (2016): Grundlagen zur Medienerziehung in der Familie. Expertise im Rahmen der Studie MoFam – Mobile Medien in der Familie. München. Online verfügbar unter: www.jff.de/studie_mofam; Abruf 23.01.2019
Eisermann, T. & Potz, A. (2013): Bist du das? – Ja, aber nur teilweise! Rollenbilder Jugendlicher im Internet. medien + erziehung, Jg. 57, Heft 1, S. 44–50.
Feierabend, S. & Mohr, I. (2004): Mediennutzung von Klein- und Vorschulkindern. Ergebnisse der ARD/ZDF-Studie »Kinder und Medien 2003«. In: media perspektiven, Heft 9/2004, S. 453–461.
Feierabend, S., Rathgeb, T., Kheredmand, H. & Glöckler, S. (2023a): KIM-Studie 2022. Kindheit, Internet, Medien. Basisstudie zum Medienumgang 6- bis 13-Jähriger. Stuttgart.
Feierabend, S., Rathgeb, T., Kheredmand, H. & Glöckler, S. (2023b): JIM-Studie 2023. Basisstudie zum Medienumgang 12- bis 19-Jähriger. Stuttgart.

Fend, H. (2001): Entwicklungspsychologie des Jugendalters. Ein Lehrbuch für pädagogische und psychologische Berufe. Opladen.

Fleischer, S. (2007): Mediale Beratungsangebote als Orientierungsquellen für Kinder. Ein Beitrag zur Theorie der Orientierungsfunktion des Fernsehens. Dissertation. Universität Leipzig. Deutsche Nationalbibliothek.

Fleischer, S. (2014): Medien in der Frühen Kindheit. In: A. Tillmann, S. Fleischer & K. Hugger (Hrsg.), Handbuch Kinder und Medien. Wiesbaden, S. 303–311.

Fleischer, S. & Hajok, D. (2014): Von der Adaption zum autonomen Medienumgang: Entwicklung von Medienkompetenz im Altersverlauf von Kindern und Jugendlichen. In: Jugendhilfe, 52 (1), S. 22–32.

Fleischer, S. & Hajok, D. (2015): 2.9. Medienbildung. In: Ministerium für Bildung, Jugend und Sport (Hrsg.), Thüringer Bildungsplan bis 18 Jahre. Bildungsansprüche von Kindern und Jugendlichen. Erfurt, S. 299–323.

Fleischer, S. & Hajok, D. (2016): Einführung in die medienpädagogische Praxis und Forschung. Kinder und Jugendliche im Spannungsfeld der Medien. Weinheim.

Fleischer, S. & Hajok, D. (2019): Medienbildungsprozesse. Entwicklung von medienbezogenen Kompetenzen in Kindheit und Jugend als Ansatzpunkt. In: B. Kracke & P. Noack (Hrsg.), Handbuch Entwicklungs- und Erziehungspsychologie. Wiesbaden, S. 181–205.

Fleischer, S. & Kroker, P. (2015): Mediale Zugänge Jugendlicher – verschmolzene Lebenswelten. In: J. Fischer & R. Lutz (Hrsg.), Jugend im Blick. Gesellschaftliche Konstruktionen und pädagogische Zugänge. Weinheim, S. 124–134.

Fleischer, S. & Seifert, R. (2016): Medien: Ressource für Kinder. In: R. Lutz & C. Rehklau (Hrsg.), Sozialwissenschaftliche Grundlagen der Kindheitspädagogik. Eine Einführung. Weinheim, S. 157–169.

Fthenakis, W. E., Schmitt, A., Eitel, A., Gerlach, F., Wendell, A. & Daut, M. (2009): Natur-Wissen schaffen. Band 5: Frühe Medienbildung. Troisdorf.

Fuhs, B. & Rosenstock, R. (2009): Kinder, Werbung, Wertekommunikation. In: J. von Gottberg & R. Rosenstock (Hrsg.), Werbung aus allen Richtungen. Crossmediale Markenstrategien als Herausforderung für den Jugendschutz. München, S. 25–38.

Gapski, H. (2001): Medienkompetenz. Eine Bestandsaufnahme und Vorüberlegungen zu einem systemtheoretischen Rahmenkonzept. Wiesbaden.

Guth, B. (2023): Der Wandel der Kindheit. Wie die Mediennutzung das Aufwachsen von Kindern verändert. Köln. Online unter https://www.ad-alliance.de/download/3269005

Hajok, D. (2025): Kinder und Jugendliche in der digitalen Welt. Stuttgart.

Hajok, D. (2014): Veränderte Medienwelten von Kindern und Jugendlichen. Neue Herausforderungen für den Kinder- und Jugendmedienschutz. In: BPJM-Aktuell, Jg. 22, Heft 3, S. 3–17.

Hajok, D. (2015a): Medienbezogene Fähigkeiten und Vorlieben. Ein Überblick zum altersspezifischen Schutzbedarf von Kindern und Jugendlichen. In: JMS-Report, Jg. 38, Heft 1, S. 2–8.

Hajok, D. (2015b): Veränderte Medienwelten – veränderte Ansprüche an die Soziale Arbeit mit Kindern, Jugendlichen und Familien. In: Jugendhilfe, Jg. 53, Heft 3, S. 208–220.

Hajok, D. (2017): Verdrängt das Digitale das Soziale? Ergebnisse der JIM-Studie 2016 zum Medienumgang Jugendlicher. In: tv diskurs, 21, Heft 1, S. 70–73.

Hajok, D. & Rommeley, J. (2014): Exzessive Mediennutzung: Außen- und Innenansichten der digitalen Lebenswelt Jugendlicher. In: tv diskurs, Jg. 18, Heft 3, S. 76–79.

Hajok, D. & Zerbin, F. (2015): Identitätsbildung 2.0 – Foto- und Videoplattformen im Leben weiblicher Heranwachsender. In: Jugendhilfe, Jg. 53, Heft 6, S. 485–494.

Kieninger, J., Feierabend, S., Rathgeb, T., Gerigk, Y., Glöckler, S. & Spang, E. (2024): miniKIM-Studie 2023. Kleinkinder und Medien. Basisuntersuchung zum Medienumgang 2- bis 5-Jähriger in Deutschland. Stuttgart.

Klein, C. (2013): Die Bedeutung medialer Vorbilder im Laufe des Lebens. In: tv diskurs, Jg. 17, Heft 3, S. 18–23.

KMK (Kultusministerkonferenz) (2012): Medienbildung in der Schule. Beschluss der Kultusministerkonferenz vom 8. März 2012. Berlin.

KMK (Kultusministerkonferenz) (2016): Bildung in der digitalen Welt. Strategie der Kultusministerkonferenz. KMK.
KMK (Kultusministerkonferenz) (2021): Lehren und Lernen in der digitalen Welt. Die ergänzende Empfehlung zur Strategie »Bildung in der digitalen Welt«. Online unter: https://www.kmk.org/fileadmin/veroeffentlichungen_beschluesse/2021/2021_12_09-Lehren-und-Lernen-Digi.pdf
Kramer, K. & Gabler, S. (2021): Ausgewählte entwicklungspsychologische Grundlagen für eine gelingende Teilhabe an einer digitalisierten Welt im Kindes- und Jugendalter. In: merz | medien + erziehung, Langfassung online exklusiv unter https://www.merz-zeitschrift.de/fileadmin/user_upload/merz/PDFs/online-exklusiv-klaudia-kramer-sandra-gabler-ausgewaehlte-entwicklungspsychologische-grundlagen-fuer-eine-gelingende-teilhabe-an-einer-digitalisierten-welt-im-kindes-und-jugendalter.pdf
Lauber, A. & Hajok, D. (2013): Zur Bedeutung des Jugendmedienschutzes in der Medienaneignung von Kindern und Jugendlichen. In: A. Hartung, A. Lauber & W. Reißmann (Hrsg.), Das handelnde Subjekt und die Medienpädagogik. München, S. 277–286.
Meister, D. M. (2013): Vermittlung von Medienkompetenz in der Praxis für Kinder und Jugendliche: Schule. In: Bundesministerium für Familie, Senioren, Frauen und Jugend (Hrsg.), Medienkompetenzförderung für Kinder und Jugendliche. Eine Bestandsaufnahme. Berlin, S. 46–52.
vom Orde, H. (2013): Geschlechterbilder in den Medien. Eine Zusammenfassung ausgewählter Forschungsergebnisse. In: TelevIZIon, Heft 2/2013, S. 11–15.
Oerter, R. & Dreher, E. (2008): Jugendalter. In: R. Oerter & L. Montada (Hrsg.), Entwicklungspsychologie. Weinheim, S. 271–332.
Paus-Haase, I. (1998): Heldenbilder im Fernsehen. Untersuchung zur Symbolik von Serienfavoriten. Wiesbaden: Leske + Budrich.
Rauh, H. (1998): Frühe Kindheit. In: R. Oerter & L. Montada (Hrsg.), Entwicklungspsychologie. Ein Lehrbuch. Weinheim, S. 167–248.
Rogge, J.-U. (2001): Kinder können fernsehen. Vom Umgang mit der Flimmerkiste. 2. Auflage. Reinbeck.
Rosenstock, R. & Fuhs, B. (2006): Kinder – Werte – Werbekompetenz. In: tv diskurs, Jg. 8, Heft 4, S. 40–45.
Schell, F. (2003): Aktive Medienarbeit mit Jugendlichen. Theorie und Praxis. Schriftenreihe Reihe Medienpädagogik, Band 5. 4. Auflage. München.
Schorb, B. & Wagner, U. (2013): Medienkompetenz – Befähigung zur souveränen Lebensführung in einer mediatisierten Gesellschaft. In: Bundesministerium für Familie, Senioren, Frauen und Jugend (Hrsg.), Medienkompetenzförderung für Kinder und Jugendliche. Eine Bestandsaufnahme. Berlin, S. 18–23.
Spanhel, D. & Dichanz, H. (2006): Medienerziehung. Erziehungs- und Bildungsaufgaben in der Mediengesellschaft. Stuttgart.
Süss, D. (2004): Mediensozialisation von Heranwachsenden. Dimensionen – Konstanten – Wandel. Wiesbaden.
Theunert, H. & Gebel, C. (2000): Lehrstücke fürs Leben in Fortsetzung. Serienrezeption zwischen Kindheit und Jugend. München.
Theunert, H. & Schorb, B. (1995): Mordsbilder. Kinder und Fernsehinformation. Kinder und Fernsehinformation. Berlin.
Theunert, H. & Schorb, B. (1996): Begleiter der Kindheit. Zeichentrick und die Rezeption durch Kinder. München.
Theunert, H. & Demmler, K. (2007): Medien entdecken und erproben. Null- bis Sechsjährige in der Medienpädagogik. In: H. Theunert (Hrsg.), Medienkinder von Geburt an. Medienaneignung in den ersten sechs Lebensjahren. München, S. 91–118.
Theunert, H. (2015): Medienaneignung und Medienkompetenz in der Kindheit. In: F. von Gross, D.M. Meister & U. Sander (Hrsg.), Medienpädagogik – ein Überblick. Weinheim, S. 136–163.
Theunert, H., Lenssen, M. & Schorb, B. (1995): ›Wir gucken besser fern als ihr!‹ Fernsehen für Kinder. München.

Tulodziecki, G. (1997): Medien in Erziehung und Bildung. Grundlagen und Beispiele einer handlungs- und entwicklungsorientierten Medienpädagogik. Bad Heilbrunn.
Tomasello, M. (2002): Die kulturelle Entwicklung des menschlichen Denkens. Frankfurt am Main
Wagner, U., Eggert, S. & Schubert, G. (2016): MoFam – Mobile Medien in der Familie. Langfassung der Studie. München.
Wagner, U., Brüggen, N., Gerlicher, P. & Schemmerling, M. (2012): Wo der Spaß aufhört ... Jugendliche und ihre Perspektive auf Konflikte in Sozialen Netzwerkdiensten. München. www.jff.de/studie_online-konflikte; Abruf 16.11.2018
Zimmermann, P. (2003): Grundwissen Sozialisation. Einführung zur Sozialisation im Kindes- und Jugendalter. 2., überarbeitete und ergänzte Auflage. Opladen.

4 Online-Risiken: Sichtweisen von Eltern, Pädagog*innen und Heranwachsenden

Christa Gebel, Niels Brüggen & Achim Lauber

Online-Medien sind ein integraler Bestandteil der aktuellen Lebenswelt und durchdringen alle Lebensbereiche. Für die Teilhabe an der Kommunikation mit dem sozialen Umfeld, am gesellschaftlichen, politischen und kulturellen Leben sowie an Bildung ist der Umgang mit Online-Medien unumgänglich. Kinder und Jugendliche haben daher einen berechtigten Anspruch, dass ihnen die Nutzung digitaler Medien nicht verwehrt wird (vgl. Beitrag von Stephan Dreyer in diesem Band). Gleichzeitig bergen Online-Medien Risiken für die Entwicklung der Heranwachsenden, die sich einer einfachen Systematisierung entziehen. Sie liegen auf unterschiedlichen Ebenen (Medieninhalte, Interaktion bzw. Kommunikation mit anderen Personen, personbezogene Daten, Kosten, Technik, exzessive Nutzung; vgl. Hans-Bredow-Institut 2014), können unterschiedliche Quellen haben und mit ganz unterschiedlichen Medienphänomenen verbunden sein (Brüggen et al. 2022). Ausmaß und Relevanz der Risiken hängen von mehreren Faktoren ab, unter anderem von der Gestaltung der Medienangebote, den medienbezogenen Präferenzen und Fähigkeiten der Heranwachsenden (vgl. den Beitrag von Fleischer und Hajok in diesem Band), dem Handeln der anderen Online-Nutzenden einschließlich der anderen Heranwachsenden.

Ein wirksamer Kinder- und Jugendmedienschutz im Online-Bereich stellt damit eine anspruchsvolle Aufgabe dar, die ein Zusammenspiel von unterschiedlichen Akteuren erfordert. Während Medienanbietende und (Selbst-)Kontrollgremien insbesondere für eine sichere und unterstützende Gestaltung der Angebote verantwortlich sind, fallen Eltern und Pädagog*innen in Schule und außerschulischer Jugendarbeit die Aufgaben zu, medienerzieherisch zum Schutz vor Risiken beizutragen und die Bewältigung negativer Online-Erlebnisse zu unterstützen. Sie müssen Risiken, Schutzoptionen und Hilfeangebote kennen, um den Medienumgang der Heranwachsenden altersangemessen begleiten zu können. Gleichzeitig können sie deren Medienhandeln – zumal unter den Bedingungen algorithmisch individualisierter Medienumgebungen – nicht ohne Weiteres beobachten und nachvollziehen.

Spätestens wenn das Kind über ein eigenes Smartphone oder Tablet verfügt, fällt es Eltern und anderen Erziehungspersonen zunehmend schwer, Einblicke in seine Medienwelt und Online-Kontakte zu bekommen. Zudem haben ältere Kinder und Jugendliche auch im Medienhandeln einen berechtigten Anspruch auf Abgrenzung und Privatsphäre. Nicht zuletzt deshalb müssen sie auch selbst befähigt werden, Risiken zu erkennen und Schutzmaßnahmen zu ergreifen. Zu dieser Befähigung beizutragen, ist ebenfalls eine Aufgabe für Eltern und Pädagog*innen. Letztere haben zudem die Aufgabe, Eltern in diesem Bereich durch Bildungs- und Beratungsarbeit zu unterstützen.[18]

Um Ansatzpunkte für einen effektiven Schutz zu finden, der die Teilhabebedürfnisse der Heranwachsenden nicht unverhältnismäßig beschneidet, und um das Zusammenspiel der unterschiedlichen Akteure des Kinder- und Jugendmedienschutzes zu optimieren, ist es notwendig, die Sichtweisen und das Handeln von Eltern, Heranwachsenden und Pädagog*innen zu kennen und aufeinander zu beziehen. So lassen sich Handlungsnotwendigkeiten identifizieren, Schlussfolgerungen für die Gestaltung von Maßnahmen des Kinder- und Jugendmedienschutzes ziehen und zielgruppenbezogene Unterstützungsangebote weiterentwickeln.

Im Folgenden werden Erkenntnisse zu den Sichtweisen auf Online-Risiken von Eltern, Lehr- und pädagogischen Fachkräften sowie Heranwachsenden der Altersgruppen 9 bis 16 Jahre aus zwei Befragungen der Studienreihe Jugendmedienschutzindex zueinander in Bezug gesetzt. Dabei wird insbesondere der Frage nachgegangen, welche Konsequenzen sich mit Blick auf die Rolle der Pädagog*innen ergeben. Herausgegriffen werden hierfür Ergebnisse aus den Bereichen risikobezogene Sorgen, schutzbezogene Fähigkeiten und schutzbezogenes Handeln sowie Einstellungen zu Verantwortlichkeiten im Kinder- und Jugendmedienschutz.

Eine für Deutschland repräsentative Stichprobe von Eltern und ihren Kindern im fraglichen Alter wurde im Jugendmedienschutzindex 2022 (Gebel et al. 2022) befragt. Der Jugendmedienschutzindex 2018 (Gebel et al. 2018) befasste sich mit der Perspektive von Pädagog*innen: An dieser Online-Befragung nahmen 233 Pädagog*innen an Schulen teil (Unterricht, Schulleitung, Schulsozialarbeit) sowie 63 Fachkräfte der außerschulischen Jugendarbeit. Diese insgesamt 296 Personen, im Folgenden summarisch als Lehr-/Fachkräfte bezeichnet, beantworteten die Fragen in Bezug auf jeweils eine der vier Altersstufen 9–10, 11–12, 13–14, 15–16, mit der sie arbeiten.[19]

4.1 Risikobezogene Sorgen und negative Online-Erfahrungen

In den Studien wurden Eltern und Lehr-/Fachkräfte offen danach gefragt, was ihnen im Hinblick auf die Internetnutzung ihrer bzw. der von ihnen betreuten Kinder möglicherweise Sorgen bereitet. Eine vergleichbare Frage wurde auch den Heranwachsenden selbst gestellt. Diese wurden darüber hinaus zu vorgegebenen Kate-

---

18 Zu den Ebenen einer schutzbezogenen Befähigung vgl. Brüggen et al 2022, S. 250.
19 Bei dieser Stichprobe kann leider nicht von Repräsentativität ausgegangen werden. Vielmehr ist anzunehmen, dass die Teilnahmemotivation stark durch den persönlichen Themenbezug beeinflusst war. Insbesondere im Hinblick auf die Selbsteinschätzung der Fähigkeiten im Bereich des Jugendmedienschutzes dürften die realen Verhältnisse daher eher überschätzt werden.

gorien von negativen Online-Erlebnissen gefragt, ob ihnen dies schon einmal passiert sei.

Sorgen von Eltern

Eltern sind großteils besorgt über die Risiken, die die Online-Welt für Heranwachsende birgt. Über drei Viertel der Eltern (77 %) äußern mindestens eine Sorge. Besonders hoch ist der Anteil der Besorgten bei den Eltern von 11- bis 12-Jährigen (84 %) und 13- bis 14-Jährigen (82 %). Von den Eltern der 15- bis 16-Jährigen äußern immerhin noch zwei Drittel (66 %) mindestens eine Sorge. (Gebel et al. 2022, S. 26)
Die Antworten wurden in der Auswertung unterschiedlichen Kategorien zugeordnet. Von denjenigen, die mindestens eine Sorge nennen, äußert jeweils ca. ein Drittel Besorgnis über Inhalts- bzw. Kontaktrisiken. Es folgen Sorgen über das zeitliche Ausmaß der Nutzung (14 %) sowie in Bezug auf mögliche negative Konsequenzen der Online-Nutzung (14 %), wie beispielsweise schlechte Schulleistungen, Ängste oder exzessive Nutzungsweisen. Ähnlich häufig werden Sorgen über ein problematisches Online-Verhalten des Kindes selbst genannt (12 %), z. B. andere zu mobben oder illegale Downloads, sowie mögliche Kostenfallen (10 %). Sorgen über ungeeignete Inhalte beziehen sich vor allem auf die jüngsten Kinder. Kontaktrisiken stehen dagegen bei den besorgten Eltern von ab 11-Jährigen obenan. Sorgen über das Verhalten der Kinder werden bei den Eltern von ab 13-Jährigen wichtiger und Sorgen über Kosten und die online verbrachte Zeit sind bei den Eltern der Ältesten verbreiteter als bei denen jüngerer Altersgruppen. (ebd., S. 26 ff.)

Sorgen von Lehr-/Fachkräften

Sehr viele befragte Lehr-/Fachkräfte (87 %) nennen bei der offenen Frage mindestens eine Sorge, was vermutlich damit zusammenhängt, dass sie im Vergleich mit den Eltern (77 %), die sich ja zu ihrem eigenen Kind äußersten, ein breiteres Spektrum von Heranwachsenden vor Augen haben. Inhaltsbezogene Sorgen führen bei ihnen in Bezug auf alle Altersgruppen die Rangliste an (57 % derjenigen, die mindestens eine Sorge nennen). Persönliche Folgen, wie Leistungsabfall in der Schule, stehen an zweiter Stelle (49 %), an dritter Sorgen über kompetenzbezogene oder strukturelle Defizite (31 %). Hier kritisieren die Befragten etwa unzureichende Medienkompetenzförderung in Schulen und Bildungseinrichtungen oder medienerzieherische Versäumnisse der Eltern. Es folgen Sorgen über problematisches Online-Verhalten der Kinder und Jugendlichen selbst (28 %); dies wird vor allem für die 13- bis 14-Jährigen häufiger genannt. Kontaktrisiken spielen dagegen bei den Sorgen der Fachkräfte eine untergeordnete Rolle (Gebel et al. 2018, S. 32–37).

Sorgen von Kindern und Jugendlichen

Im Jugendmedienschutzindex 2022 wurden die 9- bis 16-Jährigen selbst offen danach gefragt, was ihnen im Hinblick auf die eigene Online-Nutzung Sorgen bereitet.

Weniger als Hälfte der Kinder und Jugendlichen (44 %) äußert mindestens eine Sorge. Am höchsten ist der Anteil der Besorgten bei den 11- bis 12-Jährigen (58 %) und 13- bis 14-Jährigen (43 %). Von den Älteren ist lediglich ein Drittel besorgt (33 %) (Gebel et al. 2022, S. 26).

Von denjenigen, die mindestens eine Sorge nennen, befürchtet ein Drittel (34 %) ein negatives Verhalten von anderen Heranwachsenden, häufig mit dem Begriff ›Mobbing‹ bezeichnet. Es folgen Sorgen im Hinblick auf andere unangenehme Kontakte (20 %), mögliche finanzielle Folgen der Nutzung (17 %) und negative persönliche Konsequenzen der Nutzung (16 %). Auch bei den besorgten Heranwachsenden variiert der Gegenstand der Sorgen mit dem Alter: Kosten- und vertragsbezogene Sorgen nennen am häufigsten 15- bis 16-Jährige (30 %). Die 9- bis 12-Jährigen nennen häufiger als die anderen Altersgruppen Inhaltsrisiken (17 %) und Sorgen wegen persönlicher Konsequenzen (22 %). Sorgen wegen Kontaktrisiken sind unter den 13- bis 14-Jährigen stärker präsent (26 %) als bei den Besorgten der anderen Altersgruppen. (ebd., S. 27)

Negative Online-Erfahrungen der Kinder und Jugendlichen

Zu viel Zeit im Internet zu verbringen steht in den Augen der Heranwachsenden in der Liste der häufigen negativen Online-Erlebnisse weit oben: 72 Prozent sagen, dass ihnen dies schon einmal selbst passiert ist. Mit Abstand folgen die negativen Erlebnisse, mit zu viel Werbung (58 %) oder beängstigenden Inhalten (48 %) in Kontakt gekommen zu sein. Kaum seltener sind negative Kontakte mit Personen: Jeweils mehr als zwei Fünftel geben an, im Netz nicht vertrauenswürdige Personen kennen gelernt zu haben (46 %), belästigt (45 %) oder gemobbt (43 %) worden zu sein (ebd., S. 32 ff.).

Dabei führen eigene Erfahrungen nicht dazu, dass die Befragten die entsprechenden Risiko-Phänomene als besonders verbreitet einschätzen. Über alle erfragten Phänomene hinweg ist der Prozentsatz der Kinder und Jugendlichen, die von eigenen Erfahrungen berichten, höher als die Zahl derer, die vermuten, dass das entsprechende Erlebnis in ihrer Altersgruppe häufig vorkommt. So glauben beispielsweise nur 26 Prozent der Heranwachsenden, dass Gleichaltrige im Internet (sehr) oft von anderen belästigt werden, während 45 Prozent diese Erfahrung nach eigener Angabe selbst schon einmal gemacht haben (ebd.).

4.2 Fähigkeiten und Kenntnisse

Angesichts der verbreiteten Sorgen von Eltern und Lehr- bzw. Fachkräften stellt sich die Frage, was sie an Fähigkeiten vorweisen können, um die Kinder und Jugendlichen beim Umgang mit Online-Risiken und der Bewältigung negativer Online-Erlebnisse zu unterstützen und sie dazu zu befähigen, sich selbst vor Risiken zu schützen. Dies ist auch vor dem Hintergrund zu betrachten, inwieweit die Heranwachsenden Unterstützung von diesen beiden Gruppen erwarten und inwieweit sie sich zutrauen, selbst mit negativen Online-Erfahrungen fertig zu werden.

Unterstützungsfähigkeiten der Eltern aus Sicht von Eltern und Kindern

Die Unterstützungsfähigkeiten der Eltern erweisen sich als bei weitem nicht flächendeckend. Als gut oder sehr gut schätzen nur etwas mehr als die Hälfte der Eltern ihre eigenen Fähigkeiten, ihrem Kind eine sichere Online-Nutzung zu ermöglichen (55 %) oder ihr Kind bei der Bewältigung negativer Online-Erfahrungen zu unterstützen (56 %), ein (Gebel et a.l. 2022, S. 55–57). Nur ein Viertel kennt Stellen, bei denen sie Hilfe bekommen könnten, wenn das Kind belastende Online-Erfahrungen macht (26 %) oder bei denen sie sich über Online-Angebote beschweren könnten (24 %) (ebd., S. 61).

Bemerkenswert ist, dass die Sicht der Kinder auf die Unterstützungsfähigkeit der Eltern ein wenig von deren Selbsteinschätzung abweicht. Zwar differiert ihr Urteil nicht im Durchschnitt, wohl aber auf den Altersverlauf bezogen: Während Eltern älterer Kinder sich etwas häufiger in der Lage sehen, ihre Kinder bei der Bewältigung (sehr) gut zu unterstützen, sind es umgekehrt häufiger die jüngeren Kinder, die ihren Eltern (sehr) gute Fähigkeiten zuschreiben (▶ Abb. 4.1).

Von den Kindern traut sich etwas mehr als die Hälfte (55 %) zu, mit negativen Online-Erlebnissen (sehr) gut fertig zu werden. Während dies von den Jüngsten nur 36 Prozent sagen, sind es bei den Ältesten 66 Prozent. Die Eltern trauen ihren Kindern allerdings weniger Bewältigungskompetenz zu (▶ Abb. 4.1). Nur zwei Fünftel gehen davon aus, dass ihre Kinder (sehr) gut mit negativen Online-Erfahrungen umgehen können; bei den Eltern der Jüngsten sind es 20 Prozent, bei denen der Ältesten 57 Prozent (Gebel et a.l. 2022, S. 55 ff.).

Nur 60 Prozent der Kinder und Jugendlichen geben an zu wissen, an wen sie sich wenden würden, wenn ihnen bei der Online-Nutzung etwas Unangenehmes passiert, womit sie allein nicht fertig werden. Zwei Fünftel kennen hier also keine Anlaufstellen. Von denjenigen, die angeben, dies zu wissen, würden sich die meisten an Eltern (90 %), Freund*innen (90 %) und Lehrkräfte (68 %) wenden. Meldemöglichkeiten in Social-Media-Angeboten (51 %) oder Games (40 %) sowie Internet-Beschwerdestellen (31 %) und Sozialarbeiter*innen (35 %) spielen als Anlaufstellen eine geringere Rolle. (ebd., S. 62)

Nach konkreten Fähigkeiten und Kenntnissen gefragt, die für die eigene Online-Sicherheit nützlich sein könnten, fallen die Selbsteinschätzungen der Kinder relativ positiv aus: jeweils ca. drei Viertel geben beispielsweise an zu wissen, wie sie Personen von ihrer Kontaktliste entfernen können (78 %), wie sie in sozialen Netzwerken Personen oder Nachrichten blockieren können (73 %) oder welche Informationen sie im Internet besser nicht teilen sollten (74 %). Immerhin noch 60 Prozent wissen, wo sie sich über eine sichere Online-Mediennutzung informieren können. Erwartungsgemäß trauen sich die Älteren größere Fähigkeiten zu als die Jüngeren (ebd., S. 58 f.).

4 Online-Risiken: Sichtweisen von Eltern, Pädagog*innen und Heranwachsenden

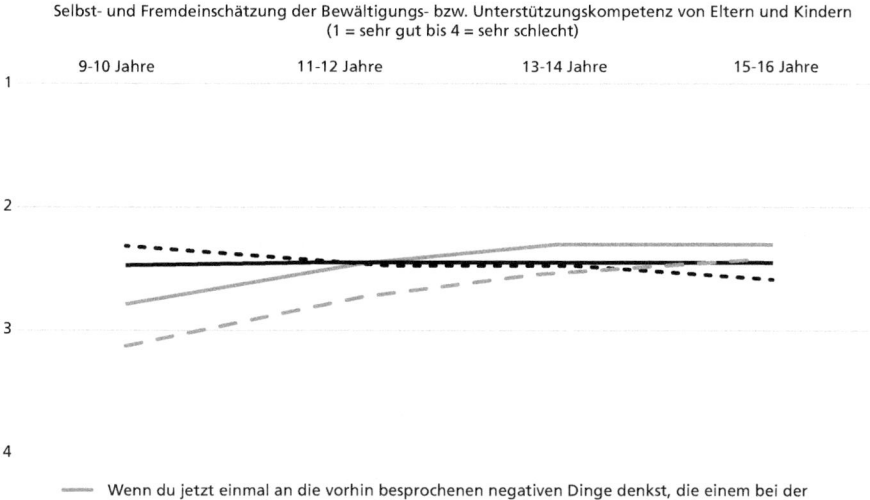

Abb. 4.1: Fähigkeiten der Kinder im Umgang mit Online-Risiken aus Sicht von Kindern und Eltern

Selbsteinschätzung der Unterstützungsfähigkeiten der Lehr- und Fachkräfte

Eine wichtige Voraussetzung für die Unterstützung der Kinder und Jugendlichen im Umgang mit Online-Risiken ist die medienpädagogische Qualifikation der Fachkräfte. Gut vier Fünftel (81%) der Befragungsteilnehmer*innen haben medienpädagogische Kenntnisse in einer Aus-, Weiter- oder Fortbildung erworben, in der Ausbildung war dies nur bei gut der Hälfte (53%) der Fall (Gebel et al. 2018, S. 21). Jeweils zwei Drittel gaben an, sich in den zurückliegenden fünf Jahren zu Online-Risiken in einer Fort- oder Weiterbildung (63%) oder in Fachmedien (60%) informiert zu haben (ebd., S.85).[20]

Dennoch ergibt sich bei den befragten Fachkräften ein ähnliches Bild wie bei den Eltern. Nur die Hälfte schreibt sich gute oder sehr gute Fähigkeiten zu, die Kinder und Jugendlichen, mit denen sie arbeiten, im Hinblick auf Online-Risiken unterstützen zu können. Dabei liegt der Anteil derjenigen, die sich zutrauen, selbst mit Online-Risiken (sehr) gut umgehen zu können, mit 63 Prozent etwas höher. Damit

---

20 Die Ergebnisse überschätzen vermutlich den tatsächlichen Stand der medienpädagogischen Qualifikation von Lehr-/Fachkräften in Schule und außerschulischer Jugendbildung, vgl. die vorhergehende Fußnote zur Selbstselektion der Stichprobe.

wird deutlich, dass hier spezifisch die pädagogische Handlungsfähigkeit ausbaufähig ist (ebd., S. 92).

Nur gut die Hälfte der befragten Fachkräfte (52 %) kennt Stellen, bei denen sie oder die Kinder bzw. Jugendlichen, mit denen sie arbeiten, sich bei belastenden Online-Erfahrungen Hilfe holen könnten. Stellen, bei denen man sich über Online-Angebote beschweren kann, kennen sogar nur 37 Prozent. Die medienpädagogische Vorbildung spielt hier eine große Rolle, insbesondere bei der Kenntnis von Hilfsangeboten. 57 Prozent der medienpädagogisch Gebildeten kennen solche Stellen, aber nur gut halb so viele (30 %) derjenigen, die nicht entsprechend vorgebildet sind (ebd., S. 76 ff.).

4.3 Verantwortungszuschreibung für den Kinder- und Jugendmedienschutz

Fragt man danach, wie viel Verantwortung unterschiedliche Akteure ihrer Meinung nach für den Kinder- und Jugendmedienschutz tragen sollten, zeigt sich eine relativ hohe Übereinstimmung der Perspektiven von Eltern, Kindern und Lehr-/Fachkräften, aber auch einige interessante Abweichungen.

Den Eltern selbst schreiben über neun Zehntel der Eltern und Kinder und alle befragten Lehr-/Fachkräfte (sehr) viel Verantwortung zu (▶ Tab. 4.1). Die Verantwortungsübernahme der Eltern beurteilen Lehr-/Fachkräfte aber deutlich kritischer als Eltern und Kinder (▶ Tab. 4.2).

In Bezug auf die Schule sind sich die Befragtengruppen einig: Jeweils drei Viertel sehen hier eine hohe Verantwortung, und die Wahrnehmung der Verantwortung wird überwiegend (sehr) gut eingeschätzt. Außerschulische Bildungseinrichtungen werden nicht ganz so stark in die Verantwortung genommen wie die Schule und ihre Verantwortungsübernahme betrachten zumindest mehr als die Hälfte jeweils als (sehr) gut.

In Bezug auf die Kinder selbst ergibt sich dagegen ein differenziertes Bild: Eltern und vor allem Kinder selbst sehen mehr Verantwortung bei den Kindern als Lehr-/Fachkräfte, von denen zudem auch von der Verantwortungsübernahme durch die Kinder nur ein Fünftel überzeugt ist. Die Kinder sehen auch die Verantwortungsübernahme durch Kinder selbst positiver als es Eltern und vor allem Lehr-/Fachkräfte tun.

Tab. 4.1: Verantwortungszuschreibung aus Sicht der Befragtengruppen

Wie viel Verantwortung sollen [...] Ihrer/ Deiner Meinung nach tragen?	Prozentanteil Antwort »(sehr) viel« in der Befragtengruppe		
	Eltern	Lehrkräfte und Fachkräfte	Kinder
Eltern	92	100	93
Schulen	76	76	75
Außerschulische Bildungseinrichtungen	63	68	58
Kinder selbst	66	54	74

Tab. 4.2: Verantwortungsübernahme aus Sicht der Befragtengruppen

Wie gut nehmen diese ihre Verantwortung wahr?	Prozentanteil Antwort »(sehr) gut«; gefragt wurden diejenige, die dem betreffenden Akteur zumindest »ein wenig« Verantwortung zuschreiben		
	Eltern	Lehrkräfte und Fachkräfte	Kinder
Eltern	73	19	78
Schulen	60	63	63
Außerschulische Bildungseinrichtungen	52	56	55
Kinder selbst	54	21	64

4.4 Schutzbezogenes Handeln

Das schutzbezogene Handeln der Eltern wird im deutschen Jugendmedienschutzsystem als wesentlicher Beitrag betrachtet, etwa bei der Beachtung der Altersfreigaben oder der Einrichtung von Schutzeinstellungen an Geräten. Aber auch Lehr-/Fachkräfte sollen zur Förderung von Teilhabe und zum Schutz vor Risiken beitragen. Dabei sind Letztere in ihren Entscheidungen jedoch weniger frei als Eltern, da ihr Handeln stärker von rechtlichen und institutionellen Bedingungen mitgeprägt ist. Zu ihrer Rolle gehört es, je nach Arbeitsfeld in unterschiedlichem Maße, Heranwachsende zum Selbstschutz zu befähigen und Eltern bei der Medienerziehung zu beraten und zu unterstützen.

Schutzbezogenes Handeln der Eltern aus Sicht von Eltern und Kindern

Eltern praktizieren ihre schutzbezogene Medienerziehung hauptsächlich mit zeit- und inhaltsbezogenen Regeln sowie durch die Beachtung von Altersfreigaben im familiären Alltag und durch Gespräche mit den Kindern über die Online-Nutzung (Gebel 2022, S. 66 ff.).

Wie aktiv sich Eltern um eine schutzbezogene Medienerziehung bemühen, unterscheidet sich vor allem nach dem Alter ihrer Kinder. Je älter die Kinder sind, desto geringer ist der Anteil der Eltern, der sich aktiv für den Kinder- und Jugendmedienschutz einsetzt. Die Zusammenfassung von neun hoch miteinander korrelierenden Fragen zu einer Engagement-Skala verdeutlicht das mit dem Alter signifikant abnehmende Engagement (▶ Abb. 4.2). Zudem ist in dieser Grafik ersichtlich, dass sich das elterliche Engagement im Vergleich mit einer fünf Jahre zurückliegenden Vorgängerstudie (Brüggen et al. 2017) ab der Altersstufe von 11 bis 12 Jahren verringert hat.

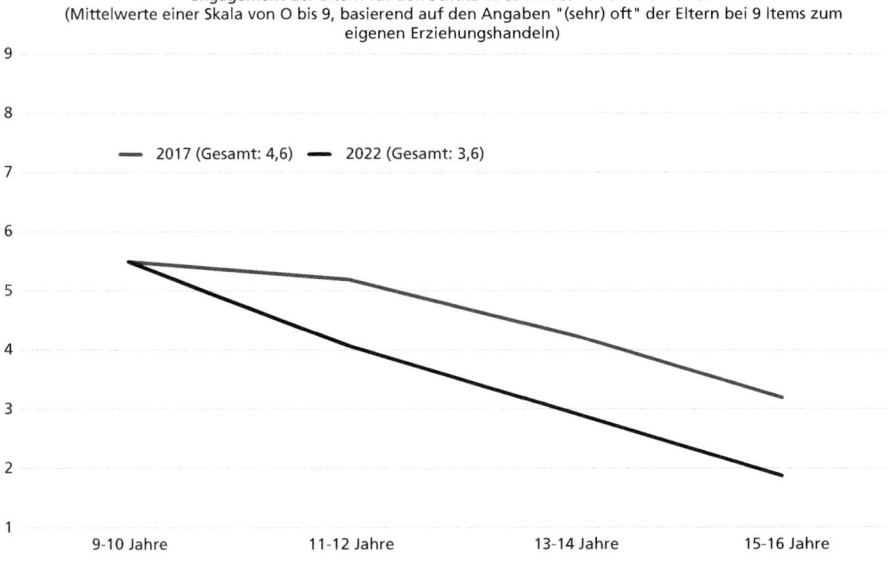

Abb. 4.2: Engagement der Eltern für den Schutz ihres Kindes vor Online-Risiken

Einerseits nimmt das direktive Erziehungshandeln mit zunehmendem Alter der Kinder ab, wie z. B. bei der Regel, wann und wie lange Kinder Online-Medien oder einzelne Geräte nutzen dürfen (9/10 Jahre: 77 % vs. 13/14 Jahre: 39 %). Aber auch das eher dialogorientierte Erziehungshandeln verringert sich. Der Antwortvorgabe »Ich spreche oft/sehr oft mit meinem Kind über seine/ihre Nutzung von Online-Medien« schließen sich mehr als doppelt so viele Eltern der jüngsten Kinder an (62 %) wie Eltern der Ältesten (28 %). Auch in den Rangfolgen der einzelnen Aktivitäten deutet sich ein altersdifferenziertes Erziehungshandeln der Eltern an: So stellt etwa das Aufstellen von zeit- und inhaltsbezogenen Regeln und das Beachten von Altersfreigaben bei den Eltern der jüngsten Kinder die häufigste Maßnahme dar. Für Eltern von 15- bis 16-Jährigen steht dagegen das Gespräch über die Online-Nutzung oben an. Dass mit dem Übergang vom Kindheits- zum Jugendalter die Eltern ihre Medienerziehungsstile anpassen, ist einerseits nachvollziehbar. Dies korrespondiert mit dem selbstständiger werdenden Medienumgang dieser Altersgruppe, dem Bedeutungszuwachs mobiler Mediengeräte und ihrer Zuwendung zu Social Media Angeboten.

Andererseits zeigen die Befragungsergebnisse, dass mit der Abnahme regulierender und begleitender Aktivitäten im Altersverlauf die gesprächsorientierte und beratende Medienerziehung nicht gleichermaßen zunimmt. Auch informieren sich Eltern mit höherem Alter der Kinder immer weniger über mögliche Online-Gefahren und wie man ihnen vorbeugen kann (48 % bei den Jüngsten und 20 % bei den Ältesten). Insgesamt kann festgestellt werden, dass die schutzbezogene Medienerziehung deutlich abnimmt, wenn die Kinder in der Familie zwischen 11 und 14 Jahren alt sind (Gebel et al. 2022, S. 66 ff.).

Unsicherheiten in der Medienziehung kommen mindestens in jeder dritten Familie vor. Im Durchschnitt kommt es nach Angaben der Eltern in etwa einem Viertel der Familien oft oder sehr oft zu Streit zwischen Eltern und Kindern. Die Eltern erleben auch, dass ein schutzbezogener und auf Abschirmung ausgerichteter Kinder- und Jugendmedienschutz durchaus im Widerspruch zu anderen Erziehungszielen stehen kann. 31 Prozent geben an, dass sie oft oder sehr oft ihrem Kind die Nutzung von Online-Angeboten, bei denen sie Risiken sehen, trotzdem erlauben, weil sie nicht wollen, dass das Kind sozial ausgeschlossen ist. Zwei Fünftel der Eltern verbieten ihrem Kind die Nutzung bestimmter Online-Angebote (sehr) oft. Von denjenigen, die dies zumindest selten tun (89 %), spricht die Hälfte Verbote auch dann aus, wenn das Kind dadurch von der Teilhabe an wünschenswerten Inhalten oder Kontakten ausgeschlossen wird.

Diese Ergebnisse zum Abwägen zwischen riskanten und positiven Erfahrungen von Kindern deuten darauf hin, dass den Eltern eine Abwägung von schutzbezogenen Erziehungszielen einerseits und beteiligungsbezogenen andererseits schwerfällt (ebd.). Diese Spannung nehmen auch die befragten Kinder und Jugendlichen wahr. In den Altersgruppen der 9- bis 14-Jährigen geben jeweils ein gutes Viertel an, sehr oft oder oft von Inhalten oder Kontakten ausgeschlossen zu sein, weil die Eltern ihnen die Nutzung bestimmter Angebote verboten haben. Ein Viertel berichtet, dass es sehr oft oder oft zu Streit mit den Eltern kommt. Und nur wenig mehr als ein Viertel nutzen die Eltern als Ratgeber und sprechen sie an, wenn sie belastende oder beunruhigende Situationen bei der Online-Nutzung erlebt haben (ebd., S. 70 f.).

Die Angaben der Kinder bestätigen in allen abgefragten Handlungsmöglichkeiten weitgehend die Ergebnisse der Elternbefragung. Allerdings schätzen die Kinder die Medienerziehung ihrer Eltern insgesamt etwas weniger aktiv ein, als die Eltern selbst es tun.

Schutzbezogenes Handeln der Fachkräfte

Das schutzbezogene Handeln der Lehr- und pädagogischen Fachkräfte ist zu einem guten Teil durch institutionelle Rahmenbedingungen geprägt. Nur knapp die Hälfte (49%) der Befragten mit schulischem Arbeitsfeld geben an, dass es ein medienpädagogisches Konzept an der Schule gibt. Von den Befragten der außerschulischen Jugendbildung verweist nur ein Drittel (33%) auf ein solches Konzept. Ähnlich sieht es mit einer Ansprechperson für Fragen des Kinder- und Jugendmedienschutzes in der jeweiligen Institution aus (52% bzw. 39%). Teilnahmen an Fortbildungsangeboten zu den Themen Online-Risiken und Jugendmedienschutz werden von den Einrichtungen der Befragten jedoch häufiger unterstützt (58% bzw. 39%) (Gebel et al. 2018, S. 105 ff.).

Für die Mehrheit der befragten Fachkräfte zählen Online-Medien zu den Themen, die sie im Berufsalltag begleiten. Mehr als zwei Drittel (68%) geben an, mit Kindern über die Nutzung von Online-Medien zu sprechen, am häufigsten sagen dies Lehr-/Fachkräfte, die mit 11- bis 14-Jährigen zu tun haben. Hier ist auch der Anteil der Befragten am höchsten, die den Heranwachsenden (sehr) oft zeigen, wie sie sich vor Online-Risiken schützen können (51% bei den 11- bis 12- und 45% bei den 13- bis 14-Jährigen). Insgesamt geben nur gut zwei Fünftel der Befragten (41%) an, dies zu tun. Selbst wenn sich dies nicht in allen Arbeitskontexten gleichermaßen anbietet, erscheint dieser Anteil gering. Eine medienpädagogische Vorbildung schlägt sich jedoch positiv nieder: Ist diese nicht vorhanden, geben noch weniger Befragte an, medienerzieherisch aktiv zu sein (30% vs. 44%) (ebd., S. 115–118).

Auch hinsichtlich des eigenen Informationsbedarfs und Wissensstandes ist der Kinder- und Jugendmedienschutz der Mehrheit der befragten Fach- und Lehrkräfte als pädagogisches Thema bewusst. Fast zwei Drittel (63%) geben relativ unabhängig vom Alter der Bezugskinder an, sich über mögliche Online-Gefahren und Vorbeugemaßnahmen zu informieren (ebd.).

Wie häufig sich die Lehr-/Fachkräfte in direktiven Maßnahmen engagieren, hängt auch davon ab, ob es institutionelle Vorgaben zur Medienpädagogik (z. B. Rahmenkonzept, Zielvorgaben, Handlungsempfehlungen) gibt: Können die Befragten auf die Existenz eines solchen Konzepts verweisen, setzen sie häufiger zeitliche (71% zu 51%) oder inhaltsbezogene (71% zu 59%) Regeln, verbieten bestimmte Angebote (61% zu 48%) und achten bei Apps und Spielen auf die Altersfreigaben (80% zu 68%) (ebd.).

Der positiven Gesamttendenz, dass Medienbildung und der Kinder- und Jugendmedienschutz im schulischen wie in außerschulischen Bildungskontexten wahrgenommen und thematisiert werden, stehen auch einige problematische Ergebnisse gegenüber: Jeweils etwa ein Drittel der Befragten gibt an, dass sie die Nutzung von Online-Medien nicht thematisieren bzw. dass sie sich selbst nicht über die möglichen Gefahren der Nutzung von Internetmedien informieren. Befragte mit medienpädagogischer Vorbildung sind im entsprechenden Informationsverhalten jedoch deutlich aktiver als ihre Kolleginnen und Kollegen ohne entsprechende Vorbildung (67% zu 48%) (ebd.).

4.5 Fazit

In allen Befragtengruppen besteht eine hohe Aufmerksamkeit für das Thema des Kinder- und Jugendmedienschutzes. Auch zeigt sich eine relativ hohe Besorgtheit der Erwachsenen, was angesichts der negativen Online-Erfahrungen vieler Kinder angemessen erscheint. Dabei ist zu bedenken, dass die Befragung der Lehr-/Fachkräfte noch vor der Beschleunigung der Digitalisierung in Zeiten der Covid-19-Pandemie stattfand, so dass es wahrscheinlich ist, dass die zugrundeliegende Studie ihre aktuelle Aufmerksamkeit für Online-Risiken unterschätzt.

Lehr-/Fachkräfte können zwischen Schutz- und Hilfeangeboten von Akteuren des Jugendmedienschutzsystems und Familien eine vermittelnde Rolle einnehmen und – je nach Arbeitsfeld in unterschiedlichem Maße – auch direkt zur Befähigung von Kindern und Jugendlichen zum Umgang mit Online-Risiken beitragen und sie bei der Bewältigung negativer Online-Erfahrungen unterstützen (Brüggen et al. 2022, S. 247 ff.). Daher ist dem Zusammenspiel ihrer Perspektive mit der von Eltern, Kindern und Jugendlichen besondere Aufmerksamkeit zu widmen.

Die Ergebnisse zeigen deutlich Differenzen zwischen den Sichtweisen der Befragtengruppen auf Onlinerisiken, die in der medienpädagogischen Arbeit mit diesen Gruppen Berücksichtigung finden sollten. Insbesondere bei Lehr-/Fachkräften, die Eltern und Heranwachsende im erzieherischen Umgang mit Online-Risiken bedürfnisorientiert unterstützen wollen, sollte das Bewusstsein gefördert werden, dass für Eltern und Heranwachsende andere risikobezogene Sorgen im Vordergrund stehen als aus der eigenen Perspektive. Hier wird ein Bildungsbedarf in Bezug auf aktuell relevante Risiken deutlich (vgl. auch Gebel et al. 2018, S. 35 ff.). Auch die hohe Übernahme von Verantwortung für den Schutz vor Online-Risiken, die Eltern und Kinder sich selbst zuschreiben, sollte Lehr-/Fachkräften bewusst sein und von ihnen ernst genommen werden.

Die Unterstützungsfähigkeiten von Eltern und auch Lehr-/Fachkräften erweisen sich als durchaus steigerungsfähig, etwa wenn es um das Wissen über konkrete Hilfsangebote und Meldestellen geht. Insbesondere an Lehr-/Fachkräfte dürfen durchaus höhere Erwartungen gestellt werden. Sie könnten im konfliktträchtigen Spannungsfeld zwischen Schutzauftrag und Teilhabewünschen produktive Impulse liefern und ggf. zumindest teilweise Mängel an elterlicher Kompetenz oder Engagement kompensieren. Hier sind Anstrengungen für eine stärkere Professionalisierung der Lehr-/Fachkräfte und die Entwicklung medienpädagogischer Konzepte für alle Bildungsbereiche (schulisch wie außerschulisch) notwendig, deren positiver Effekt auf ihre Handlungsfähigkeit offensichtlich ist. Eine höhere Unterstützungskompetenz der Lehr-/Fachkräfte, die aktiv kommuniziert wird, könnte auch die Bereitschaft der Kinder und Jugendlichen, sich bei Bedarf an Pädagog*innen zu wenden, steigern (vgl. hierzu auch Thiel & Lampert 2023, S. 48).

Literatur

Brüggen, N., Dreyer, S., Drosselmeier, M., Gebel, C., Hasebrink, U. & Rechlitz, M. (2017): Jugendmedienschutzindex: Der Umgang mit onlinebezogenen Risiken. Ergebnisse der Befragung von Heranwachsenden und Eltern. Berlin, Hamburg, München. Online unter: https://www.fsm.de/jugendmedienschutzindex [Zugriff: 22.05.2023].

Brüggen, N., Dreyer, S., Gebel, C., Lauber, A., Materna, G., Müller, R., Schober, M. & Stecher, S. (2022): Gefährdungsatlas. Digitales Aufwachsen. Vom Kind aus denken. Zukunftssicher Handeln. Aktualisierte und erweiterte 2. Auflage. Herausgegeben von: Bundeszentrale für Kinder- und Jugendmedienschutz. Bonn. [Zugriff: 22.05.2023]

Gebel, C., Brüggen, N., Hasebrink, U., Lauber, A., Dreyer, S., Drosselmeier, M. & Rechlitz, M. (2018). Jugendmedienschutzindex: Der Umgang mit onlinebezogenen Risiken. Ergebnisse der Befragung von Lehrkräften und pädagogischen Fachkräften. Berlin, Hamburg, München. Online unter: https://www.fsm.de/jugendmedienschutzindex [Zugriff: 22.05.2023]

Gebel, C., Lampert, C., Brüggen, N., Dreyer, S., Lauber, A. & Thiel, K. (2022): Jugendmedienschutzindex 2022. Der Umgang mit onlinebezogenen Risiken. Ergebnisse der Befragung von Eltern und Heranwachsenden. Herausgegeben von FSM – Freiwillige Selbstkontrolle Multimedia-Diensteanbieter e.V., Berlin, Hamburg, München. Online unter: https:// www.jugendmedienschutzindex.de [Zugriff: 22.05.2023]

Hans-Bredow-Institut für Medienforschung an der Universität Hamburg (2014): Aufwachsen mit digitalen Medien. Monitoring aktueller Entwicklungen in den Bereichen Medienerziehung und Jugendschutz. Hamburg. Online unter: http://www.hans-bredow-institut.de/webfm_send/1039 [Zugriff: 26.05.2023].

Thiel, K. & Lampert, C. (2023): Wahrnehmung, Bewertung und Bewältigung belastender Online-Erfahrungen von Jugendlichen. Eine qualitative Studie im Rahmen des Projekts »SIKID – Sicherheit für Kinder in der digitalen Welt«. (Arbeitspapiere des Hans-Bredow-Instituts | Projektergebnisse Nr. 65). Hamburg. DOI: https://doi.org/10.21241/ssoar.86633

5 Kinderrechte, Erziehungsprivileg und die Mehrfachrolle des Staates: Medienerziehung aus der Perspektive von Grund- und Menschenrechten

Stephan Dreyer

Einleitung

Kinder entdecken und erforschen ihre Umwelt, setzen sich mit ihr physisch und kommunikativ auseinander und probieren sich in sozialen Kontexten aus. Das gilt auch für Information, Kreativität, Kommunikation und Interaktionen mit Dritten in digitalen Räumen. Dabei stehen Kindern eigene Grund- und Menschenrechte zu. Gleichzeitig werden sie dabei von den Erziehungsberechtigten im Rahmen ihrer Erziehungsrechte begleitet, unterstützt oder – nicht selten – kontrolliert oder beschränkt: Ein Klassiker ist die elterliche Vorgabe von Nutzungszeiten sowie die Erlaubnis oder das Verbot der Nutzung spezifischer Angebote und Einzelinhalte. Zur Umsetzung von Erziehungskonzepten sowie zur Kontrolle nutzen Eltern dann – teilweise – Parental Controls und andere Schutz- oder Überwachungsfunktionen. Wo Eltern ihren Sprösslingen den Zugang zu Interaktions- und Kommunikationsforen ermöglichen, willigen sie datenschutzrechtlich für ihre Kinder ein (oder die Kinder flunkern bei der Altersangabe); manchmal sind es auch die Eltern, die ungefragt Bilder ihrer Kinder in soziale Medien posten (»sharenting«).

Den Staat treffen in diesem Bereich rechtliche Schutzpflichten, Kinder vor Entwicklungsrisiken zu schützen und sie und die Erziehungsberechtigten im familialen Alltag zu unterstützen, insbesondere durch das Vorhalten eines rechtlichen Rahmens und die Ermöglichung der täglichen Arbeit von Hilfsinstitutionen sowie Unterstützungs- und Beratungsangeboten. Kinder- und Jugendmedienschutz und Medienerziehung finden in diesem Dreieck statt.

Dabei ist Medienerziehung kein konkretes Thema des Grundgesetzes oder menschenrechtlicher Konventionen. Diese Rechtsrahmen geben aber die Leitlinien vor, in welchem Verhältnis Eltern[21] und Kinder, Eltern und Staat sowie Kinder und Staat zueinander stehen. Diese grundsätzlichen Aussagen zum Dreieck Eltern-Kinder-Staat helfen dabei, die verteilten Rollen und Verantwortungen (auch) in der Medienerziehung konkreter beschreiben zu können. Insbesondere ergeben sich aus diesen Vorprägungen rechtliche Pflichten, Entscheidungsmaßstäbe und auch Grenzen der Erziehungstätigkeiten von Eltern und Staat. Der Beitrag führt in diese

---

21 Das Kapitel nutzt die Begriffe Eltern und Erziehungsberechtigte synonym.

Gemengelage aus Rechten und Pflichten ein und wirft am Ende ein Schlaglicht auf ihre kohärente Ausgestaltung in der Praxis.

5.1 Verfassungsrechtliche und menschenrechtliche Grundlagen der Rollenverteilung bei der Medienerziehung

In den Grund- und Menschenrechtskatalogen der deutschen Verfassung (Grundgesetz; GG) und der europa- und völkerrechtlichen Konventionen wie der Allgemeinen Erklärung der Menschenrechte (AEMR) oder der Europäischen Menschenrechtskonvention (EMRK) werden die grundlegenden Rechte und Freiheiten jedes Einzelnen garantiert. Diese Rechte und Freiheiten stehen grundsätzlich jeder Person zu – auch Kindern als Trägern von Grund- und Menschenrechten. Dazu gehört u. a. das Recht auf Leben, Freizügigkeit, Gleichheit, die Glaubensfreiheit, die Versammlungsfreiheit oder die Meinungs- und Informationsfreiheit. Die UN-Kinderrechtskonvention (UN-KRK), die ebenfalls als »Menschenrechtskonvention« gesehen wird (Dederer 2019, 291) und deren Gewährleistungen als Menschenrechte gelten (zur Geschichte Schmahl 2020, Krappmann 2020), definiert parallel dazu spezifische bürgerliche, politische, wirtschaftliche, soziale und kulturelle Rechte von Kindern, zu deren Berücksichtigung und Umsetzung sich die unterzeichnenden Staaten verpflichten.

Die genannten völkerrechtlichen Konventionen gelten als von Deutschland unterzeichnete und ratifizierte Verträge im Inland wie normale Bundesgesetze, d. h. sie stehen in der Normenhierarchie unterhalb der verfassungsrechtlichen Verbürgungen im Grundgesetz. Allerdings gilt bei der Interpretation der grundgesetzlichen Vorgaben der Grundsatz der völkerrechtsfreundlichen Auslegung von Verfassungsrecht. Bei der Auslegung und Anwendung der verfassungsrechtlich verbürgten Rechte und Freiheiten müssen diese also im Lichte der völkerrechtlichen Gewährleistungen gelesen und umgesetzt werden. Durch diese Verschränkung von nationalem Verfassungsrecht und internationalen Konventionsvorgaben wirken die Menschen- und Kinderrechte unmittelbar auf die Verfassung und insbesondere das Verständnis der darin enthaltenen Rechte und Freiheiten ein (Brüggen et al. 2022, 79; Dederer 2019, 312).

Medienerziehung selbst findet sich in den Menschenrechtskatalogen nicht, aber es gibt mehrere Garantien, die Bezüge zu dem aufweisen, was im Alltag von dem Begriff und der Tätigkeit der Medienerziehung umfasst ist. Mit Bezug auf die Eltern bzw. die Erziehungsberechtigten sind dies Verbürgungen von Erziehungsrechten und Erziehungspflichten. So weist in der deutschen Verfassung Art. 6 Abs. 2 S.1 GG den Eltern das vorrangige Recht und die Pflicht der Erziehung ihrer Kinder zu. Über die Erfüllung dieser Aufgabe durch die Eltern wacht gemäß Art. 6 Abs. 2 S. 2 GG der Staat. Daneben hat der Staat das spezielle Recht und die besondere Erziehungsverantwortung für den schulischen Bereich, vgl. Art. 7 Abs. 1 GG. In der EMRK findet sich in Art. 2 ein entsprechender Hinweis auf die (weitreichenden) Erziehungsrechte von Eltern, die der Staat zu wahren hat. In der Kinderrechtskonvention ist es Art. 5, der die Staaten zur Berücksichtigung des Elternrechts verpflichtet, und Art. 18, der klarstellt, dass für »die Erziehung und Entwicklung des Kindes […] in erster Linie die Eltern […] verantwortlich« sind. Auch in der Allgemeinen Bemerkung Nr. 25 des UN-Kinderrechtsausschusses, der die kinderrechtlichen Vorgaben der UN-KRK auf digitale Umwelten umlegt, spielen Eltern eine entscheidende Rolle bei der Umsetzung der Empfehlungen: Die Allgemeine Bemerkung Nr. 25 aus dem Jahr 2021[22] befasst sich spezifisch mit der Lesart der Kinderrechtskonvention und den Rechten von Kindern in der digitalen Welt und wie diese Rechte geschützt und gefördert werden sollten. Damit bietet die Allgemeine Bemerkung Orientierung und enthält ein relevantes Interpretationsangebot dafür, wie die UN-KRK im Kontext der digitalen Entwicklung interpretiert werden sollte.

Auch die Minderjährigen selbst sind Träger von Grundrechten und Freiheiten. Für den Bereich der Mediennutzung, also den Bereich medial vermittelter Information und Kommunikation, sind dies naturgemäß vor allem die klassischen Kommunikationsfreiheiten wie Meinungsfreiheit und Informationsfreiheit aus Art. 5 Abs. 1 GG. Entsprechende Garantien finden sich in Art. 10 EMRK und in Art. 17 der Kinderrechtskonvention. Neben den anderen Grundrechten wie dem Schutz der körperlichen Unversehrtheit oder der Religionsfreiheit sind für den Bereich Kinder und Medien auch und vor allem die aus Art. 2 Abs. 1 GG folgende allgemeine Handlungsfreiheit und das Allgemeine Persönlichkeitsrecht zentral, da es dort auch um die Frage geht, in welchem Rahmen Kinder und Jugendliche mit Medien aufwachsen und welche genuin eigenen Rechte ihnen beim Heranwachsen zustehen.

Grund- und Menschenrechte sind klassischerweise zunächst einmal subjektive Rechte, d.h. sie binden unmittelbar alle *staatlichen* Organe und weisen dem Einzelnen Abwehrrechte gegen staatliche Eingriffe in eben diese Freiheiten zu. In dieser Lesart folgt aus den Grundrechten kein Regelungsgehalt, soweit es um das Verhältnis zwischen Privaten, also vor allem Eltern und Kindern geht. Die Grundrechtsdogmatik hat aber – mit Hilfe der verfassungsgerichtlichen Rechtsprechung – zwei Lehren herausgebildet, die den Grundrechten Geltung weit über diese Abwehrpositionen hinaus verschafft: Zum einen ist dies die Lehre der »mittelbaren Drittwirkung«, die besagt, dass Grundrechte auch objektive Wertentscheidungen darstellen, deren Regelungsgehalt Gerichte bei der Entscheidung von Streitigkeiten zwischen Privaten im Rahmen der dort nötigen Interpretation von Gesetzen zu berücksichtigen haben (Cremer 2003, 443 ff.).[23] Auf diese Weise fließen grundrechtliche Zielvorgaben auch in Entscheidungen über das Verhältnis von Privatpersonen zueinander hinein. Zum anderen lesen das Bundesverfassungsgericht

---

22 Ausschuss für die Rechte des Kindes, Allgemeine Bemerkung Nr. 25 (2021) über die Rechte der Kinder im digitalen Umfeld, v. 02. März 2021, deutsche Übersetzung unter https://kinderrechtekommentare.de/wp-content/uploads/2021/11/GC25_dt_redaktion_barrierefrei_2021.pdf
23 BVerfGE 7, 198 (206 f.); 42, 143 (148); 89, 214 (229 f.).

(BVerfG) und die rechtswissenschaftliche Literatur aus den Grundrechten teils auch eigenständige objektiv-rechtliche Gewährleistungsaufträge oder gar Schutzaufträge an den Staat heraus: Aus dieser Perspektive sind die Grundrechte nicht nur Abwehrpositionen des Einzelnen gegen Eingriffe durch staatliche Maßnahmen, sondern sie berechtigen und verpflichten den Staat gleichzeitig dazu, spezifische Lebensbedingungen durch einen positiven gesetzlichen Rahmen zu schaffen, der die in den verfassungsrechtlichen Garantien enthaltene Grundrechtsverwirklichung im Alltag als Ergebnis überhaupt erst ermöglicht: Dem Staat kommt so die Aufgabe zu, eine rechtliche Ordnung zu schaffen, die die Grundrechtsausübung des Einzelnen gewährleistet. Ein einschlägiges Beispiel dafür ist der verfassungsrechtliche Jugendmedienschutz, der den Gesetzgeber zur Schaffung eines Rechtsrahmens verpflichtet, in dem Heranwachsenden eine unbeeinträchtigte Persönlichkeitsentwicklung und -entfaltung möglich ist. Verstärkt und konkretisiert werden diese objektiv-rechtlichen Gehalte der Grundrechte durch die unterzeichneten völkerrechtlichen Konventionen: Die darin enthaltenen Menschenrechte bzw. Kinderrechte haben der Gesetzgeber und die staatlichen Stellen zu berücksichtigen und umzusetzen. Auch aus diesen Vorgaben folgen insoweit staatliche Implementationsaufträge, was die Verwirklichung der enthaltenen Rechte und Freiheiten angeht.

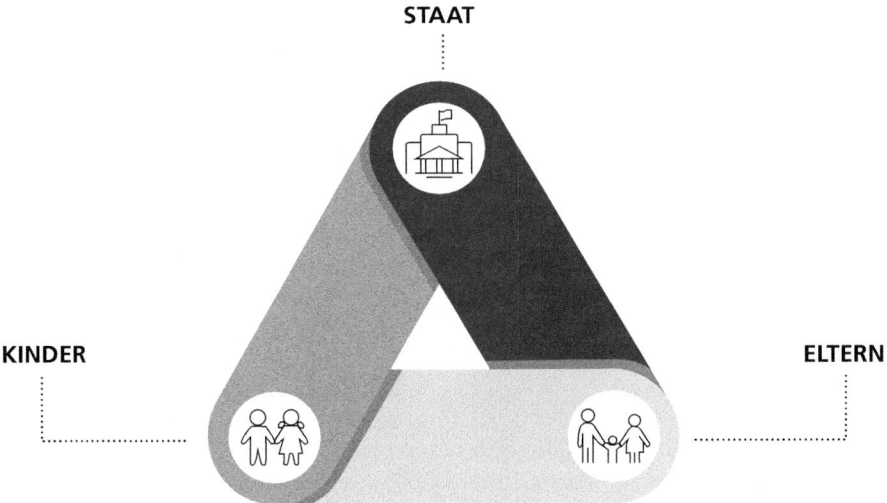

Abb. 5.1: Dreieckverhältnis grund- und menschenrechtlicher Positionen in der Medienerziehung

Durch diese objektiv-rechtlichen Gehalte werden die angesprochenen Grund- und Menschenrechte auch zu Leitlinien der gesetzgeberischen Betätigung im Umfeld der Medienerziehung. Mehr noch: Durch die so erfolgende Zuschreibung von Rollen in der Medienerziehung kann der Blick in die Vorgaben der Grund- und Menschenrechte auch zur ganz grundlegenden Verortung von Staat, Eltern und Minderjährigen genutzt werden. Dies ist wichtig für die gesetzliche Konfiguration des Dreieck-Verhältnisses (Wapler 2020, 73 f.) – was darf der Staat in diesem Dreieck wie regeln? –, aber auch für die manchmal notwendige Rückbesinnung darauf, wer in diesem Dreieck in wessen Interesse handelt bzw. handeln soll. Menschenrechte werden so auch ohne die explizite Benennung von Medienerziehung als Regelungsbereich für die rechtliche Maßstabsentwicklung und für erziehungsethische und medienpädagogische Diskurse relevant.

Im Folgenden werden dafür die zentralen Vorgaben, wie sie sich aus den Grund- und Menschenrechten der Kinder, dem Erziehungsrecht der Eltern und dem Wächteramt des Staates ergeben, aufgezeigt und in ein Verhältnis zueinander gesetzt.

5.2 Kinder und ihre medien- und kommunikationsbezogenen Rechte und Schutzinteressen

Minderjährige als Träger von Grund- und Menschenrechten

Die erste Frage in der Verortung der Akteure in diesem Dreieck ist, ob und in welchem Maße Minderjährige Grundrechtsträger sind und inwieweit sie diese Grundrechte gegenüber Dritten auch selbst als Rechtsposition vorbringen können. Grundrechte werden dem Einzelnen unabhängig von seinem Alter zuteil, daher sind Kinder und Jugendliche – spätestens ab dem Zeitpunkt der Geburt – ebenfalls Grundrechtsträger (Tonikidis 2013). Insoweit sind auch Minderjährige Menschen mit eigener Menschenwürde[24] und einem (mit zunehmendem Alter immer stärker werdenden) eigenen Recht auf eine freie Entfaltung ihrer Persönlichkeit.[25] Diese Feststellung ist wichtig für die Frage der eben beschriebenen objektiv-rechtlichen Gewährleistungsgehalte, denn ohne einen Grundrechtsträger würden auch die gesetzgeberischen Gestaltungspflichten ins Leere laufen (Baum 2007, 136f.). Wo es keinen Grundrechtsträger gäbe, würde den Staat auch keine Pflicht zum Schutz dieser Grundrechtsposition treffen. Die Prinzipien und Rechte der Kinderrechtskonvention verstärken diese Sichtweise: Sie schreiben ausdrücklich Kindern spezifische Rechte zu, zu deren Umsetzung sich die Konventionsstaaten verpflichtet haben. Wie oben beschrieben prägen diese Kinderrechte die Lesart der verfassungsrechtlich verbürgten Grundrechte zusätzlich.

Abzugrenzen von der Fähigkeit, Träger von Grundrechten zu sein, ist die Frage, inwieweit eine Person selbst in der Lage ist, diese Rechte auch geltend zu machen. Dies spielt vor allem bei jüngeren Kindern eine Rolle, da das Fehlen dieser sog. Grundrechtsmündigkeit auf das Verhältnis zwischen Kind und Staat sowie zwischen Kind und Eltern durchschlagen kann, wie bei der Abwägung widerlaufender

---

24 BVerfGE 24, 119 (144); 72, 155 (172).
25 BVerfGE 47, 46 (74).

Schutzziele (z. B. Erziehungsrecht der Eltern versus Informationsfreiheit des Kindes). Die juristische Diskussion über die Grundrechtsmündigkeit, in dessen Rahmen die Ausübungsfähigkeit von Grundrechten teils als altersabhängig dargestellt wurde, konzentriert sich mittlerweile (nur noch) auf die Frage der Handlungsfähigkeit Minderjähriger bei der *prozessualen* Geltendmachung von Grundrechten (Kingreen/Poscher 2017, Rn. 145). Diese Frage der Prozessfähigkeit berührt aber nicht mehr die der grundsätzlichen Ausübungsfähigkeit in Bezug auf das in Frage stehende Grundrecht, sondern folgt lediglich einfachgesetzlichen Konkretisierungen wie Vorgaben zur Prozessvertretung. Zentral ist hier die Erkenntnis, dass Minderjährige unabhängig ihres jeweiligen Alters stets Träger von Grundrechten sind, *und* diese Grundrechte auch unabhängig vom Alter ausüben können müssen (Wapler 2020, 72). In der (verfahrensrechtlichen) Praxis erfolgt die Ausübung der Rechte von Minderjährigen regelmäßig durch deren Eltern, bei Interessenkonflikten auch durch das Familiengericht.

Minderjährige sind damit auch Träger von Grundrechten, die ihre Informations- und Kommunikationsaktivitäten schützen. Zentral dabei ist die Gewährleistung Art. 5 Abs. 1 GG, der sowohl das Grundrecht auf freie Meinungsäußerung als auch das Recht auf Informationsfreiheit, d. h. sich aus frei zugänglichen Quellen informieren zu können, enthält. Auch Art. 10 EMRK und Art. 13 UN-KRK gewähren entsprechende Informations- und Kommunikationsfreiheiten.

Dass solche informations- und kommunikationsbezogenen Grundrechte zentral für einen demokratischen Staat sind, hat das BVerfG früh und sehr deutlich festgestellt. Meinungsfreiheit zählt demnach zu den »vornehmsten Menschenrechten überhaupt«[26]; auch die Informationsfreiheit gehört aus Sicht des BVerfG zu den elementaren Grundfreiheiten.[27] Ohne die Möglichkeit, unbeeinträchtigt Informationen zu erlangen und sich eine eigene Meinung bilden zu können, wäre der demokratische Entscheidungsprozess vom Volk hin zu den politischen Organen eine Farce. Zudem wäre die Entwicklung zu einem autonomen, kritischen Bürger ohne Informations- und Meinungsfreiheit unmöglich. Damit kommt der Meinungsfreiheit eine zentrale Doppelrolle in freiheitlichen Staaten zu: Sie schützt demokratische Prozesse genauso wie die Entwicklungs- und Entfaltungsmöglichkeiten des Einzelnen. Vor diesem Hintergrund werden die Informations- und Kommunikationsfreiheiten weit verstanden und umfassen die Freiheit, sich eine Meinung zu bilden, zu haben, zu äußern und zu verbreiten (Grabenwarter 2023). Die Meinungsfreiheit schützt speziell die Handlungen des Äußernden, die Informationsfreiheit die Seite des Rezipierenden: Der Einzelne muss die Möglichkeit haben, Informationen zu beschaffen oder zu erhalten, um sich eine Meinung bilden zu können – die er dann wiederum äußern können muss. Auf diese Weise sind Informationsfreiheit und Meinungsäußerungsfreiheit eng miteinander verschränkt und bedingen sich gegenseitig.

Für den familialen Alltag der Medienerziehung haben diese Grundrechte bereits Bedeutung: Meinungs- und Informationsfreiheit gelten zwar nicht unmittelbar zwischen Kindern und ihren Eltern, Eltern haben bei ihrer Erziehung die – auch

---

26 BVerfGE 7, 198 (208).
27 BVerfGE 7, 198 (208); 103, 44 (59 f.).

medienvermittelten – Informations- und Äußerungsrechte der Kinder aber hinreichend und im Einklang mit den Kindesinteressen zu berücksichtigen (▶ Kap. 5.3). Für den Staat sieht Art. 5 Abs. 2 GG ausdrücklich vor, dass diese Grundrechte beschränkt werden können durch »Vorschriften der allgemeinen Gesetze«, »gesetzliche Bestimmungen zum Schutze der Jugend« und durch Gesetze zum Schutz »der persönlichen Ehre«. Auch die menschenrechtlichen Verbürgungen in Art. 10 EMRK und Art. 13 UN-KRK sehen entsprechenden Einschränkungen vor. Bereits mit Blick auf den erwähnten Jugendschutz wird deutlich, dass der Staat zur Sicherung widerstreitender Grundrechtspositionen gesetzliche Regelungen erlassen kann, die die Informations- und Kommunikationsrechte beschneiden. Wenn Kinderschutz dabei bereits eine ausdrückliche Einschränkung von Kommunikationsfreiheiten – aller, nicht nur von Minderjährigen – ermöglicht, ist das bereits ein Hinweis darauf, dass die Ausgestaltung der entwicklungsadäquaten Formen der Grundrechtsausübung nicht allein den Kindern und Jugendlichen obliegt, sondern sich in einem komplexen Gefüge aus Kinder-, Eltern- und Erwachsenenrechten sowie staatlichen Ausgestaltungs- und Begrenzungsbefugnissen befindet.

Freie Persönlichkeitsentwicklung und -entfaltung als Kernziel

Nicht nur aus den Kommunikationsfreiheiten ergeben sich Verortungspunkte in dem Dreieck Kinder-Eltern-Staat beim Themenfeld Medienerziehung, sondern auch aus den entwicklungsbezogenen Schutzzielen von Verfassung und kinder- und menschenrechtlichen Konventionen: Im Grundgesetz findet sich ein Kern entwicklungsbezogener Schutz- und Befähigungsrechte in dem sogenannten Allgemeinen Persönlichkeitsrecht, das aus der allgemeinen Handlungsfreiheit in Art. 2 Abs. 1 GG in Verbindung mit der Menschenwürde in Art. 1 Abs. 1 GG gelesen wird. Das Allgemeine Persönlichkeitsrecht hat dabei unterschiedliche Ausprägungen erfahren, die jedes für sich für Information und Kommunikation Minderjähriger Relevanz haben, darunter das Recht am eigenen Bild und Wort, das Recht auf informationelle Selbstbestimmung sowie das Recht auf freie Persönlichkeitsentwicklung und -entfaltung. Unterstützt werden diese Facetten des Persönlichkeitsrechts durch Art. 5 und Art. 8 der EMRK, die das grundsätzliche Recht auf Freiheit (und Sicherheit) sowie auf Achtung des eigenen privat- und Familienlebens festschreiben. Die Kinderrechtskonvention, deren einzelne Gewährleistungen ja bereits die konkreten Ausprägungen der Entwicklungssicherung darstellen, wird vor allem in ihrer Präambel deutlich, was die Ziele einer guten Entwicklung sind: Danach soll »das Kind zur vollen und harmonischen Entfaltung seiner Persönlichkeit in einer Familie und umgeben von Glück, Liebe und Verständnis aufwachsen« und »umfassend auf ein individuelles Leben in der Gesellschaft vorbereitet und im Geist der in der Charta der Vereinten Nationen verkündeten Ideale und insbesondere im Geist des Friedens, der Würde, der Toleranz, der Freiheit, der Gleichheit und der Solidarität erzogen werden«.

Es geht der Verfassung wie der Kinderrechtskonvention um die Klarstellung, dass jeder Mensch ein Recht auf eine freie und autonom entwickelbare Individualität hat, im Alltag des Aufwachsens folgt daraus vor allem der Gedanke eines entwicklungsbezogenen Integritätsschutzes auf (Dreier 2023, Rn. 68): Inhaltlich schützt das Allgemeine Persönlichkeitsrecht »im Sinne des obersten Konstitutionsprinzips der Würde des Menschen (Art. 1 Abs. 1 GG) die engere persönliche Lebenssphäre«[28], die geistig-seelische Integrität[29]. In diesem Bereich muss insoweit jeder Mensch seine Individualität entwickeln, wahren und entfalten können[30] – es ist ein »Recht auf mein Selbst« (Dreyer 2021a). Mit dem Schutzziel der »persönlichen Integrität« knüpft seit 2021 auch das Jugendschutzgesetz (JuSchG) an dieses Verständnis des kindlichen Persönlichkeitsrechts an (Dreyer 2021b). Die Kinderrechtskonvention rahmt ein gesundes Aufwachsen als das Prinzip »Wohl des Kindes« (Krappmann 2013, 2). Das Kindeswohl in Art. 3 UN-KRK ist dabei allerdings mehr als nur normative Vorgabe des zu erreichenden Ziels guten Heranwachsens, es ist darüber hinaus auch Entscheidungsmaxime und Abwägungsmaßstab im Falle widerstreitender Rechtspositionen und Interessen (zu den Funktionen des Kindeswohlprinzips s. Schmidt/Westhoff 2022, 28). Begrifflich noch weiter gehen Konzepte wie »glückliche Kindheit« oder »das gute Leben« (Clark/Steckmann 2019, 219).

Basis dieser Verständnisse ist, dass die Gesamtheit der persönlichen Eigenschaften die Persönlichkeit eines Menschen ausmacht. Eigenschaften, Gewohnheiten, Einstellungen und Motivationen, aber auch Gefühle, Gefühlswelten und Interessen sind in dieser Sichtweise zeitlich relativ stabil, befinden sich mittel- und langfristig aber stets in einem dynamischen Wandel und Anpassungsprozess. Basieren erste Verhaltensweisen eines Menschen vor allem auf Instinkten, Reflexen und Trieben, stabilisieren sich diese Handlungsmuster und werden zunehmend durch individuell ausgeprägte Persönlichkeitsstrukturen überlagert, die sich durch Stoffwechselprozesse und Interaktionen mit anderen Menschen und der Umwelt ausprägen. Durch Lernen – Lernprinzipien können neben der klassischen Konditionierung auch Emotionen und Kognitionen, wie das Lernen durch Einsicht oder Lernen am Modell sein – entstehen nach und nach immer individuellere, persönliche Verhaltensweisen, die ein Individuum ausmachen. Der einzige – theoretische – Unterschied zwischen Jüngeren und Erwachsenen ist, dass sich viele der Persönlichkeitsfacetten im Erwachsenenalter weitgehend stabilisiert haben und Persönlichkeitsveränderungen nur noch über längere Zeiträume und regelmäßig weniger fundamental stattfinden als noch in der Phase des Aufwachsens (Abels et al. 2008, 112 ff.; Niederbacher & Zimmermann 2011, 28 f., 143 ff.).

Verfassungsrechtlich und menschenrechtlich gewährleistete Persönlichkeitsrechte und das Konzept des Kindeswohls schützen also nicht nur die »fertige« Persönlichkeit des Einzelnen, sondern auch die Phasen der Entwicklung dorthin, d. h. geschützt sind die für den Weg zu einem eigenverantwortlichen und selbstbestimmten Individuum wichtigen Entwicklungsschritte – Kindheit und Jugend (Abels et al. 2008, 9 ff., 77 ff.; Niederbacher & Zimmermann 2011, 133 ff.; Wapler 2020, 78). »Der Jugendliche ist nicht nur Objekt der elterlichen und staatlichen Erziehung. Er ist vielmehr von vornherein und mit zunehmendem Alter in immer stärkerem Maße eine eigene durch Art. 2 Abs. 1 in Verbindung mit Art. 1 Abs. 1 GG

---

28 BVerfGE 54, 148 (153); 72, 155 (170).
29 BVerfGE 27, 344 (351).
30 BVerfGE 79, 256 (268); 35, 202 (220).

geschützte Persönlichkeit.«[31] Die in diesen Lebensabschnitten gemachten Erfahrungen und sozialen Interaktionen sind für die weitere Persönlichkeitsentwicklung besonders prägend; entsprechend hat der Staat diese Phase besonders und auch durch Schaffung eines positiven Rechtsrahmens zu begleiten.

Staatliche Gewährleistungsaufgabe einer unbeeinträchtigten Entwicklung

Das verfassungsrechtlich garantierte Recht auf unbeeinträchtigte Persönlichkeitsentwicklung von Kindern und Jugendlichen ist ein Fall der oben gezeigten Folgen der objektiv-rechtlichen Lesart von Grund- und Menschenrechten: Werden gewährleistete Grundrechte oder ihre Ausübung (auch) durch Private gestört oder verhindert, reicht es nicht aus, dass der Staat sich aus dem Grundrechtsbereich heraushält, sondern er muss den Lebensbereich aktiv und freiheitsfördernd gestalten (Bethge 2011, Rn. 217 ff.). Das Recht auf unbeeinträchtigte Persönlichkeitsentfaltung wird in dieser Lesart zu einem staatlichen Schutzauftrag, dem der Gesetzgeber durch die Einrichtung eines Rechtsrahmens und staatlicher bzw. staatlich eingesetzter Stellen Rechnung tragen muss.[32] Auch bei der Gewährleistung und Ausgestaltung dieser verfassungsrechtlichen Schutzpflicht unterstützt ihn der Umsetzungsauftrag der Kinderrechtskonvention.

Diese Interpretation führt angesichts des Ziels einer unbeeinträchtigten Persönlichkeitsentwicklung zu einem staatlichen Schutzauftrag auch im Hinblick auf negative Einwirkungen von Seiten Dritter[33], d.h. mit Blick auf die Mediennutzung ergibt sich nicht nur ein staatliches Gebot der Minimierung medieninduzierter Entwicklungsrisiken (Dreyer 2011, 6; Erdemir 2016, 2), sondern auch ein Auftrag in Richtung eines weiter verstandenen präventiven Entwicklungsschutzes: Der Kern eines verfassungs- und menschenrechtlich determinierten Jugendmedienschutzes ist es, im Sinne der Kinder und Jugendlichen Bedingungen zu schaffen, unter denen die unbeeinträchtigte Persönlichkeitsentwicklung möglich ist. Bei derartigen Entscheidungen wirkt das Kindeswohlprinzip aus Art. 3 UN-KRK als Abwägungsleitlinie: Der Staat hat bei allen Maßnahmen mit kinderrechtlichen Bezügen das Kindeswohl »vorrangig zu berücksichtigen« (s. Cremer 2012, 327).

Aus dem Schutzauftrag folgt die erste Paradoxie: Schafft der Staat einen Rechtsrahmen, der die freie Persönlichkeitsentwicklung absichert, ist dafür ein Eingriff in die freie Persönlichkeitsentfaltung der Minderjährigen notwendig. Die Absicherung der Ausübung« grundrechtlicher Freiheiten Minderjähriger scheint eine Einschränkung in just diese Freiheiten erforderlich. Bei genauerer Betrachtung ist dieser Widerspruch folgerichtig, da ohne die Ermöglichung einer ungestörten Persönlichkeitsentwicklung eine spätere Entfaltung und die damit einhergehende Weiterentwicklung nicht möglich ist. Während also im späteren Leben ein Übergewicht des Gewährleistungsgehalts auf dem Aspekt der *Entfaltung* liegt, konzen-

---
31 BVerfGE 47, 46 (74).
32 BVerfGE 35, 202 (221); 37, 57 (65 f.); 84, 192 (194 f.); 96,056 (64), 99, 185 (194).
33 BVerfGE 79, 51 (63 f.).

triert er sich im Kindesalter auf den Verlauf der Persönlichkeits*entwicklung*. Letzterer zeigt einen höheren Schutz- und Befähigungsbedarf auf, da Gefährdungen der Freiheitlichkeit dieses Verlaufs sich sowohl auf der Entwicklungs- als auch auf der späteren Entfaltungsebene auswirken. Mit zunehmendem Alter verschiebt sich dann der Schwerpunkt des Entwicklungsschutzes hin zur Gewährleistung des Entfaltungsschutzes.[34]

Für einen gesetzlich geschaffenen Rahmen im Bereich der Medienerziehung bedeutet dies mit Blick auf medienbezogene Vorgaben, dass Kindern und Jugendlichen grundsätzlich Zugangshürden zu entwicklungsrelevanten Medieninhalten und konkret risikobehafteten Kommunikationsangeboten auferlegt werden dürfen. Diese müssen mit zunehmendem Alter aber die zunehmenden Fähigkeiten und Entfaltungsgarantien der Heranwachsenden anerkennen und entsprechend berücksichtigen. Neben der Abwehr möglicher Gefährdungen, die sowohl aus dem Einflussbereich des Staates wie von Seiten Dritter drohen, muss der Staat auch positiv gewährleisten, dass Rahmenbedingungen herrschen, die eine natürliche Persönlichkeitsentwicklung auch *durch Medienerziehung* sicherzustellen in der Lage sind. Enthalten in dem entwicklungsbezogenen Auftrag ist insoweit auch die Gewährleistung von Medienerziehung im Rahmen des Erziehungsrechts der Eltern und des Erziehungsauftrags des Staates.

5.3 Erziehungsrecht und -auftrag der Eltern

Mit dem den Kindern zustehenden Persönlichkeitsentwicklungs- und -entfaltungsrecht scheint das Erziehungsrecht der Eltern (Art. 6 Abs. 2 S. 1 GG; Art. 2 EMRK; Art. 5 UN-KRK) auf den ersten Blick in Widerspruch zu stehen. Das Erziehungsrecht weist den Eltern (genauer: den Erziehungsberechtigten, s. oben) die Pflege und Erziehung (zum Begriff Winkler 2019, 99) ihrer Kinder zu. Das Grundgesetz und die UN-Kinderrechtskonvention machen dabei aber deutlich, dass den Eltern nicht nur das Recht, sondern auch die Pflicht zukommt, für die Minderjährigen zu sorgen. Dem Staat kommt mit Blick auf die elterliche Pflichtübernahme eine überwachende Aufgabe zu (Art. 6 Abs. 1 S. 2 GG; Art. 9 Abs. 1 UN-KRK; zu diesem staatlichen »Wächteramt« ▶ Kap. 5.4).

In seiner subjektiven Lesart gewährt das Erziehungsrecht den Eltern[35] eines Kindes das Recht, sich gegen staatliche Maßnahmen, die ihren eigenverantwortlichen Bereich der Pflege und Erziehung ihres Kindes berühren, abzuwehren.[36] Die »Pflege« betrifft dabei vor allem das körperliche Wohl des Kindes, während von dem

---

34 BVerfGE 47, 46 (74).
35 Zur konkreten Frage, wer die »Eltern« des Kindes sind: BVerfGE 24,119 (134); 92, 158; 24, 119 (150).
36 BVerfGE 7, 320 (323); 4, 52 (57).

Erziehungsbegriff auch die Sorge für die geistige und seelische Entwicklung sowie die Bildung und Ausbildung umfasst ist.

Das Erziehungsrecht folgt der Grundannahme, dass Eltern in der Regel diejenigen Menschen sind, die aufgrund der biologischen Abstammung und/oder der Form des sozialen Zusammenlebens am ehesten und am besten wissen, was im Interesse ihres Kindes ist (Baum 2007, 187; Kim 2019, 320). Es sind die Eltern, die den Entwicklungsbedürfnissen des Kindes gleichlaufende Interessen tatsächlich verfolgen (Klein 2003, 75 f.).[37]

Das Elternrecht wird dabei aber – anders als die meisten anderen Grund- und Menschenrechte – nicht im eigenen Interesse der Freiheit der Eltern ausgeübt, sondern in erster Linie zur Gewährleistung einer natürlichen Entwicklung des Kindes (Kim 2019, 322; Gusy 1986, 185). Die Ausübung des Elternrechts als reines Freiheitsrecht der Eltern stünde im Widerspruch zu dem oben dargestellten Persönlichkeitsentwicklungsrecht des Kindes und wäre mit dem Menschenwürdeverständnis schwer vereinbar.[38] Daraus folgt aber nicht, dass es sich bei dem Erziehungsrecht um ein »ausgelagertes« Grundrecht der Kinder handelt. Vielmehr wird das Erziehungsrecht den Eltern *im Interesse des Kindes* gewährt und ist insoweit von den Freiheitsrechten der Kinder und deren Gewährleistungsgehalten abhängig.[39] Das Elternrecht hat damit einen dem Kindeswohl dienenden Charakter (Badura 2023, Rn. 109)[40]; es ist ein »fremdnütziges« Grundrecht. Das bedeutet, dass die Eltern nur solange innerhalb des Ausübungsraums ihrer Elternrechts agieren, wie ihre individuellen Erziehungsformen und -konzepte im Einklang mit der Schutzrichtung einer Persönlichkeitsentwicklung hin zu einem selbstbestimmten und gemeinschaftsfähigen Individuum stehen (Jeand'Heur 1993, 20). Innerhalb dieses pflichtgebundenen Spielraums aber sind die Eltern in ihrer Entscheidung frei, etwa im Hinblick auf die Bestimmung von medienbezogenen Erziehungszielen und der Auswahl der Erziehungsmethoden.[41]

Eine einfachgesetzliche Vorschrift, die diesen Umstand und die gesetzgeberische Umsetzung dieses dynamischen Verständnisses ausdrückt, kommt aus dem Familienrecht und betrifft die allgemeine Vorgabe des BGB zur elterlichen Sorge in § 1626 Abs. 2 BGB:

> »Bei der Pflege und Erziehung berücksichtigen die Eltern die wachsende Fähigkeit und das wachsende Bedürfnis des Kindes zu selbständigem verantwortungsbewusstem Handeln. Sie besprechen mit dem Kind, soweit es nach dessen Entwicklungsstand angezeigt ist, Fragen der elterlichen Sorge und streben Einvernehmen an.«

Die Vorschrift erscheint vor dem Hintergrund der grundrechtlichen Konstellationen zwischen Eltern und Kindern und den gesetzgeberischen Möglichkeiten der Ausgestaltung und Absicherung als prototypisch für die Umsetzung eines gesetzgeberischen Optimierungsgebots, das ihn zu dem jeweils möglichst grundrechtsschonenden Ausgleich mehrerer Grundrechtspositionen verpflichtet. Während ge-

---

37 BVerfGE 59, 360 (376); 61, 358 (371 f.).
38 Vgl. BVerfGE 24, 119 (144); 72, 155 (172).
39 BVerfG NJW 1988, 125 ff. (126).
40 BVerfGE 64, 180 (189); 59, 360 (376 f.); 60, 79 (88).
41 BVerfGE 10, 59 (84 ff.); 24, 119 (143); 59, 360 (376); 60, 79 (88); 107, 104 (117).

setzgeberische Ausgestaltungen des Erziehungsrechts wie diese den Eltern die Grenzen ihrer Grundrechtsausübungen »nur« verdeutlichen, stützen sich staatliche Maßnahmen als Reaktion auf Grenz*überschreitungen* dagegen auf das Wächteramt des Staates (s. unten).

Hinsichtlich der Interpretation, welche einzelnen Werte und Einstellungen wie vermittelt und priorisiert werden, gesteht das Erziehungsrecht den Eltern einen Spielraum ein: Sie können ganz unterschiedliche Konzepte und Vorstellungen verfolgen, soweit nicht das Grundziel des fremdnützigen Erziehungsrechts konterkariert wird (Böckenförde 1979, 322).[42] Den Eltern obliegt also nicht nur das zuvörderste Recht der Erziehung, sondern parallel dazu auch das Recht der Interpretation und Konkretisierung des Verständnisses von Pflege und Erziehung innerhalb dieses Grundziels (Jeand'Heur 1993, 21). Dieser Grundsatz gilt auch für den Bereich der Medienerziehung; für den familialen Alltag mit mediatisierten Lebenswelten auf der Seite von Eltern wie von Kindern folgen daraus zentrale Leitplanken: Die Eltern wählen und leben ihren individuellen Erziehungsstil mit individuellen Instrumenten; sie können eher autoritär oder eher egalitär agieren, eher demokratisch oder eher im Laissez-faire-Stil (s. dazu Ecarius 2022).

Im Hinblick auf das Alters des Kindes, mit dem sich auch die Bedürfnisse und Fähigkeiten erweitern (»evolving capacities«), sind die Grenzen ihres Spielraums einerseits dort überschritten, wo Kindern und insbesondere Jugendlichen entweder ihr Recht auf (kommunikative, soziale, oder politische) Teilhabe kategorisch verweigert wird (z. B. durch generelle Mediennutzungsverbote) oder ihnen durch restriktive Überwachung und elterliche Kontrolle das Recht auf Privatheit und Privatsphäre vollständig genommen wird. Andererseits bewegen sich Eltern dort am Rande ihrer Erziehungspflicht, wo sie ihren Kindern im Rahmen eines negierenden Erziehungsstils *keinerlei* Begleitung, Orientierung oder Unterstützung im Rahmen der Mediennutzung zuteilwerden lassen. Eltern, die im Alltag keinerlei Medienerziehungspraktiken aufweisen und auch kein Interesse daran haben, kommen ihrer Erziehungspflicht nicht nach.

Für den Bereich der digitalen Medienerziehung folgen aus diesen Leitplanken der Erziehungsübernahme komplexe und – je nach Medienkompetenz der Eltern – herausfordernde Erwartungen: Um ihre Erziehungsverantwortung bewußt wahrnehmen zu können, benötigen sie nicht nur ausreichend Wissen über die Existenz und Bedeutung der Kinderrechte im Digitalen, aktuelle Medienangebote und Nutzungspraktiken, sondern sie fördern auch aktiv den unbeschwerten Zugang zu altersgerechten, sicheren und entwicklungsfördernden Online-Inhalten. Dazu zählen die Installation von Parental Controls auf Geräten oder innerhalb von Angeboten, die Verwendung sicherer Suchmaschinen für Kinder und die Installation oder Aktivierung von kindgerechten Apps und Angeboten. Auch sollten Eltern auf den Schutz der Privatsphäre ihrer Kinder online achten. Bestenfalls sind die Eltern zudem in der Lage, ihren Kindern die nötigen digitalen Kompetenzen im Wesentlichen zu vermitteln. Dies umfasst aktive Gespräche über positive Funktionen der

---

42 BVerfGE 24, 119 (144); 56, 363 (384); 79, 51 (63 f.).

Mediennutzung wie die Aufklärung über Inhalts-, Interaktions- und Nutzungsrisiken bei der Mediennutzung.

Mit Blick auf die Rechte ihrer Kinder sprechen Eltern mit ihnen über ihre Erwartungen und Erfahrungen im Digitalen. Gerade bei negativen und belastenden Erfahrungen kommt es darauf an, offene und vertrauensvolle Gesprächsräume im Familialen zu schaffen. Um gerade bei heranwachsenden Kindern altersgemäße und individuelle Wünsche einzubeziehen, helfen derartige Dialoge nicht nur dabei, Vertrauen aufzubauen, sondern ermöglichen es den Eltern auch, die Perspektiven ihrer Kinder zu verstehen und (besser) zu berücksichtigen.

Das sind zahlreiche Erwartungen, deren Übernahme vielen Eltern aufgrund äußerer Umstände systematisch nicht möglich ist (vgl. im Bereich Datenschutz Andresen/Dreyer 2022). In diesen Bereichen kommt dem Staat die Aufgabe zu, gesetzliche Maßnahmen vorzusehen, die die (Wieder-)Ausübung des Elternrechts zum Ziel haben. Maßnahmen des gesetzlichen und erzieherischen Kinder- und Jugendmedienschutzes können insoweit parallel auf dem objektiv gelesenen Erziehungsrecht der Eltern und dem Persönlichkeitsentwicklungsrecht der Minderjährigen fußen. Sie müssen dann auf die Ermöglichung bzw. Wiederherstellung der ungehinderten, aber pflichtbeflissenen Ausübung des elterlichen Erziehungsrechts gerichtet sein. Das kann etwa dort und dann der Fall sein, wo strukturelle gesamtgesellschaftliche Entwicklungen erkennbar werden, die die Ausübung des Erziehungsrechts gefährden; ein Beispiel dafür können komplexe technologische und/oder soziotechnische Entwicklungen sein, die es der Mehrzahl der Eltern schwer oder unmöglich machen, ihre bisherigen Erziehungsansätze weiterhin umzusetzen.

Doch nicht nur die (Medien-)Erziehungsstile der Eltern haben Einfluss auf die Entwicklung des Kindes. Durch Einflüsse von außen, etwa durch Verwandte, Bekannte oder Freunde, aber auch durch medienvermittelte Darstellungen und Interaktionen kann die effektive Ausübung des elterlichen Erziehungsrechts faktisch beeinträchtigt oder gar gefährdet werden. Aus dem grund- und menschenrechtlichen Erziehungsrecht der Eltern werden – wie gezeigt – auch objektiv-rechtliche Gehalte gelesen, die staatliche Maßnahmen legitimieren, welche den Schutz der Ausübung des Erziehungsrechtes vor externen Einwirkungen zum Ziel haben. Legitim sind staatliche Maßnahmen etwa dann, wenn den Eltern im Rahmen ihrer Erziehung vermittelten Leitbilder und Grundwerte durch die Medienrezeption geschwächt oder konterkariert würden (Baum 2007, 199 ff.). Dort, wo andere Sozialisationsinstanzen – wie Medien sie sind – faktische Erziehungsbedeutung erlangen können, obliegt die Entscheidung der Einbettung dieser »Miterzieher« in das Erziehungskonzept den Eltern (von Coelln 2021, Rn. 54; Böckenförde 1980, 76; Badura 2023, Rn. 137.). Der Staat, der seinem Schutzauftrag im Jugendmedienschutz und seiner Gewährleistungsverantwortung mit Blick auf das Elternrecht nachkommen will, muss hier einen Ordnungsrahmen schaffen, der Kinder und Jugendlichen vor potentiell schädlichen Medien- und Kommunikationsangeboten schützt, gleichzeitig aber den Eltern – in den Grenzen der grundlegenden Entwicklungsziele der Selbstverantwortlichkeit und Gemeinschaftsfähigkeit – Spielräume zur Umsetzung ihrer individuellen Erziehungsansätze offenhält. Das kann etwa darin bestehen, Eltern Abweichungen von staatlichen Orientierungsinstru-

I Grundlagen

menten wie z. B. Alterskennzeichen oder Zugangsbeschränkungen zu ermöglichen. Dies kann etwa durch zu rigide Altersüberprüfungspflichten von Online-Anbietern eine Rolle spielen, wenn Erziehungsberechtigten dadurch der Spielraum genommen würde, über die Teilhabemöglichkeiten ihres Kindes im Hinblick auf diese Angebote selbst zu entscheiden.

5.4 Auffangverantwortung des Staates

Erziehungsrecht und Erziehungsauftrag wie aus Art. 6 Abs. 2 GG oder Art. 9 UN-KRK weisen die Besonderheit auf, dass die Grundrechtsträger, d. h. die Eltern als treuhänderische »Verwalter« der Persönlichkeitsentwicklungs- und -entfaltungsrechte des Kindes, gleichzeitig zur Erziehung und Pflege des Kindes berechtigt und verpflichtet sind.[43] Das bedeutet, dass Eltern wie gezeigt nicht das Recht haben, ihr Erziehungsrecht *nicht* wahrzunehmen.[44] Sie müssen auch darauf eingestellt sein, nachweisen zu können, dass sie gute Bedingungen für das Aufwachsen der Kinder gewährleisten (Biesel/Schär 2022, 572). Wo sie erziehen, sind sie auf solche Formen, Konzepte und Ausprägungen verwiesen, die einer gesunden Entwicklung des Kindes dienen. Um die Einhaltung dieser Elternverantwortung sicherzustellen, obliegt der »staatlichen Gemeinschaft« – dem Staat (Stern 2006: 585) – die Verpflichtung gegenüber dem Kind als eigenem Grundrechtsträger, dass über die tatsächliche Ausübung des Elternrechts auch gewacht wird. So muss bei verschuldeter oder unverschuldeter Vernachlässigung oder des Missbrauchs des elterlichen Erziehungsrechts der Staat im Interesse des Kindes einschreiten dürfen. Auch dieses staatliche Wächteramt folgt nicht aus einem unmittelbaren staatseigenem Interesse, sondern ist vielmehr Konsequenz der staatlichen Schutzverpflichtung gegenüber dem Kind (s. oben).[45]

Die Hürde für entsprechende staatliche Beeinträchtigungen des Elternrechts liegt allerdings hoch: Nicht jede elterliche Nachlässigkeit oder Spielraumüberschreitung führt zu einer Aktivierung des Wächteramts. Nur bei einer ernsten Grenzüberschreitung oder Nicht-Wahrnehmung des Elternrechts mit einer nachhaltigen Entwicklungsgefährdung kann der Staat Maßnahmen vorsehen, die in das Erziehungsgeschehen eingreifen (von Coelln 2021, Rn 76 f.).[46] Entsprechend sehen etwa die Vorschriften der Kinder- und Jugendhilfe im SGB VIII eine konkrete Kindeswohlgefährdung als Voraussetzung für unterstützende oder intervenierende Maßnahmen der Jugendpflege vor (Biesel/Schär 2022, 574). Staatliche Maßnahmen gegenüber den Eltern aufgrund der Missachtung der ihnen zuteilwerdenden Erziehungspflicht sind dabei regelmäßig keine Eingriffe in das Elternrecht, da die

---

43 Vgl. BVerfGE 23, 119 (143 ff.)
44 BVerfGE 24, 119 (143).
45 BVerfGE 24, 119 (144); 60, 79 (88).
46 BVerfGE 24, 119 (144 f.); 60, 79 (91).

Eltern sich in diesen Fällen außerhalb der ihnen auferlegten Erziehungsrechte bewegen. Sie können sich im Rahmen ihres Erziehungsrechtsmissbrauchs also nicht auf das Erziehungsrecht berufen.[47] Das Wächteramt des Staates fungiert hier als Verantwortlichkeitsregelung für die Fälle, in denen die Eltern ihrer Erziehungsverantwortung nicht nachkommen (Klein 2003, 79 f., 88 f.).

Angesichts der besonderen Wertentscheidung in Grundgesetz und Menschenrechtskonventionen, das Erziehungsrecht in allererster Linie bei den Eltern zu sehen, ist die Wächterfunktion des Staates vor allem drauf ausgerichtet, den Missbrauch bzw. den Nicht-Gebrauch der Elternverantwortung abzustellen und die Eltern zur (erneuten) Übernahme der elterlichen Rechte und Pflichten innerhalb der ihnen obliegenden Spielräume zu bewegen. Diesem Vorrang der Elternverantwortung ist so zunächst durch positive Maßnahmen zu entsprechen, etwa durch staatliche Hilfe oder Unterstützung, die auf die (Wieder-)Herstellung eines pflichtbewussten Umgangs der Eltern mit dem Kind gerichtet sind.[48] Nur wenn derartige Maßnahmen nicht helfen, ist der Staat berechtigt und verpflichtet, die verfassungsgemäße Pflege und Erziehung des Minderjährigen sicherzustellen.[49] In diesen Fällen muss er selbst – auch das ergibt sich aus der objektiv-rechtlichen Lesart des Persönlichkeitsentwicklungsrechts in Art. 2 Abs. 1 GG – »positiv die Lebensbedingungen für ein gesundes Aufwachsen des Kindes schaffen«.[50] In diesen Fällen kann das Elternrecht erlöschen und das Kind aus der Obhut der Eltern genommen werden.

Mit Blick auf medienerzieherisches Handeln aber ist zu konstatieren, dass kaum Fälle erdenklich sind, in denen Eltern durch Medienerziehung so massiv in die Entwicklung der eigenen Kinder eingreifen, dass daraus eine konkrete Gefahr für das Kindeswohl entsteht, bei der eine Inobhutnahme des Kindes im Raum steht. Praxisrelevanter sind Fälle, in denen Eltern ihren Kindern keine medienbezogenen Regeln vorgeben oder ihnen aktiv Medieninhalte zugänglich machen, die in keiner Weise für ihre Alters- und Entwicklungsstufe geeignet sind (z.B. indizierte Medien). In diesen Fällen wären aber jeweils Formen der aufsuchenden Familienarbeit angezeigt, in deren Rahmen Eltern und Kindern die mit dem Erziehungsverhalten einhergehenden Entwicklungsrisiken erläutert werden. Es geht also in erster Linie darum, die Eltern auf den verantwortungsbewussten Umgang mit ihren Erziehungspflichten hinzuweisen und ihnen praxistaugliche Ansätze dafür mit auf den Weg zu geben.

Auch für diesen Betrachtungsbereich gilt also, dass der Staat für Fälle des elterlichen Missbrauchs des (Medien-)Erziehungsrechts berechtigt und verpflichtet ist, in erster Linie Maßnahmen vorzusehen, die auf eine (Wieder-)Übernahme der Erziehungsverantwortung abzielen. Sowohl bei der gesetzlichen Ermöglichung der Übernahme des Medienerziehungsrechts als auch bei Aufflammen des Wächteramts des Staats trifft den Gesetzgeber der Grundsatz des staatlichen Neutralitätsgebots, hier insbesondere mit Blick auf Vorgaben zu Erziehungskonzepten und -instrumenten. In beiden Fällen kann der Staat nicht ausschließlich ein bestimmtes Er-

---

47 BVerfGE 24, 119 (147, 150).
48 BVerfGE 24, 119 (145); 30, 336 (350).
49 BVerfGE 60, 79 (88); 24, 119 (144).
50 BVerfGE 23, 119 (143 ff.)

ziehungskonzept propagieren, sondern er muss stets das ganze Kontinuum möglicher Erziehungskonzepte von Eltern akzeptieren. Zwar kann der Staat dabei konkrete Vorschläge machen, darf diese aber nicht als einzig richtigen Ansatz vermitteln.

5.5 Staatlicher Bildungs- und Erziehungsauftrag im Schulwesen

Auch wenn dies nicht Fokus des Kapitels ist, muss ein kurzes Schlaglicht auf Schule als besonderer Raum eines dem Erziehungsrecht der Eltern gleichgestellten staatlichen Erziehungsauftrags geworfen werden: So enthält Art. 7 Abs. 1 GG den staatlichen Auftrag zur Gewährleistung von Bildung und Ausbildung und ordnet das gesamte Schulwesen der staatlichen Aufsicht unter; auch Art. 28 UN-KRK sieht den (Grund-)Schulbesuch als Pflichtveranstaltung vor, deren Gestaltung in staatlicher Hand liegt.

Soweit Schule dabei Erziehungsmaßnahmen zwingend beinhaltet,[51] stehen elterliches Erziehungsrecht und staatliches Erziehungsrecht gleichberechtigt nebeneinander. Das staatliche Erziehungsrecht ist insoweit gerade kein Sonderfall des oben beschriebenen Wächteramts des Staates, sondern ein eigener genuiner Erziehungsauftrag. Innerhalb des staatlich beaufsichtigten Schulwesens – und ausschließlich dort – treten die beiden Erziehungsrechte nebeneinander und berühren die (Bildungs-)Rechte der Schulkinder (Ennuschat 2019). Im Übrigen gilt stets das Erziehungsprimat der Eltern mit den beschriebenen Leitlinien und Grenzen. Mit Blick auf Schulkinder bedeutet dies, dass beide Seiten sinnvoll aufeinander bezogen zusammenwirken sollen.[52] Der Staat soll dabei in der Schule »zwar die Verantwortung der Eltern für den Gesamtplan der Erziehung ihrer Kinder achten und für die Vielfalt der Anschauungen in Erziehungsfragen so weit offen sein, als es sich mit einem geordneten staatlichen Schulsystem verträgt. In diesem Rahmen darf er aber grundsätzlich unabhängig von den Eltern eigene Erziehungsziele in der Schule verfolgen.«[53] Hier stehen staatliche Erziehungsansätze den elterlichen Spielräumen gegenüber, wobei den Staat ein verfassungsrechtliches Neutralitätsgebot trifft, insbesondere, was die Erziehung zu religiösen und weltanschaulichen Sichtweisen angeht. Außerdem muss die schulische Erziehung stets ebenfalls den kinderbezogenen Entwicklungszielen dienen bzw. darf diesen nicht entgegenstehen.

---

51 Der Auftrag des Staates aus Art. 7 Abs. 1 GG beinhaltet nicht ausschließlich die Vermittlung von Wissen, sondern umfasst auch die Aufgabe, Kinder zu einem selbstverantwortlichen Mitglied der Gesellschaft heranzubilden, BVerfGE 34, 165 (183); BVerfGE 47, 46 (71 f.); BVerfGE 93, 1 (21).
52 BVerfGE 34, 165 (182 f.); 41, 29 (44); 47, 46 (71 f., 74); 52, 223 (236); 98, 218 (244 f.).
53 BVerwG, Beschluss vom 08.05.2008–6 B 65.07.

Aus dem schulbezogenen Erziehungsauftrag folgt die grundsätzliche Möglichkeit des Staates, Medienerziehung im schulischen Kontext zu leisten. Solange diese Unterrichtsinhalte und pädagogischen Einheiten sich an dem Ziel einer unbeeinträchtigten Entwicklung zu einer eigenverantwortlichen und gemeinschaftsfähigen Person bzw. zur Verbesserung deren Absicherung ausrichten, kann der Staat selbst als Akteur in der Medienerziehung erscheinen.

5.6 Auflösung der Konfliktlinien: Alles im Interesse des Wohls des Kindes

Die in den vorigen Abschnitten kurz herausgearbeiteten Grund-, Menschen- und Kinderrechte und ihre jeweiligen Ausprägungen und Grenzen führen mit Blick auf die verfassungsrechtliche Rahmung von Medienerziehung zu einem komplexen Grundrechtsgefüge. Die Kombination aus subjektiv-rechtlichen Abwehrrechten, verfassungsrechtlich zulässigen Beschränkungen, objektiv-rechtlichen Gewährleistungsgehalten zur Absicherung der Grundrechtsausübung und dem Umstand der Fremdnützigkeit des Erziehungsrechts bilden ein ganzes Knäuel an Zielen und Grenzen aus, die miteinander verschränkt sind.

Das verschränkende Element dabei ist das Ziel der Persönlichkeitsentwicklung von Kindern hin zu gemeinschaftsfähigen und selbstverantwortlichen Individuen im Sinne eines kinderrechtlich unterfütterten »Kindeswohls«. Dieser Ansatz für ein »gesundes Aufwachsen« ist normativer Maßstab für die Beurteilung staatlicher Eingriffe in das Persönlichkeitsentwicklungs- und entfaltungsrecht sowie anderen Freiheitsrechten von Minderjährigen (etwa durch zu restriktive Schutzmaßnahmen) und zugleich Leitlinie für die Ausgestaltung der staatlichen Schutzpflicht im Bereich des Jugendmedienschutzes, Kernvorgabe und Grenze der Wahrnehmung des Erziehungsrechts und der Erziehungspflicht durch die Eltern, mittelbares Ziel staatlicher Maßnahmen zur (Wieder-)Ermöglichung der elterlichen Wahrnehmung ihres Rechts auf Medienerziehung und schließlich Anknüpfungspunkt für das Auslösen des staatlichen Wächteramts im Falle der Fehlwahrnehmung des Erziehungsrecht durch einzelne Eltern. Damit lösen sich auf den ersten Blick konfligierende Grundrechte und ihre Ausgestaltung fast ganz auf.

Die Basis bildet das Recht auf Persönlichkeitsentwicklung und -entfaltung, das zentral auf den Zielwert der Entwicklung zu einer gemeinschaftsfähigen und selbstverantwortlichen Person gemünzt ist. Staatlicher Jugendmedienschutz, wie er aus der objektiven Lesart der gleichen grundrechtlichen Garantie gelesen wird, wird zur Absicherung dieses Ziels genutzt. Soweit also durch den Staat in das Entwicklungsrecht eingegriffen wird, geschieht dies zum Ausschluss – oder jedenfalls zur Minimierung – der negativen Beeinträchtigung dieser Zielerreichung durch Medieninhalte. Das Erziehungsrecht scheint ebenfalls in Widerspruch zum Entwicklungsrecht zu stehen, wird aber bei genauerer Betrachtung auch und vor allem um

I Grundlagen

STAAT
- Achtung der Grund- und Menschenrechte
- Gewährleistung der Grund- und Menschenrechte durch Gestaltung der Rechtsordnung
- Unterstützung der Übernahme elterlicher Erziehungsveranwortung im Sinne des Kindes(wohls)
- Auffangverantwortung bei Erziehungsausfall der Eltern im Sinne des Kindes(wohls)

KINDER
- Träger von Grund- und Menschenrechten
- Träger von spezifischen Kinderrechten
- Altersabhängige Fähigkeiten (evolving capacities) und entsprechende Erstarkung von Rechten

ELTERN
- vorrangiges Erziehungsrecht
- Erziehungspflicht
- Handeln im Sinne des Kindes(wohls)
- Spielräume bei der Wahl und Gestaltun von Erziehungskonzept und -instrumenten

Abb. 5.2: Rollen und Aufgaben von Eltern, Staat und Kindern bei der Medienerziehung

dessen Willen zugestanden: Eltern nehmen die Erziehung wahr, um dem Kind das Aufwachsen im grundgesetzlichen Sinne überhaupt zu ermöglichen – als biologische Eltern, Sorgeberechtigte und Vertrauenspersonen sind sie dazu am ehesten prädestiniert. Mit der gesetzlichen Ausgestaltung des Erziehungsrechts unterstützt der Staat die Eltern bei der Wahrnehmung ihres fremdnützigen Grundrechts. Zweck dieser Ausgestaltung ist die (Wieder-)ermöglichung der Erziehungsübernahme dort, wo Eltern ansonsten die Medienerziehung nicht (mehr) übernehmen können. Dort, wo sie ihre medienbezogene Erziehungsaufgabe nicht übernehmen wollen und die Gewährleistung einer Entwicklung hin zu einer gemeinschaftsfähigen und selbstverantwortlichen Person in Gefahr ist, übernimmt durch die Wächterfunktion des Staates ein Akteur die Medienerziehung um dieser Zielerreichung willen.

Aus der Warte des Minderjährigen »kümmern« sich in erster Linie die Eltern um ein gutes Aufwachsen (mit Medien), bei der Ausübung ihrer Erziehungsverantwortung haben sie die Interessen und Fähigkeiten ihrer Kinder zu berücksichtigen (s. dazu Oelkers/Schroedter 2010, 143): Mit dem Aufwachsen erstarken die informationellen und kommunikativen Bedürfnisse von Kindern und Jugendlichen – die Sozialisation in der Peer-Group über medienvermittelte Kommunikation, aber auch die Sozialisation im Umfeld massenmedialer Inhalte sind ein wichtiger Bestandteil auf dem Entwicklungspfad hin zu einem gemeinschaftsfähigen und selbstverantwortlichen Individuum. Mit zunehmendem Alter bedeutet dies eine zunehmende

Verengung der elterlichen Spielräume bei der Medienerziehung; die Eltern sind mit zunehmendem Alter der Kinder in dem Umfang nicht nur von Verboten beschränkt, sondern sie müssen auch aktiv und unterstützend die digitale Mediennutzung begleiten, über Möglichkeiten und Risiken informieren und – immer wieder – positive Gesprächsanlässe und -räume schaffen.

Mittelbar bzw. in zweiter Reihe kümmert sich der ausgestaltende und unterstützende sowie – notfalls – der eingreifende Staat um die Sicherstellung der kindlichen Entwicklung. Insbesondere den Eltern steht bei der Ausübung des Erziehungsrechts dabei ein Spielraum zu, wenn es um Erziehungskonzepte und Wertevermittlung geht, solange dadurch nicht die Entwicklung zu einer gemeinschaftsfähigen und selbstverantwortlichen Person in Frage gestellt ist. Auch der Staat kann bei der Ausgestaltung von Jugendmedienschutz einerseits und Gewährleistung und Unterstützung des Erziehungsrechts andererseits Spielräume wahrnehmen. So kann er etwa die Begriffe der Gemeinschaftsfähigkeit und Selbstverantwortlichkeit konkretisieren, er kann insbesondere bei ungewissen Sachlagen Annahmen bezüglich der Beeinträchtigungspotentiale bestimmter Medieninhalte vornehmen und eine regulatorische Instrumentenauswahl und die Formen ihrer Implementation, ihres Vollzugs und ihrer Kontrolle wählen (Dreyer 2018). Er kann aber nicht die den pflichtbewussten Eltern zustehenden Spielräume überprägen, indem er ihnen ein bestimmtes Erziehungskonzept vorschreibt.

Eine noch zu unbeachtete Frage stellt sich in diesem Zusammenhang dort, wo Eltern ihr Erziehungsrecht zwar wahrnehmen möchten, aber dies angesichts steigender Komplexität und erhöhter Anforderungen an die Ausgestaltung der Erziehungsverantwortung kaum (mehr) können. Im Bereich der medialen Angebots- und Nutzungsentwicklung etwa wird deutlich, dass Eltern aufgrund des zunehmend autonomen Zugangs ihrer Kinder zu Medieninhalten nur unter erschwerten Bedingungen ihrer elterlichen Aufsichts- und Begleitungspflicht nachkommen können (Dreyer et al. 2013, 37f.). Hinzu treten teilweise Grenzen der elterlichen Medienkompetenz: Die Eltern können Chancen und Risiken neuer Dienste und Angebote schlecht einschätzen und haben wenig Kenntnis von technischen Instrumenten, die sie bei der Umsetzung ihrer Erziehungskonzepte unterstützen könnten (Gebel et al. 2022, 12). Folge dieses Risikos strukturell bedingten möglichen »Elternversagens« ist das Erstarken des staatlichen Unterstützungsauftrags als objektiv-rechtliche Komponente des Erziehungsrechts: Wo Eltern ihrer Erziehungsverantwortung nicht nachkommen (können), muss der Staat Maßnahmen einleiten, die auf die Wiederherstellung der *Ermöglichung der Pflichtübernahme* abzielen. Insbesondere für den Bereich der begleitenden und unterstützenden Medienerziehung bei der Nutzung von Onlineangeboten, aus denen sich neue(re) Gefährdungen wie Interaktions-, Kommunikations- und Nutzungsrisiken ergeben, folgt aus dieser Lesart noch mehr und weitere staatliche Unterstützung von Akteuren im Bereich der eltern- und kinderbezogenen Medienbildung (Dreyer/Andresen/Wysocki 2022, 5).

Aus diesem gesetzgeberbezogenen Orientierungspunkt erwächst zum Ende der Betrachtung insoweit eines: Die Eltern haben im Rahmen ihres Erziehungsrechts Entscheidungsspielräume, die dem Zugriff des Gesetzgebers verwehrt sind und die genuin den Eltern gegenüber ihren Kindern zustehen. In diesem Bereich hält sich das Verfassungsrecht im Hintergrund und überlässt das Feld der Medienerziehung der Aushandlung in familialen Prozessen. Die erste Grenze dieser Aushandlungsprozesse ist und bleibt das Meta-Ziel der gemeinschaftsfähigen und selbstverantwortlichen Person: Solange die Eltern beim Ausfüllen ihrer Erziehungsspielräume dieses Endziel vor Augen haben und ihre Erziehungspraktiken daran ausrichten, können sie Ge- und Verbote, Regeln und »Ansagen« gegenüber ihren Kindern erlassen, die von ihrem Erziehungsrecht gedeckt sind. Jugendschutzbezogene Vorgaben erscheinen so in erster Linie als Balanceakte zwischen Elternermächtigung, Erziehungsbefähigung und Kinderbefähigung, die kinderbezogene Teilhaberechte in der Familie und in der Gesellschaft um ihrer Entwicklungsrechte willen zentral berücksichtigen.

Literatur

Abels, Heinz, Honig, Michael-Sebastian, Saake, Irmhild & Weymann, Ansgar (2008): Lebensphasen – Eine Einführung. Heidelberg.
Andresen, Sünje & Dreyer, Stephan (2022): Die Rolle der Eltern bei der datenschutzrechtlichen Einwilligung für ihre Kinder, Datenschutz und Datensicherheit 46, 361–366.
Badura, Peter (2023): Art. 6 GG. In: Maunz/Dürig, Grundgesetz-Kommentar, 102. EL August 2023. München.
Baum, Christoph Georg (2007): Jugendmedienschutz als Staatsaufgabe. Baden-Baden.
Biesel, Kay & Schär, Clarissa (2022): Familie: Zwischen Elternrechten und Kindeswohl. In: Schierbaum, A. & Ecarius, J., Handbuch Familie. Wiesbaden, S. 561–579.
Böckenförde, Ernst-Wolfgang (1979): Elternrecht – Recht des Kindes – Recht des Staates, In: Communio (8)4, 320–336.
Brüggen, Niels, Dreyer, Stephan, Gebel, Christa. Lauber, Achim, Materna, Georg, Müller, Raphaela, Schober, Maximilian & Stecher, Sine (2022): Gefährdungsatlas. Digitales Aufwachsen. Vom Kind aus denken. Zukunftssicher handeln. 2. Auflage. Bonn.
Clark, Zoe & Steckmann, Ulrich (2019): Kindheit und das gute Leben. In: Drerup, J. & Schweiger, G. (Hrsg.), Handbuch Philosophie der Kindheit. Stuttgart, S. 219–224.
von Coelln, Christian (2021): Art. 6 GG. In: Sachs, Michael (Hrsg.), Grundgesetz Kommentar. 9. Auflage. München.
Cremer, Wolfram (2003): Freiheitsgrundrechte: Funktionen und Strukturen. Tübingen.
Dederer Hans-Georg (2019): Kinderrechte auf internationaler und supranationaler Ebene. In: Uhle, A. (Hrsg.), Kinder im Recht, Berlin, S. 287–326.
Dreier, Horst (2023): Art. 2 GG. In: Dreier, H. (Hrsg.), Grundgesetz – Kommentar, Band 1. 4. Auflage. Tübingen.
Dreyer, Stephan (2011): Entwicklungspfade für ein netzwerkgerechtes Jugendmedienschutzrecht. Hamburg.
Dreyer, Stephan (2018): Entscheidungen unter Ungewissheit im Jugendmedienschutz. Untersuchung der spielraumprägenden Faktoren gesetzgeberischer und behördlicher Entscheidungen mit Wissensdefiziten. Baden-Baden.
Dreyer, Stephan (2021a): Recht auf mein Selbst – Schutzräume kindlicher Entwicklungsphasen in der digitalen Gesellschaft. In: I. Stapf, R. Ammicht Quinn, M. Friedewald, J. Heesen & N. Krämer (Hrsg.), Aufwachsen in überwachten Umgebungen. Interdisziplinäre Positionen zu Privatheit und Datenschutz in Kindheit und Jugend, Baden-Baden, S. 143–164.
Dreyer, Stephan (2021b): Anwendungsbereich und (neue) Schutzziele. In: M. Erdemir (Hrsg.), Das neue JuSchG. Baden-Baden, S. 41–64.
Dreyer, Stephan, Andresen, Sünje & Wysocki, Neda (2022): »The best is yet to come?« Folgen der sich wandelnden Regulierungsansätze im Jugendmedienschutz. Jugend Medien Schutz-Report 45(6), 2–5.

Dreyer, Stephan, Hasebrink, Uwe, Lampert, Claudia & Schröder, Hermann-Dieter (2013): Entwicklungs- und Nutzungstrends im Bereich der digitalen Medien und damit verbundene Herausforderungen für den Jugendmedienschutz. Bern.

Ecarius, Jutta (2022): Familienerziehung. In: A. Schierbaum & J. Ecarius, Handbuch Familie, Wiesbaden, 137–158.

Ennuschat, Jörg (2019): Die Rechte der Schüler. Vom Recht auf Bildung bis zum Anspruch auf Unterrichtsbefreiung aus religiösen Gründen. In: A. Uhle (Hrsg.), Kinder im Recht, Berlin, S. 129–174.

Erdemir, Murad (2016): Das Prinzip Verantwortung. Kinder- und Jugendmedienschutz in der digitalen Welt. JMS-Report 2016, Nr. 2, S. 2–4.

Gebel, Christa, Lampert, Claudia, Brüggen, Niels, Dreyer, Stephan, Lauber, Achim & Thiel, Kira (2022): Jugendmedienschutzindex 2022. Der Umgang mit onlinebezogenen Risiken. Berlin.

Grabenwarter, Christoph (2023): Art. 5 GG. In: Maunz/Dürig, Grundgesetz-Kommentar, 102. EL August 2023. München.

Isensee, Josef (2011): § 191 – Das Grundrecht als Abwehrrecht und als staatliche Schutzpflicht. In: Bethge/Isensee/Kirchhof (Hrsg.), Handbuch des Staatsrechts der Bundesrepublik Deutschland, Bd. 9. 3. Auflage. Heidelberg. S. 413–568.

Jeand'Heur, Bernd (1993): Verfassungsrechtliche Schutzgebote zum Wohl des Kindes und staatliche Interventionspflichten aus der Garantienorm des Art. 6 Abs. 2 Satz 2 GG. Berlin.

Kim, Minkyung (2019): Elterliche Rechte und Pflichten. In: J. Drerup & G. Schweiger (2019): Philosophie der Kindheit, Berlin, S. 319–326.

Kingreen, Thorsten & Poscher, Ralf (2017): Grundrechte, Staatsrecht II. 33. Auflage. München.

Klein, Oliver (2003): Fremdnützige Freiheitsgrundrechte. Baden-Baden.

Krappmann, Lothar (2020): Entstehung der Kinderrechte als Menschenrechte der Kinder – Menschenrechtliche, sozialgeschichtliche und rechtspolitische Ursprünge und Entwicklungen. In: I. Richter, L. Krappmann & F. Wapler (Hrsg.), Kinderrechte. Handbuch des deutschen und internationalen Kinder- und Jugendrechts. Baden-Baden, S. 37–54.

Niederbacher, Arne & Zimmermann, Peter (2011): Grundwissen Sozialisation: Einführung zur Sozialisation im Kindes- und Jugendalter. 4. Auflage. Wiesbaden.

Schmahl, Stefanie (2020): Kinderrechte im internationalen Recht in Geschichte und Gegenwart. In: I. Richter, L. Krappmann & F. Wapler (Hrsg.), Kinderrechte. Handbuch des deutschen und internationalen Kinder- und Jugendrechts. Baden-Baden, S. 55–67.

Stern, Klaus (2006): Das Staatsrecht der Bundesrepublik Deutschland. Band IV/1: Die einzelnen Grundrechte. Der Schutz und die freiheitliche Entfaltung des Individuums. München.

Tonikidis, Stelios (2013): Die Grundrechtsfähigkeit und Grundrechtsberechtigung natürlicher Personen. In: JA 2013, S. 38 ff.

Wapler, Friederike (2020): Verfassungsrecht. In: I. Richter, L. Krappmann & F. Wapler (Hrsg.), Kinderrechte. Handbuch des deutschen und internationalen Kinder- und Jugendrechts. Baden-Baden, S. 69–100.

Schmidt, Axel & Westhoff, Karl (2022): Kindeswohl interdisziplinär. 2. Auflage. Baden-Baden.

II Medienerziehung in Familie und Kita

6 »Maschinelles Spielen«? Vom elektrischen Spielzeug zum Internet of Toys[54]

Friederike Siller

Alltagsgegenstände in Haushalten und Familien werden zunehmend untereinander und mit Servern verschiedenster Anbieter im Internet vernetzt. Das Internet of Things (IoT, Internet der Dinge) macht an den Türschwellen der Kinderzimmer nicht Halt – im Gegenteil: Eine ganze Reihe von mit dem Internet verbundenen Spielzeugen ist auf dem Markt vertreten, Roboter, Teddybären, Puppen, Actionfiguren, Fahrzeuge, Uhren u.v.m. Sie eint die Möglichkeit, sich mit dem Internet zu vernetzen. Sie können mal mehr, mal weniger smart auf die Aktionen und Handlungen der kindlichen Nutzer reagieren und diese adaptieren. Die Produkte kommen häufig ohne Bildschirme aus und machen so die verwendeten Technologien wenig sichtbar bis unsichtbar (FOSI & Future of Privacy Forum 2016, S. 2). Der Markt für smarte und vernetzte Spielzeuge lässt sich als dynamisch beschreiben und es setzt sich die Entwicklung der letzten Jahre fort, dass entsprechende Geräte in zunehmendem Maße auch von Kindern genutzt werden.

Über den pädagogischen Wert von elektrischem Spielzeug wurde in der Vergangenheit kontrovers diskutiert, doch schon damals galt es festzustellen, dass diese, oftmals von Eltern oder Verwandten ohne Kenntnis der tatsächlichen Funktionen und Mechanismen, gekauft und verschenkt, faktisch in die Hände von Kindern kamen. Und so wird nun für die Zukunft prognostiziert, dass die Zahl der Internet of Toys (IoToys)-Geräte bis 2025 weltweit 75,44 Milliarden erreichen und damit viermal so hoch sein wird wie die Zahl im Jahr 2015 (Statista 2019).

6.1 Internet of Toys

Für die Betrachtung der IoToys bietet sich zunächst eine Unterscheidung in Smart Toys und Connected Toys an (FOSI & Future of Privacy Forum 2016, S. 2f.). Smarte Spielsachen weisen elektronische Features wie Mikrofon, Kamera, Sensoren (z. B. Beschleunigungsmesser oder Kompass) auf, die es den Geräten erlauben, mit den kindlichen Nutzern zu interagieren und sich an deren Handlungen anzupassen. Connected bzw. vernetzte Spielzeuge sind online mit dem Internet verbunden und bieten die Möglichkeit, eine Vielzahl von Daten zu erfassen und weiterzuleiten. Als

---

54 Der Beitrag erschien ursprünglich im Dieter-Baacke-Handbuch 13 (Siller 2018) und wurde für das vorliegende Handbuch modifiziert und ergänzt.

technische Schnittstelle im direkten Umfeld der Kinder, während des kindlichen Spiels, können sie Geräusche und Bilder oder auch Bewegungen, Lokalität und Herzschlag speichern, weiterleiten, weiterverarbeiten und über den Rückkanal zuweilen auch den Spielverlauf und die Spielentwicklung mitbestimmen. Mascheroni und Holloway (2017, S. 6 f.) unterscheiden insbesondere Spielzeuge zur Simulation menschlicher Interaktion wie Puppen, die auf Sprach- und/oder Bilderkennung basieren, und Toys-to-life, bei denen Actionfiguren mit Videospieltechnologie vernetzt werden. Pädagogisch möglicherweise am interessantesten werden von den Autorinnen die Spielzeuge angeführt, die vom Kind selbst programmiert werden können, also bei denen das Kind Handlungen und Aktionen beim Spielzeug auszulösen vermag, welche nur bedingt vom Hersteller vordefiniert wurden, Beispiele hierfür finden sich u. a im Bereich der Robotik. So stellen Mascheroni und Holloway (2017, S. 6) heraus:

> »The most sophisticated toys are not only smart and connected, but can also be coded by the user, i.e. toys that are capable of simulating human interactions based on Internet access and data processing, but which can also be programmed to perform actions that are not predefined by the producer.«

Hier fallen insbesondere neuere Entwicklungen im Bereich von Künstlicher Intelligenz (z.B. auch der Dienst Chat GPT) ins Gewicht, die auch im Kinderumfeld schnell zunehmend genutzt werden.

Ling et al (2021) heben darüber hinaus hervor, dass letztlich jedes Gerät, welches dem Internet of Things zuzuordnen ist und von Kindern zum Spielen verwendet wird, als Internet of Toy behandelt werden sollte, also auch dann, wenn seitens der Entwickler ein anderer Zweck mit dem Produkt verfolgt wurde.

> »The Internet of Toys are any Internet-enabled objects that are being used by children and/or adults for play. These playthings have sensors and are equipped with other technologies of varied sophistication. Connected to the Internet, they are uniquely identifiable and can capture, receive and exchange information with little need of direct human intervention, so they have the ability to ›communicate‹ with other Internet-enabled devices and/or services« (Ling et al 2021, S. 257).

Die Veränderungen, die mit den Entwicklungen im Bereich IoToys für das kindliche Spiel einhergehen, wurden in den letzten Jahren zunehmend beforscht und beschrieben (z.B. Marsh 2017, Mascheroni & Holloway 2019). Dabei werden sowohl seitens der Wissenschaft als auch der Praxis vornehmlich die Risiken und potentiellen Gefährdungen für Kinder fokussiert. Diese drehen sich insbesondere um diese Fragen: Wie sieht es mit dem Schutz persönlicher Informationen über das Kind aus? Wie kann der Datafizierung von Kindheit begegnet werden? Wie verändert sich das kindliche Spiel, wie die kindliche Phantasie? Können soziale Roboter Freunde für Kinder sein? Treten Kinder in ein Leben ein, in dem sie ab früher Kindheit an Überwachung und Kontrolle gewöhnt sind?

In diesen Zusammenhängen stehen IoToys auch von Verbraucher- und Datenschützern in der Kritik. 2016 etwa kam es zu einem Verbot der Puppe Cayla durch die Bundesnetzagentur, da diese eine unerlaubte funkfähige Sendeanlage beinhalte. Eltern wurden aufgefordert, die Puppe »unschädlich« zu machen.[55]

6.2 Die Vernetzung des Kinderzimmers

Vernetzte Spielzeuge auf den Markt zu bringen, ist potentiell für viele Hersteller interessant, die bislang mit analogen Spielzeugprodukten am Markt sind. So können bereits bekannte Markenfiguren und Produkte neu als mit dem Internet vernetztes Spielzeug aufgelegt werden und Spielzeughersteller so in der zunehmend digital geprägten Welt für ihre Zielgruppe interessant bleiben. Ein weiteres Motiv kann aber auch darin bestehen, Kinder als potentielle neue Kundengruppe frühzeitig zu erfassen, zu ›vermessen‹ und durch personalisierte Werbung und punktgenaues Marketing zu beeinflussen und zu binden. Kinderrechtliche und datenschutzrechtliche Spannungsfelder sind den IoToys damit quasi einprogrammiert, sei es, dass diese aus Unkenntnis entstehen, weil die Hersteller mit dem digitalen Umfeld ein neues, unbekanntes Terrain betreten haben. Problematische Anwendungen können aber auch bewusst in Kauf genommen werden, weil Daten von jungen Menschen einen besonderen wirtschaftlichen Wert haben. Und es gilt ferner zu beachten, dass Kinder auch dann betroffen sind, wenn mit dem Internet verbundene Geräte in ihrem häuslichen Umfeld genutzt werden, wie dies z. B. mit Digitale Sprachassistenten der Fall ist.

6.3 Beispiele für programmierbares Spielzeug für Vorschule und Grundschule

Im Folgenden werden Beispiele angeführt, die einen Einblick in Angebote für die Gruppe der Vorschul- und Grundschulkinder geben. Ausgewählt wurden Beispiele, die einen Fokus auf den Bereich Coding und Making für sich beanspruchen, also programmierbare Spielzeuge darstellen. Damit bilden die Beispiele nicht das Spektrum an verfügbaren IoToys ab, sondern einen Auszug an Spielzeugen, die bereits in pädagogischen Settings zum Einsatz kommen.

---

55 https://www.bundesnetzagentur.de/SharedDocs/Pressemitteilungen/DE/2017/14012017_cayla.html

Bee Bot[56]: Der Bee-Bot ist ein Roboter in Bienenform. Auf seinem Rücken befinden sich wenige Tasten, mittels derer Kinder in bis zu 40 Einzelbefehlen diesen programmieren und durch den Raum steuern können. Der Bee-Bot kann in Kindergärten und Klassenzimmern eingesetzt werden. Entsprechende Arbeitsmaterialien stehen zur Verfügung: z. B. Matten mit Zahlen, dem Alphabet und Aufgaben, die die Problemlösungskompetenz fördern sollen oder an verschiedenen Curricula orientiert sind.

Dash & Dot[57]: Dash und Dot sind zwei Roboter, die Kinder ab fünf Jahren zum Programmieren anregen sollen. Die Kinder arbeiten über ein visuelles Programmierungs-Tool via Drag-and-Drop-Funktionen. Über weitere Apps können kindliche Nutzer die beiden Roboter dazu bringen, aufeinander oder auf Hindernisse zu reagieren, die Stimmen der Kinder aufzunehmen, Videos zu erstellen, mit den Kindern verstecken zu spielen etc.

6.4 Diskussion

Gegenwärtige Entwicklungen im Bereich der IoToys werfen grundlegende Fragen rund um das kindliche Spielen im digitalen Umfeld auf. Abschließend werden hierfür vier Impulse für eine weitere medienpädagogische Befassung mit dem Themenfeld gesetzt.

Hat der Bildschirm ausgedient? Im Bereich des Internets der Dinge geht die Entwicklung weg vom Bildschirm. Dadurch wird Technologie weniger sichtbar und intuitiver erfahrbar. Dies könnte auf der einen Seite Chancen bereithalten. Diese könnten darin bestehen, die Qualität des kindlichen Spiels und seine Interaktion mit dem Spielzeug wieder mehr in den Fokus zu rücken. Warren Buckleitner, Herausgeber der *Children's Technology Review Webseite*[58], vertritt eine der positiven Stimmen: »We can begin talking about the quality of play and child development and not just whether screens are good or bad.«[59] Auch bei Eltern dürfte dieser Aspekt zur Akzeptanz von vernetztem Spielzug beitragen, sind sie doch oftmals in Sorge, ihr Kind verbringe zu viel Zeit am Bildschirm. Die physische Präsenz von Spielzeugen und Spielgeräten dürfte vielen Eltern gefallen, da die Hände nun nicht mehr zum Wischen benötigt werden. Wenn die verwendeten Technologien aber wenig sichtbar bis unsichtbar sind (FOSI & Future of Privacy Forum 2016, S.2), kann dies dazu führen, dass Daten der Kinder ebenfalls intransparent verarbeitet werden. Spiel- und Verhaltensprofile, die durch automatisierte Gesichtserkennung einzelnen Personen

---

56 https://www.bee-bot.us/
57 https://www.makewonder.com/
58 http://childrenstech.com/
59 https://www.theguardian.com/technology/2016/sep/22/digital-children-smart-toys-technology

zugeordnet werden, sind mittlerweile realistische Szenarien, auch im Kinderumfeld. Auch Kinder haben Grundrechte, die zu achten und im Zweifelsfall von den Erziehenden im Alltag durchzusetzen sind. Wenn in bildschirmlosen Geräten nicht erkennbar ist, welche Prozesse der Datenverarbeitung ablaufen, kann die Wahrung der Prersönlichkeitsrechte, z. B. der Schutz auf Privat- und Intimsphäre im nicht-öffentlichen Bereich und das Recht an der selbstbestimmten Verwendung persönlicher Daten, aber eine überaus heikle Herausforderung sein.

Privacy by Design? Es birgt zweifelsohne Risiken, wenn Kinder dem vernetzten Kuscheltier Informationen anvertrauen, Antworten und Ratschläge zur Gestaltung des eigenen Lebens, vielleicht auch der eigenen Freundschaften und sozialen Beziehungen, erhalten. Spielzeuge mit »Überwachungsfunktionen« verstoßen gegen die Privatsphäre der Kinder und sind bei uns nicht erlaubt. Ein Spielzeug, mit dem sich Selbstgespräche des Kindes mit dem Kuscheltier abhören lassen, verstößt sogar gegen die absolut unantastbare Menschenwürde. Doch es ist potentiell für viele Hersteller interessant, persönliche Informationen über das Kind (seine Familie, sein Zuhause etc.) und seine Spielpraktiken aufzunehmen, auszuwerten und darüber hinaus ggf. an Dritte zu übermitteln. Hier gilt es auszuloten, wo die Chancen und was die Risiken sind, etwa im Bereich von Gesundheit und Bildung: Ließen sich damit Diagnostik-Verfahren vereinfachen, z. B. im Bereich der Feststellung von Autismus, oder Bildungsdokumentationen in der Kita?

Play by Design? Das Internet of Toys wird Kindern gute Möglichkeiten für personalisiertes und individualisiertes Spielen und Lernen eröffnen können. Es wird seinen Teil dazu beitragen, eine weitere Hinwendung zu noch jüngeren Zielgruppen im Bereich digitaler Angebote zu vollziehen (wie vor wenigen Jahren mit Apps über mobile Geräte). Kinder haben mit ihrer Phantasie noch jede Figur zum Leben erwecken können. Auch lässt sich die kindliche Vorstellungskraft nicht leicht beirren und gibt sich noch weniger schnell geschlagen. Inwiefern jedoch vernetzte Spielzeuge ab der frühen Kindheit Freiräume für kindliches Spiel schaffen können oder ebenjenes unzureichend engführen, das gilt es in den kommenden Jahren pädagogisch aufmerksam zu beobachten.

Gewöhnen sich Kinder an Überwachung? Es ist zwar einerseits verständlich, wenn Eltern sagen, dass sie mobile, internetfähige Geräte einsetzen, um Aktivitäten ihrer Kinder zu organisieren oder wenn sie ein Bedürfnis nach Sicherheit haben. Man muss jedoch andererseits fragen: Welche Folgen hat es, wenn Menschen von frühester Kindheit an daran gewöhnt werden, zum Beispiel mit Tracking-Apps überwacht zu werden, die jederzeit den Standort an die Eltern übermitteln? Wird dies dazu führen, aus ihnen später selbständige, eigenverantwortlich handelnde und freie Menschen zu machen? Oder werden sie später bereitwillig ihre Daten herausrücken, an Versicherungskonzerne, Konsumententracker oder Behörden? Wird dies gar dazu führen, dass die Kinder verlernen, auf sich selbst aufzupassen, dass sie sich gar daran gewöhnen, anderen Menschen blind zu vertrauen oder zusätzliche Risiken einzugehen, weil ja Mama oder Papa stets elektronisch dabei sind? Das gilt bereits ohne das Vorhandensein vernetzter Spielzeuge. In Familien können Kinder bereits jetzt mit dem Internet verbundene Geräte in ihrem häuslichen Umfeld nutzen oder diesen ausgesetzt sein, auch wenn diese nicht für sie gemacht sind.

6.5 Fazit

Mit dem Internet verbundene Spielzeuge und weitere Geräte wie Wearables (z. B. Uhren) werden im Kinderumfeld gesellschaftlich immer selbstverständlicher werden. Die Devices werden mit den Kindern interagieren und ihre sozialen Räume verändern, erweitern und begrenzen. Es obliegt der Verantwortung der Hersteller, der Politik und der Gesellschaft, für Kinder gute Bedingungen zu schaffen, damit diese auch im digitalen Umfeld unbeschwert spielen und sich entwickeln können. Für die Medienpädagogik ist es daher besonders wichtig, sich mit den Entwicklungen im Feld kritisch auseinanderzusetzen und sich gesamtgesellschaftlich für das Wohl und die Rechte von Kindern im digitalen Umfeld einzusetzen.

Literatur

Chaudron, Stéphane, Di Gioia, Rosanna, Gemo, Monica, Holloway, Donell, Marsh, Jackie, Mascheroni, Giovanna, Peter, Jochen & Yamada-Rice, Dylan (2017): Kaleidoscope on the Internet of Toys. Safety, security, privacy and societal insights. Online unter: http://publications.jrc.ec.europa.eu/repository/bitstream/JRC105061/jrc105061_final_online.pdf [Stand: 13.9.2023].

FOSI/Future of Privacy Forum (2016): Kids and the Connected Home: Privacy in the Age of Connected Dolls, Talking Dinosaurs, and Battling Robots. White Paper. Online unter: https://fpf.org/2016/12/01/kids-connected-home-privacy-age-connected-dolls-talking-dinosaurs-battling-robots/ [Stand: 13.9.2023].

Holloway, Donell & Green, Lelia (2016): The Internet of toys. In: Communication Research and Practice, 2016, Vol. 2, Iss. 4, S. 506–519.

Ling, L., Yelland, N., Hatzigianni, M. & Dickson-Deane, C. (2021): Toward a conceptualization of the internet of toys. Australasian Journal of Early Childhood, 46(3), 249–262. Online unter: https://doi.org/10.1177/18369391211007327

Mascheroni, Giovanna & Holloway, Donell (Hrsg.) (2017): The Internet of Toys: A report on media and social discourses around young children and IoToys. DigiLitEY. Online unter: http://digilitey.eu/wp-content/uploads/2017/01/IoToys-June-2017-reduced.pdf [Stand: 13.9.2023].

Marsh, J. (2017): The Internet of Toys: A posthuman and multimodal analysis of connected play. Teachers College Record, 119(12), 1–32.

Mascheroni, Giovanna & Holloway, Donell (Hrsg.) (2019): *The Internet of Toys: Practices, Affordances and the Political Economy of Children's Smart Play*. Springer Nature.

Siller, Friederike (2018): Internet of Toys und das vernetzte Kinderzimmer. In: Friederike von Gross & Renate Röllecke (Hrsg.): Make, Create & Play – Medienpädagogik zwischen Kreativität und Spiel. Dieter Baacke Preis Handbuch 13. München: kopaed

Statista (2019). *Internet of Things- number of connected devices worldwide 2015–2025*. Online unter: https://www-statista-com.eu1.proxy.openathens.net/statistics/471264/iot-number-of-connected-devices-worldwide/ [Stand: 13.9.2023].

7 Familiäre Medienerziehung in der Welt digitaler Medien: Ansprüche, Handlungsmuster und Unterstützungsbedarf von Eltern

Susanne Eggert

7.1 Einleitung

»Ich glaube, da muss man auch selbstbewusst sein und darf sich nicht immer von irgendwas überzeugen lassen, wenn das Kind sagt: ›Ja, alle machen das und alle haben das und alle dürfen das!‹ Da muss man halt auch standhaft sein!« Standhaft sein und eine eigene Haltung zu entwickeln und zu vertreten, fällt vielen Eltern schwer, wenn es darum geht, ihre Kinder zu einem selbstbestimmten und verantwortungbewussten Umgang mit digitalen Medien zu erziehen. Fakt ist: Medien haben für Kinder und Jugendliche ein großes Attraktionspotenzial. Das war schon immer so und daran hat sich bis heute nichts geändert. Sie finden hier zahlreiche Inhalte, mit denen sie unterschiedliche Bedürfnisse befriedigen können, angefangen beim Wunsch nach Unterhaltung, über das Interesse an Information zu einer großen Bandbreite an Themen, bis hin zu dem Bedürfnis nach Orientierung und Austausch mit anderen vor dem Hintergrund ihrer je aktuellen Entwicklungsaufgaben. Darüber hinaus fühlen sich Heranwachsende von neuen technischen Entwicklungen angezogen. Anders als viele Erwachsene haben sie keine Berührungsängste, wenn es darum geht, sich neue Geräte oder Online-Angebote anzueignen und deren Funktions- und Anwendungsmöglichkeiten zu erkunden.

Mit der rasanten technischen Entwicklung von Mediengeräten und damit verknüpften neuen Nutzungspotenzialen haben sich die Anforderungen an die familiäre Medienerziehung verändert. Insbesondere durch die starke Verbreitung von mobilen digitalen Geräten wie Smartphones und Tablets und deren Verzahnung mit Online-Angeboten sind Eltern in ihrem medienerzieherischen Alltag gefordert (vgl. Wagner et al. 2016). Sie empfinden es als ungleich schwieriger, ihre Töchter und Söhne bei der Medienaneignung und ihrer Mediennutzung im Alltag zu begleiten. Für die Schwierigkeiten der Eltern sind vor allem drei Aspekte ausschlaggebend:

1. Viele Kinder und Jugendliche besitzen eigene mobile Geräte, mit denen die Nutzung unabhängig von Ort und Zeit möglich ist. Eltern wissen oft nicht, wann ihre Kinder ihre Geräte nutzen.
2. Die Menge online verfügbarer Angebote ist nicht mehr zu fassen. Eltern gelingt es häufig nicht, den Überblick zu behalten sowie einzuschätzen, welche Angebote für ihre Kinder geeignet sind.

3. Dank der Touchscreentechnologie, mit der insbesondere Smartphones und Tablets ausgestattet sind, ist deren Bedienung ›kinderleicht‹, das heißt, auch schon sehr junge Kinder können sie in Gebrauch nehmen. Für Eltern ist es schwierig zu beurteilen, inwiefern der Umgang ihrer Kinder mit diesen Medien sinnvoll ist.

7.2 Medienerziehung als Teilbereich von Erziehung

Medien und insbesondere mobile Medien sind inzwischen untrennbar mit dem Alltag von Familien verknüpft. Laut der FIM-Studie 2016 gibt es mittlerweile in allen Familien mit Kindern im Alter zwischen drei und 19 Jahren mindestens ein Handy bzw. Smartphone. Mehr als die Hälfte der Familien verfügt über ein Tablet (mpfs 2017, S. 50 f.). Mit Blick auf die Medienausstattung der Kinder zeigt sich, dass fast die Hälfte der Sechs- bis 13-Jährigen ein eigenes Smartphone besitzt (mpfs 2023, S. 6). Diese Zahlen machen deutlich, was sich auch in der Haltung der meisten Eltern widerspiegelt (s. unten ausführlicher): Eltern haben die Verfügbarkeit digitaler Medien in der Familie inzwischen akzeptiert oder sich zumindest damit abgefunden. Vor diesem Hintergrund sehen sie, wie verschiedene Studien zeigen, in erster Linie sich selbst in der Verantwortung, ihre Kinder dabei zu unterstützen, einen bewussten und sinnvollen Umgang mit diesen Medien zu entwickeln (vgl. Gebel 2013, S. 88; Wagner et al. 2016, S. 10 f.; Knop et al. 2015, S. 204). Die Eltern fühlen sich dabei aber auch stark gefordert, weil sie hier, wie es eine Mutter formuliert, »definitiv dabei bleiben müssen« (Wagner et al. 2016, S. 11). Aufgrund der ständigen Entwicklungen auf Seiten der Medien – neue oder weiterentwickelte Geräte, Angebote und Anwendungen – wie auch auf Seiten der Heranwachsenden – beliebte Online-Angebote, Figuren, Spiele – und der damit (auch) verbundenen Risiken, müssen die Eltern auf dem Laufenden bleiben, um ihren erzieherischen Aufgaben nachkommen zu können. Zum Teil fühlen sie sich hier nicht nur gefordert, sondern immer wieder auch überfordert und wünschen sich deshalb Unterstützung. Dabei haben sie vor allem die pädagogischen Institutionen ihrer Kinder im Blick, in erster Linie die Schule (ebd., S. 52 f.; Gebel 2013, S. 89; Brüggen et al. 2017, S. 44 ff.).

Obwohl bereits ein Großteil der noch nicht schulpflichtigen Kinder zunehmend mit digitalen Geräten und Online-Inhalten in Berührung kommt, spielen die vorschulischen Einrichtungen wie Kindergarten oder Krippe als Ort für die pädagogisch begleitete Auseinandersetzung mit digitalen Medien für die Eltern kaum eine Rolle, zum Teil lehnen sie dies sogar ab (Grobbin 2016, S. 31 f.). Umgekehrt lässt sich feststellen, dass in einem Großteil vorschulischer Kindertageseinrichtungen digitale Medien nur selten in die pädagogische Arbeit einbezogen werden, da »[a]ndere Erziehungsbereiche in vielen Fällen als relevanter angesehen« werden (Schubert et al. 2018, S. 22).

7.3 Haltung von Eltern zu digitalen Medien

Welche Bedeutung Medien im erzieherischen Alltag von Familien haben, aber auch welche Erwartungen Eltern an die außerfamiliären pädagogischen Instanzen richten, hängt eng mit den Haltungen der Eltern zu digitalen Medien zusammen. Dabei steht außer Frage, dass digitale Medien heute untrennbar mit dem familiären Alltag verwoben sind. Nicht alle finden das gut, aber nur wenige Eltern lehnen diese Entwicklung ab (vgl. Eggert et al. 2021). Die große Mehrheit kann sich ein Leben ohne Handy oder Smartphone nicht mehr vorstellen. Viele Eltern sehen in der ständigen Verfügbarkeit der mobilen Geräte auch Vorteile. Diese beziehen sich insbesondere auf die schnelle und unkomplizierte Kommunikation per Messenger. An erster Stelle steht dabei unangefochten *WhatsApp*, aber auch andere Möglichkeiten wie beispielsweise *Telegram* oder *Signal* kommen hier zum Einsatz. Aus Sicht der Eltern stehen ihre Kinder über *WhatsApp* in ständigem Austausch untereinander. Aber auch sie selbst nutzen diese Kommunikationsmöglichkeit, um in Kontakt mit Freundinnen und Freunden zu bleiben oder den Alltag zu organisieren (Wagner et al. 2016, S. 10 f.).

Für viele steht die innerfamiliäre Kommunikation im Vordergrund. »Ein Beispiel dafür ist die Nutzung des Handys bei ganztägig arbeitenden Eltern zur Vergewisserung, dass das Kind nach der Schule wohlbehalten nach Hause gekommen ist« (Knop et al. 2015, S. 89). Daneben nutzen die Eltern aber auch andere Funktionen der mobilen Medien wie zum Beispiel eine Wetter-App oder die GPS-Funktion, sie fotografieren mit dem Smartphone, recherchieren im Internet, schauen sich Filme auf *YouTube* an und spielen Spiele … und schätzen es, diese Möglichkeiten zu jeder Zeit und an jedem Ort nutzen zu können, wie eine Mutter feststellt: »Ich fühle mich damit so sicher, mit dem iPhone immer alles dabei zu haben. Ich finde es super!« (Wagner et al. 2016, S. 11).

Obwohl die digitalen Medien und insbesondere das Smartphone einen festen Platz im Alltag aller Eltern haben, erweisen sich Väter jedoch insgesamt als medienaffiner als Mütter. Sie sind es dann auch, die sich hauptsächlich um die Medienausstattung der Familie kümmern und sich kundig machen, welche Geräte aktuell auf dem Markt sind, über welche Funktionen diese verfügen etc. Sie schaffen sich auch häufiger neue Geräte an und geben die alten dann oftmals an ihre Kinder weiter. Sowohl Müttern als auch Vätern ist daran gelegen, dass ihre Kinder einen souveränen Umgang mit den digitalen Medien entwickeln. Einig sind sie sich auch darin, dass medienerzieherische Maßnahmen notwendig sind, um dieses Ziel zu erreichen. Während die Mütter dabei im erzieherischen Alltag jedoch stärker ihre eigene Vorbildrolle im Blick haben und sich mit ihren Kindern diskursiv auseinandersetzen, greifen die Väter hier stärker auf technische Lösungen zurück (ebd., S. 11 ff.).

Wie Eltern ihre Medienerziehung im Alltag ausgestalten und welche Ziele sie dabei verfolgen, hängt eng mit ihrer generellen Haltung zu Medienerziehung zusammen, für die wiederum die jeweilige Haltung zu (digitalen) Medien ein zentraler Faktor ist (vgl. Eggert et al. 2021, S. 136 ff.). Im Vergleich zu einer Einstellung, bei der es sich um ein theoretisches Konstrukt handeln kann, hat eine Haltung immer einen Handlungsbezug und wird damit konkret. Die Haltung der Eltern gegenüber Medien speist sich aus Einstellungen, (persönlichen) Erfahrungen und Werten und kann positiv, negativ oder ambivalent sein. Wie sich eine positive Haltung gegenüber Medien in der Haltung zu Medienerziehung niederschlagen kann, wird am folgenden Beispiel deutlich: Eltern, die vor allem die Vorteile von (digitalen) Medien sehen, beispielsweise als Informationsquelle, zum lustvollen Zeitvertreib oder als Arbeitserleichterung und damit eine positive Grundhaltung gegenüber Medien haben, verfolgen das Ziel, ihre Kinder dazu zu befähigen, sich die Medien so anzueignen, dass sie deren Potenziale kompetent für eine souveräne Lebensführung nutzbar machen können. Dazu gehört, dass die Kinder Medien und Medienangebote ihrem jeweiligen Entwicklungsstand entsprechend entdecken und erfahren können. Dies setzt voraus, dass die Eltern die Bedürfnisse und Wünsche ihrer Kinder und deren entwicklungsbezogenen Voraussetzungen kennen und bei Fragen und Unsicherheiten erreichbar sind. Damit verknüpft ist auch ein Kritikbewusstsein gegenüber Medien und den Entwicklungen auf dem Medienmarkt, bspw. hinsichtlich Datenschutz, sowie auf die Einsatzmöglichkeiten der Medien im Alltag, die in die Medienerziehung einfließen und damit auch Grenzen und Regeln einschließen. Analog kann sich eine negative Haltung, die vor allem auf die mit Medien verknüpften Gefahren fokussiert, in einer Medienerziehung niederschlagen, deren Ziel es ist, die eigenen Kinder möglichst von diesen Gefahren fernzuhalten und ihnen entsprechend nur einen eingeschränkten Medienumgang zu ermöglichen, unabhängig von den Bedürfnissen und Wünschen der Kinder. Eine ambivalente Haltung gegenüber Medien schließlich kann sich darin zeigen, dass der Wert von Medien nur in Teilbereichen, zum Beispiel hinsichtlich ihres Bildungspotenzials, gesehen wird. In der Medienerziehung kann dies dazu führen, dass den Kindern die Nutzung von Medien erlaubt wird, um dabei etwas zu lernen, Mediennutzung zur Unterhaltung oder zum reinen Zeitvertreib aber abgelehnt wird (vgl. ebd., S. 142 ff.).

7.4 Herausforderungen, Sorgen und Ängste

Kindheit ist heute zunehmend mediatisiert. »Dies meint: Medien durchdringen immer mehr die Orte sowie Formen der Kommunikation von Kindern. Dabei zeigt sich mediatisierte Kommunikation nicht alleine in der Rezeption von Massenmedien (z. B. dem Fernsehen), sondern auch in der interpersonalen (z. B. Mobiltelefon) und interaktiven Kommunikation, wie z. B. dem Spielen mit mobilen Endgeräten (Krotz 2001; 2008). Eine besondere Bedeutung kommt dabei der Digitalisierung zu. Jedwede Form der Information kann durch diese technischen Neuerungen relativ schnell zeit- und ortsunabhängig übertragen werden« (Tillmann & Hugger 2014, S. 32). Gerade die zunehmende Mediatisierung des kindlichen Alltags stellt die Eltern vor Herausforderungen und macht ihnen zum Teil auch Sorgen. Dies hängt vor allem damit zusammen, dass sie in vielen Fällen keinen Einblick haben, was ihre

Kinder machen, wenn sie die digitalen Medien nutzen. Hier beschäftigt sie bspw. die Frage, wie ihre Töchter und Söhne mit persönlichen Daten umgehen – mit ihren eigenen sowie mit denen anderer. Weiterhin machen sich viele Eltern Gedanken über den sozialen Druck im Zusammenhang mit digitalen Medien, unter dem sie Kinder und Jugendliche heute wahrnehmen.

Kontrolle

Eine wichtige Voraussetzung, um ihre Kinder bei der Medienaneignung sinnvoll begleiten zu können, besteht für viele Eltern darin zu wissen, wann diese Medien nutzen und welche Angebote sie nutzen. Nur dann haben sie die Möglichkeit, sinnvolle Regeln sowohl hinsichtlich einer zeitlichen als auch inhaltlichen Nutzung aufzustellen und durchzusetzen. Eine aktive Medienerziehung ist aus Sicht der Eltern im Hinblick auf Computer und Internet sowie Computerspiele mindestens bis zum Alter von zwölf Jahren notwendig (Gebel 2013, S. 87). Hinsichtlich des Handys liegt die Grenze noch etwas höher. Im Durchschnitt halten Eltern erzieherische Maßnahmen zum Umgang mit dem Handy bis zu einem Alter von 14 Jahren für erforderlich (Knop et al. 2015, S. 204). Dabei ist es aus ihrer Sicht notwendig, einerseits die Nutzungsdauer im Blick zu haben, denn viele Eltern machen sich Sorgen darüber, dass ihre Kinder zu viel Zeit mit den Medien verbringen. Sie befürchten, dass diese darüber anderes vernachlässigen, beispielsweise ihre schulischen Aufgaben, aber auch ihre Freundinnen und Freunde (Wagner et al. 2016, S. 23; Knop et al. 2015, S. 138). Andererseits machen sie sich aber insbesondere im Umgang mit dem Internet auch Gedanken über den Umgang ihrer Töchter und Söhne mit persönlichen Daten (s. u.).

Ihren Wunsch, den Medienumgang ihrer Kinder in einem gewissen Maß zu kontrollieren, fällt dem Großteil der Eltern im Alltag schwer. Dies hängt damit zusammen, dass sie nicht immer dabei sind, wenn ihre Kinder die digitalen Medien nutzen, entweder, weil der Computer im Zimmer der Kinder steht oder aber – und das ist häufiger der Fall –, weil die Mediennutzung der Heranwachsenden in erster Linie auf dem eigenen Smartphone stattfindet. Dieses haben sie immer bei sich und greifen dann darauf zurück, wenn sie es – aus unterschiedlichen Gründen – gerade brauchen. Versuche der Eltern, die Smartphonenutzung ihrer Kinder mithilfe zeitlicher Regeln zu kontrollieren, scheitern in vielen Fällen. Wichtige Gründe dafür sehen die Eltern zum einen im Argument der Heranwachsenden, das Handy für die Erledigung schulischer Aufgaben zu brauchen, zum anderen ergeben sich die Nutzungszeiten der eigenen Kinder oft auch daraus, wie deren Freundinnen und Freunde ihre Geräte nutzen. Und wenn sie, weil sie auf die Nachricht eines Freundes antworten müssen, das Smartphone nun schon einmal in Gebrauch haben, schauen sie auch noch schnell nach, was es bei anderen Angeboten Neues gibt. Die Mutter eines Zwölfjährigen erklärt dazu: »Also wir haben Zeitregeln, teilweise ... was aber nie funktioniert. Weil ja immer dann Fritz anruft und um fünf schon spielen muss, und dann muss ich ganz schnell meine WhatsApps mal ankucken und ich muss nur ganz schnell mal auf dem iPad das machen und dann höre ich Musik und dann komischerweise muss ich dabei dann auch ein Video ankucken oder so« (ebd., S. 16).

Umgang mit persönlichen Daten

Wenn Eltern die Frage beschäftigt, wie ihre Kinder mit persönlichen Daten im Internet umgehen, geht es ihnen sowohl um deren eigene Daten als auch um jene anderer. Den Eltern ist es »ein wichtiges Anliegen, ihre Töchter und Söhne zu einem bewussten Umgang mit ihren persönlichen Angaben zu erziehen« (ebd., S. 20). Dies fällt ihnen aber oft schwer, da Datenschutz und Datenmissbrauch oft recht abstrakte Dinge sind und die Eltern an Grenzen stoßen, wenn sie ihren Kindern zu erklären versuchen, welche Gefahren damit verbunden sind und welche Konsequenzen Datenmissbrauch nach sich ziehen kann.

Ein Problem im Zusammenhang mit einem bewussten Umgang Heranwachsender mit persönlichen Daten sehen sie aber auch darin, dass ein solcher manchmal den Gepflogenheiten und Erwartungen in sozialen Netzwerken widerspricht. Persönliche Informationen oder das Teilen von Fotos im (erweiterten) Freundeskreis haben in sozialen Netzwerken einen hohen Stellenwert. Aus Sicht der Eltern ist den Heranwachsenden einerseits oft nicht bewusst, dass der Austausch bestimmter Informationen oder Bilder datenschutzrechtliche Konsequenzen haben könnte. Andererseits schätzen sie den sozialen Druck bspw. der Peergroup höher ein als das Bedürfnis eines sensiblen Umgangs mit Daten (ebd., S. 20f.).

Gerade mit Bezug auf sehr junge Kinder zeigt sich, dass Eltern sich auch selbst mit einem bewussten und sicheren Umgang mit persönlichen Daten, und zwar ihren eigenen, vor allem aber auch denen ihrer Kinder, schwertun. Die Eltern übernehmen in der frühen Kindheit eine Treuhänder*innenrolle für ihre Kinder, sind also dafür verantwortlich, was eine (Semi-)Öffentlichkeit über diese erfährt (vgl. Naab 2019, S. 100f.). Dieser Verantwortung sind sie sich oft nicht bewusst und rechtfertigen bspw. die (ungeschützte) Weitergabe von Daten damit, dass sie sich nicht vorstellen können, dass der »private Kram«, den sie verschicken, so interessant sein könnte, um missbraucht zu werden (vgl. Pfaff-Rüdiger et al. 2021, S. 112ff.).

Sozialer Druck

Die Erwartungen der Peergroup im Hinblick auf die Preisgabe sensibler persönlicher Informationen sind nur ein Teil des sozialen Drucks, den Eltern mit Blick auf die Bedeutung des Smartphones für ihre Kinder wahrnehmen. Andere Aspekte sind hier die Frage, ab wann ein Kind ein eigenes Smartphone ›braucht‹, welche Funktionen dieses haben muss oder wann die Heranwachsenden erreichbar sein müssen. Viele Eltern von Kindern bzw. jüngeren Jugendlichen sind unsicher, ab welchem Zeitpunkt ihre Töchter und Söhne verantwortungsbewusst mit einem eigenen Handy umgehen können. Sie beobachten, dass viele Kinder spätestens mit dem Übertritt auf eine weiterführende Schule ein eigenes Gerät haben.[60]

Damit einher geht die Gründung von Klassenchats, aber auch anderer Gruppen (bspw. im Sportverein), insbesondere auf *WhatsApp*. Um nicht Gefahr zu laufen, dass ihre Kinder aus der Gruppe ausgegrenzt werden oder wichtige Informationen

---

60 Inzwischen eher schon zur Erstkommunion.

nicht mitbekommen und dadurch den Anschluss an die Gruppe verlieren, entscheiden sich auch Eltern, die ihre Kinder eigentlich für noch nicht reif genug für ein eigenes Handy halten, mit dem diese nicht nur telefonieren können, dafür, diesen ein eigenes Smartphone anzuschaffen.

Die beschriebenen Sorgen und Nöte in Bezug auf Medien beschäftigen einen Großteil der Eltern. Daneben gibt es aber weitere Schwierigkeiten in der Medienerziehung, die zum Teil zwar auch von den Eltern selbst, insbesondere aber von Außenstehenden wahrgenommen werden, die die Familien professionell in Erziehungsfragen unterstützen. Hierbei geht es in erster Linie um die Vorbildrolle der Eltern.

7.5 Vorbildrolle

Eltern haben für ihre Kinder eine wichtige Vorbildfunktion, diese ist insbesondere in den ersten Lebensjahren virulent. Von Geburt an sind Kinder aufmerksam für das, was um sie herum passiert, und schon in den ersten Lebensmonaten versuchen sie, Personen in ihrer Umgebung nachzuahmen (vgl. Pauen et al. 2014, S. 31). Dies gilt auch in Bezug auf den Umgang mit digitalen Medien. Manche Eltern sind sich sehr bewusst, dass ihre Kinder genau beobachten, wie sie beispielsweise ihr Smartphone nutzen, in welchen Situationen oder wie häufig sie das Handy zur Hand nehmen. So stellte eine Mutter eines Vierjährigen im Rahmen des Familien-Medien-Monitorings der Studie »Mobile Medien in der Familie«[61] auf die Frage, inwiefern sie sich als Vorbild für ihren Sohn wahrnehme, fest: »Ich muss echt sagen, ich müsste mein Handy mehr aus der Hand legen. Ich habe es, glaube ich, zu viel in manchen Situationen, ich müsste es mehr weglegen.« Vor allem Eltern von älteren Kindern erkennen zwar ihre Bedeutung als Vorbild, sie glauben aber, diese Rolle nicht gut ausfüllen zu können. Dafür sehen sie mehrere Gründe. Neben der Feststellung, dass sie ihren eigenen Medienumgang zu wenig reflektieren und es ihnen oft nicht gelingt, konsequent zu handeln und die eigene Nutzung einzuschränken, sehen sie auch eine Schwierigkeit darin, dass ihnen Wissen und Erfahrung im Umgang mit den mobilen Medien fehlen. Einerseits kennen Sie viele Funktionen der Geräte nicht und ihnen fehlen technische Kenntnisse. Andererseits fehlt ihnen aber auch das nötige Wissen, um einschätzen zu können, welche Kompetenzen für einen souveränen Umgang mit bestimmten Angeboten nötig sind. Lücken sehen sie hier insbesondere in Bezug auf Soziale Netzwerkdienste.

Daneben sehen viele Eltern ihre eigene Mediennutzung unabhängig von der ihrer Kinder. Aus ihrer Sicht hat der eigene Griff zum Smartphone oder die Nutzung des

---

61 Das Familien-Medien-Monitoring ist Teil des Projekts »Mobile Medien in der Familie«, einer Langzeitstudie des JFF – Institut für Medienpädagogik in Forschung und Praxis zum Umgang mit mobilen Medien in Familien, gefördert vom Bayerischen Staatsministerium für Familie, Arbeit und Soziales (www.jff.de/studie_mofam).

Internets in der Regel einen triftigen Grund – weil es sich um eine geschäftliche Nachricht handelt, weil sie eine Information brauchen, einen Termin absprechen müssen etc. Dahingegen sehen sie die einzige Begründung für die Mediennutzung ihrer Kinder darin, dass diese »zocken« wollen oder mit ihren Freundinnen und Freunden chatten, was aus ihrer Sicht keinen besonderen Wert hat. Sie unterscheiden hier zwischen notwendigem Mediengebrauch, als den sie ihren eigenen betrachten, während sie die Nutzung ihrer Kinder für unnötig halten. Aus der Perspektive von Fachkräften der Erziehungsberatung sind darin viele Konflikte zwischen Eltern und Kindern mit Blick auf Medien begründet. Sie stellen fest, dass es Eltern schwerfällt, »den Zusammenhang herzustellen zwischen ihrem Modellcharakter und der Nutzung [der Kinder, S.E.]« (Wagner et al. 2016, S. 45).

7.6 Medienerziehung in Familien

Medienerziehung ist für Eltern ein Teil ihres Erziehungsauftrags, für den sie sich verantwortlich fühlen (s. o.). Allerdings betrachten nicht alle Eltern Medienerziehung als einen eigenen Erziehungsbereich, für den es eines besonderen erzieherischen Handelns bedarf oder in dem spezifische Ziele eine Rolle spielen. Sie wünschen sich, dass ihre Kinder lernen, mit den Medien umzugehen, da sie der Meinung sind, dass Medien zunehmend eine wichtige Rolle spielen werden, vor allem mit Blick auf die Berufswelt. Welche erzieherischen Wege sie dabei einschlagen, steht in engem Zusammenhang mit drei Faktoren: 1. der elterlichen Wahrnehmung von Medienerziehung und der Aufgaben, die sich ihnen dabei stellen, 2. den medienerzieherischen Ansprüchen der Eltern und ihrer Haltung gegenüber Medien und 3. dem Mediengebrauch ihrer Kinder. Mit Blick auf diese drei Faktoren werden nachfolgend sechs unterschiedliche Muster elterlicher Medienerziehung nachgezeichnet.[62] Sie unterscheiden sich insbesondere in zwei zentralen Dimensionen. Dabei handelt es sich zum einen um die Ausgeprägtheit der Kindorientierung hinsichtlich des Medienumgangs der Kinder, zum anderen um das medienpädagogische Aktivitätsniveau der Eltern (vgl. Eggert et al. 2013, S. 141 ff.). Die sechs Medienerziehungsmuster wurden in einer Studie zur Medienerziehung von Kindern im Alter von sechs bis 13 Jahren erarbeitet. Zum Teil finden sich ähnliche Muster oder aber einzelne Bestandteile dieser auch in der Studie *FaMeMo* (FamilienMedienMonitoring), die Familien mit jungen Kindern im Alter von einem bis sieben Jahren in den Blick nimmt (vgl. Eggert et al. 2021, S. 232 ff.).

---

62 Die sechs Muster wurden im Rahmen des qualitativ ausgerichteten Untersuchungsmoduls der Studie »Zwischen Anspruch und Alltagsbewältigung: Medienerziehung in der Familie« (Wagner et al. 2013) erarbeitet, in dem 48 Familien untersucht wurden.

Medienerziehungsmuster

Die Beschreibung der Medienerziehungsmuster orientiert sich an drei Kategorien, anhand derer dargestellt wird, wie das medienerzieherische Handeln in den Familien aussieht und inwiefern es mit den Leitvorstellungen der Eltern hinsichtlich ihrer Haltung gegenüber Medien, ihrer Erziehungsziele und -konzepte, aber auch der Orientierung an den Bedürfnissen ihrer Kinder mit Blick auf medienerzieherische Fragen verknüpft ist.

Laufen lassen

Medienerziehung spielt für die Eltern, die sich im Muster *Laufen lassen* finden, nur eine untergeordnete Rolle. Dies hängt zum Teil auch damit zusammen, dass sich in diesem Muster einige Familien mit schwerwiegenden Problembelastungen wiederfinden, die die medienerzieherischen Aufgaben überlagern. Die Familien sind insgesamt – Eltern wie auch Kinder – gut mit Medien ausgestattet, viele Kinder verfügen über ein breites Repertoire im Kinderzimmer. Konflikte aufgrund unterschiedlicher Medienpräferenzen, bspw. unterschiedliche Fernsehvorlieben, bleiben weitgehend aus, da jedes Familienmitglied seinen Interessen auf dem eigenen Gerät nachgehen kann. Da die Mediennutzung der Familienmitglieder weitgehend individualisiert stattfindet, haben die Eltern wenig Einblick in das, was ihre Kinder mit den Medien machen. Dies hat eine niedrige Kindorientierung in der Medienerziehung zur Folge, eine Auseinandersetzung damit, welche alters- und entwicklungsspezifischen Bedürfnisse mit Medien verknüpft sind, findet nicht statt. Die Eltern gehen davon aus, dass ihre Kinder selbstverständlich mit Medien aufwachsen und dabei den Umgang mit diesen lernen.

Dass die Medienerziehung durch andere Schwierigkeiten überlagert wird und damit zumindest zeitweise in den Hintergrund gerät, zeigte sich auch in der *FaMeMo*-Studie. Dies wird besonders deutlich im Typus der *Zwiegespaltenen* in Konstellationen mit alleinerziehenden Müttern (vor allem während des pandemiebedingten Lockdowns im Frühjahr 2020), aber auch in einer Familie, in der während der Erhebungszeit der Hausbau das vorherrschende Thema war. Anders als im Muster *Laufen lassen* haben die Eltern in ihrer Erziehung eine hohe Kindorientierung. Da andere Themen ihren Alltag bestimmen, gelingt es ihnen aber nicht, ihren Kindern einen klaren Rahmen für ihren Medienumgang vorzugeben. Ohne sich mit den jeweiligen (entwicklungsbezogenen) Bedürfnissen ihrer Kinder zu beschäftigen, setzen sie Medien als Babysitter ein oder verbieten deren Nutzung rigoros. Insgesamt erleben sie ihre Medienerziehung als einen Bereich, den sie nicht ausreichend kontrollieren können.

Beobachten und situativ eingreifen

Eine Einflussnahme der Eltern auf die Mediennutzung der Kinder findet bei den Familien dieses Musters nur selten statt. Es gibt nur wenig Regeln und die Eltern greifen lediglich situativ bedingt und intuitiv ein, wenn sie den Eindruck haben, dass ihre Kinder die Medien zu ausgiebig oder aber die falschen Angebote nutzen. Wenn die Eltern in die Mediennutzung ihrer Kinder eingreifen, erwarten sie, dass diese ihren Anweisungen Folge leisten, ohne nach den Nutzungsgründen ihrer Kinder zu fragen. Die Kindorientierung ist in diesen Familien nicht besonders hoch. Anders ist dies in einer Variante des Musters: *Beobachten und gesprächsbereit sein.* Hier besteht eine hohe generelle Gesprächsbereitschaft der Eltern gegenüber ihren Kindern, die auch auf das Thema Medien zutrifft. Gemeinsame Mediennutzung findet in den Familien des Musters *Beobachten und situativ eingreifen* nur selten statt und muss dem Geschmack der Eltern entsprechen. Mit Blick auf Medienerziehung stellen die Eltern fest, dass Medien aus dem Alltag nicht mehr wegzudenken sind und Kinder deshalb lernen müssen, mit ihnen umzugehen. Dabei haben sie in erster Linie die technische Handhabung der Geräte im Blick. Das Ziel, das die Eltern mit ihrer Medienerziehung verfolgen, besteht darin, einerseits ihre Kinder vor ungeeigneter und übermäßiger Mediennutzung zu bewahren. Andererseits wollen sie ihnen eine Nutzung ermöglichen, die sie zum notwendigen Umgang mit Medien insbesondere im Hinblick auf ihre Bildungslaufbahn sowie das spätere Berufsleben befähigt. Diese Ansprüche zu erfüllen, gelingt in den Familien, in denen die Kinder wenig medienaffin sind. Fühlen sich die Kinder stärker von Medien angezogen, fällt es den Eltern oft schwer, ihre Vorstellungen gegenüber den Forderungen der Kinder im Alltag durchzusetzen. Auch in Familien mit jüngeren Kindern ist die Medienerziehung zum Teil am Bauchgefühl der Eltern orientiert. Dies zeigt sich vor allem bei Eltern des Typus der *Flexiblen*, die sich damit auch die Möglichkeit offenhalten, Regeln unterschiedlichen Situationen entsprechend flexibel auszulegen. Insgesamt setzen die *Flexiblen* – ähnlich den Eltern der Variante *Beobachten und gesprächsbereit sein* – vor allem auf gesprächsorientierte Strategien und umgehen so die Aushandlung und Kontrolle von Regeln.

Funktionalistisch kontrollieren

In diesem Muster stehen Regeln und Verbote im Vordergrund. Diese werden eingesetzt, um das Medienhandeln der Kinder möglichst weitgehend zu kontrollieren. Die Regulierungsmaßnahmen der Eltern zielen dabei nicht auf medienerzieherische Ziele ab, sondern sind dahingehend funktionalistisch motiviert, die Mediennutzung der Kinder möglichst gut in das familiäre Zeitmanagement einzupassen. Im Vordergrund steht hier eine zeitliche Regulierung, so dass alle familiären Abläufe reibungslos funktionieren. Darüber hinaus bestimmen die Eltern aber auch die inhaltliche Nutzung, da sie in der Regel auswählen, welche Angebote ihre Kinder nutzen dürfen. Dabei orientieren sie sich vor allem an den Alterskennzeichnungen der FSK und USK, teilweise jedoch, ohne diese nachvollziehen zu können. Die Eltern, die diesem Muster zugeordnet sind, zeigen somit eine niedrige medienbezogene Kindorientierung, da sie sich nicht aktiv mit dem Medienhandeln ihrer Kinder auseinandersetzen. Der Anspruch, den die Eltern mit ihrer Medienerziehung verbinden, besteht darin, den Medienumgang ihrer Kinder möglichst gut unter Kontrolle zu haben. Zum Teil ist dies mit der Hoffnung verbunden, dass die Kinder irgendwann selbst wissen, was gut für sie ist. Die Kinder halten sich zwar in den meisten Fällen an die Regeln, die die Eltern aufgestellt haben, allerdings sind diese für sie nicht immer nachzuvollziehen. Dies hängt zum einen damit zusammen, dass diese Regeln nicht gemeinsam diskutiert und beschlossen wurden. Zum anderen handeln die Eltern aber nicht immer konsequent und konsistent und erlauben in Ausnahmefällen die Nutzung bestimmter Inhalte, die den Kindern sonst verboten sind, oder halten sich nicht an zeitliche Vorgaben und nutzen die Medien bspw. als Babysitter, um eigenen Interessen nachgehen zu können.

Die Medienaneignung ihrer Kinder möglichst gut zu kontrollieren, ist auch das Anliegen der Eltern des Typs der *Überzeugten* in der *FaMeMo*-Studie. Um dies zu erreichen, dürfen die Kinder digitale Medien nur sehr reduziert und stark reglementiert in Gebrauch nehmen. Die Eltern zeichnen sich durch eine negative Haltung gegenüber digitalen Medien aus, die einerseits mit der Zuschreibung einer starken Sogwirkung digitaler Medien, insbesondere aber von datenschutzbezogenen Gefahren verbunden ist. Die starke Reglementierung in ihrer Medienerziehung zielt anders als bei den Eltern des Musters *Funktionalistisch kontrollieren* darauf ab, ihre Kinder vor dem Verlust des Bezugs zur Wirklichkeit zu schützen und zu verhindern, dass deren Daten missbraucht werden können.

Normgeleitet reglementieren

Die Medienerziehung der Eltern in diesem Muster ist orientiert an hohen normativen Ansprüchen an das eigene medienerzieherische Handeln. Diese Ansprüche resultieren aus einer vor allem theoretischen Auseinandersetzung mit der Mediennutzung von Heranwachsenden. Die Bedürfnisse der Kinder spielen dabei eine untergeordnete Rolle. Ihr Wissen überführen die Eltern in Regeln und Vereinbarungen, die sie ihren Kindern erklären und sie auch begründen. In Einzelfällen lassen sie sich auch auf eine Aushandlung mit ihren Kindern ein. Vor dem Hintergrund ihres medienpädagogischen Wissens sprechen sie mit ihren Töchtern und Söhnen über die von ihnen genutzten Angebote und begleiten deren Mediennutzung zum Teil aktiv. In manchen Familien regen die Eltern ihre Kinder dazu an, Medien auch kreativ zu nutzen. Es findet eine bewusste Mediennutzung statt, wobei das Medienangebot der jüngeren Kinder von den Eltern stark eingeschränkt wird. Das Ziel der Eltern ist es, ihre Kinder zu einem eigenständigen, selbstbestimmten, reflektierten und kritischen Medienumgang zu erziehen. Die Umsetzung der damit verknüpften Ansprüche gelingt im Alltag oft nicht, da die Bedürfnisse der Kinder in den Vorstellungen der Eltern kaum eine Rolle spielen. Daraus resultiert, dass die Kinder überfordert sind, das eigentliche Ziel durch autoritäres elterliches Handeln widerlegt wird oder ein eigenständiger Medienumgang bewusst nicht gefördert wird.

Die Eltern des Typs der *Überzeugten* aus der *FaMeMo*-Studie finden sich auch in diesem Muster wieder. Wenn sie ihren (jungen) Kindern Regeln für die Mediennutzung vorgeben, die dazu dienen sollen, deren Daten zu schützen, dann steckt dahinter ein ausgeprägtes Fachwissen, das sie versuchen, an ihre Kinder weiterzugeben. Aufgrund des jungen Alters können die Kinder diese Zusammenhänge aber noch nicht verstehen und sehen in den Regeln in erster Linie Verbote, bei denen ihre Bedürfnisse und Wünsche aber keine Rolle spielen.

Rahmen setzen

In diesem Muster ist das medienerzieherische Handeln vonseiten der Eltern so angelegt, dass die Kinder Medien in einem vorgegebenen Rahmen eigenständig nutzen und eigene Erfahrungen machen können. Dieser Rahmen besteht aus inhaltlichen und zeitlichen Vorgaben, die an den alters- und entwicklungsbedingten Voraussetzungen der Kinder orientiert sind. Bevor die Kinder in diesem Muster Medien nutzen können, müssen sie in der Regel ihre Eltern um Erlaubnis fragen. Die Mediennutzung der Kinder wird dann von den Eltern weitgehend begleitet, die Eltern sind zumindest in der Nähe und für die Kinder greifbar, wenn Fragen oder Probleme bei der Mediennutzung auftauchen, ein aktives Heranführen an die Medien findet jedoch nicht statt. Den Eltern ist es wichtig, dass der Umgang ihrer Kinder mit Medien in einem ausgewogenen Verhältnis zu anderen Aktivitäten steht. Sie sehen ihre Aufgabe in der Begleitung ihrer Kinder bei der Mediennutzung und nehmen sich dabei auch als Vorbilder wahr. Das Ziel, das sie verfolgen, besteht darin, ihre Kinder dazu zu befähigen, die Medien in »sinnvoller« Weise (Eggert et al. 2013, S. 188) zu nutzen. Dafür geben sie ihnen einen Rahmen vor, in dem sie dies umsetzen können. Im Alltag gelingt es den Eltern nicht immer, ihrem Anspruch gerecht zu werden. Dies ist insbesondere der Fall, wenn ältere Geschwister Medien gemeinsam mit den Jüngeren nutzen. Wird der Rahmen von den Kindern überspannt, reagieren die Eltern zum Teil mit Restriktionen.

Medien »sinnvoll« in Gebrauch zu nehmen, ist auch das Hauptanliegen der Eltern des Typs der *Anspruchsvollen* aus der *FaMeMo*-Studie. Dies ist dann gegeben, wenn das bildungsunterstützende Potenzial der Medien genutzt wird und diese sparsam in Gebrauch genommen werden. Gleichzeitig weisen die Eltern eine hohe Kindorientierung auf und können auch die unterhaltungsbezogenen Bedürfnisse und Vorlieben ihrer Kinder nachvollziehen. Diese müssen jedoch ihren Qualitätsansprüchen genügen. Vor diesem Hintergrund setzen sie klare inhaltliche und zeitliche Grenzen, innerhalb derer sich das Medienhandeln ihrer Kinder abspielt und legen Wert darauf, selbst ein gutes Vorbild abzugeben. Da die vorgegebenen Grenzen sehr eng sind, suchen die Kinder zum Teil Wege, wie sie aus diesen ausbrechen können und nutzen Medien heimlich.

Individuell unterstützen

Für die Eltern in diesem Muster bedeutet Medienerziehung, aufmerksam für die Bedürfnisse ihrer Kinder zu sein und das medienerzieherische Handeln an deren alters- und entwicklungsbedingten Fähigkeiten auszurichten. Gemeinsame Mediennutzung spielt dabei eine wichtige Rolle. Diese dient dazu, sich gemeinsam mit medienbezogenen Themen zu beschäftigen und in diesem Zusammenhang die Kinder an geeignete Medien heranzuführen. Des Weiteren nutzen die Eltern diese Gelegenheiten, um das Medienverständnis ihrer Kinder altersangemessen zu fördern. Dazu gehört für sie, sich mit unterschiedlichen Angeboten auseinanderzusetzen und sich dazu ein Urteil zu bilden. Dabei beziehen sie auch medienpädagogische Hintergrundinformationen ein. Auf dieser Basis machen sie ihren Kindern inhaltliche und zeitliche Vorgaben, an denen diese sich bei ihrer Mediennutzung orientieren sollen. Das medienerzieherische Ziel der Eltern besteht darin, ihren Kindern eine eigenständige, entwicklungsangemessene Medienaneignung zu ermöglichen, damit diese einen sinnvollen und bewussten Medienumgang erlernen, der auch ein Verständnis für ein ausgewogenes Verhältnis von Mediennutzung und anderen Aktivitäten einschließt. Dabei unterstützen sie sie bei der Entwicklung der notwendigen Fähigkeiten. Den Eltern gelingt es weitestgehend, ihre medienerzieherischen Vorstellungen im Alltag umzusetzen, was jedoch auch damit zusammenhängt, dass die Kinder dieser Familien im Durchschnitt eher jünger sind und noch wenig eigenständige Medienaneignung zeigen und Medienerfahrungen vor allem in der Gegenwart der Eltern machen. Diese erkennen jedoch insbesondere mit Blick auf das Internet und Soziale Netzwerkdienste Wissens- und Erfahrungslücken bei sich selbst, die sie gern schließen würden, wobei sie sich hierfür professionelle Unterstützung wünschen.

Das Muster *Individuell unterstützen* bildet sich auch im Typus der *Unterstützenden* in der *FaMeMo*-Studie ab. Hier zeigt sich deutlich die Bedeutung der Haltung der Eltern zu Medien und zu Medienerziehung. Sie sind Medien gegenüber sehr aufgeschlossen und sehen das große Potenzial, das mit einem kompetenten Medienhandeln verbunden ist. In ihrer eigenen Biografie finden sich zahlreiche positive Situationen, die mit Medien verbunden sind. Ihr medienerzieherisches Ziel ist es, auch ihren Kindern positive Medienerfahrungen zu ermöglichen und sie zu einem bereichernden Medienhandeln zu befähigen.

Anhand der beschriebenen Muster und Typen wird zweierlei deutlich. Zum einen zeigt sich, dass die Eltern sich auf unterschiedliche Art und Weise mit der Frage der Medienerziehung befassen, sowohl mit Blick auf die Bedürfnisse sowie alters- und entwicklungsbezogene Fähigkeiten ihrer Kinder als auch hinsichtlich dessen, welchen Stellenwert Medienerziehung in ihrem Alltag einnimmt, also wie viel Zeit sie investieren, um sich mit medienerzieherischen Fragen auseinanderzusetzen, sich Hintergrundwissen anzueignen oder sich Zeit für gemeinsame Mediennutzung mit ihren Kindern zu nehmen. Zum anderen ist es für alle Eltern eine große Herausforderung, die eigenen Ansprüche im erzieherischen Alltag umzusetzen, und sie stoßen dabei immer wieder an Grenzen. Die Ergebnisse der *FaMeMo*-Studie machen außerdem deutlich, dass die eigene Haltung zu Medien wie auch zu Medienerziehung ausschlaggebend für die Umsetzung von Medienerziehung im Alltag ist.

7.7 Unterstützung im medienerzieherischen Alltag

»Eltern brauchen Sicherheit in der Medienerziehung, die auf eigener Medienkompetenz sowie auf Orientierung und Information in Hinblick auf die medienbezogenen Bedürfnisse ihrer Kinder beruht« (Wagner et al. 2013, S. 251). Damit soll ausgedrückt werden, dass Eltern in einem gewissen Maß Wissen und Kenntnisse hinsichtlich der Geräte (technisch) und Angebote (inhaltlich) benötigen, mit denen ihre Kinder in Berührung kommen, die sie aktiv nutzen oder deren Nutzung sie einfordern, um Potenziale und Gefahren einschätzen zu können. Abgesehen davon ist auch grundlegendes Wissen zur kindlichen Entwicklung notwendig, um alters- und entwicklungsbedingte Voraussetzungen für die Mediennutzung beurteilen zu können. Damit sind auch die Bedingungen für eine an den Bedürfnissen der Kinder orientierte Medienerziehung umschrieben.

Konzepte zur Unterstützung der Medienerziehung haben nur dann Aussicht auf Erfolg, wenn sie die Haltung der Eltern zu Medien und ihrer damit verknüpften Haltung zu Medienerziehung berücksichtigen sowie die Kontexte beachten, in denen sich der familiäre Alltag abspielt. Vor diesem Hintergrund lassen sich drei grundlegende Blickrichtungen unterscheiden, wenn es um die Formulierung von Unterstützungsmöglichkeiten für das medienerzieherische Handeln von Eltern geht (vgl. ebd., S. 256 ff.; Eggert et al. 2021, S. 260 ff.):

1. *Sensibilisierung für medienerzieherische Belange:* Eltern müssen für die Bedeutung der Medien im Rahmen der kindlichen Entwicklung und der damit zusammenhängenden notwendigen medienerzieherischen Begleitung sensibilisiert werden. Mediale Interessen und Vorlieben stehen oft in einem engen Zusammenhang mit aktuellen Entwicklungsaufgaben oder den Gewohnheiten in der Peergroup. Eine wichtige Rolle spielt aber auch die elterliche Mediennutzung. In den ersten Jahren sind die Eltern die wichtigsten Vorbilder für ihre Kinder; dies gilt auch für den Umgang mit den Medien. Eltern müssen darin unterstützt werden zu erkennen, dass ein souveräner Medienumgang und eine kompetente Mediennutzung erlernt werden müssen und dass Kinder dabei auf die Unterstützung ihrer Eltern angewiesen sind. Neben der aktiven Medienerziehung spielen diese als Vorbilder eine wichtige Rolle und müssen vor diesem Hintergrund zu einer kritischen Auseinandersetzung mit ihrem eigenen Medienhandeln angeregt werden.
2. *Vermittlung von Wissen:* Um ihre Kinder angemessen begleiten zu können, brauchen die Eltern zunächst grundlegendes Wissen zum Medienumgang von Kindern in den verschiedenen Alters- und Entwicklungsphasen. Daran anschließend ist jedoch auch die Vermittlung von Wissen zu Chancen und Risiken, die mit dem Mediengebrauch verbunden sind, notwendig sowie die Bereitstellung von Anregungen, wie der Medienumgang von Kindern in verschiedenen Entwicklungsphasen konkret gestaltet und begleitet und wie auf ein verändertes Medienverhalten von Kindern adäquat reagiert werden kann. Schließlich sollte es auch ein Ziel sein, Eltern dabei zu unterstützen, ihren Kindern die Bandbreite der Medienangebote aufzuzeigen, die bspw. eine kreative oder eine partizipativ ori-

entierte Nutzung der Medien einschließt. Die Angebote für Eltern müssen deren individuelle Voraussetzungen und Gewohnheiten berücksichtigen und entsprechend vielfältig – von komprimierten Flyern über ausführliche Ratgeber bis hin zu Online-Angeboten und Präsenzveranstaltungen – sein.
3. *Handlungsanregungen zum Umgang mit Medien in der Familie:* Medienerzieherisches Handeln in Familien ist mit den unterschiedlichen Bedingungen des jeweiligen familiären Alltags verknüpft. Diese Bedingungen müssen auch mit Blick auf Handlungsanregungen zur Medienerziehung berücksichtigt werden. Generell sinnvoll sind Anregungen, die am Alter und dem Entwicklungsstand der Kinder ansetzen. Darüber hinaus können jedoch unterschiedliche Wege zielführend sein. So äußern einige Eltern den Wunsch nach Beispielen dazu, wie Medienerziehungsfragen in anderen Familien angegangen werden. Diese Beispiele können als Folie dienen, um eigenes Handeln zu reflektieren. Dafür müssen Räume geschaffen werden, in denen sich Eltern untereinander in einem geschützten Setting austauschen können. Für Eltern mit wenig Aufmerksamkeit für medienerzieherische Belange scheinen konkrete, niedrigschwellige Angebote am ehesten erfolgversprechend. Solche Angebote könnten bspw. in Zusammenarbeit mit anderen Institutionen, zu denen die Familien im Alltag Kontakt haben und zu denen ein Vertrauensverhältnis besteht, stattfinden. Darüber hinaus sind aber auch professionelle Beratungsangebote bspw. in Erziehungs- oder Familienberatungsstellen notwendig, auf die Eltern bei gezielten und teils akuten Fragen und Unterstützungsbedarf zurückgreifen können.

Festzuhalten bleibt: Eltern spielen eine wichtige Rolle, wenn es um die Medienaneignung von Kindern geht. Die elterliche Medienerziehung ist jedoch mit großen Herausforderungen verknüpft. Deshalb braucht es durchdachte Konzepte zur Unterstützung der Eltern in ihrem medienerzieherischen Alltag. Darüber hinaus bedarf es – wie auch in anderen Erziehungsbereichen – einer funktionierenden Erziehungspartnerschaft zwischen den Eltern einerseits und den Bildungsinstitutionen der Kinder andererseits, um diese zu einem selbstbestimmten und souveränen Medienumgang zu befähigen.

Literatur

Brüggen, Niels, Dreyer, Stephan, Drosselmeier, Marius, Gebel, Christa, Hasebrink, Uwe & Rechlitz, Marius (2017): Jugendmedienschutzindex: Der Umgang mit onlinebezogenen Risiken. Ergebnisse der Befragung von Heranwachsenden und Eltern. Herausgegeben von FSM – Freiwillige Selbstkontrolle Multimedia-Diensteanbieter e.V., zuletzt geprüft am 16.04.2018.
Eggert, Susanne, Oberlinner, Andreas, Pfaff-Rüdiger, Senta & Drexl, Andrea (2021): Familie digital gestalten. FaMeMo – eine Langzeitstudie zur Bedeutung digitaler Medien in Familien mit jungen Kindern. München: kopaed.
Eggert, Susanne, Schwinge, Christiane & Wagner, Ulrike (2013): Muster medienerzieherischen Handelns. In: Ulrike Wagner, Christa Gebel & Claudia Lampert (Hrsg.), Zwischen Anspruch und Alltagsbewältigung: Medienerziehung in der Familie. Berlin: VISTAS Verlag, S. 141–219.
Grobbin, Alexander (2016): Digitale Medien: Beratungs-, Handlungs- und Regulierungsbedarf aus Elternperspektive. Abschlussbericht. München: Deutsches Jugendinstitut.

Knop, Karin, Hefner, Dorothée & Schmitt, Stefanie (2015): Mediatisierung mobil. Handy- und mobile Internetnutzung von Kindern und Jugendlichen (Schriftenreihe Medienforschung der Landesanstalt für Medien Nordrhein-Westfalen).

Medienpädagogischer Forschungsverbund Südwest (Hrsg.) (2017): FIM-Studie 2016 Familie, Interaktion, Medien. Untersuchung zur Kommunikation und Mediennutzung in Familien. Stuttgart.

Medienpädagogischer Forschungsverbund Südwest (Hrsg.) (2023): KIM-Studie 2022 Kindheit, Internet, Medien. Basisuntersuchung zum Medienumgang 6- bis 13-Jähriger. Stuttgart.

Naab, Thorsten (2019): Parents'online self-disclosure and parental social media trusteeship. How parents manage the digital identity of their children. In: MedienPädagogik Zeitschrift für Theorie und Praxis der Medienbildung (35), S. 97–115. Online unter: https://www.medienpaed.com/article/view/656/669, zuletzt geprüft am 4.01.2024.

Pauen, Sabina, Frey, Britta & Ganser, Lena (2014): Entwicklungspsychologie in den ersten drei Lebensjahren. In: Manfred Cierpka (Hrsg.), Frühe Kindheit 0–3 Jahre. Berlin, Heidelberg: Springer Verlag, S. 21–37.

Pfaff-Rüdiger, Senta, Oberlinner, Andreas, Eggert, Susanne & Drexl, Andrea (2021): »Gebe ich jetzt meine Daten preis oder nicht?« Privatheit und Datenschutz in der Frühen Kindheit. In: Ingrid Stapf, Regina Ammicht Quinn, Michael Friedewald, Jessica Heesen & Nicole Krämer (Hrsg.), Aufwachsen in überwachten Umgebungen. Interdisziplinäre Positionen zu Privatheit und Datenschutz in Kindheit und Jugend. Baden-Baden: Nomos, S. 105–124.

Tillmann, Angela & Hugger, Kai-Uwe (2014): Mediatisierte Kindheit – Aufwachsen in mediatisierten Lebenswelten. In: Angela Tillmann, Sandra Fleischer & Kai-Uwe Hugger (Hrsg.), Handbuch Kinder und Medien. Wiesbaden: Springer VS (Digitale Kultur und Kommunikation, 1), S. 31–45.

Wagner, Ulrike, Eggert, Susanne & Schubert, Gisela (2016): Mobile Medien in der Familie. Langfassung der Studie. Online verfügbar unter: www.jff.de/studie_mofam, zuletzt geprüft am 16.04.2018.

Wagner, Ulrike, Gebel, Christa & Lampert, Claudia (Hrsg.) (2013): Zwischen Anspruch und Alltagsbewältigung: Medienerziehung in der Familie. Berlin: VISTAS Verlag

Wagner, Ulrike, Gebel, Christa & Lampert, Claudia (2013): Medienerziehung zwischen Anspruch und Alltagsbewältigung. Zusammenfassung und Fazit. In: dies., Zwischen Anspruch und Alltagsbewältigung: Medienerziehung in der Familie. Berlin: VISTAS Verlag, S. 243–270.

8 Medienbezogene Eltern- und Familienarbeit – Erfahrungen aus dem Thüringer Projekt »MEiFA – Medienwelten in der Familie«

Erika Bartsch, Bastian Miersch & Frank Röhrer

8.1 Der Einzug von digitalen Geräten in die Familien

Medienwelten sind Lebenswelten geworden. Die Digitalisierung und Mediatisierung der Gesellschaft sorgt dafür, dass Smartphones, Tablets, Computer zu stetigen Alltagsbegleitern geworden sind. Vor allem im Familienleben spielen Medien eine große Rolle. Dabei zieht sich die Bedeutung der mobilen Medien durch alle Altersbereiche. Schon vor der Geburt kommen Ungeborene mit den Medien (vor allem Musik oder Ton) im Mutterbauch in Kontakt.[63] Im Baby- und Kleinkindalter sind Medien, vor allem in Form von Smartphones und Fernseher, präsent. So wachsen, laut der aktuellen MiniKim-Studie[64], schon die Kleinsten in einem vollausgestatteten Haushalt auf. Nahezu alle Haushalte haben einen Internetzugang und sind mit einem Fernsehgerät, Handy bzw. Smartphone und einem Laptop bzw. PC ausgestattet. Auch Tablets erfreuen sich immer größerer Beliebtheit. Zwar besitzen Kinder diese Geräte selten selbst, jedoch prägen sie ihr Lebensumfeld – sei es durch die Nutzung der Eltern oder die physische Präsenz der Geräte, die das Interesse der Kinder wecken.[65]

Insbesondere das Smartphone, aber auch Computer sind für die Eltern selbst als Multifunktions-, zum Teil auch Arbeitsgerät aus dem Alltag nicht mehr wegzudenken und prägen somit als Selbstverständlichkeit auch die kindliche Lebenswelt. Mit Angeboten wie Vorlese- und Spiele-Apps können Kindergartenkinder dann auch schnell selbst zu aktiven Mediennutzer*innen werden, was einen Bedeutungszuwachs der Medien zur Folge hat. Kinder sammeln zumeist in diesem Alter auch ihre ersten Fernseherfahrungen[66], die ebenfalls Anlass zu medienpädagogischen Projekten bieten können. Das Smartphone dient schon in der Grundschule als Recherche- und Informationstool sowie Spielgerät und bietet die Möglichkeit, mit den Freundinnen und Freunden in Kontakt zu bleiben.[67] Spätestens mit dem Eintritt in die weiterführende Schule etabliert sich das Smartphone als omnipräsenter Wegbegleiter für die Heranwachsenden. So zeigt die JIM-Studie, dass nahezu alle 12- bis 19-Jährigen ein eigenes Smartphone besitzen und dieses auch täglich nutzen.[68]

---

63 vgl. Götz (2007, S. 12).
64 vgl. Kieninger et al. (2024).
65 vgl. ebd. (S. 6–9).
66 vgl. Götz (2007, S. 12–13).
67 vgl. Feierabend et al. (2023).
68 vgl. Feierabend et al. (2022, S. 7–14).

Die wichtigsten Apps für Jugendliche sind WhatsApp, TikTok, YouTube und Instagram.[69] Der bekannte Messengerdienst WhatsApp hat, neben der Funktion, mit den Peers im Austausch zu stehen, auch einen großen Einfluss auf das Familienleben. So ist WhatsApp in zahlreichen Familien ein wichtiges Mittel der Kommunikation und Alltagsorganisation. Gleichzeitig bringen die praktischen Funktionen seitens der Erziehenden Sorgen hinsichtlich des Datenschutzes mit sich. Das Medienrepertoire in Familien ist in den letzten Jahren um einiges gewachsen (siehe miniKIM, KIM, JIM und MoFam[70]).

Mit digitalen Spielen kommen noch weitere Stressfaktoren hinzu, mit denen Familien lernen müssen umzugehen. Mit jeder neuen Technik und Anwendung steigt die Bedeutung der Medien im Familienalltag und damit auch die Anforderungen an die Erziehungs- und Medienkompetenzen von Eltern und Großeltern. Das umfasst nicht nur die Begleitung der Heranwachsenden hin zu einem bewussten und kritischen Medienumgang, sondern auch in hohen Maßen die eigene Vorbildfunktion. Nachahmung spielt entwicklungspsychologisch auch in punkto Medienverhalten eine nicht zu unterschätzende Rolle. Mit der eigenständigen Mediennutzung der Kinder kommen dann weitere Herausforderung der Regulierung mit zeitlichen und inhaltlichen Absprachen sowie einer angemessenen Anleitung und Unterstützung durch die Eltern, die mit jeder neuen Technik und Anwendung wächst. Aus diesem Grund ist es notwendig, die ganze Familie für den Umgang mit Medien zu stärken.

8.2   Notwendigkeit von Elternarbeit

So muss Elternarbeit bereits im Kindergartenalter, wenn nicht sogar schon vor der Geburt beginnen. Mit den ersten Möbeln, die für das kommende Kind gekauft werden, sollte auch eine Sensibilisierung über die eigene Vorbildrolle sowie die Aufklärung über den Einfluss der Nutzung digitaler Medien der Eltern auf ihre Kinder im Säuglings- und Kleinkindalter einhergehen. Sobald die ›Kleinen‹ die ersten eigenen Medienerfahrungen machen (Fernsehen, Hörbücher, Tablets, etc.), sollten Eltern Unterstützung beim Erkennen kindgerechter Medienangebote sowie Tipps und Tricks erhalten, wie die ersten Schritte mit Medien gestaltet werden können. Hierbei kommt den Kindertagesstätten eine besondere Rolle zu.[71] Eltern und Erzieher*innen gehen in gewisser Weise eine Erziehungs- und Bildungspartnerschaft ein. Damit geht einher, dass Kindertagesstätten den Eltern Informationen an die Hand geben und Eltern mit Bildungsangeboten für das Thema sensibilisieren.

Neben Aufklärung über mögliche Gefahren einer unreflektierten und nicht begleitenden Mediennutzung sollten auch die positiven Seiten der Medienerziehung

---

69 vgl. Feierabend et al. (2022, S. 28).
70 vgl. Wagner et al. (2016).
71 vgl. Lienau & Röck (2022).

Bestandteil des Informationsangebotes sein. Medien sorgen auch schon im jungen Alter für Abwechslung und Unterhaltung und fördern bspw. durch Wissenssendungen im Fernsehen oder auf YouTube sowie verschiedene MINT-Apps die Aneignung der Umwelt. Im Grundschulalter sammeln viele Kinder dann weitere Medienerfahrungen. Hierbei wird häufig das Internet als Rechercheort genutzt. Eltern und Erziehungsberechtigte sollten nicht nur spezielle Kindersuchmaschinen kennen und im Familienalltag etablieren, sondern darüber hinaus auch Geräte kindersicher einrichten und somit einen geschützten digitalen Erfahrungs- und Experimentierraum schaffen. Spätestens in der weiterführenden Schule besitzen die meisten Jugendlichen dann ihr erstes eigenes Smartphone. Dies stellt Familien vor neue Herausforderungen, da, wie oben bereits dargestellt, die Mediennutzung im Jugendalter stark zunimmt. Eltern fühlen sich immer wieder mit dem Thema der Medienerziehung überfordert und allein gelassen. Die Gründe dafür sind vielfältig und reichen von mangelnden Informationsangeboten bis hin zu den schulischen Problemen, die Medienbildung flächendeckend und einheitlich zu realisieren.

Kinder und Jugendliche schaffen es scheinbar mit Leichtigkeit, sich die Handhabung neuer Medientechniken anzueignen und diese in ihren Alltag zu integrieren. Was jedoch erst eines gewissen Entwicklungsprozesses bedarf, ist die Entwicklung ein kritischen und reflektierten Medienhandelns, bei dem sie Potenziale nutzen und Risiken aus dem Weg gehen. Hierbei benötigen die Heranwachsenden Unterstützung. Dieses kritische und reflektierte Medienhandeln, welches spätestens mit Baacke 1997[72] postuliert wird, gilt es als Querschnittsthema der Schule und ihren Fächern aufzufassen, um Eltern zu entlasten und gleichzeitig diese bei Medienfragen und -konflikten in den Elternhäusern zu unterstützen. Nichtsdestotrotz benötigen Eltern und Familien auch außerschulische Lehr- und Lernorte, an denen sie ihre Berührungsängste, Unsicherheiten und Skepsis abbauen und gemeinsame Impulse erfahren können, um den Dialog über und mit Medien in der Familie anzuregen. Denn nur mit dem dabei erworbenen Wissen können Erziehende – fernab von bewahrpädagogischen Mitteln – Maßnahmen ergreifen, die ihren Schützlingen helfen, sich zu kritischen und reflexiven Mediennutzer*innen und Mediengestalter*innen zu entwickeln.

8.3 Gesellschaftliche Herausforderungen und Veränderungen für Familien

Medienwelten in der Familie haben sich in jüngster Zeit grundlegend geändert. Die Digitalisierung unserer Lebenswelt ist in allen Lebensbereichen angekommen und hat Spielen, Kommunizieren, Lernen, Arbeit, Wohnen und Freizeit neugestaltet. Derzeitige neue technische Entwicklungen (z. B. Künstliche Intelligenz & Industrie

---

72 vgl. Baacke (1997).

4.0) und die damit einhergehenden Veränderungen stellen Erziehende und Familien vor weitere neue Herausforderungen. Die COVID19 Pandemie, der Angriffskrieg Russlands auf die Ukraine und mit künstlicher Intelligenz erstellte Bilder haben die Konfrontation mit Verschwörungsmythen und Desinformationen in Familien erhöht. Dabei kann es ihnen Schwierigkeiten bereiten, den Wahrheitsgehalt von Nachrichten richtig einschätzen zu können. Umso mehr wird den Eltern zukünftig die Fähigkeit abverlangt, Meldungen aus den unterschiedlichsten Medien zu verstehen, zu analysieren und bewerten zu können, um diese dann verständlich und ohne zu überfordern, unterstützt durch professionelle Angebote an ihre Kinder weiterzugeben.

Ein weiteres, allerdings nicht neues Thema ist die zunehmende unbekümmerte audiovisuelle (Selbst-)Darstellung von Familien und einzelnen Familienmitgliedern auf Onlineportalen. Soziale Medien haben einen starken Einfluss auf die Identitätsentwicklung und Geschlechterrollenfindung von Jugendlichen. Diskutiert wird auch eine Online- und Offlineidentität, die direkt verknüpft oder auch losgelöst voneinander sein können und sich auf verschiedenen Plattformen unterscheiden.[73] Als Beispiel sind hier auch für Erwachsene beruflich relevante Plattformen wie xing oder LinkedIn zu nennen. Die dort abgebildeten Persönlichkeiten und Identitätskonstruktionen unterscheiden sich merklich von den privaten Darstellungen auf z. B. Instagram, TikTok oder Facebook. Das verdeutlicht auch, dass nicht nur Kinder und Jugendliche ihre Identitäten in den sozialen Medien teilen, weiterbilden und verwerfen, sondern, dass auch Eltern und Großeltern ihre Profile unterschiedlich stärken im Netz. Gleichzeitig sollten sich aber alle Familienmitglieder Gedanken darüber machen, in welcher Art und Weise dies geschieht und geschehen darf. Primär sind hier die Persönlichkeits- und Datenschutzrechte der Nutzer*innen zu nennen. Die Schutzrechte von Kindern sind in digitalisierten Räumen zu wahren. Hier wird den Eltern eine herausragende Verantwortung zuteil, denn sie entscheiden, welche Aufnahmen und in welcher Form diese an Familienmitglieder, Verwandte, Kolleg*innen, Freunde und Bekannten oder auf welchen Kanälen der sozialen Medien weitergegeben werden.[74] Im Weiteren sollten auch Fragen der Werbung und des Kommerzes, denen Kinder verstärkt über das Internet und den sozialen Medien ausgesetzt sind, für Eltern im Fokus stehen, um Kindern bei der Entwicklung ihrer Werbekompetenz unterstützend zur Seite zu stehen.

Insgesamt kommt dem Schutz der Kinder bei den sich verändernden Medienwelten in der Familie eine zentrale Bedeutung zu. Dabei stellen sich folgende Fragen: Wie können wir unsere Kinder bei einer sinnvollen, kreativen und verträglichen Mediennutzung kompetent unterstützen? Erkennen wir die Potenziale und Problemzonen bei den Anwendungen zeitgemäßer Techniken und Inhalte und wie können wir die Kinder vor Gefahren schützen? Es besteht schon jetzt ein enormer Informations-, Beratungs- und Unterstützungsbedarf, der sich zweifelsohne verstärken wird. Eltern sollten Anregung und Unterstützung dafür erhalten, wie sie die neuen Möglichkeiten sinnvoll in Erziehungs- und Lernprozesse einbinden können.

---

73 vgl. Kneidinger-Müller (2017, S. 62).
74 vgl. Frantz et al. (2016).

8.4 Das Projekt »MEiFA – Medienwelten in der Familie«

Damit Medienwelten nicht nur zum Konfliktthema werden, sondern auch ein positiver Umgang im gemeinsamen Miteinander entsteht, braucht es ein gewisses Maß an Medienkompetenz aller Familienmitglieder. An dieser Stelle setzt das Projekt »MEiFA – Medienwelten in der Familie« in Thüringen an. Seit 2009 ist das Projekt im Mit Medien e. V. Bildung | Beratung | Erlebnisraum (ehemals Landesfilmdienst Thüringen e. V.) angesiedelt und wird durch das Thüringer Ministerium für Arbeit, Soziales, Gesundheit, Frauen und Familie (TMASGFF) gefördert.

MEiFA bietet verschiedene intergenerative Angebote an, um einen sicheren und bewussten Umgang mit Medien zu vermitteln, einen gegenseitigen Einblick in die Faszinationspunkte der Medien zu gewinnen sowie eine Basis für gemeinsame Medienerlebnisse zu schaffen. Die Bandbreite der Angebote reicht von interaktiven Informationsveranstaltungen über Familienworkshops bis hin zu Fachkräftefortbildungen.

Mit seiner Arbeit verfolgt das Projekt folgende Ziele:

- Die Medienkompetenz aller Familienmitglieder und aller an der Erziehung Beteiligten stärken, d. h. Wissen über die Medienumwelt zu vermitteln, die bewusste Nutzung und kritische Einschätzung der Medien(-Angebote) anzuregen sowie das selbstständige Gestalten von Medienprodukten zu fördern.
- Den Dialog zwischen den Generationen über die in der Familie genutzten Medien anregen und verbessern sowie gemeinsame Erlebnisse schaffen. Dabei werden unterschiedliche Mediennutzung und -interessen der jeweiligen Generationen aufgezeigt und gemeinsam diskutiert, um somit gegenseitiges Verständnis zu fördern.
- Eltern und Großeltern befähigen, vor allem der rasanten Entwicklung im Bereich digitale Medien beizuwohnen. Dabei aber nicht nur das Kennenlernen und Bedienen des jeweiligen Mediums berücksichtigen, sondern auch die (kritische) Einschätzung der medialen Entwicklungen sowie des Zugewinns für das familiäre Zusammensein.
- Die Mitarbeiter*innen in Kinder-, Jugend- und Familieneinrichtungen zur Beratung von Familien zum Thema Medienerziehung sowie zur Entwicklung und Durchführung einrichtungsbezogener Angebote stärken und befähigen.
- Entwicklung von Angeboten, die sich an der Lebenswelt und den Bedürfnissen der Familien und den Weiterbildungsbedarf von Multiplikator*innen orientieren sowie stets den aktuellen medialen Entwicklungen angepasst sind.

Berücksichtigung finden dabei alle Altersgruppen und Medienarten – sowohl klassische Medien wie Fernsehen und Film als auch neue Medien wie Social Media Apps und digitale Spiele. Die Veranstaltungen finden thüringenweit zumeist in den Einrichtungen der Zielgruppe selbst statt. Je nach Format kann dabei auf die wachsende Technikausstattung vor Ort zurückgegriffen werden, bei Bedarf ergänzt durch Leihgeräte des Projektes oder Trägervereins. So erhalten die Einrichtungen zum Teil neue Impulse zum methodisch-didaktischen Einbezug der vorhandenen Ausstattung, können aber auch neue Geräte ausprobieren und auf individuelle Eignung für die Zielgruppenarbeit testen, bspw. Tablets, VR-Brillen, Spielekonsolen oder programmierbare Roboter.

Über die Jahre hat sich MEiFA mit Unterstützung seines Trägervereins Mit Medien e. V. bei zahlreichen außerschulischen und schulischen Einrichtungen als fester Partner für familienorientierte Medienarbeit etabliert. Um zu zeigen, wie diese Ziele erreicht werden, sollen nun exemplarisch Angebote des Projektes vorgestellt werden.

8.5 Medien mit allen Generationen erleben

Aus bspw. den regelmäßig publizierten Nutzungsstudien des medienpädagogischen Forschungsverbundes Südwest (mpfs) sowie aus Eltern- und Fachkräftegesprächen geht hervor, dass bereits im Grundschulalter neben Fernsehen auch den sozialen Medien eine wachsende Bedeutung zukommt. Diesen Umstand aufgreifend sind aktuell die intergenerativen und interaktiv gestalteten Schüler*innen-Eltern-Medienabende mit dem Schwerpunkt »Lass uns reden – Soziale Medien im Familienalltag« von besonders hoher Relevanz für das Projekt MEiFA.

Im Gegensatz zu Angeboten, die entweder nur Heranwachsende oder nur Erwachsene ansprechen, können hierbei ganz andere Ziele erreicht werden. So werden zum einen Einblicke in das Nutzungsverhalten und die Faszinationspunkte der eigenen Kinder und Jugendlichen geöffnet. Das Gespräch darüber, welche Apps Kinder und Jugendliche bereits nutzen, welche Funktionen und Möglichkeiten diese Apps bieten und wer die aktuellen Medienheld*innen und Lieblingsinfluencer*innen sind, kommt im Familien- oder Einrichtungsalltag in manchen Fällen zu kurz. In diesem Format gilt es zudem, potenzielle Risiken bspw. durch das Teilen persönlicher Daten im Netz gemeinsam zu beleuchten, um so einen selbstbewussten und kritischen Medienumgang zu stärken. Dabei wird das Nutzungsverhalten der Eltern (bspw. Kinderbilder im Netz) ebenso thematisiert wie das der Heranwachsenden.

Darüber hinaus gilt auch der Abbau möglicher Vorurteile gegenüber der Medienwelt der Kinder als essenzielles Ziel der Angebote. Das Projekt MEiFA begreift, dem aktuellen wissenschaftlichen Diskus folgend, soziale Medien als wichtigen Katalysator für die Entwicklung im Kindes- und Jugendalter. Sie begleiten und prägen nicht nur die eigene Identitätsbildung und -erprobung, sondern nehmen auch einen großen Stellenwert als Vernetzungs- und Interaktionsmöglichkeit ein. Gemeinsam mit den Heranwachsenden selbst nehmen wir die sich ständig wandelnden Trends ihrer individuellen Lebenswelten in den Blick und ermuntern zu einem generationsübergreifenden wie vorurteilsfreien Austausch, um so gegenseitiges Verständnis für Nutzungsgewohnheiten, aber auch Bedenken des jeweils anderen zu entwickeln. Weiteres Augenmerk wird im Verlauf der Veranstaltung auf die ineinander übergreifenden Themen Privatssphäreeinstellungen, Cybermobbing und Cybergrooming gelegt.

Dieses anderthalbstündige Format wird im Nachmittagsbereich, nicht unterrichtsersetzend, am Ort Schule realisiert, welcher sich in den letzten Jahren als idealer Veranstaltungsort etablierte hinsichtlich der Erreichbarkeit, aber auch Diversität der Zielgruppe (Eltern, Kinder, Lehrpersonal, Schulsozialarbeiter*innen). Gleichzeitig werden Anregungen gegeben, wie das Smartphone konfliktfrei und bedürfnisorientiert in den Familienalltag integriert werden kann.

Ein wichtiges Merkmal der Schüler*innen-Eltern-Medienabende ist der Dialog, also die Einbindung des Publikums in den Vortrag, sei es durch Erlebnisberichte, Kommentare oder Antworten auf gezielte Fragen der Referent*innen. Auf diese Weise gestalten vor allem die Teilnehmenden durch ihre Beiträge die Inhalte und Schwerpunktlegung des Abends, wodurch jede Veranstaltung einen individuellen Charakter erhält.

Diese Form der Erarbeitung des Themas hat mehrere Vorteile:

1. Die Schüler*innen können selbst zu Wort kommen und über Faszinationsgründe und positive wie negative Erfahrungen in den sozialen Medien berichten, sodass sowohl Eltern als auch anwesende Fach- und Lehrkräfte oder Schulsozialarbeiter*innen einen lebendigen Eindruck der Lebenswelt der Kinder erhalten. Dabei lässt sich immer wieder folgende Situation beobachten: Die Erwachsenen lauschen gespannt den Antworten der Kinder und erfahren dabei manches zum ersten Mal, z. B. welche TikTok Challenges aktuell in der eigenen Schule kursieren oder dass manche Kinder bereits in jungen Jahren selbst schon von Fremden über Messengerdienste bzw. Social Media Apps kontaktiert wurden. Durch diese Situationen wird automatisch der Dialog über Medien in der Familie angeregt.
2. Die Schüler*innen fühlen sich durch diese Vortragsart ernst genommen und nehmen die Tipps und Hinweise ganz anders auf, als wenn ihre Eltern alleine zum Elternabend gegangen wären und ihnen von den neuerworbenen Informationen berichtet hätten. Zudem entstehen auch unter den Schüler*innen selbst bereits nach der Veranstaltung Diskussionen über das Besprochene.
3. Die Erziehenden erleben, dass die Schüler*innen mitunter bereits eigene Konzepte und Strategien entwickelt haben, mit bestimmten Gefahren und Problemen umzugehen.
4. Durch die gemeinsame Auseinandersetzung mit den einzelnen Themen lernen sich Eltern und Kinder wieder als gegenseitige Ansprechpartner*innen bei Problemen und Sorgen kennen und letztlich auch als Expert*innen ihrer eigenen Lebenswelt. Bereits mit dem Veranstaltungstitel »Lass uns reden« betont das Projekt MEiFA wie wichtig es ist, miteinander im Gespräch zu bleiben und Neugierde für die Interessen und Bedürfnisse des anderen zu zeigen, um die Heranwachsenden trotz ihres scheinbar geübten Umgangs mit den neuen Medien mit diesen nicht allein zu lassen, sondern sie auf ihrer Entwicklung zu einem bewussten und kritischen Medienumgang zu begleiten. Dabei ist vor allem die Vorbildfunktion der Eltern als auch die Gleichberechtigung bei aufgestellten

Regeln essenziell. So ernten Eltern nicht selten vielsagende Blicke ihrer Kinder, wenn es darum geht, dass Medienregeln z. B. smartphonefreie Zeiten für die gesamte Familie, also auch für die Eltern gelten.

In der Praxis ergeben sich mitunter dann sehr spannende Konstellationen. So berichtete eine Schülerin auf einer Veranstaltung stolz von einer Vereinbarung mit den Eltern, dass die Smartphones aller Familienmitglieder ab 20 Uhr im Arbeitszimmer eingeschlossen werden und die Tochter den Schlüssel mit ins Bett nimmt, damit auch die Eltern eine smartphonefreie Abend- bzw. Nachtruhe einhalten können bzw. müssen. Dieses Beispiel zeugt von den insgesamt zahlreichen Effekten, die vor allem den Dialog in den Familien anregen und zur gemeinsamen Medienkompetenzstärkung führen. Diese Effekte lassen sich mit getrennten Veranstaltungen mit Schüler*innen und Eltern nicht erreichen.

Neben den Schüler*innen-Eltern-Medienabenden und reinen Elternabenden veranstaltet MEiFA auch Familienworkshops. Im Kontrast zu den Informationsabenden sind diese auf zweieinhalb bis drei Stunden ausgelegt und bieten auch aufgrund einer geringeren Teilnehmer*innenzahl mehr Raum für individuelle Bezugnahmen und das Schaffen gemeinsamer, kreativer Medienerlebnisse. Exemplarisch für den Workshop »Gemeinsam spielen« beinhaltet das Format einen offenen Austausch über den Reiz des Spielens, bietet Einblicke in verschiedene Spielgenre und die Lieblingsspiele der Teilnehmenden, nimmt Rahmenbedingungen wie Altersvorgaben und In-Game-Käufe unter die Lupe sowie eines der häufigsten Fragezeichen: die Computerspielsucht. Diese Form der exzessiven Mediennutzung beschäftigt nicht nur Familien sowie Kinder- und Jugendeinrichtungen, sondern zunehmend auch die Forschung, wie bspw. 2019 die Anerkennung der Computerspielsucht durch die Weltgesundheitsorganisation als psychische Erkrankung zeigt. Dabei soll noch erwähnt sein, dass diese erste mit dem Internet zusammenhängende anerkannte psychische Erkrankung ein wichtiger Schritt ist, hierbei aber viele weitere Verhaltensauffälligkeiten unberücksichtigt bleiben. Spannend hierzu sind auch Studien, die sich mit dem Zusammenhang zwischen familiären Konflikten und einem Rückzug der Heranwachsenden in digitale Medienwelten (Eskapismus) befassen.[75]

Ähnlich wie bei zuvor geschilderten Formaten ist auch hierbei der interaktive Charakter von zentraler Bedeutung. So können sich sowohl Groß als auch Klein mit ihren individuellen Spielerfahrungen und -erlebnissen einbringen. Dies führt häufig zu einem angeregten Dialog zwischen den Generationen, denn nicht selten gehen die Assoziationen z. B. zu der Fragestellung »Digitale Spiele sind für mich…« auseinander. Fallen bei den Kindern häufig Worte wie »Zeitvertreib« oder »spaßig«, überwiegen bei Erwachsenen eher negative Konnotationen wie »zeitraubend« und »sinnlos«. Dies bietet nicht nur eine spannende Grundlage für anknüpfende Diskussionen, sondern auch für den zweiten Teil der Veranstaltung, indem die Begeisterung der Kinder und Jugendlichen in gemeinsamen Spielerunden erlebbar gemacht werden sollen. Eltern werden animiert, unterschiedliche Spiele(formate)

---

75 vgl. Hajok (2017).

allein oder zusammen mit ihren Kindern auszuprobieren. Dafür wird je nach Veranstaltungsort auf bestehende Ausstattung der jeweiligen Einrichtung zurückgegriffen oder ausgewählte Spiele und Konsolen über das Projekt MEiFA bereitgestellt. Zusammengefasst verfolgt MEiFA auch mit diesem Angebot die Zielsetzung, sich offen über die Gründe der Mediennutzung und mögliche Gefahren auszutauschen, Medien durch Ausprobieren erlebbar zu machen sowie kreative Medienangebote zur Etablierung im Familienalltag aufzuzeigen.

Neben den generationsübergreifenden Angeboten gehört auch das Format der klassischen Elternabende im Kindertagesstättenbereich zum MEiFA Projektportfolio. Diese Veranstaltungen ermöglichen es, gezielt an den Medienkompetenzen und Problemlagen der Erwachsenen anzuknüpfen.

Hauptziele dieser Angebote sind zum einen, den Erwachsenen Einblick zu geben in die Faszinationsgründe der Medien und Verständnis für die Mediennutzung und -wirkung zu entwickeln. Zum anderen sollen die Unsicherheiten der Erziehenden abgebaut werden, indem sie über die Funktionsweisen unterschiedlicher Medienangebote, deren Chancen, aber auch Gefahren informiert werden. Angeleitet durch die Referent*innen werden die Eltern dafür sensibilisiert, verstärkt auf Sendungen und deren kindliche Eignung zu blicken und einzuschätzen, wie Kinder bestimmte Gewaltdarstellungen oder Humor wahrnehmen, was sie verängstigt und was sie fasziniert. Dabei werden Kriterien geeigneter Kindersendungen besprochen und vermittelt. Vor allem die Vorstellung des Elternratgebers für TV, Streaming und YouTube »FLIMMO« mit seinen Kennzeichnungen sowie dem Leitsatz »Programm mit Kinderaugen sehen« ist hierbei ein bedeutender Bestandteil.

Alle Veranstaltungen werden dabei von dem Appell getragen, als Reaktion auf die wahrgenommenen Gefahren nicht vordergründig mit Verboten und Reglementierungen zu reagieren, sondern die Kinder über jene Gefahren aufzuklären, sie bei der Mediennutzung zu begleiten und im Gespräch zu bleiben. Abgerundet wird das Angebot durch Tipps und Tricks für Regeln zum Medienumgang in der Familie, wobei die Stärkung des Bewusstseins der Erziehenden über die eigene Vorbildrolle auch bei den Elternabenden eine essenzielle Rolle spielt. Außerdem erhalten Eltern Tipps für Beratungsangebote hinsichtlich besonderer Fernseh- und App-Angebote und lernen ebenfalls alltagstaugliche Alternativen zur Mediennutzung kennen.

Darüber hinaus steigt mit der Ausstattung und verbesserten Infrastruktur der Einrichtungen auch die Nachfrage nach Fachkräftefortbildungen. Dabei steht vor allem die Integration der Medien in die laufende pädagogische Arbeit im Fokus. Hierzu werden aktuelle Medientrends, kindgerechte Medienangebote, Chancen und Risiken im Umgang mit Social Media Apps sowie die pädagogische Begleitung und Einbettung von digitalen Spielen behandelt. Zudem vernetzt MEiFA sich bundesweit im Netzwerk »Gutes Aufwachsen mit Medien« (GAmM) und hält auf Fachveranstaltungen zu verschiedenen Themen der Familienmedienbildungsarbeit Vorträge und gibt Impulse.

Ergänzend ist das Projekt MEiFA bei Messen, einrichtungsorganisierten Familienfesten und Aktionstagen mit Informations- und Mit-Mach-Angeboten präsent. Dies erleichtert die Kontaktaufnahme zu Familien und bietet über das Animationsangebot (bspw. einfache Programmierstationen, Basteln eines Fotowürfels u. ä.) auch einen niedrigschwelligen Gesprächsanstoß. Zumeist rangieren die Themen rund um Fragen zur Medienerziehung, Impulse für gemeinsame kreative Mediennutzung in der Familie oder Fördermöglichkeiten für technikinteressierte Kinder und Jugendliche.

8.6 Sozial benachteiligte Familien erreichen

Nahezu jedes (medien-)pädagogische Projekt bzw. Einrichtung, wie auch das Projekt MEiFA, ist in besonderem Maße bestrebt, vor allem sozial benachteiligte Zielgruppen zu erreichen. Doch die Praxis zeigt, dass dieser Wunsch mitunter nur schwer umzusetzen ist. Im Laufe der Jahre hat das Projekt Strategien entwickelt, wie Angebote auch an sozial benachteiligte Familien herangetragen werden können. Es hat sich gezeigt, dass die Ansprache über Terminveranstaltungen, die in Einrichtungen beworben werden, keinen Erfolg bei der Zielgruppe verspricht. Dagegen ist es bei Veranstaltungen, die an Feste oder Tage der offenen Tür gekoppelt sind, durchaus möglich, eben auch jene Zielgruppe zu erreichen, die mit klassischen Elternabenden und Informationsveranstaltungen nur sehr schwer erreicht werden können. Durch die niederschwellige Ansprache und die Verknüpfung von Mitmach- und Beratungsangeboten werden Familien jeder Bildungsschicht und jedes sozialen Milieus angesprochen und durch die Ausgabe von Broschüren zumindest in gewissem Maße bei der Medienerziehung unterstützt.

Um problemorientierter mit den Familien arbeiten zu können, bietet sich zudem die Kooperation mit Initiativen und Einrichtungen an, die bereits mit sozial benachteiligten Familien arbeiten und feste Gruppen von (Groß-)Eltern und/oder Kindern betreuen. Im Rahmen dieser Maßnahmen können generationsübergreifende Workshops oder (Groß-)Elternschulungen eingebunden werden. Durch den regelmäßigen Kontakt oder eine gewisse Pflicht wird somit die Teilnahme der Zielgruppe, unabhängig von Motivation und Einstellung zu medienpädagogischen Aktivitäten, gewährleistet. Konkret gab und gibt es Kooperationen mit unterschiedlichen Thüringer Mehrgenerationenhäusern, Stadtteil- und Familienzentren. Die verstärkte Arbeit im lokalen Netzwerk »MedienLeben« unter dem Dach des »Gutes Aufwachsen mit Medien« bietet den partizipierenden Netzwerkpartner*innen zum einen den Zugang zu eher bildungsferneren Schichten und stärkt damit auch die medienpädagogischen Kompetenzen der Teilnehmenden.

8.7 Gelingt generationsübergreifende Medienarbeit?

Die größte Herausforderung der generationsübergreifenden Medienarbeit ist es, alle Generationen für die jeweilige Veranstaltung an einen Tisch zu bringen. Vor allem die unterschiedliche Alltagsgestaltung der Generationen, die berufliche Eingespanntheit vieler Eltern und die Berührungsängste bei den Großeltern erschweren dies. Aus diesem Grund wird mit den MEiFA-Angeboten versucht, inhaltlich das Interesse aller Generationen zu wecken sowie die individuellen Tagesabläufe zu berücksichtigen. Jedoch ist es in der Regel so, dass an den Veranstaltungen zwei Generationen teilnehmen, entweder Kinder und Eltern oder Enkelkinder und Großeltern. Die Präsenz aller drei Generationen bildet die Ausnahme. Eine wichtige Bedingung ist die Mitarbeit der Einrichtungen bei Terminveranstaltungen. Denn diese müssen für eine Mindestteilnehmerzahl von fünf Personen sorgen sowie ein ausgewogenes Verhältnis zwischen (Groß-)Eltern und Kinder sicherstellen. Wird jene Bedingung von der Einrichtung erfüllt, so können generationsübergreifende Workshops ohne Probleme stattfinden. Es zeigt sich, wie wichtig es ist, auf ein Netzwerk aus zuverlässigen Partnern zurückgreifen zu können. Am besten wird die Zielgruppe der Familie mit Veranstaltungen in festen Strukturen, in der Kita, in der Schule oder über Feste erreicht. Hierbei kann eine große Anzahl an Eltern und Kindern über einen zentralen Anlaufpunkt angesprochen werden. Schwieriger gestalten sich Ausschreibungen bei offenen Angeboten wie in Mehrgenerationenhäusern oder Familienzentren. Häufig können die Mindestteilnehmer*innenzahlen nicht gewährleistet werden, wodurch Veranstaltungen im Vorfeld abgesagt werden müssen.

Hat man den Mehraufwand gegenüber Projekten, die nur an Kinder oder Erwachsene adressiert sind, überwunden und findet die generationsübergreifende Arbeit dann tatsächlich statt, wird man, wie bereits beschrieben, mit einer einzigartigen Atmosphäre belohnt. Denn während der Veranstaltungen entstehen Diskussionen und Gespräche zwischen den Generationen sowie gemeinsame Erlebnisse oder kleine Medienprodukte bzw. zusammen erarbeitete Informationen und Strategien, die in getrennten Workshops nie zu finden wären. Und genau diese generationsübergreifende und gemeinsame Auseinandersetzung mit Medien ist der Weg, wie eine nachhaltige Medienkompetenzstärkung der ganzen Familie gelingen kann. So konnten im Rahmen des Projektes MEiFA im vergleichsweise kleinen Bundesland Thüringen bis heute fast 1000 Projekte in etwa 300 Einrichtungen durchgeführt werden. Dabei wurden über 19.000 Personen erreicht, davon über 16.000 Familienmitglieder und 3.000 Multiplikator*innen.

Trotz der Erfolge und des möglichen Vorbildcharakters für eine ganzheitliche familienorientierte Medienarbeit kämpft auch das Projekt »MEiFA«, wie fast alle medienpädagogischen Projekte, um weitere Förderung und Verstetigung. Jene Unsicherheiten und knappe Projektmittel rauben im gewissen Maße Ressourcen, welche die Reichweite des Projektes einschränken, die Konzentration auf eintägige Angebote bedingen und die längerfristige Planung nahezu unmöglich machen.

Gerade in Hinblick auf die dargestellten Potenziale und Chancen, die eine generationsübergreifende Medienarbeit mit sich bringt, verstärkt sich wieder der Appell nach einer langfristigen Förderung medienpädagogischer Projekte, um für Einrichtungen einen zuverlässigen und festen Partner bieten sowie Medienkompetenz nachhaltig stärken und fördern zu können.

Literatur

Baacke, D. (1997): Medienpädagogik. Tübingen: Max Niemeyer Verlag.
Feierabend, S., Rathgeb, T., Kheredmand, H. & Glöckler, S. (2022): JIM-Studie 2022: Jugend, Information, Medien [Online], Stuttgart. Online unter: https://mpfs.de/studie/jim-studie-2022/ (Abgerufen am 21 August 2023).
Feierabend, S., Rathgeb, T., Kheredmand, H. & Glöckler, S. (2023): KIM-Studie 2022: Kindheit, Internet, Medien [Online], Stuttgart. Online unter: https://mpfs.de/studie/kim-studie-2022/ (Abgerufen am 21 August 2023).
Frantz, A., Hajok, D. & Lauber, A. (2016): »Wenn Eltern Bilder ihrer Kinder online stellen: Kinderrechte und Elternpflichten im Kontext des Kinder- und Jugendmedienschutzes«, JMS Jugend Medien Schutz-Report, Vol. 39, No. 6., 2–6.
Götz, M. (2007): »Fernsehen von -0,5 bis 5: Eine Zusammenfassung des Forschungsstands«, Vol. 20, No. 1, S. 12–17. Online unter: https://izi.br.de/deutsch/publikation/televizion/20_2007_1/goetz_solo.pdf (Abgerufen am 21 August 2023).
Hajok, D. (2017): »Alte Muster – neue Abhängigkeiten? Wenn die Nutzung digitaler Medien außer Kontrolle gerät«. In: Die Kinderschutz-Zentren (Hrsg.), Psychische Erkrankung und Sucht: Passende Hilfen für betroffene Kinder, Jugendliche und Eltern. Köln, Bundesarbeitsgemeinschaft der Kinderschutz-Zentren, S. 89–110.
Kieninger, J.; Feierabend, S.; Rathgeb. T.; Gerigk, Y.; Glöckler, S.; Spang, E. (2024): miniKIM-Studie 2023: Kleinkinder und Medien. Stuttgart. Online unter: https://www.mpfs.de/fileadmin/files/Studien/miniKIM/2023/miniKIM2023_web.pdf (Abgerufen am 14.10.2024)
Kneidinger-Müller, B. (2017): »Identitatsbildung in sozialen Medien«. In: J.-H. Schmidt & M. Taddicken (Hrsg.), Handbuch soziale Medien. Wiesbaden, Springer VS, S. 61–80.
Lienau, T. & Röck, M. (2022): Medienerziehung im Dialog. Berlin. Online unter: · https://medieninderkita.de/assets/includes/ · sendtext.cfm/aus.11/key.1767.
Wagner, U., Eggert, S. & Schubert, G. (2016): MoFam, Mobile Medien in der Familie. Langfassung der Studie. München, JFF – Institut für Medienpädagogik. Online unter: https://www.jff.de/fileadmin/user_upload/jff/projekte/mofam/JFF_MoFam1_gesamtStudie.pdf (Abgerufen am 21 August 2023).

9 SCHAU HIN! Was Dein Kind mit Medien macht: Ein Ratgeber zur familiären Medienerziehung und die Rolle der Mediencoaches

Iren Schulz

9.1 Einleitung

Woran soll ich mich orientieren, wenn ich die tägliche Bildschirmzeit meiner Kinder festlegen soll? Erkenne ich denn überhaupt, wenn es zu viel wird? Darf ich »Nein« zum WhatsApp-Klassenchat sagen? Wie spreche ich an, dass ich die Beauty-Challenges in Social Media fragwürdig finde? Wie damit umgehen, wenn bei Freunden gezockt wird, was bei uns zu Hause verboten ist? Schon immer haben Eltern und Erziehende viele Fragen, wenn es um die Mediennutzung von Kindern und Jugendlichen geht. Dabei stehen meist die Zeiten und Inhalte sowie die Kosten der Nutzung im Mittelpunkt. Inzwischen geraten immer öfter auch Kontakt- und Interaktionsrisiken sowie Fragen von Datenschutz und Privatsphäre ins Blickfeld der Erwachsenen. In ihrer wahrgenommenen Verantwortung schwanken sie dann zwischen Vertrauen, Kontrolle oder Resignation und suchen Informationen und Orientierung.

Mit der wachsenden Komplexität der Medienangebote steigt auch der Bedarf an Unterstützung bei Eltern und Erziehenden. Dieser Artikel widmet sich dem bekanntesten Vertreter von Unterstützungsangeboten zur Medienerziehung, der Initiative »SCHAU HIN! Was Dein Kind mit Medien macht.«, stellt Angebote und Formate vor und geht vertiefend auf die Eltern-Medienkurse sowie die Bedeutung der Mediencoaches ein. Abschließend wird eine persönliche Einordnung vorgenommen.

9.2 SCHAU HIN! ist eine Initiative mit wissenschaftlichem Fundament und starken Partnern

»SCHAU HIN! Was Dein Kind mit Medien macht.« ist eine gemeinsame Initiative des Bundesministeriums für Familie, Senioren, Frauen und Jugend (BMFSFJ), der beiden öffentlich-rechtlichen Sender ARD und ZDF sowie der AOK – Die Gesundheitskasse.

Bereits seit 2003 unterstützt die Initiative Eltern und Erziehende dabei, ihre Kinder im Umgang mit Medien zu stärken. Der fachliche Hintergrund des Medienratgebers wird durch die Expertinnen und Experten des *Beirats* gestützt. Dem Beirat von SCHAU HIN! gehören Wissenschaftlerinnen und Wissenschaftler aus den Fachbereichen Kommunikations- und Medienwissenschaft, Medienpädagogik sowie Psychologie und Medizin an, aber auch Personen mit Expertise im Bereich Kinder- und Jugendmedienschutz, Integration und Interkulturalität oder Suchtberatung. Unterstützt wird die Initiative von den Fachberatungsstellen jugendschutz.net und JFF – Institut für Medienpädagogik in Forschung und Praxis. Dabei fungiert jugendschutz.net als gemeinsames Kompetenzzentrum von Bund und Ländern für den Schutz von Kindern und Jugendlichen im Internet. JFF ist ein öffentlich gefördertes medienpädagogisches Forschungsinstitut in München.

Mit diesem Know how und über einen regelmäßigen Austausch werden neue medienbezogene Themenbereiche aufbereitet, verschiedene Perspektiven eingebunden und Empfehlungen und Tipps für die medienerzieherischen Praxis abgeleitet. In diesem Zusammenhang geht es immer auch darum, die Positionen und Leitlinien des Medienratgebers SCHAU HIN! zu diskutieren und den aktuellen Entwicklungen anzupassen. Zusätzlich kooperiert SCHAU HIN! mit mehr als 60 Initiativen und Organisationen aus den Bereichen Pädagogik, Wohlfahrt und Prävention.

9.3 Verstehen ist besser als Verbieten: Die SCHAU HIN!-Leitlinien setzen auf eine vermittelnde Perspektive in der Medienerziehung

Die Angebote und Anwendungen der digitalen Medien sind immer wieder neu und faszinierend – für Erwachsende wie für Heranwachsende. Neben Neugier und Begeisterung entstehen dabei auch Fragen und Unsicherheiten in Bezug auf eine gute und sinnvolle Nutzung von Medien. Eltern und Erziehende fühlen sich oftmals überfordert angesichts der rasanten technologischen Entwicklungen. Hier setzt der Medienratgeber an und informiert über aktuell, alltagstauglich und altersgerecht über Entwicklungen der Medienwelt und Wissenswertes zu den verschiedensten Medienthemen. Dazu zählen zum Beispiel Smartphone & Tablet, Soziale Netzwerke, Games, Apps, Medienzeiten und Streaming. SCHAU HIN! gibt Eltern und Erziehenden Orientierung in der digitalen Medienwelt und konkrete Tipps, wie sie den Medienkonsum ihrer Kinder kompetent begleiten können.

Ziel der Initiative ist die Sensibilisierung, die Mobilisierung und die Stärkung der Erziehungsverantwortung im Umgang mit digitalen Medien. Im Mittelpunkt steht die Förderung der Medienkompetenz in den Lebenswelten von Kindern und Jugendlichen sowie die Prävention von gesundheitsschädigendem Verhalten bis hin zur Prävention von Onlinesucht. Entlang dem Motto »Verstehen ist besser als Verbieten« rät SCHAU HIN!, die Medienwelt gemeinsam mit Kindern und Jugendlichen zu entdecken und sie bei ihren ersten Schritten zu begleiten. Die Initiative richtet sich in erster Linie an Erwachsene – Eltern und Erziehende – nicht an Kinder und Jugendliche.

9.4 Zielgruppen da erreichen, wo sie sind: Formate und Kommunikationskanäle

Im Zentrum von »SCHAU HIN! Was dein Kind mit Medien macht« steht ein leicht verständliches Ratgeberangebot, das Orientierung bietet, Wissen vermittelt und Tipps sowie Empfehlungen zum altersgerechten und sicheren Umgang mit Medien gibt. Um diesem Anspruch zu erfüllen, bedient die Initiative ein breites Spektrum an Formaten und ist auf zahlreichen Kommunikationskanälen etabliert.

Zu den *informierenden und aktivierenden Formaten* gehören insbesondere die Website und der Newsletter sowie die Social Media-Kanäle, aber auch ein regelmäßiger TV-Spot sowie Informationsmaterialien und Broschüren zur Medienerziehung.

Von wesentlicher Bedeutung in der Kommunikation der Initiative SCHAU HIN! ist *die Website* www.schau-hin.info. Hier werden relevante medienbezogene Themen grundlegend vorgestellt, empirisch unterfüttert und um Tipps und Regeln für die Medienerziehung in der Familie ergänzt. Im Bereich Service wird unter anderem auf weiterführende Elternangebote, Materialien sowie das Medienquiz verwiesen und die Mediencoaches eingeführt.

Ein wichtiges Tool zum Erreichen und Informieren der Zielgruppen ist darüber hinaus der *SCHAU HIN! Newsletter*. Der monatlich erscheinende Newsletter der Initiative startet jeweils mit einer thematischen Kolumne, die von den beiden Mediencoaches abwechselnd bestritten wird und einen persönlich gefärbten, durchaus einordnenden Blick auf medienbezogene Entwicklungen wirft. Inhaltlich geht es um aktuelle Fragen, die bei Erziehenden für Diskussionen sorgen und zum Austausch anregen sollen. Neben der einführenden Kolumne der Mediencoaches werden weitere aktuelle Themen vorgestellt und auf Termine und Veranstaltungen der Initiative hingewiesen.

Ergänzend zu Website und Newsletter ist SCHAU HIN! über *Social Media-Kanäle* vor allem bei Instagram, Facebook und YouTube aktiv, um bei den anvisierten Zielgruppen eine Beschäftigung mit Fragen der Medienerziehung anzuregen. Hierfür werden die unterschiedlichen Mechanismen der Plattformen genutzt. Beispielsweise werden bei Instagram (@initiative_schau_hin) die Follower*innen mit informierenden und aktivierenden Posts und Stories angesprochen. Unter dem Hashtag »Medientipp« werden typische Elternfragen aufgegriffen (Liebe Frau Dr.

Schulz, mein Kind will unbedingt das neueste, teuerste Smartphone. Wie kann ich erklären, dass das nicht drin ist?) und beantwortet. Die Rubrik »Wusstest du das?« informiert über Ergebnisse aus aktuellen Studien zur Mediennutzung von Heranwachsenden und in Familien (zum Beispiel, dass 58 Prozent der Personen hinter den erfolgreichsten deutschen TikTok-Accounts zwischen 15 und 20 Jahren alt sind). In den Stories und unter dem Hashtag Elterntrend erhalten Interessierte die Möglichkeit, ihre eigenen Erfahrungen und Meinungen einzubringen oder Fragen zu stellen.

Um Eltern und Erziehende auch über klassische Medien zu erreichen, wird jährlich ein *TV-Spot* konzipiert und ausgestrahlt. In den Spots der letzten Jahre ging es unter anderem um die Weitergabe unerlaubter Daten, InfluencerInnen und Körperbilder, Cybergrooming und Cybermobbing. Der Spot wird regelmäßig auf den öffentlich-rechtlichen Sendern der Partner Das Erste und ZDF ausgestrahlt sowie auf dem YouTube-Kanal der Initiative gezeigt.

Die Initiative bietet auch unterschiedliche *Informationsmaterialien* zum Download über die Website oder zum Bestellen als Printprodukt an. Die Broschüre »Aufwachsen digital« und der Flyer »Groß werden mit Medien – aber richtig!« informiert über die ersten Schritte in der Medienwelt und geht auf wichtige Regeln und Routinen in der Medienerziehung von Kindern und Jugendlichen ein. Die kompakten Leporellos liegen auch in Leichter Sprache sowie auf Englisch, Französisch, Spanisch, Türkisch, Arabisch, Ukrainisch, Russisch und Polnisch vor. Checklisten, die SCHAU HIN! zu unterschiedlichen Themen entwickelt hat, sind praktische Alltagshelfer und unterstützen Entscheidungsprozesse, beispielsweise in Bezug auf die Anschaffung des ersten eigenen Smartphones oder bei der Frage »Kinderfotos posten – oder lieber nicht?«

und Fähigkeiten Ein anderes Informationstool sind die SCHAU HIN!-Medienbriefe, die 2023 überarbeitet werden. Für das Alter von 0 bis 13 Jahren geben die Materialien Aufschluss über die wichtigsten Entwicklungsschritte in einem Lebensalter, informieren über medienbezogene Interessen und verweisen auf Tipps und weiterführende Links zur Medienerziehung. Die Informationen sind leicht verständlich, kompakt sowie mit Illustrationen und Grafiken versehen.

9.5 Exkurs: Die Eltern-Medienkurse als Reaktion auf den wachsenden Orientierungsbedarf

Insbesondere die Coronavirus-Pandemie hat vielen Eltern und anderen Erziehenden noch einmal sehr deutlich vor Augen geführt, welche große Bedeutung die Nutzung von Medien in der Lebenswelt ihres Kindes einnimmt. Einerseits waren digitale Medien während der Lock-Downs oft die einzige Möglichkeit, mit Freundinnen und Freunden in Kontakt zu bleiben, zu lernen oder Freizeit zu gestalten. Auf der anderen Seite haben Erwachsene oftmals und erstmals miterlebt, dass die Vernetzung in Beziehungen und die Gemeinschaft der Gleichaltrigen, eben das soziale Eingebundensein, essenziell für ihre Kinder ist. Vor diesem Hintergrund und entlang sich ausdifferenzierender Medienwelten ist der Informationsbedarf von Eltern enorm gestiegen. Die Fragen der Erziehenden beziehen sich auf einen guten und sicheren Medienumgang, auf Grenzen und Risiken sowie auf Chancen und Potenziale der Mediennutzung von Heranwachsenden. Viele Erwachsene wandten sich an SCHAU HIN! mit der Frage, ob es nicht eine Art von »Weiterbildungsangebot« gäbe, um sich mit der Nutzung digitaler Medien vertrauter zu machen: Eltern und Erziehende wollen sich verstärkt »medienfit« machen.

Da es ein zeitgemäßes, interaktives, werbe- und kostenfreies Online-Angebot in einer solchen Form noch nicht gab, startete die Initiative die Entwicklung der »SCHAU HIN!-Medienkurse für Eltern«. Das online-basierte Weiterbildungsangebot ist zu Beginn des Jahres 2023 veröffentlicht worden (www.medienkurse-fuer-eltern.info/). Für die Altersgruppen null bis zwei Jahre, drei bis sechs Jahre, sieben bis neun Jahre und zehn bis 13 Jahre lernen Eltern und Erziehende, wie sie ihre Kinder im Umgang mit Medien gut begleiten können. Die Inhalte der Kurse sind auf die Bedürfnisse und Interessen der jeweiligen Altersgruppe abgestimmt und umfassen jeweils rund 30 Minuten. Ein Kurs kann jederzeit pausiert werden, um später wieder einzusteigen. Videos mit Expert*innen, Quizze und Checklisten bieten Eltern und Erziehenden viele Möglichkeiten, sich onlinebasiert und interaktiv mit den Medienthemen ihrer Kinder wie Unterwegs im Netz, Games, Vernetzung und Interaktion oder Filme und Serien auseinander zu setzen. Im Herbst 2023 hat die Initiative ergänzende Zusatzkurse veröffentlicht, die Eltern weitere und vertiefende Informationen bietet – online und interaktiv.

Neben informierenden und aktivierenden Impulsen setzt die Initiative »SCHAU HIN! Was Dein Kind mit Medien macht.« auf *interaktive Formate und den direkten Austausch mit den Eltern und Erziehenden.* In Onlinesettings und bei Präsenzveranstaltungen geht es um ganz alltagsnahe Erfahrungen und Fragen sowie persönliche Haltungen und Positionierungen.

Ein etabliertes Format im Onlinebereich sind die *Digitalen Elternabende*. Sie werden mehrfach im Jahr angeboten, aufgezeichnet und auf dem YouTube-Kanal der Initiative dokumentiert. Nach einem inhaltlichen Input durch Expert*innen und den SCHAU HIN!-Tipps für Eltern ist Zeit für Austausch und Fragen zwischen ExpertInnen und Teilnehmenden. Die inhaltlichen Elemente werden zumeist von einer der beides SCHAU HIN!-Mediencoaches bestritten, die themenabhängig auch von einer Expertin oder einem Experten unterstützt werden. Dazu gehören Wissenschaftler*innen, beispielsweise aus dem Beirat der Initiative, aber auch ExpertInnen des Deutschen Kinderhilfswerks, der Unterhaltungssoftware-Selbstkontrolle (USK) oder von iRights.info. Inhaltlich beschäftigen sich die digitalen Elternabende immer mit Herausforderungen und Potenzialen, die SCHAU HIN! über Fragen und den Austausch in der Community erreichen. So ging es bei den Digitalen Elternabenden unter anderem um TikTok-Challenges, Kostenfallen bei Online-Käufen und die Netflix-Serie Squid-Game. Nicht nur das Interesse an diesen Veranstaltungen ist groß, sondern auch die Diskussionen und Gespräche sind ambitioniert und konstruktiv.

Ergänzend zu diesem etablierten Onlineformat sind die Mediencoaches auch Teil von *Interaktionen über andere Social Media- und Präsenzveranstaltungen*, an denen SCHAU HIN! teilnimmt. Dazu zählen beispielsweise die »re:publica«, Fachveranstaltungen wie der Deutsche Kitaleiterkongress oder Freizeitveranstaltungen wie die »Pixelwelten« im FEZ-Berlin. Auch hier geht es immer um Workshops, Diskussionsrunden und Gespräche mit dem Publikum als Seismograf für aktuelle Themen, Fragen und Entwicklungen. Neben einem Infostand mit Materialien oder digitalen Anwendungen zum Ausprobieren wird hier auch das *SCHAU HIN! Medienquiz* angeboten.

Über https://medienquiz.schau-hin.info/ können Erwachsenen und Kinder ihr Wissen rund um Medien testen und spielerisch ihre Medienkompetenz auf die Probe stellen. Das Medienquiz bietet Gesprächsanlässe und lädt zum Austauschen und Aushandeln ein. Ein weiteres Angebotspaket der Initiative »SCHAU HIN! Was dein Kind mit Medien macht.« setzt auf *personalisierte Perspektiven und Botschaften* rund um Fragen der Medienerziehung. In Audio- und Videoformaten wie beispielsweise dem Podcast «Game of Phones« werden typische Fragen der Medienerziehung in den Mittelpunkt gestellt und beantwortet.

Im Sommer 2024 hat SCHAU HIN! erstmals ein Game veröffentlicht: »Sherlock Phones« ist ein Online-Spiel für Kinder zwischen sieben und 13 Jahren – und ihre Eltern. Gemeinsam erkunden sie spielerisch verschiedene Medienthemen und entwickeln dabei wichtige Medienkompetenz! Um Spiele zu meistern, sind Teamwork, Geschicklichkeit und Medienwissen gefragt. Das Spiel bietet zwei Schwierigkeitsstufen, für Spielerfahrene sowie für Spielneulinge. Mit einer Spieldauer von etwa 45 Minuten ist »Sherlock Phones« eine gute Gelegenheit für ein unterhaltsames Medienerlebnis in der Familie (https://www.schau-hin.info/service/sherlock-phones).

9.6 Exkurs: Die Mediencoaches als Impulsgebende und Beratende

Die Mediencoaches bilden eine Brücke zu den Zielgruppen und sind ein wesentlicher Bestandteil der Kommunikation von SCHAU HIN! Aktuell unterstützen Kristin Langer und Iren Schulz die Initiative, nehmen fachlich-inhaltliche Aufgaben wahr und stehen in direktem Austausch mit Eltern, die sich mit ihren Anliegen an die Initiative wenden.

Mit Blick auf *die Personen selbst* und ihren beruflichen Hintergrund, wird ein breiter medienpädagogischer Zugang deutlich. *Kristin Langer* ist diplomierte Medienpädagogin, Mutter einer Tochter und hat langjährige Erfahrungen im Bereich der Elternarbeit: Als freie Dozentin arbeitet sie in der Erwachsenen- sowie Lehrerfortbildung und ist Referentin für die Landesanstalt für Medien Nordrhein-Westfalen (LfM) tätig. Aus der fachlichen Arbeit für das Projekt Medienscouts-NRW sowie für das Deutsche Kinder- und Jugendfilmzentrum resultieren ihre Expertise und ihre Erfahrungen zur Mediennutzung von Kindern und Jugendlichen.

Iren Schulz unterstützt seit 2017 die Initiative als Mediencoach und ist ebenfalls Mutter einer Tochter. Sie hat an der Universität Leipzig Kommunikations- und Medienwissenschaft sowie Erziehungswissenschaft studiert und an der Universität Erfurt zum Thema »Mediatisierte Sozialisation im Jugendalter. Kommunikative Praktiken und Beziehungsnetze im Wandel« promoviert. Seit vielen Jahren führt sie Impulsvorträge, Workshops und Fortbildungen mit Eltern, Lehrenden, JugendarbeiterInnen und Multiplikator*nnen durch. Inhaltliche Schwerpunkte sind dabei die Ressourcen und Risiken digitaler Medien sowie die damit verbundene Medienkompetenzförderung in Elternhaus, Schule und Freizeit. Darüber hinaus arbeitet sie mit Kindern und Jugendlichen selbst, betreut medienpädagogische Praxisprojekte und ist als Dozentin in Lehramtsstudiengängen oder Studiengängen zur Sozialen Arbeit aktiv.

Entsprechend ihrer Expertise ist Kristin Langer bei der Initiative »SCHAU HIN! Was Dein Kind mit Medien macht.« für die thematischen Bereiche Hörmedien, Filme und Serien sowie medienpädagogischen Grundlagen zuständig. Iren Schulz verantwortet in ihrer Tätigkeit vorrangig die Bereiche Soziale Netzwerke, Gaming, Surfen und Smartphone. Die damit verbundenen *Aufgabenfelder* beziehen sich auf inhaltliche Arbeiten sowie das Ausgestalten einzelner Formate und auf die Pressearbeit.

Mit Blick auf die *inhaltliche Arbeit* unterstützen die beiden Mediencoaches die Aktualisierung einzelner Materialien wie die Medienbriefe, das Erstellen von Pressemeldungen oder die Konzeption und Umsetzung von Elementen in den Medienkursen für Eltern. Sie verantworten außerdem die Erstellung des Blogthemas im Newsletter und gestalten die Inhalte und Präsentationsfolien der SCHAU HIN!-Elternabende. Zudem sind die Mediencoaches »das Gesicht« für die Videoclipserie #nachgefragt. Dort beantworten Kristin Langer und Iren Schulz Fragen zur Mediennutzung in Familien. Thema sind typische Fragen wie »Kann ich Fotos von meinen Kindern im Netz hochladen?«, »Wie viel Zeit können Kinder vor dem Bildschirm verbringen?« oder »Wann ist mein Kind reif für ein Smartphone?«. Ähnlich aufgebaut ist die Instagram-Kampagne »#medientipp«, in deren Rahmen es ebenfalls konkrete Antworten auf typische Medienfragen der Zielgruppe gibt. Darüber hinaus sind die Mediencoaches zusammen mit SCHAU HIN! verantwortlich für Vorträge, Workshops und Fortbildungen, die von externen Einrichtungen und Akteuren an die Initiative herangetragen werden.

Ein weiterer wichtiger Baustein der Mediencoach-Aufgaben ist das Beantworten von *Presseanfragen* aus den Bereichen Print, Hörfunk, Fernsehen und Onlinemedien. Einerseits geht es auch hier immer wieder um typische Fragen zu Bildschirmzeiten, altersgemäßen Inhalten oder Medien unterm Weihnachtsbaum. Andererseits heben sich besondere gesellschaftliche oder medienbezogene Ereignisse von diesen Themen ab. Dazu gehörte beispielsweise die große Aufmerksamkeit für die Netflixserie »Squid Game« im Jahr 2021 oder auch Diskurse, die sich um den offensichtlich erscheinenden Zusammenhang von Straftaten und Mediennutzung drehen. Des Weiteren lassen sich »Trendthemen« erkennen, die sich an der Beliebtheit bestimmter Angebote und den Handlungsmustern von Kindern und Jugendlichen ableiten lassen. Dazu gehören beispielsweise die Herausforderungen rund um die Nutzung der Social Media Plattform TikTok oder auch die Frage nach problematischen Fotos und Videos auf den Smartphones von Heranwachsenden.

Eine Besonderheit der Initiative »SCHAU HIN! was dein Kind mit Medien macht.« und eine wichtige Aufgabe speziell der Mediencoaches ist der *direkte Austausch mit der Zielgruppe entlang der Elternfragen*. Über ein Kontaktformular auf der Mediencoach-Seite haben Erziehende die Möglichkeit, ihre Fragen an Kristin Langer oder Iren Schulz zu richten. Die Mediencoaches antworten direkt und helfen mit Informationen und praktischen Tipps, einen passenden Lösungsansatz zu finden. Fragende sind vor allem Eltern mit Kindern im Grundschulalter und jüngeren Teenageralter, aber auch Großeltern, Lehrende, Pädagog*innen und ab und an auch die Heranwachsenden selbst. Inhaltlich beziehen sich die Fragen auf alters- und geschlechtsspezifische Nutzungsmuster.

So wird regelmäßig die Frage gestellt, wie viel Bildschirmzeit in einem bestimmten Altern noch in Ordnung ist und woran man ungesunde Nutzung oder Mediensucht erkennen kann. Immer wieder geht es auch um die Frage, wie weit Kontrolle reichen sollte, welche technischen Hilfsmittel Unterstützung bieten oder ob vertrauensbasierte Medienerziehung der bessere Weg ist. Mit Blick auf die Medienangebote erreichen SCHAU HIN! und die Mediencoaches unter anderem Fragen zu Games wie Minecraft oder Fortnite, zur Nutzung von Social Media-Plattformen schon im Grundschulalter, zu Challenges, Körperbilder und Interaktionsrisiken bei TikTok, Instagram und Snapchat sowie Klassenchats und WhatsApp-Gruppen. Daneben geht es oft auch um Fragen der Familienkonstellationen und den damit verbundenen Regeln und Verbindlichkeiten: Wie regelt man die Mediennutzung zwischen Geschwistern unterschiedlichen Alters? Was, wenn bei uns zu Hause etwas verboten ist und beim Freund/der Freundin erlaubt? Was, wenn die Großeltern oder ein getrenntlebendes Elternteil etwas ermöglicht, was man selbst einschränkt?

Es gibt aber auch Fragen, die an die Kompetenzgrenzen der Mediencoaches heranreichen. Das bezieht sich unter anderem auf Themenfelder, die auf das Zusammenspiel von Mediennutzung und besonderen Bedürfnissen bei körperlichen und kognitiven Einschränkungen abzielen. Aber auch Fragen, die in Richtung strafrechtlich relevantes Handeln weisen. Auch diese Fragen werden beantwortet und mit einem Hinweis auf weiterführende, externe Links oder Expert*innen versehen. Insgesamt betrachtet weisen die Fragen von Eltern, Bezugspersonen und PädagogInnen auf eine große Aufgeschlossenheit, aber auch Verunsicherung rund um die Medienerziehung bei Kindern und Jugendlichen hin. Erziehende wollen informiert sein und alles richtig machen, angemessen agieren und nichts aus dem Blick verlieren.

9.7 Verständnis zeigen und Orientierung bieten: Eine persönliche Einordnung

Eltern und Erziehende, die bei SCHAU HIN! Rat und Unterstützung suchen, spiegeln familien- und medienbezogene Entwicklungen in unserer Gesellschaft wider. Mit Blick auf Familie wissen wir, wie komplex die Alltagskontexte und Herausforderungen sind, mit denen sie heute umgehen müssen: Es geht um die Organisation und den Zusammenhalt in Patchwork-Konstellationen, nicht selten leben oder arbeiten die Bezugspersonen räumlich weit entfernt. Kinder sollen gut und sicher aufwachsen, die besten Chancen für ihre Zukunft bekommen und in keinerlei Hinsicht benachteiligt sein.

Dabei geht es auch um gute Beziehungen und ein starkes Selbstbewusstsein, um gesunde Ernährung, um Sicherheit beim selbständigen Unterwegssein oder um die Aufklärung in Bezug auf Drogen und Sexualität. Neben all diesen Themen, die auf dem Familientisch landen und dort gut ausgehandelt werden, nehmen die medienbezogenen Herausforderungen immer mehr Raum ein und sorgen für Verunsicherung und Orientierungsbedarf in Familien. Schlaglichter werfen vor allem das große Bildschirminteresse von Kindergartenkindern, die Social Media- und Gaming-Begeisterung von Grundschulkindern, die medial geprägten Körper- und Rollenbilder von Jugendlichen, die Klassenchats und so weiter.

Eltern und Erziehende beobachten und erleben die Mediennutzung von Heranwachsenden, sorgen sich um die Risiken, erleben Konfrontationen und Geschrei und schwanken zwischen Kontrolle, Vertrauen und Resignation. Entlang dieser Ausgangslage sind wir als MedienpädagogInnen gefragt und deshalb bemüht, viele Informationen zu vermitteln und rationale Tipps zu geben, mit denen Familien und Erziehende auch Konflikte bei der Mediennutzung von Kindern und Jugendlichen lösen können.

In meiner Arbeit als Mediencoach und Medienpädagogin habe ich tatsächlich auch gelernt, dass wir einen Schritt davor ansetzen können. Das heißt, dass die Unterstützung-Suchenden oftmals schon sehr erleichtert sind, wenn sie ihre Situation und ihre Sorgen überhaupt schildern können und dabei auf offene Ohren treffen. Sie möchten gern hören, dass sie nicht die einzige Familie sind, bei der es viele Fragezeichen, Konflikte und Krisen gibt, wenn es um die Medienerziehung geht. Als langjährige Mitarbeiterin in der Initiative und Mediencoach ist es mir persönlich besonders wichtig, den Erziehenden zu vermitteln, dass sie nichts grundlegend falsch machen, dass die geschilderten Aushandlungsprozesse ein gutes Zeichen und kein Ausdruck der Eskalation sind und dass es immer darum geht, sich überhaupt mit diesen Themen zu befassen und sich nach Rat und Orientierung umzuschauen.

Daneben ist es mir ein Anliegen, Eltern und Erziehende in ihren grundsätzlichen Lebenskontexten und Fähigkeiten zu stärken. Die Bindungen, die in einer Familie entstanden sind, die erzieherischen Werte und Regeln, die in diesem System gelten, und das Wissen um das eigene Kind sind Kompetenzen, die auch für medienbezogene Erziehung als Fundament wichtig sind. Eltern wissen, wie ihr Kind tickt, sie haben ein Bauchgefühl, wenn es ihrem Kind nicht gut geht, wenn es sich verändert oder wenn es Hilfe braucht. Dass es dafür Gesprächsanlässe und Situationen braucht, die Aushandlungen und Unterstützung möglich machen, kann ein wertvoller Hinweis in der Beratungspraxis sein.

Zudem erlebe ich oft, dass Eltern in richtige »Rechtfertigungsschleifen« geraten und mit ihren Kindern auf Augenhöhe in Verhandlungen, beispielsweise über Bildschirmzeiten, treten, die endlos scheinen und zu keinen guten Lösungen führen. Tatsächlich trägt der vorherrschende, Erziehungsstil in unserer Gesellschaft ja auch dazu bei, dass wir uns als Eltern und Erziehende oft nicht trauen, transparente und verbindliche Regeln zu vereinbaren und Grenzen aufzuzeigen, die richtig und wichtig für das Aufwachsen von Kindern und Jugendlichen sind. Mir ist wichtig, Familien darin zu stärken, ihre medienbezogenen Erziehungsvorstellungen verbindlich umzusetzen und Widerstände auszuhalten, ohne den Blick für situative Rahmenbedingungen und individuelle Persönlichkeitsmerkmale zu verlieren.

Insgesamt bleibt festzuhalten, dass die Neuigkeiten und Veränderungen im Bereich der Medienangebote, die für Kinder und Jugendliche interessant sind und die Familien vor Herausforderungen stellen, an Geschwindigkeit und Komplexität noch zunehmen werden. Aktuelles Beispiel sind die Entwicklungen im Bereich der Künstlichen Intelligenz (KI) und die damit verbundenen Konsequenzen für Beziehungen und Freizeit, Bildungsprozesse, Berufsperspektiven und gesellschaftliche Partizipation. Um hier den erzieherischen Balanceakt zwischen dem Ermöglichen von Gestaltungsfreiräumen, kompetenter Teilhabe und kreativer Entfaltung auf der einen und dem Schutz kindlicher Lebenswelten auf der anderen Seite gut zu vollbringen, braucht es Aufklärung, Austausch und Beratung auf Augenhöhe. Hier sehe ich die Initiative »SCHAU HIN! Was Dein Kind mit Medien macht.« und mich als Mediencoach und Medienpädagogin mehr denn je gefragt und gebraucht.

Quellen

https://www.schau-hin.info/
https://www.medienkurse-fuer-eltern.info/
https://www.schau-hin.info/service/mediencoaches
https://www.schau-hin.info/mediathek
https://medienquiz.schau-hin.info/
https://www.schau-hin.info/service/materialien
https://www.youtube.com/@InitiativeSCHAUHIN

10 Ganz alltäglich – Medien gehören auch in die Kita

Julia Behr

Unsicherheit, Sorgen, Skepsis, Berührungsängste – das sind keine überraschenden Reaktionen von pädagogischen Fachkräften, wenn sie mit dem Thema Medienbildung oder Medienkompetenzförderung in der Früherziehung konfrontiert werden. Einerseits gibt es die Forderung, die Kleinsten so gut wie möglich auf ein Leben in der Welt, die zunehmend von digitalen Medien geprägt ist, vorzubereiten. Andererseits besteht von Eltern der Wunsch, dass die Kita[76] ihren Kindern einen geschützten Raum für deren Entwicklung bietet, bevor der »Ernst des Lebens« mit dem Eintritt in die Schule beginnt. Pädagogische Fachkräfte müssen mit diesen unterschiedlichen gesellschaftlichen Erwartungen ebenso umgehen wie mit den Anforderungen der Politik, die sich in den Bildungsplänen der Länder für den Elementarbereich wiederfinden.

Dieser Beitrag versucht, Antworten auf grundlegende Fragen zur Integration von Medien in den Kita-Alltag zu geben und Wege aufzuzeigen, wie Medienbildung in Einrichtungen der Elementarpädagogik (für Kinder bis sechs Jahren) aussehen kann. Wenn in diesem Beitrag über Medien geschrieben wird, sind damit nicht Bilderbücher, Märchenbücher, Bastelvorlagen etc., sondern vor allem elektronische Medien wie Radio und Hörspiele gemeint; und nicht zuletzt digitale Medien wie Tablets und Handys, die bereits Kindern vielfältige Anwendungsmöglichkeiten bieten.

10.1 Weshalb frühkindliche Medienbildung selbstverständlich sein muss

Ein Blick in die Kinderzimmer schon der Kleinsten genügt, um zu beantworten, warum Medienbildung ab dem frühesten Kindesalter unabdingbar ist: Kinder sind von Anfang an von Medien umgeben. Sie wachsen hinein in eine Gesellschaft, die ohne digitale Medien nicht mehr zu funktionieren scheint. Diese bergen Chancen, aber auch Risiken. Bereits Kleinkinder nutzen Medien, passiv und aktiv. Von der Geburt an werden mit dem Smartphone Fotos vom Nachwuchs gemacht – einige davon lassen Familien auch bei Instagram & Co. sichtbar werden. Der Videochat

---

76 Der Begriff Kita als Kurzform für Kindertagesstätte bezieht sich in diesem Beitrag auf alle Formen von erzieherischen Tageseinrichtungen von Kindern zwischen bis sechs Jahren.

mit Oma und Opa in der Ferne an jedem Sonntag ist Routine. Zum Geburtstag gibt es einen »Tonie« mit der Lieblingsgeschichte und das neue Bilderbuch mit Vorlesestift. Die Wartezeit beim Arzt darf sich das Kind mit einer Spiele-App auf Mamas Smartphone vertreiben.

Kinder selbst sind von Medien fasziniert und nutzen sie mit Begeisterung. Quasi alle Haushalte, in denen Kinder im Alter von zwei bis fünf Jahren aufwachsen, sind mit Internetzugang ausgestattet und fast überall gibt es mindestens ein Smartphone und (meistens sogar internetfähiges) Fernsehgerät. Computer, Tablets und Abonnements für einen Streamingdienst finden sich in mehr als 80 % der Haushalte. So hat es der Medienpädagogische Forschungsverbund Südwest 2023 bei einer Befragung der Haupterzieher*innen im Rahmen seiner miniKIM-Studie ermittelt (MPFS 2024). Tablet und Smartphone mit ihrer intuitiv bedienbaren Oberfläche machen es Kindern leicht, die digitale Welt per Touchscreen zu erobern.

Elementarpädagogik orientiert sich an der kindlichen Lebenswelt. In den Bildungsgrundsätzen für Kinder von 0 bis 10 Jahren in Kindertagesbetreuung und Schulen im Primarbereich in Nordrhein-Westfalen etwa heißt es: »Im Blickpunkt steht dabei, wie das Kind in der aktiven Auseinandersetzung mit seiner Umgebung auf der Grundlage seiner bisherigen Lebenserfahrung in seinen (Selbst-) Bildungsprozessen von Erwachsenen begleitet und unterstützt werden kann« (Ministerium für Kinder, Familie, Flüchtlinge und Integration des Landes Nordrhein-Westfalen/ Ministerium für Schule und Bildung des Landes Nordrhein-Westfalen 2018, S. 11).

Aufgabe der frühkindlichen Erziehung ist es also, alle Faktoren, die Kinder in ihrem Umfeld umgeben und ihr Aufwachsen beeinflussen, aufzunehmen und die Kinder bei ihrer Entwicklung zu unterstützen – dazu gehört auch die »kindliche« Medienwelt. Kinder kommen mit ihren Medienerlebnissen und -themen in die Kita, wo diese selbstverständlich in ihre Spiele, Erzählungen und Ausdrucksformen wie Bilder einfließen. Nicht nur im Sinne landespolitischer Vorgaben gilt es, diese Situation als pädagogische Chance wahrzunehmen, in der das Kind mit seinen Bedürfnissen, Interessen und Kompetenzen im Zentrum steht. Auf die kindlichen Mediennutzungserfahrungen einzugehen, bedeutet nicht, passiven Medienkonsum im Kindesalter und damit möglicherweise verbundene Risiken zu fördern. Ein sinnvoller Einsatz digitaler Medien in der Kita meint, »dass die Kinder digitale Medien als vielseitig verwendbare Informations-, Kommunikations-, Gestaltungs- und Lernmittel neben anderen kennen und kompetent nutzen lernen« (Reichert-Garschhammer 2017).

Zunächst nutzen Kinder Medien vor allem in der Familie. Die Nutzungsweisen sind dabei nicht überall gleich. Kindertageseinrichtungen haben den Bildungsauftrag, bereits den Kleinen die gesellschaftliche Teilhabe zu ermöglichen und in dieser Hinsicht für Chancengleichheit zu sorgen (Ministerium für Kinder, Familie, Flüchtlinge und Integration des Landes Nordrhein-Westfalen/Ministerium für Schule und Bildung des Landes Nordrhein-Westfalen 2018, S. 5). Denn nicht alle Kinder haben die gleichen Startvoraussetzungen. Das ist auch bezogen auf die kindliche Mediennutzung der Fall, die wie andere Lern- und Entwicklungsprozesse bei Kindern begleitet stattfinden sollte. Es gibt Eltern, die unsicher sind, welche Medien für ihre Kinder geeignet sind. In manchen Familien sind Fernseher und Smartphone ein wichtiger Bestandteil des Alltags und werden schon von den

Jüngsten genutzt. Andere Eltern grenzen den Medienumgang ihres Kindes stark ein und begleiten es engmaschig.

Die Institution Kita kann einen wichtigen Beitrag leisten, dieser digitalen Kluft[77], die aus unterschiedlichen Nutzungsweisen entstehen kann, vorzubeugen. Erzieher*innen sind genau wie Eltern Vorbilder, die auf eine altersgerechte und vielseitige Mediennutzung hinwirken sollten: »Kinder sind am besten vor Medienrisiken geschützt, je früher sie sich in einem begleiteten, kindgerechten und zeitlich dosierten Rahmen mit Medien aktiv, kreativ und kritisch auseinandersetzen und so Medienkompetenz entwickeln« (Reichert-Garschhammer 2018, S. 28).

10.2 Besonderheiten der frühkindlichen Medienbildung

Medienbildung hat das Ziel, die Medienkompetenz von Kindern, Jugendlichen und anderen Zielgruppen (Eltern, pädagogische Fachkräfte etc.) zu fördern, um eine Orientierung in der digitalen Gesellschaft zu ermöglichen und zu einem selbstbestimmten Leben mit Medien zu befähigen (Demmler & Stuckmeyer 2015). Die Verwendung des Bildungsbegriffs macht deutlich, dass es darum geht, den Menschen in der Ausbildung seiner (ganzen) Persönlichkeit zu unterstützen und zu stärken. Medien stellen dabei einen Teilaspekt dar.

Medienkompetenz ist der Rahmen medienpädagogischer Aktivitäten, die aus einem Bündel von Fähigkeiten und Fertigkeiten besteht. Dazu gehört das Wissen über Medien, die Kenntnisse technischer Nutzungsweisen, aber auch Medien im eigenen Sinne zu nutzen und kreativ gestalten zu können. Bezogen auf die Elementarpädagogik kann Medienbildung wie folgt aussehen: »Auf der Basis des entdeckenden Lernens und eingebunden in alltagsrelevante Kontexte gilt es, die Kinder anzuregen, die Medien und Techniken gesellschaftlicher Kommunikation zu begreifen, zu nutzen und selbstbestimmt und kreativ zu gestalten« (ebd., S. 230).

Die Kita ist ein geeigneter Ort einer spielerischen Bearbeitung und Begleitung der kindlichen Medienerfahrungen. Wichtig ist, dass medienpädagogische Arbeit in das allgemeine Bildungskonzept einer Kita integriert wird, um die Kinder ganzheitlich zu fördern. Letztlich bedeutet dies, dass Medien ein Werkzeug unter vielen sind. Sie können dazu beitragen, die Sprachentwicklung von Kindern zu fördern, das entdeckende Lernen zu unterstützen und vieles mehr. Medien müssen dabei nicht

---

77 Die Begriffe »Digitale Kluft« oder »Digitale Spaltung« wurden im Zuge der wachsenden Bedeutung von Informations- und Kommunikationstechnologien (IKT) geprägt. Gemeint ist, dass Bevölkerungsgruppen, die keinen Zugang zu diesen Technologien haben, auf Dauer gesellschaftlich abgehängt sind und ihnen die Möglichkeiten der gesellschaftlichen Teilhabe verwehrt bleiben (Friedland 2006). Inzwischen nimmt man sogar an, dass nicht mehr der fehlende Zugang zu IKT problematisch sein kann, sondern auch das eingeschränkte Wissen um Nutzungsmöglichkeiten eine digitale Kluft befördert.

immer im Vordergrund stehen, sondern sollten vielmehr selbstverständlich genutzt werden. Wichtig ist, dass Medienarbeit in der Kita »niemals der körperlichen, gesellschaftlichen, gefühlsmäßigen und gedanklichen Entwicklung der Kinder im Wege stehen oder sie behindern« darf (Anfang & Demmler 2018, S. 12).

Medienbildung in der Kita bedeutet zudem, die Zielgruppe der Eltern im Blick zu behalten, da sie die primäre Verantwortung für die Medienerziehung ihrer Kinder haben. Es gilt, sie in Hinblick auf die kindliche Mediennutzung zu unterstützen und zu beraten. So hat die MoFam-Studie des JFF – Institut für Medienpädagogik gezeigt, dass Eltern diese Unterstützung konkret von Bildungsinstitutionen wie der Kita einfordern (Wagner, Eggert & Schubert 2016).

10.3 Mediennutzung ab dem frühen Kindesalter erfordert eine frühe Medienbildung

Kinder eignen sich Medien einerseits beiläufig an, indem sie von anderen in ihrem Umfeld genutzt werden und sie so damit in Kontakt kommen. Andererseits entwickeln sie ein eigenständiges Medienhandeln, indem sie bewusst Medien nutzen (möchten). Beides geschieht vor dem Hintergrund des individuellen Entwicklungsstandes eines jeden Kindes (vgl. Demmler & Struckmeyer 2015). Auf Grundlage von Erfahrungswerten und empirischen Erhebungen lassen sich verschiedene Phasen[78] der Medienaneignung beschreiben, die als Orientierung für die Integration von Medien in die Kita herangezogen werden sollten: Wie oben beschrieben findet ein Medienkontakt von Anfang an statt. Eltern und Geschwister nutzen verschiedene Geräte im Beisein des Säuglings. Das beeinflusst bereits das spätere Nutzungsverhalten des Kindes.

In den ersten beiden Lebensjahren werden Kinder auf Medien und Medieninhalte aufmerksam, d.h. sie nehmen sie nicht mehr nur als bloße Reizquelle wahr, sondern entdecken Funktionen und Inhalte (vgl. Demmler & Struckmeyer 2015). Etwa ab dem zweiten Lebensjahr entwickeln sie eigene Medienwünsche. Hinzu kommt, dass sie zunehmend motorische Fähigkeiten ausbilden, die sie auch dazu befähigen, Medien zu bedienen. Spätestens mit einem Jahr beherrschen Kleinkinder die Wischtechnik, um Geräte mit Touchscreen zu verwenden. Das Bedienen eines Tablets ist für kleine Kinder quasi intuitiv erlernbar (vgl. Anfang 2016). Auch wenn Medien in diesem Alter zunehmend »bewusst« genutzt werden, bedeutet es nicht, dass die Inhalte unbedingt verständlich sind. Kinder sind fasziniert von bunten Bildern und vielen Geräuschen. Das Verstehen von Inhalten entwickelt sich nach und nach. Etwa ab dem dritten Lebensjahr fangen Kinder an, mediale Botschaften zu entschlüsseln. Sie begreifen einfache Figurenkonstellationen und Geschichten (vgl. Demmler & Struckmeyer 2015). Medieninhalte und Medienfiguren werden

---

78 Siehe hierzu auch den Beitrag von Fleischer/Hajok in diesem Band.

zunehmend zum Erlebnis und Kinder nutzen sie für die Weltaneignung. Mediennutzung wird zur Freizeitaktivität. Medienpädagogische Studien wie miniKIM, KIM (Kinder und Medien) und JIM (Jugend, Medien, Information) zeigen allerdings, dass bis ins Schulalter der Umgang mit Freunden wichtiger ist, als sich ständig mit Medien zu beschäftigen.

Wie Jugendlichen und Erwachsenen dienen Medien auch Kindern der Entspannung, Unterhaltung, Informationen sowie als Kommunikationsanlass und zur Erschließung der Welt. Noch immer fehlt es an seriösen und verlässlichen Studien zur Medienwirkung insbesondere auf die Entwicklung von Heranwachsenden. Sicherlich kann Mediennutzung die kognitive, aber auch psychosoziale Entwicklung positiv wie negativ beeinflussen, je nachdem in welchem Rahmen Medien genutzt werden. Wenn Medien ein Ersatz für die familiäre Kommunikation sind oder klassisch permanent als »Babysitter« eingesetzt werden, fehlen den Kindern die soziale Interaktion und Anregungen aus dem familiären Umfeld, die notwendig für ihre kognitive Entwicklung sind. Aber genauso können Vorschulserien – wie etwa die Sesamstraße – die sprachliche Entwicklung von Kindern fördern (vgl. Aufenanger 2015).

Eine Integration von Medien in der Kindertageseinrichtung erscheint vor dem beschriebenen Hintergrund für die Medienaneignung ab einem Alter von circa zwei Jahren sinnvoll: »Die Auseinandersetzung [...] muss beginnen, sobald sie selbst Erwartungen an die Medien richten. Ab diesem Zeitpunkt sind Medien mehr als bloße Reizquelle, sie werden als Vermittler von Botschaften und als Aktionsfelder realisiert« (Reichert-Garschammer 2018, S. 30 f.).

Medienfiguren, -themen und -formate gelangen als Gesprächsthema in die Kita und sollten aufgegriffen werden. Medienerfahrungen werden häufig als die schlechteren Sekundärerfahrungen beschrieben. Dabei sind sie genauso wichtig. Die Unterscheidung in Primär- und Sekundärerfahrungen ist von Erwachsenen konstruiert. Kinder erleben die verschiedenen Erfahrungen als Ganzheit, deshalb dürfen sie in der Kita nicht ausgeklammert werden (vgl. Weise 2015).

10.4 Wie medienpädagogische Arbeit in der Kita aussehen kann

Medienbildung im Kindergarten muss an die altersgemäßen Aneignungs- und Verarbeitungsmechanismen der Kinder anschließen: Spielen, Fantasieren, Malen (Bader 2015). Schnell gesellt sich dann noch das Experimentieren hinzu. Die kindlichen Medienerfahrungen, die z. B. im Spiel, in Gesprächen oder Zeichnungen ausgedrückt werden, eröffnen pädagogische Chancen. Kinder zeigen dadurch, welche Entwicklungsthemen sie gerade bearbeiten (vgl. Eder & Roboom 2016). Diese dienen als Gesprächsanlässe und es kann daran angeknüpft werden.

Wie genau die medienpädagogische Arbeit in einer einzelnen Einrichtung aussehen kann und sollte, hängt von den dort arbeitenden Fachkräften, der Ausstattung, dem Bildungskonzept und weiteren Faktoren ab. Allgemein lässt sich formulieren, dass Medienbildung nicht herausgehoben von anderen Bildungsaufgaben ablaufen sollte. Sie lässt sich mit den Bildungsbereichen der Elementarpädagogik verknüpfen und kann diese ergänzen. Zum Beispiel, indem die Erkundung der Natur um den Einsatz eines Tablets oder eines digitalen Mikroskops erweitert wird. Bei einem Waldspaziergang können Entdeckungen dokumentiert und später in der Kita weiterbearbeitet werden. Zusätzliche Informationen in Form von Videos und Fotos können recherchiert werden, um das Erfahrungsspektrum zu einem bestimmten Thema zu erweitern.

Medienkompetenz ist mehrdimensional. Entsprechend sollte auch die Medienarbeit mit Kindern zwischen zwei und sechs Jahren vielfältig sein. Angebote des aktiven, eigenständigen Gestaltens mit Medien gehören ebenso dazu wie das Sprechen über Medien, um Inhalte zu verstehen und sich Hintergrundwissen anzueignen. Sowohl die rezeptive als auch die aktive Medienarbeit sollte sich dabei an der wichtigsten Lernform für Kinder orientieren, dem Spiel. Medienpädagogische Aktivitäten müssen technisch niedrigschwellig angelegt sein, damit der Grad der Anleitung, Erklärung und Bedienung möglichst klein und der Grad der Selbsttätigkeit der Kinder möglichst groß ausfallen kann (vgl. Neuß 2016). Die einfache Handhabbarkeit, die Mobilität und ihr Umfang macht Tablets inzwischen zu einem idealen Gerät für die Medienarbeit mit Kindern. Sie können für Ton- oder Bildaufnahmen genauso genutzt werden wie für die Sprachförderung mittels kindgerechter Apps und die Internetrecherche. Kleine Bienenroboter, die sich per Knopfdruck über den Boden bewegen lassen, oder Hörstifte, die für kurze Audioaufnahmen nutzbar sind, erweitern das Spektrum der Bildschirmmedien. Auch »ältere« Medien wie Fotokamera und CD-Player haben nach wie vor ihre Daseinsberechtigung in der Medienarbeit. Entscheidend sind die technische Infrastruktur und die Möglichkeiten der Anleitung durch die pädagogischen Fachkräfte.

Für die Integration von Medien(-bildung) in der eigenen Einrichtung empfiehlt es sich auf die inzwischen vielfältige Literatur sowie Handlungsempfehlungen und Materialsammlungen zurückzugreifen. Die Landesmedienanstalten der Länder beispielsweise bieten umfangreiche Materialpools. Da ist etwa das Portal »mediaculture online« der Landesmedienanstalt Baden-Württemberg, das Materialpaket bzw. die Online-Materialsammlung »Ran an Maus und Tablet« der LPR Hessen sowie das umfangreiche Portal des Medienkindergarten Wien.

Da die Kinder die meiste Zeit in den Familien verbringen, ist auch Elternarbeit ein wichtiges Element von frühpädagogischer Medienbildung. Als Expert*innen werden die pädagogischen Fachkräfte angesprochen, wenn Eltern unsicher sind, wie viel Medienkonsum für ihr Kind sinnvoll ist und welche Medien ab welchem Alter geeignet sind. Hier eine pauschale Antwort zu geben, ist kaum möglich und wenig zielführend. Es geht vielmehr darum, Eltern dafür zu sensibilisieren, dass der eigene Medienumgang die Medienwahrnehmung des Kindes beeinflusst. Sie sollten beobachten, wie ihr Kind auf Medien reagiert und wie es damit umgeht. Erzieher*innen erleben in der Kita, auf welche Weise Medieninhalte die Kinder noch außerhalb der Familie beschäftigen. Um die Eltern gut beraten zu können, gibt es vielfältige Materialien und Unterstützungsmöglichkeiten. Onlineportale wie der Elternguide.online oder »SCHAU HIN!« richten sich in erster Linie an Eltern, können so aber auch eine gute Orientierungshilfe für pädagogische Fachkräfte sein, da hier versucht wird, die drängenden Fragen von Erziehenden zum Medienumgang in der Familie aufzugreifen und zu beantworten. Einrichtungen wie das Grimme-Institut oder der Blickwechsel e. V. bieten an, Elternabende vor Ort durchzuführen. Aufgrund der rasanten technischen Entwicklung und der Komplexität digitaler Medien können und müssen pädagogische Fachkräfte in der Kita nicht alles leisten und können sich für Elternabende und besondere Projekte die Expertise einer Medienpädagogin oder eines Medienpädagogen ins Haus zu holen.

10.5 Die Qualifizierung der pädagogischen Fachkräfte ist das A und O

Wie schon zu Beginn des Beitrags ausgeführt, stehen der Integration von Medienarbeit in der Kita Unsicherheit und Bedenken im Wege. Hinzu kommt, dass dies eine zusätzliche Aufgabe ist, die von Erzieher*innen im ohnehin schon anspruchsvollen Arbeitsalltag geleistet werden muss. Ohne eine angemessene Verankerung in der Ausbildung von pädagogischen Fachkräften sowie begleitenden Fort- und Weiterbildungsangeboten werden die Berührungsängste oder Sorgen um mangelnde Medienkompetenz nicht verschwinden. Diese hängen auch damit zusammen, dass es erst wenig Erfahrungen mit digitalen Medien gibt und sich gesellschaftliche und pädagogische Leitlinien gerade erst herausbilden.

Dennoch ist es möglich, eine grundlegende Haltung dazu zu entwickeln. Auch Erwachsene nutzen Medien nicht immer »pädagogisch« wertvoll. Vielleicht ist gerade das der Grund, warum der Wunsch besteht, Kinder davor zu bewahren. Auch Pädagog*innen müssen ihr eigenes Mediennutzungsverhalten reflektiert betrachten und in ihrer Medienkompetenz gestärkt werden, um medienpädagogische Arbeit machen zu können. Medienbildung setzt voraus, dass man die verschiedenen Aspekte des Medienumgangs kennt: Welche Medien und wie nutzen Kinder sie in welchem Alter? Wie wirken Medien? Welche Vorteile kann Mediennutzung haben? Welche Risiken sind damit verbunden und was kann man tun, um sich davor zu schützen? Welche Medienfiguren lieben Kinder? Was interessiert sie und warum?

Medienarbeit sollte nicht losgelöst von anderen Bildungsthemen in der Kita stattfinden. Hier bedarf es dem Wissen um Ansatzpunkte, aktiv-kreative, aber auch rezeptive Medienarbeit in die Kita einzubinden. Empfehlenswert ist es, Medien in ein ganzheitliches Bildungskonzept zu integrieren.

Ziel von Medienbildung in der Kita ist es, Kinder schon früh anzuregen, kreativ mit Medien umgehen zu lernen und zugleich die Kritikfähigkeit von Eltern und Kindern zu fördern (Lauffer & Rölleke 2016). Medienbildung in der Elementarpädagogik hat immer auch die Eltern als Adressat*innen, denn sie sind Vorbilder für die zukünftigen Mediennutzer*innen und haben Beratungs- und Unterstützungsbedarf. Die Lerninhalte in der Kita knüpfen an die Lebenswirklichkeit der Kinder an, deshalb sollten auch (digitale) Medien selbstverständlicher Bestandteil sein. Die Befähigung eines jeden Kindes zur Partizipation an der Gesellschaft ist nur möglich, wenn es medienkompetent ist. Um hier Chancengleichheit zu schaffen, muss die Medienkompetenz der Kinder in allen Bildungseinrichtungen gefördert werden.

Medienintegration in der Kita ist aber nicht allein ein Thema der einzelnen Erzieher*innen oder Einrichtung. Entsprechende Rahmenbedingungen wie Qualifizierung und technischer Support müssen vorhanden sein, um sie sinnvoll umzusetzen. Die Bedeutung von Medienkompetenzförderung ist bundesweit anerkannt, auch wenn sie in den Bildungsplänen der einzelnen Länder unterschiedlich stark ausgeführt wird. Im Sinne des Kindes sollten sich Erzieher*innen trauen, Medien zunehmend in ihre Arbeit zu integrieren, die (Medien-)Themen der Kinder aufgreifen und Medien praktisch und kreativ einsetzen, anstatt darauf zu warten, dass andere die optimalen Rahmenbedingungen schaffen. Denn die Kita ist neben der Familie der bedeutsamste Bildungsort für Kinder im Vorschulalter. Hier werden die Grundlagen für ein späteres, lebenslanges Lernen gelegt.

Literatur/Quellen

Anfang, Günther (2016): Frühe Medienerziehung digital. Konzeption eines medialen Erfahrungsraums für Krippenkinder. In: Jürgen Lauffer & Renate Röllecke (Hrsg.), Dieter Baacke Preis Handbuch 11. Krippe, Kita, Kinderzimmer – Medienpädagogik von Anfang an. München, S. 19–24.

Anfang, Günther & Demmler, Kathrin (2018): Medienkompetenzförderung in der Kita. Grundlagen und Erfahrungen aus einem Modellprojekt. In: merz 02/2018. München, S. 12–20.

Aufenanger, Stefan (2015): Wie die neuen Medien Kindheit verändern. In: Günther Anfang, Katrin Demmler, Klaus Lutz & Kati Struckmeyer, Wischen klicken knipsen. Medienarbeit mit Kindern. München, S. 205–210.

Demmler, Kathrin & Struckmeyer, Kati (2015): Medien entdecken, erproben und in den Alltag integrieren. Null- bis Zwölfjährige in der Medienpädagogik. In: Günther Anfang, Katrin Demmler, Klaus Lutz & Kati Struckmeyer, Wischen klicken knipsen. Medienarbeit mit Kindern. München. S. 223–232.

Eder, Sabine & Roboom, Susanne (2016): Kamera, Tablet & Co. im Bildungseinsatz. Frühkindliche Bildung mit digitalen Medien unterstützen. In: Jürgen Lauffer & Renate Röllecke (Hrsg.), Dieter Baacke Preis Handbuch 11. Krippe, Kita, Kinderzimmer – Medienpädagogik von Anfang an. München, S. 25–35.

Friedland, Carsten (2005): Die digitale Kluft überwinden Informations- und Kommunikationstechnologien in Afrika. In: bpb.de. Online unter: http://www.bpb.de/internationales/afrika/afrika/59047/digitale-kluft?p=all

Ministerium für Kinder, Familie, Flüchtlinge und Integration des Landes Nordrhein-Westfalen/Ministerium für Schule und Bildung des Landes Nordrhein-Westfalen (2018): Bildungsgrundsätze. Mehr Chancen durch Bildung von Anfang an. Grundsätze zur Bildungsförderung für Kinder von 0 bis 10 Jahren in Kindertagesbetreuung und Schulen im Primarbereich in Nordrhein-Westfalen. Düsseldorf/Freiburg.

MPFS (Medienpädagogischer Forschungsverbund Südwest) (2024): miniKIM 2023. Kleinkinder und Medien. Basisuntersuchung zum Medienumgang 2- bis 5-Jähriger in Deutschland. Stuttgart.

Neuß, Norbert (2016): Frühkindliche Medienbildung weiterentwickeln. Vom Umgang mit Bildungsplänen. In: Jürgen Lauffer & Renate Röllecke (Hrsg.), Dieter Baacke Preis Handbuch 11. Krippe, Kita, Kinderzimmer – Medienpädagogik von Anfang an. München, 2016, S. 36–42.

Reichert-Garschhammer, Eva im Interview mit Günther Anfang (2018): Chancen der Digitalisierung im Bildungssystem Kita. In merz 02/2018. München, S. 28–33.

Reichert-Garschhammer, Eva im Interview mit Anna Petersen und Anika Wacker (2017): Digitale Medien in der frühen Bildung: »Ein Werkzeug im Bildungsprozess«. In: bildungsklick, 2017. Online unter: https://bildungsklick.de/fruehe-bildung/detail/digitale-medien-in-der-fruehen-bildung-ein-werkzeug-im-bildungsprozess/

Wagner, Ulrike, Eggert, Susanne & Schubert, Gisela (2016): MoFam – Mobile Medien in der Familie. Langfassung der Studie. München. Online verfügbar unter: www.jff.de/studie_mofam

Weise, Marion (2015): Finding, checking and connecting. Ansatzpunkte für Medienbildung in pädagogischen Ansätzen der Elementarpädagogik. In: Günther Anfang, Katrin Demmler, Klaus Lutz & Kati Struckmeyer, Wischen klicken knipsen. Medienarbeit mit Kindern. München, S. 251–262.

11 Sehnsuchtsort Natur oder das Verschwinden der sinnlichen Wahrnehmung[79]

Klaus Lutz

Die Natur-Angst früherer Zeiten hat sich zu einer Technik-Angst gewandelt, die die Natur ›romantisiert‹ und für die Förderung der kindlichen Entwicklung idealisiert. Sowohl Natur- als auch Technik-Angst sind aus einem Gefühl des Kontrollverlusts und der Nichtbeherrschbarkeit durch eine ›Eigendynamik‹ von Natur bzw. Technik entstanden. Es wird für eine Pädagogik plädiert, die Kindern sowohl in der Natur als auch in den Medien Freiräume lässt, aber zugleich Anregungen liefert.

Bei einem meiner Vorträge zum Thema »Kinder und Medien« vor ungefähr 40 Erzieherinnen und zwei Erziehern in einer Fachakademie für Sozialpädagogik passierte es mir zum ersten Mal, dass Teilnehmerinnen empört den Saal verließen, nachdem ich als Gegengewicht zu den vielen Waldkindergärten, die nicht nur in den Städten wie Pilze aus dem Boden schießen, einen Medienkindergarten mit freiem WLAN gefordert hatte. Der überwiegende Rest der Zuhörerinnen und Zuhörer widersprach mir vehement: WLAN im Kindergarten, das könnten sie sich jetzt gar nicht vorstellen (wobei hier immer auch Ängste um die Gesundheit der Kinder mitschwingen). Selbst mit dem Hinweis darauf, dass die so viel genutzten Tablets ohne einen kabellosen Zugang zum Netz eigentlich nicht in ihrem ganzen Potenzial einsetzbar sind, konnte ich niemanden im Saal – bis auf die beiden Männer – für meine Idee begeistern. Das Argument, dass sogar die Stiftung Lesen in einer Untersuchung festgestellt hat, dass interaktive Kinderbuch-Apps für Tablets das Lesen durchaus befördern können, verhallte ebenfalls ungehört.

Damit hier keine Missverständnisse aufkommen: Ich bin 61 Jahre alt und auf dem Land aufgewachsen. In meiner Kindheit habe ich gefühlte 500 Bäume erklettert, habe mehr als 100 Hütten im Wald gebaut und war mit meinen Freunden ohne Aufsicht der Eltern ständig ›draußen‹ unterwegs. Meine Hobbys heute sind Marathon laufen, Fußball spielen und gucken und – wenn Zeit ist – mit Pfeil und Bogen im Wald auf Jagd nach Plastikwildschweinen zu gehen.

Dennoch zwinge ich mich aber immer wieder, das Aufwachsen von Kindern nicht an meinen Bedürfnissen und unerfüllten Träumen zu orientieren, sondern die Veränderungen der Lebenswelt der Kinder durch die Medien möglichst ›neutral‹ zu

---

79 Nachdruck mit freundlicher Genehmigung von Autor und Verlag, im Original 2015 in der Fachzeitschrift merz | medien + erziehung (Jg. 59, Heft 2) erschienen. Nach Auffassung der Herausgeber hat der Beitrag nicht an Aktualität verloren. Er bringt die (noch immer weit verbreiteten Vorbehalte) gegenüber (digitalen) Medien in der frühkindlichen Erziehung und Bildung offen zur Sprache und plädiert fundiert und alltagsnah dafür, Kindern im (begleiteten) Umgang mit Medien frühzeitig (und auch im Kita-Alltag) Möglichkeiten zu eröffnen, sich (neue) Erfahrungsräume zu erschließen. Für die aktualisierte Neuauflage wurde lediglich noch ein Bezug zu künstlicher Intelligenz (KI) eingefügt.

beobachten und die Bedürfnisse, die Kinder in einer so veränderten Welt artikulieren, ernst zu nehmen. Wie stark die Debatte um die Nutzung von Medien in der Kindheit emotional geprägt ist, verdeutlicht ein Bild, welches bei *Facebook* millionenfach mit »gefällt mir« versehen wurde: In der oberen Hälfte sind Kinder zu sehen, die auf der Straße Fußball spielen. Sie alle tragen keine teure Sportkleidung, sondern normale Straßenkleidung; als Torpfosten dienen ihnen zwei Mützen. Bis auf den Torwart sind alle in Bewegung und kämpfen um den Ball. Vom Torwart ist nur der Rücken zu sehen; aber er stellt sich mit großer Körperspannung den auf ihn zulaufenden Angreifern entgegen und scheint keine Furcht zu kennen. Dieser Teil des Bildes ist mit dem Schriftzug versehen »this is life«. Auf der unteren Hälfte des Bildes sind zwei Mädchen und ein Junge zu sehen, die mit Laptop, Nintendo und Handy auf einem Sofa sitzen. Sie alle sehen nur auf ihr Gerät, stehen offensichtlich in keinem Kontakt miteinander und scheinen sich gegenseitig nicht zu beachten. Dieser Teil des Bildes ist mit dem Schriftzug versehen »this is shit«. Nicht nur die zahllosen »gefällt mir«-Klicks, die dieses Bild auf *Facebook* bekommen hat, sondern auch die Reaktionen von vielen Studierenden, die ich damit konfrontiert habe, lassen den Schluss zu, dass – was die Mediennutzung von Kindern angeht – dieses Bild die Einstellung vieler auf den Punkt bringt: Die Mediennutzung von Kindern ist nicht gut für ihre Entwicklung – medienfreie Räume sind notwendig. Noch besser brachte dies allerdings eine Lehrerin mit einem Arbeitsblatt für die zweite Klasse auf den Punkt, welches die Überschrift trug: »Spielen heute – klicken und glotzen, statt wirklich was erleben«.

Es geht mir nicht darum, die durchaus berechtigte kritische Betrachtung der Mediennutzung von Kindern in Abrede zu stellen. Vielmehr will ich verdeutlichen, dass die pädagogische Einstellung, welche Rolle Medien in der frühen Kindheit spielen (dürfen), nicht aus wissenschaftlichen Erkenntnissen oder den Bedürfnissen der Kinder abgeleitet ist, sondern oftmals von einer sehr emotionalen und persönlichen Sicht auf die Welt und wie Kinder darin aufwachsen sollen herrührt: Der eigene Sehnsuchtsort wird zum pädagogischen Konzept.

Hier bedarf es dringend einer Reflektion der Einstellungen, aus welchen sich pädagogische Konzepte im Umgang mit Medien ableiten. Was erschwerend hinzukommt ist, dass sich die Pädagogik von Expertinnen und Experten der Medizin und Hirnforschung verordnen lässt, was Kinder im Umgang mit Medien brauchen – obwohl sich doch die meisten der Pädagoginnen und Pädagogen selbst lieber homöopathisch behandeln lassen.

11.1 Der Mensch und sein Verhältnis zur Natur

Vor fünfhundert Jahren wäre niemand auf die Idee gekommen, sich in der Natur zum Zwecke der Erholung aufzuhalten. Im Gegenteil, dort lauerten Gefahr und Verderben auf den Menschen. Im 16. und 17. Jahrhundert prägte die Entwicklung der Naturwissenschaften das Bild von Natur. Der englische Philosoph Francis Bacon

(1561–1626) wollte die Natur gerne auf die Folterbank legen, damit sie ihre Geheimnisse preisgibt. Der französische Denker René Descartes (1596–1650) sprach sogar davon, dass uns die Ergebnisse der Naturwissenschaften zu Herren und Eigentümern der Natur machen könnten. In der Neuzeit setzte sich dann der Gedanke der Naturbeherrschung durch. Die Natur wurde als ein Objekt gesehen, das außerhalb des Menschen steht, wie eine auszubeutende Ressource. Da jedoch das Streben des Menschen nach Glück und Zufriedenheit sich nicht allein durch Wissensanhäufung befriedigen ließ, weckte diese eher kalte und funktionale Sichtweise auf die Natur auch Widerspruch. So entstand ein ambivalentes Naturbild, das zum einen die Natur als Feindin betrachtete, die man sich untertan machen muss, aber auch als Freundin, die der menschlichen Seele verwandt ist.

Der Schriftsteller, Philosoph und Pädagoge Jean-Jacques Rousseau (1712–1778) sah in der Entfremdung von der Natur sogar die Ursache gesellschaftlicher Ungleichheit und seelischer Verarmung. Werde die Natur nicht als Partnerin gesehen, dann werde sich die Menschheit, so Rousseau, durch die Ausbeutung der natürlichen Reserven irgendwann ihrer Lebensgrundlagen berauben. »Retour à la nature«, also »Zurück zur Natur« hieß daher die Parole derjenigen, die sich auf Rousseau beriefen. Die Romantiker waren die ersten Propheten einer ökologischen Weltanschauung. So befürchtete der Philosoph Friedrich Wilhelm Schelling (1775–1854), dass hinter der zunehmenden Wissenschaftsgläubigkeit der Herrschaft des rationalen Denkens die Magie des Unerklärlichen, des Sehnsuchtsvollen und Unwägbaren zu verschwinden drohte.

Auch in Goethes *Osterspaziergang* wurde die Natur als »Erholungsort« beschrieben. In den letzten Zeilen des Gedichts formulierte Goethe eindrucksvoll: »Zufrieden jauchzet groß und klein: Hier bin ich Mensch, hier darf ich's sein!«

Mit dem Beginn der Industrialisierung nahm das Gefühl der Entfremdung des Menschen von der Natur zu. Dies zu kompensieren, wurden Wandervereine gegründet, unter anderem der *Deutsche Alpenverein*.

Diese Sehnsucht, so nah wie möglich an die Natur heranzukommen, scheint bis heute ungebrochen, nimmt jedoch auch zunehmend paradoxe Züge an. Wer schon einmal im Sommer in einem Skigebiet wandern war, weiß ein Lied davon zu singen. Längst haben wir die Natur in weiten Teilen zu einem Freizeitpark umgestaltet. Wir simulieren uns die Natur. Öko-Reiseveranstalter, die naturschonendes Reisen anbieten, tragen Namen wie ReNatour. Noch besser für die Natur wäre es vielleicht, gleich zu Hause zu bleiben. Der Regenwald, für dessen Erhalt wir uns einsetzen, ist weit weg und die paradoxe Projektionsfläche unserer Liebe zur Natur. Ab 2002 trank die Nation sogar freudig eine bestimmte Biermarke, die pro verkauftem Kasten die Rettung von einem Quadratmeter Regenwald versprach. Die Natur ist und bleibt der Sehnsuchtsort für Glück und Zufriedenheit. Diese Sehnsucht bestimmt auch unsere Sichtweise auf ein gesundes Aufwachsen unserer Kinder.

Welchen Platz nimmt aber die für unser Leben immer bestimmendere Technik ein? Wie kommen wir mit dem scheinbaren Widerspruch von Natur und Technik zurecht?

11.2 Technikfeindlichkeit

Die Frage, in welchem Verhältnis wir Menschen – und damit auch die Pädagogik – zur Technik und ihren neuen Entwicklungen stehen, ist im 21. Jahrhundert von entscheidender Bedeutung. Eine der zentralen Fragestellungen in diesem Zusammenhang ist, wie viel Eigenständigkeit und Interaktionsfähigkeit wir der Technik zumessen. In ihrem Buch *Die Stille Revolution* versucht die Kulturwissenschaftlerin und Journalistin Mercedes Bunz auf diese Frage eine Antwort zu geben. Indem sie den Begriff Eigenständigkeit einführt, wird deutlich, dass sie der Technik ein Eigenleben zugesteht und somit einen unkontrollierten Zutritt zu unserem Leben.

> »Wir müssen akzeptieren, dass die Technologie, auch wenn sie unsere Erfindung ist, ein Eigenleben führt. Wie wenn unsere Kinder ins Teenager-Alter kommen und flügge werden, ist das unheimlich – und doch dürfen wir uns keine Angst einjagen lassen, sondern müssen diese Entwicklung zu verstehen versuchen. [...] Dass die Technik ihrer eigenen Logik folgt, bedeutet nicht, dass der Ausgang des Prozesses, durch den sie sich vollzieht, im Detail vorherbestimmt oder entschieden ist und vom Menschen nicht weiter beeinflusst werden kann« (Bunz 2012, S. 63 f.).

Die Technik dient längst nicht mehr nur der Erweiterung der Fähigkeiten des Menschen als Werkzeug, sondern handelt durchaus eigenständig. Die Annahme, dass Technik als Erweiterung des Menschen zu verstehen ist, nicht zu eigenständigem Handeln fähig ist und deshalb letztlich beherrschbar bleibt, kommt immer mehr ins Wanken. Es macht uns Angst, dass sich die rasant entwickelnde Technik – und hier vor allem die Computertechnik – letztlich der menschlichen Kontrolle entzieht und wir ihr ausgeliefert sind. Viel sicherer scheinen wir uns da in der Natur zu fühlen. Wir glauben, die Gefahren in der Natur viel besser einschätzen zu können, da wir ja schon jahrtausendelange Erfahrung im Umgang mit diesen Gefahren besitzen.

Die Angst vor der Digitalisierung der gesamten menschlichen Lebenswelt sitzt tief. Da wir uns in der Vergangenheit immer wieder vergewissert haben, dass auch die Computertechnik nur ein Werkzeug – vergleichbar einem Hammer oder einer Säge – und somit von uns Menschen beherrschbar ist, war auch unsere Angst beherrschbar. Aber umso mehr uns das Gefühl beschleicht, dass technische Entwicklungen nicht immer im Sinne des Menschen funktionieren, Eigendynamik entfalten und womöglich gar selbständig agieren, umso mehr steigt die Angst. Der Film *Odyssee im Weltraum* nahm diese Entwicklung schon 1968 sehr visionär vorweg: Dort entzog der Computer dem Menschen seine Handlungsfähigkeit; einen Ausschaltknopf gab es nicht mehr. Noch extremer bringt es der 2013 im Kino gezeigte Film »her« auf den Punkt: Der Protagonist kann nicht mehr zwischen dem Betriebssystem Samantha und Menschen unterscheiden und möchte es vielleicht auch nicht mehr.

Wie ist nun mit dieser Angst vor dem Verlust der Kontrolle umzugehen? Wie soll man sich verhalten in der immer weiter fortschreitenden Technisierung des Alltags? Mercedes Bunz gibt hier folgenden Rat:

> »Wir mögen zwar das Gefühl haben, die Digitalisierung sei etwas, das uns bloß zustößt; allerdings heißt das noch lange nicht, dass wir keinen Einfluss darauf haben, wie sie sich

vollzieht. Wie sie sich konkret ereignet, ist nicht entschieden – und das bedeutet, wir müssen beginnen, sie aktiv gesellschaftlich zu gestalten. Dass die Experten überflüssig werden und sich die Jobs der Mittelschicht verändern, ist nur eine der vielen Entwicklungen, die sich mit ihr vollziehen. Für die Gesellschaft ist es an der Zeit, die Digitalisierung nicht nur zu fürchten, sondern zu nutzen. Lasst es uns angstfrei angehen« (Bunz 2012, S. 82).

Dieser Aussage kommt in Zeiten der Weiterentwicklung von Künstlicher Intelligenz noch eine stärkere Bedeutung zu. Mit Hilfe von KI-Tools wie ChatCPT können wir Liebesgedichte in vielen Sprachen automatisch verfassen, Bewerbungsschreiben erstellen oder auch Texte für ein Buch wie dieses schreiben lassen. Weitere KI-Tools erstellen auf Anweisung Fotos oder komponieren Musik. Vor allem die Konkurrenz im Bereich der Kreativität verunsichert doch stark und wird vielmals als eine weitere nazistische Kränkung empfunden. Diese neue Entwicklung macht nicht nur Angst, sondern stellt auch unser bisheriges Bildungssystem in Frage. Das Vermitteln von Faktenwissen wird immer unwichtiger – die Durchdringung und Steuerung automatisierter Prozesse immer wichtiger. Um dies zu ermöglichen, bedarf es Anstrengungen in Bezug auf Medienbildung in allen Bildungsinstitutionen, zu denen auch die Kindertagesstätten gehören. Keine Bildung ohne Medien!

11.3 Die Natur als ideale Lehrmeisterin

Herbert Renz-Polster und Gerald Hüther – der eine Kinderarzt, der andere Hirnforscher – liefern in ihrem Buch *Wie Kinder heute wachsen – Natur als Entwicklungsraum* alle Argumente für Eltern, Erzieherinnen und Erzieher wie auch Lehrkräfte, die in der Natur den idealen Lehrmeister für ein gesundes Aufwachsen sehen. Dies tun sie durchaus differenziert und ohne missionarisch anmutende Ausschließlichkeit ihrer Sichtweise, wie wir es von anderen medienkritischen Autorinnen und Autoren kennen. Sie sprechen dabei vielen Pädagoginnen und Pädagogen, aber auch vielen Eltern und Großeltern aus dem Herzen. Sie sind zwar medienkritisch, aber sie akzeptieren durchaus, dass Medien aus der heutigen Lebenswelt von Kindern und Jugendlichen nicht mehr wegzudenken sind. In der Natur sehen sie aber weiterhin die beste aller Lehrmeisterinnen.

> »Was bietet die Natur den Kindern? Was zieht die Kleinen in diese vom Aussterben bedrohte Welt? Der Reichtum. Anders kann man es nicht sagen. Der Reichtum, den die Natur den Kindern für ihre Entwicklung bietet. Die Natur steckt voller Anreize. Und diese passen zu den Herausforderungen des Großwerdens wie der Schlüssel zum Schloss« (Renz-Polster & Hüther 2013, S. 24).

Eine Ode an die Natur – ein Mehr an Wertschätzung ist nicht vorstellbar, ebenso wenig, dass es hier noch Ansatzpunkte für Medienpädagogik geben könnte.

Aber schauen wir uns erst einmal an, worauf sich die Aussage der Autoren Renz-Polster und Hüther stützt. In einem Interview mit *Zeit Online* hat Herbert Renz-Polster den Entwicklungsraum Natur folgendermaßen zusammengefasst:

> »Die Natur, die ich meine, bietet Raum für vier Elemente, die ich für entscheidend halte, damit sich Kinder gut entwickeln: Freiheit, Widerständigkeit, Verbundenheit und Unmittelbarkeit. Das heißt, Kinder können dort selbst gestalten und experimentieren und zwar ohne bildungsrelevante Vorgaben und Spielzeuge von Eltern oder Erziehenden. Sie erleben Abenteuer. Dabei lernen sie, mit dem Scheitern klarzukommen und Hindernisse zu überwinden. Außerdem verhandeln sie beständig mit den anderen Kindern, was sie tun wollen und wie sie das erreichen können« (Sadigh 2013).

Auf die Frage, warum diese Entwicklung ausschließlich in der Natur vollzogen werden kann und nicht vielleicht auch mit einem Computerspiel oder einem Wissenschaftsexperiment, entgegnete Herbert Renz-Polster Folgendes:

> »Der Kindheit kommt ein Geschäftszweck zu, der in keiner anderen Lebensphase nachgeholt werden kann. Kinder müssen ihre fundamentalen Lebenskompetenzen aufbauen: sich selbst in den Griff bekommen, mit anderen Menschen klarkommen, bei Widerständen nicht gleich aufgeben. Ein solches Fundament kann kein Erwachsener mit noch so hochwertigen didaktischen Spielen und Bilderbüchern legen. Die Kinder müssen sich das selbst erobern, ohne Vorgaben und in einer nicht strukturierten Umgebung. Nur so landen sie immer wieder in dieser wunderbaren Kribbelzone, in die es sie ja geradezu magisch zieht. Wenn sie einen Baum hochklettern, dann klettern sie immer so weit, wie sie es gerade schaffen. Das nächste Mal gehen sie dann weiter zum nächsthöheren Ast. Und so machen sie es auch in sozialer Hinsicht. Die Herausforderung müssen sie selbst bestimmen. Wir aber setzen auf kognitive Fertigkeiten, ohne die Kinder vorher ihre fundamentalen Entwicklungsaufgaben erledigen zu lassen. Das ist, als würden wir an einem Haus erst Erkerchen und die Fassade bauen, ohne ein Fundament gelegt zu haben« (ebd.).

Viele Eltern, Großeltern, Pädagoginnen und Pädagogen folgen der Argumentation von der Natur als idealer Lehrmeisterin für Kinder. Dies zeigen auch die Kommentare, die zu dem Interview auf der Website von *Zeit Online* zu finden sind – einer soll hier exemplarisch genannt werden:

> »Während meine Geschwister und ich ein riesengroßes Loch in unserem Garten gruben, es mit dem Wasserschlauch befüllten und die schlammige Brühe zum Swimmingpool erklärten, wäre es für meine vierjährige Enkelin undenkbar, in dem gepflegten Garten von drei Eigentümern ein Loch zu graben. Aber sie haben immerhin mitten in der Stadt einen Garten, um da spielen und sich bewegen und austoben zu können. Andere Kinder haben nicht einmal das.«

Hier scheint immer noch die Vorstellung vorzuherrschen, dass – biologisch betrachtet – das Spielen auf ein Leben in der Natur vorbereiten soll, die aber so nicht mehr existiert.

Diese Vorstellung reizt aus meiner Sicht an zwei Punkten zum Widerspruch: Die Entwicklung eines Kindes braucht beides: das freie Experimentieren ohne Anleitung – und dies kann auch durchaus in einem betonierten Hinterhof stattfinden, in dem Kinder ohne Einflussnahme spielen können –, aber auch die Anreize, sich mit Dingen zu beschäftigen, die es alleine nicht gewählt hätte. Ich kenne viele Kinder, die während all ihrer Kindergartenjahre nicht einen Baum bestiegen hätten, wäre ihnen nicht eine Erzieherin bei der Bewältigung dieser Aufgabe immer wieder zur Seite gestanden.

Der zweite Punkt ist: Warum sollte es Kindern nicht möglich sein, in der Beschäftigung zum Beispiel mit einem digitalen Foto oder einem Tablet ihr Spiel selbst zu gestalten und zu experimentieren und dies ohne bildungsrelevante Vorgaben. Hier gibt es genügend Praxisbeispiele aus der Medienpädagogik, die dies eindrücklich belegen können, zum Beispiel indem Kinder mit einem Fotoapparat Bilder aufnehmen, sich Geschichten dazu ausdenken und sie dann in der Kuschelecke ihrer besten Freundin erzählen oder indem sie ein Musikstück mit Hilfe einer App selbst komponieren.

11.4 Der erste Schultag – das unvermittelte Ende des Naturbezugs

Viele Eltern, Pädagoginnen und Pädagogen fühlen sich mit der These, dass die Natur der beste Platz für die positive Entwicklung ihres Kindes ist, emotional sehr zuhause. Nicht umsonst ist eine der zentralen Entscheidungsgrundlagen für die Wahl eines Kindergartens die Größe des Außengeländes. Und nicht selten lautet die erste Frage abholender Eltern an die Erzieherin »Wie lange waren die Kinder heute draußen?« – wohl wissend, dass trotz der Matschklamotten, die für jedes Kind vorgehalten werden, die Kinder im Haus vor allem bei schlechtem Wetter leichter zu beaufsichtigen sind und manches Kind – genau wie viele Erwachsene – bei miesem Wetter lieber im Trocknen bleibt. Sobald es dann aber um den Übertritt in die Schule geht, sind viele Eltern oftmals nicht mehr einverstanden mit dem gänzlich zweckfreien Lernen in der Natur. Nun wollen sie wissen, wie es mit dem Zahlenverständnis, dem Textverständnis und den motorischen Fähigkeiten der Kinder steht und welche Projekte die Kita den Kindern als Vorbereitung für die Schule anbietet. Und wer schon einmal bei der Schuleingangsuntersuchung für die Grundschule war, weiß sehr genau, dass hier großer Wert auf Sprachkompetenz und Konzentrationsfähigkeit gelegt wird. Spätestens beim ersten Elternabend in der Grundschule rückt die Natur als Lehrmeisterin endgültig in den Hintergrund – ihr Job scheint jetzt zu Ende zu sein. Das Kognitive tritt jetzt in den Vordergrund: Bewertungen, Vergleiche mit Gleichaltrigen und Lernschwächen wie Legasthenie oder Dyskalkulie sind nun einmal nicht mit Schaukeln oder Klettern zu therapieren. Nur sehr wenige Eltern und nur Schulen außerhalb des staatlichen Regelschulsystems stellen weiterhin die ›Persönlichkeitsentwicklung‹ des Kindes zentral in den Mittelpunkt ihres pädagogischen Handels – auch wenn Lehrpläne für die Grundschulen eben gerade auch die Persönlichkeitserziehung betonen – und lassen die Kinder sich individuell nach ihren Fertigkeiten und eigenem Tempo entwickeln, wie es in einem freien, unbeaufsichtigten Spiel in der Natur vielleicht möglich wäre. Viele Erwachsene müssen jetzt auch erkennen, dass das Auswendiglernen von in Europa beheimateten Baumarten mit ›Natur‹ wenig zu tun hat.

Die zentrale Frage lautet also: Wie werden Kindern Erfahrungsräume eröffnet, in welchen sie sich autonom bewegen und jenseits von definierten Lernzielen experimentieren können? Dies kann in der Natur stattfinden, kann aber auch in der Beschäftigung mit Medien geschehen. Wir Erziehenden müssen endlich aufhören, zwischen virtuellen und realen Erfahrungswelten zu unterscheiden. Kinder tun dies längst nicht mehr. Medienpädagoginnen und -pädagogen kommt hier die Aufgabe zu, Kindern im Umgang mit Medien Möglichkeiten zu eröffnen, sich neue Erfahrungsräume zu erschließen. Ganz im Sinne einer Spielpädagogin oder eines Spielpädagogen, die im Außenbereich eines Kindergartens mit der Ferse ein Loch in den Boden drehen und den sie interessiert beobachtenden Kindern eine Handvoll Glasmurmeln anbieten – welches Spiel sie jetzt daraus machen, bleibt ihrer Fantasie überlassen. Diese Angebote sollten wir Kindern auch im Umgang mit Medien machen.

Literatur

Bunz, Mercedes (2012): Die stille Revolution: Wie Algorithmen Wissen, Arbeit, Öffentlichkeit und Politik verändern, ohne dabei viel Lärm zu machen. Berlin: Suhrkamp.

Renz-Polster, Herbert & Hüther, Gerhard (2013): Wie Kinder heute wachsen: Natur als Entwicklungsraum. Ein neuer Blick auf das kindliche Lernen, Fühlen und Denken. Weinheim/Basel: Beltz.

Sadigh, Parvin (2013): »Begeisterung soll das Kind leiten«. Wir setzen zu sehr auf kognitive Fertigkeiten, findet Kinderarzt Herbert Renz-Polster: Kinder sollen sich in der Natur ihre fundamentalen Kompetenzen aneignen. Interview mit Herbert Renz-Polster. In: Zeit Online vom 10.09.2013. www.zeit.de/gesellschaft/familie/2013-09/renz-polster-natur-kind

III Medienerziehung und Medienbildung in Schule und anderswo

12 Medien in die Schule: Freie Materialien zur Begleitung, Sensibilisierung und Unterstützung Jugendlicher beim Medienumgang

Lidia de Reese, Jo Schuler & Björn Schreiber

Gelingende Medienbildung im Lernraum Schule ist von zahlreichen Rahmenbedingungen abhängig. Neben geeigneter Rahmenlehrpläne, schulinternen Entwicklungsplänen und Konzepten, qualifizierten Lehrenden und deren kontinuierliche Weiterbildung und der technischen wie infrastrukturellen Ausstattung von Schule ist das Vorhandensein von passendem Lern- und Lehrmaterial von entscheidender, wenn nicht gar zentraler Bedeutung. »Was aber den Unterricht steuert, sind Lehrmittel und nicht – nochmals gesagt – Lehrpläne, wie umfangreich und wohlmeinend diese auch immer formuliert sein mögen« (Oelkers 2009, o.S.). Besonders Schulbücher stehen bei dieser Betrachtung im Fokus. Sie können – so Schön und Ebner – durchaus als »geheime Lehrpläne« bezeichnet werden (vgl. Ebner & Schön 2012, S. 17). Sie steuern mit ihren Inhalten und dazugehörigen didaktischen Konzepten und Methoden zentral, wie Unterricht im Lernraum Schule ausgestaltet wird und tragen u.a. dazu bei, gesellschaftlichen Wandel zu manifestieren und zu gestalten (vgl. ebd.).

Umso wichtiger ist es, dass auch Schulbücher der klassischen Verlage Inhalte und Methoden der Medienbildung beinhalten und Lehrende bei der Umsetzung der beispielsweise im Konzept »Bildung in der digitalen Welt« der KMK festgelegten Aufgaben unterstützen. Die dort aufgezählten »Kompetenzen für die digitale Welt« – unterteilt in die sechs Bereiche Suchen, Verarbeiten, Aufbewahren; Kommunizieren und Kooperieren; Produzieren und Präsentieren; Schützen und sicher Agieren; Problemlösen und Handeln; Analysieren und Reflektieren (vgl. KMK 2016, S. 15ff.) – zeigen bereits in ihrer stichpunktartigen Nennung das quantitative Ausmaß und damit verbundene qualitative Herausforderungen eines Lernens mit und über Medien deutlich auf. Zusätzlich zu berücksichtigen sind dabei rasche technische Entwicklungen und Fortschreibungen sowie ihre gesellschaftlichen Auswirkungen. Beispielsweise haben aktuelle Debatten wie z.B. zu ChatGPT, Fake News oder Hate Speech sehr wohl Auswirkungen auf den Lernraum Schule und setzen ihn zusätzlich unter Druck.

Schulbücher mit mehrjährigem Ausleih- und Überarbeitungszyklus können auf solch aktuelle Problemstellungen nur bedingt eingehen. Gerade in der sich schnell wandelnden Welt digitaler Medien wird daher ein besonderer Bedarf an zusätzlichen, aktuellen und leicht anwendbaren Materialien zur Medienbildung und Medienerziehung deutlich. Neben den von Schulbuchverlagen angebotenen, auch in digitaler Form vorhandenen Zusatzmaterialien sind besonders Open Educational Resources – also freie Bildungsmaterialien – eine sinnvolle Ergänzung bzw. sogar eine notwendige Alternative zum klassischen Schulbuch. Auch die Bildungspolitik hat dieses Potenzial und die Notwendigkeit mehr und mehr erkannt. So finden Open Educational Resources z. B. Berücksichtigung in der bereits erwähnten KMK-Strategie und die Bundesregierung hat im Sommer 2022 mit der OER-Strategie die erste nationale Strategie zu freien Bildungsmaterialien veröffentlicht.[80] Die OERinfo | Informationsstelle Open Educational Resources bündelt Informationen und ermöglicht Transfer sowie Vernetzung (https://open-educational-resources.de/). Aber auch Schulbuchverlage und andere Bildungsunternehmen haben inzwischen das Potenzial erkannt.

12.1 Open Educational Resources – Begriffserklärung

»Open Educational Resources (OER) sind jegliche Arten von Lehr-Lern-Materialien, die gemeinfrei oder mit einer freien Lizenz bereitgestellt werden. Das Wesen dieser offenen Materialien liegt darin, dass jedermann sie legal und kostenfrei vervielfältigen, verwenden, verändern und verbreiten kann. OER umfassen Lehrbücher, Lehrpläne, Lehrveranstaltungskonzepte, Skripte, Aufgaben, Tests, Projekte, Audio-, Video- und Animationsformate« (UNESCO 2015, in dt. Übersetzung von Muuß-Mehrholz, o. S.).

Besonders betont in dieser Definition wird der Begriff des »Open«. Er beschreibt, dass alle Open Educational Resources im urheberrechtlichen Sinne so gestaltet sein müssen, dass sie verwahrt und vervielfältigt, verwendet, verarbeitet, vermischt und verbreitet werden können (vgl. zur Definition von »Open« in »Open Educational Resources«, o. D., o. S.).

Diese sogenannten 5-V-Freiheiten ermöglichen eine rechtssichere Verwendung von Materialien sowie deren Adaption, Anpassung und Weiterverbreitung. Dabei verstehen sich OER auch als Mittel des Austausches und des Diskurses. Es ist – zumindest in der Definition – gewollt, dass die veränderten und/oder neu entstandenen Materialien öffentlich zugänglich gemacht und diskutiert werden. Das »Offen« in OER kann somit auch auf den Zugang zu Bildung im Generellen bezogen werden. In Deutschland finden sich für den Lernraum Schule inzwischen eine Vielzahl von freien und offenen Bildungsmaterialien[81] – u. a. auch das Projekt »Medien in die Schule«, das später exemplarisch vorgestellt werden soll.

---

80 Siehe hierzu Bundesministerium für Bildung und Forschung: OER-Strategie. Freie Bildungsmaterialien für die Entwicklung digitaler Bildung. Online unter: https://www.bmbf.de/SharedDocs/Publikationen/de/bmbf/3/691288_OER-Strategie.html, abgerufen am 13.07.2023

81 Siehe hierzu z. B. die Auflistung von OERinfo. Online unter: https://open-educational-resources.de/freie-lehr-lern-ressourcen-im-netz/, abgerufen am 13.07.2023

12.2 OER – Chancen und Hürden für die digitale Bildung

Das Bundesministerium für Bildung und Forschung (BMBF) beschreibt in seiner OER-Strategie die Ausgangssituation, Herausforderungen und Ziele rund um die Förderung offener und freier Bildungsmaterialien, jedoch auch für die Entwicklung der digitalen Bildung insgesamt. Dabei benennt das BMBF drei Handlungsfelder, die zugleich recht deutlich sowohl Chancen als auch Hürden aufzeigen. Vor allem die Erstellung offener Bildungsmaterialien erfordert Wissen und Zeit. Es bedarf Anreizsysteme (Handlungsfeld 1), die gleichzeitig mit einer Verbesserung bestehender Rahmenbedingungen einhergehen (vgl. BMBF 2022, S. 6).

Verbunden mit Open Educational Resources ist auch immer eine Debatte um die Potenziale für eine sich verändernde Lernkultur – besonders des Lernraums Schule. Eine Kultur der Offenheit und des Teilens (Handlungsfeld 2) (vgl. ebd.) geht dabei über die Nutzung von gemeinschaftlich erstellten und offenen Bildungsmaterialien hinaus; sie umfasst eine Breite von Lern- und Lehrprozessen, die ebenfalls mit Aspekten der digitalen Bildung eng verbunden sind (vgl. Fischer 2022, o. S.). Gerade Aspekte der Kollaboration, Kommunikation, des kritischen Denkens und der Kreativität (vgl. hierzu die Debatte um das 4-K-Modell des Lernens, u. a. Muuß-Merholz 2017) werden dabei als Schlüsselfaktoren für eine sich verändernde Lernkultur beschrieben und sind eng mit dem Grundansatz von Open Educational Resources verknüpft.

Es bleibt abzuwarten, inwieweit die ohne Zweifel vorhandenen und beschriebenen Potenziale durch die Handlungsfelder in einer breiten Nutzerschaft erkannt, diskutiert und gelebt werden oder ob OER – was ebenfalls eine positive Entwicklung wäre – als zusätzliche Option aktueller, zeitgemäßer und qualitativ hochwertiger Bildungsmaterialien in einem Kanon mit zahlreichen anderen Formaten anerkannt und genutzt wird. Es bedarf zusätzlich einer grundlegenderen und kontinuierlich geführten Debatte um die Ausgestaltung von (schulischen) Lernprozessen in einer Kultur der Digitalität. OER-Akteure können hierbei einen entscheidenden Beitrag leisten. Die OER-Strategie des BMBF hebt in diesem Zusammenhang hervor, dass ein entsprechend unterstützendes Changemanagement (Handlungsfeld 3) (vgl. BMBF 2022, S. 6) durch Struktur- und Strategieentwicklungsprozesse unterstützt werden muss.

Gerade weil Open Educational Resources zunehmend an Bedeutung gewinnen, sind damit auch Ängste verbunden. Zentral scheint die Qualität solcher Materialien zu sein. Besonders im Zusammenhang mit zahlreichen sehr unterschiedlichen Akteuren und Erstellern – bspw. pädagogische Einrichtungen, wirtschaftsnahe Stiftungen, Bildungsinitiativen oder Unternehmen selbst – von Inhalten sollten die Ängste ernst genommen werden. Besonders kritisch wird dabei das Engagement von Wirtschaftsunternehmen diskutiert. Trotz dieser Befürchtungen werden gerade im Rahmen um die Qualitätsdebatte um OER nicht nur inhaltliche Kriterien betont, sondern ebenfalls die Einbettung in das jeweilige Setting. »Bei dem, was als Qualität letztlich definiert wird, handelt es sich um ein Ko-Produzenten-Verhältnis. D. h.

Qualität entsteht in Interaktion von Lernendem und Lernarrangement und ist ein partizipativer Aushandlungsprozess« (Ehlers, o. D., o. S.). Qualität wird als Prozess verstanden, bei dem gerade eine Offenheit und das Engagement von Pädagog*innen sinnvoll genutzt werden kann (vgl. bpb 2017, o. S.). Dabei sind die »Adressaten von Bildung [...] ausdrücklich nicht passive Empfänger, sondern aktive ›Ko-Produzenten‹« (Ehlers, o. S.).

Die kritische Auseinandersetzung mit Materialien, der Diskurs um ihre Aktualität und einen sinnvollen Einsatz in Lern- und Lehrszenarien sind diesem Prozess immanent, tragen zu einer Qualitätsentwicklung von OER bei und ermöglichen auch die Aufdeckung von wirtschaftlichen oder politischen Interessen oder gar Desinformation und Falschinformationen. Dementsprechend kann die gemeinsame Bearbeitung von OER sowie deren steten Aktualisierung zu einer »kontinuierlichen Verbesserung der Qualität der einzelnen Materialien [führen], wovon am Ende alle Nutzerinnen und Nutzer profitieren« (BNE-Portal 2022).

12.3 »Medien in die Schule« – OER zur digitalen Bildung und Medienerziehung im Unterricht

Über die Bildungsserver vieler Bundesländer, aber auch über bundesweite Datenbanken oder Portale (beispielsweise MUNDO im Rahmen des DigitalPakts Schule) werden OER-Materialien auffind- und durchsuchbar gemacht. Diese erleichtern es Lehrer*innen und pädagogischen Fachkräften, die zu ihren Fächern und Unterrichtsthemen passenden freien Bildungsmaterialien zu entdecken, oftmals sogar auch mit der Möglichkeit, wiederum eigene oder weitere Bildungsmedien vorzuschlagen. Ein Beispiel ist die Unterrichtsmaterialreihe »Medien in die Schule« (www.medien-in-die-schule.de), die als Gemeinschaftsprojekt der Freiwilligen Selbstkontrolle Multimedia-Diensteanbieter und Google Zukunftswerkstatt in Kooperation mit der Freiwilligen Selbstkontrolle Fernsehen seit 2013 offene Unterrichtsmaterialien (OER) zu aktuellen Medienphänomenen veröffentlicht. Das Kooperationsprojekt bietet zahlreiche Unterrichtsanregungen und mediendidaktische Werkzeuge zu den zentralen Medienarten und Medienformaten. Ziel ist es, und hier zeigt sich auch die Perspektive von Medienerziehung, Lehrer*innen der Sekundarstufen I und II dabei zu unterstützen, Jugendliche bei der kompetenten Nutzung ihrer Leitmedien zu begleiten, für Gefahrenaspekte zu sensibilisieren, ihnen Handlungsmöglichkeiten zu vermitteln und sie zu animieren, Medien kreativ für die eigenen Zwecke zu nutzen.

Neben einem Lernen mit Medien rückt hier also auch ein Lernen über Medien, eine pädagogische und erzieherische Begleitung des Medienumgangs junger Menschen in den Fokus. Das Projekt »Medien in die Schule« leistet kontinuierlich einen aktiven und praktischen Beitrag zur digitalen Bildung und Medienerziehung. Denn die Materialreihe wird regelmäßig um aktuelle Themen und mediendidaktische

Inhalte ergänzt, um der stetigen Veränderung und Schnelligkeit des digitalen Raums und dem gestiegenen Bedarf an digitalen Bildungsangeboten angemessen Rechnung zu tragen. Während der COVID-19-Pandemie meldeten Lehrkräfte einen enorm erhöhten Bedarf an digitalen Bildungsressourcen, aber auch Tools für die Umsetzung von Fern- und Hybridunterricht an. Das Projekt konnte hier zeitnah Unterstützung leisten, insbesondere mit einem aktualisierten Werkzeugkasten mit Apps und Tools zum Lernen und Lehren sowie regelmäßigen kostenfreien Webinar-Angeboten zur Erprobung sowie dem Diskurs rund um den Transfer in den Unterricht.

Medien in die Schule: Die Materialien im Überblick

- 7 Unterrichtseinheiten
- 4 Werkzeugkästen
- mehr als 335.000 Downloads
- rund 15.000 verteilte Printmaterialien
- zahlreiche Kooperationen, u. a. mit klicksafe, Amadeu Antonio Stiftung, Bundeszentrale für politische Bildung, Technologiestiftung Berlin und der Tüftel-Akademie
- bundesweite Vorträge und Workshops auf Fachveranstaltungen und in der (medien-)pädagogischen Fortbildung von Fachkräften digital und in Präsenz

12.4 Grundsätzliche Leitlinien

Das Projekt arbeitet entsprechend festgelegter Prinzipien und Leitlinien. Das Informieren über aktuelle Medien, ihre Potenziale und Herausforderungen steht im Mittelpunkt des Anliegens. Dabei wird eine *thematische Vielfalt* angestrebt, entsprechend finden sich Materialien zu Kinder- und Jugendmedienschutz, Realität und Fiktion in den Medien, Internet- und Smartphonenutzung, Nachrichten in TV und Internet, Hate Speech, Meinungsbildung und Desinformation oder Künstlicher Intelligenz und Machine Learning. Außerdem werden praktische Apps und Onlinetools vorgestellt. Dabei gilt die Maßgabe der höchstmöglichen *Flexibilität* für Lehr- und Fachkräfte. Die Materialien sind einsetzbar im Regelunterricht, aber auch geeignet für Projekttage- und Wochen, Präsenz-, Hybrid- und Fernunterricht. Es finden sich Vorschläge für interaktive Angebote und weiterführende Anregungen und Links.

Auch hinsichtlich der ausgewählten *Methoden* wird größtmögliche Vielfalt geboten: In nahezu allen Modulen finden sich Alternativen für die vorgeschlagene Methodik. So können individuelle Bedürfnisse und unterschiedliche schulische Rahmenbedingungen berücksichtigt werden. Mit einem Mix aus eher klassischen, schülerzentrierten und freien, kollaborativen Methoden, wie man sie eher in der außerschulischen Jugendarbeit findet, können den Schüler*innen unterschiedliche Angebote in der Auseinandersetzung mit den Themengebieten gemacht sowie von ihnen ausgewählt werden und somit ihre Bedürfnisse in den Mittelpunkt rücken. Darüber hinaus wird bei den methodischen Vorschlägen mitbedacht, dass leicht Anpassungen an individuelle Rahmenbedingungen möglich sein müssen, an den jeweiligen Lernort, dessen Ausstattung, zeitliche Möglichkeiten, Klassengröße oder -niveau u.v.m. Dabei sollen Lehrkräfte dazu angeregt werden, Medien als Tools der Kollaboration, also des direkten gemeinsamen Arbeitens und Gestaltens, direkt im Unterricht einzusetzen, sowie ermutigt werden, Medien selbst auszuprobieren und mit den Heranwachsenden kreativ zu gestalten.

Die Materialreihe ist für *die Zielgruppe der Sekundarstufen I und II* (ab der 7. Klassenstufe) konzipiert. Es finden sich jeweils abgestufte Schwierigkeitsgrade entsprechend der breit gefächerten Altersgruppe, verschiedene Diskussionsanlässe für den Einstieg und die Vertiefung der Inhalte sowie Anregungen für erweiterte Übungen.

Für alle Unterrichtseinheiten und Werkzeugkästen wird mit *Expert*innen* des jeweiligen Fachgebiets zusammengearbeitet, in der Entstehungsphase finden Erprobungsphasen an Schulen statt.

Das gesamte Materialangebot von »Medien in die Schule« steht zur *freien Verwendung* und Bearbeitung durch freie Lizenzen (CC-BY-SA) und offene Dokumente (OER) zur Verfügung. Dies soll es Lehr- und Fachkräften erleichtern, die Materialien an ihre Bedürfnisse und den individuellen Kontext anzupassen sowie die Materialien weiterzuverbreiten.

12.5 Auffindbarkeit und Bewertung

Die »Medien in die Schule« Unterrichtsmaterialien sind in die Bildungsserver der Länder aufgenommen. Sieben Unterrichtseinheiten werden beim Materialkompass des Verbraucherzentrale Bundesverband e.V. (vzbv) vorgestellt. Dabei handelt es sich um ein digitales Rechercheinstrument, mit dem Lehrkräfte nach Unterrichtsmaterialien zur Verbraucherbildung suchen können. Alle vorgestellten Materialien werden von einem Team aus unabhängigen Bildungsexpert*innen nach einem wissenschaftlichen Bewertungsraster auf Qualität geprüft.

Das Bewertungsportal des Materialkompass stellt sieben »Medien in die Schule« Unterrichtseinheiten ausführlich vor. Insbesondere der fachliche Inhalt wurde überwiegend mit »sehr gut« und die Materialien in der Gesamtbewertung mit »gut« bzw. »sehr gut« bewertet.[82]

---

82 Eine Zusammenstellung der Bewertungen der Unterrichtseinheiten findet sich online unter: https://www.verbraucherbildung.de/materialkompass?search_api_fulltext=fsm&page=0#view-id-listing_materials

12.6 Unterrichtseinheiten

Kern des Angebotes »Medien in die Schule« sind umfangreiche Unterrichtseinheiten zu aktuellen Medienphänomenen, die in der Lebenswelt von Jugendlichen von Bedeutung sind (www.medien-in-die-schule.de/unterrichtseinheiten/). Ihr Aufbau folgt einer wiederkehrenden Systematik, die Lehrenden den Einsatz im Unterricht erleichtert. Zunächst findet eine ausführliche Einführung in die Thematik inklusive Einordnung in die jugendliche Lebenswelt sowie den schulischen Kontext statt. Lehrer*innen erhalten zudem übersichtliche Informationen zum Aufbau und Inhalt der Unterrichtseinheit mit allen verfügbaren Modulen, Arbeitsblättern sowie dem Verweis auf weitere Hintergrundmaterialien. In der Regel enthalten die Unterrichtseinheiten drei bis vier einzelne Unterrichtsmodule inkl. thematischer Einführung, Unterrichtsverlaufstabellen sowie den verfügbaren Material- und Arbeitsblättern.

Jede Unterrichtseinheit ist so konzipiert, dass die einzelnen Unterrichtsthemen mit ihren Modulen sowohl im 90-minütigen Stundenrhythmus an mehreren Schultagen als auch an einem einzelnen Projekttag als Block durchgeführt werden können. Durch unterschiedliche methodische Vorschläge sowie mögliche Zusatzeinheiten lässt sich das Material flexibel an die zeitlichen Gegebenheiten in der Schule anpassen. Die Flexibilität erfordert es von Lehrer*innen individuell eine Auswahl zu treffen, die Angaben über die Dauer einzelner Einheiten sind lediglich als Richtwerte zu verstehen. Es ist jederzeit möglich, lediglich ein einzelnes Modul einer Unterrichtseinheit durchzuführen. Zudem können z. B. die ausführlichen Materialblätter nicht nur den Lehrkräften in ihrer Vorbereitung hilfreich sein, sondern ebenfalls als Recherchemittel zur Erarbeitung einer Thematik dienen. Die behandelten Themen lassen sich mit einer Vielzahl von Unterrichtsfächern verbinden. Dabei bieten sich besonders die Fächer Sozialkunde/Politik/Ethik, Informatik und Deutsch, aber auch der Fremdsprachenunterricht an.

12.7 Werkzeugkästen

Die vier Werkzeugkästen des Projekts (www.medien-in-die-schule.de/werkzeugkaesten/) bieten Lehrer*innen zahlreiche methodische und didaktische Beispiele, wie sie digitale Medien in den Unterricht integrieren können. Im Gegensatz zu den Unterrichtseinheiten enthalten sie kein vorbereitetes didaktisches Konzept zur Durchführung von Unterrichtsstunden, sondern bieten Sammlungen sinnvoller Apps und digitaler Tools für digitales Lernen und Lehren im Präsenz-, Distanz- und Hybridunterricht.

Alle in den Werkzeugkästen vorgestellten digitalen Anwendungen wurden für den Einsatz im Unterricht geprüft und gezielt ausgewählt. Sie können in unterschiedlichen Altersgruppen angewendet werden, teilweise bereits ab dem Grundschulalter. Lehrende sind jedoch aufgefordert, in jedem Einzelfall den Grad der Komplexität, der Bedienbarkeit und den Inhalt der jeweiligen Anwendung im Vorfeld zu überprüfen und die Anwendbarkeit für ihre individuelle Gruppe an Schüler*innen abzuschätzen.

Die Einsatzmöglichkeiten der aufgeführten digitalen Anwendungen im schulischen Kontext sind vielfältig: Bei der Erstellung wurde darauf geachtet, unterschiedliche Funktionen und Zwecke zu berücksichtigen. Jeder der Werkzeugkästen ist dementsprechend in Anwendungskategorien, wie z. B. Präsentation und Textverarbeitung, Audio, Video und Podcast, Zeichnungen und Infografiken oder Organisation, untergliedert.

Der Werkzeugkasten »Lernen & Lehren mit Apps« wurde während der COVID-19-Pandemie umfassend aktualisiert, um Lehrer*innen bei der Orientierung im weiten Bereich der (mobiloptimierten) Apps, digitalen Tools und des mobilen Lernens gezielt zu unterstützen.

12.8 Aktuelle Themen: Jugendliche online/Künstliche Intelligenz/Desinformation

Die »Medien in die Schule« Unterrichtsmaterialien zur digitalen Bildung für den Lernraum Schule möchten Lehr- und pädagogischen Fachkräften insbesondere zu aktuellen Themen Informationen, Anregungen, Methoden und Praxisbeispiele an die Hand geben. Ende 2022 wurde mit »*Jugendliche online. Zwischen Information, Interaktion und Unterhaltung*« (https://www.medien-in-die-schule.de/unterrichtseinheiten/jugendliche-online/) die neueste Unterrichtseinheit veröffentlicht, die die Themen Onlinekommunikation, Unterhaltungsformate, den Umgang mit persönlichen Daten und auch die interessengeleitete Suche nach Inhalten für den schulischen Kontext aufbereitet.

Das Material setzt an der Frage an, welche Bedeutung digitale Medien und das Internet für die Lebenswelt von Jugendlichen haben und was es für sie heißt, online zu sein. Die Unterrichtseinheit soll somit Schüler*innen für zentrale Herausforderungen bei der Nutzung von Onlinemedien sensibilisieren und sie darin unterstützen, sich kompetent und selbstbestimmt in ihren Onlinewelten zu bewegen.

Die Unterrichtseinheit ist in vier Module gegliedert, die jeweils – ausgehend vom eigenen Mediennutzungsverhalten der Jugendlichen – relevante Inhalte der Onlinenutzung thematisieren und transparent machen. Die Schüler*innen reflektieren vor dem Hintergrund ihrer individuellen Mediennutzung den Umgang mit persönlichen Daten, setzen sich mit ihrem Verhalten bei der Onlinekommunikation auseinander und erweitern ihre Kenntnisse und Strategien zu den Möglichkeiten und Recherche im Internet. Zudem reflektieren sie in praktischen Übungen ihre Unterhaltungsangebote und beschäftigen sich mit den Gründen ihrer Auswahl, aber auch mit möglichen Risiken und wie sie ihnen begegnen könnten.

Besonders bedeutsam in der Unterrichtseinheit sind Phasen zur Selbstreflexion der persönlichen Onlinemediennutzung. So erstellen die Jugendlichen einen eigenen Medienstundenplan und Fragebogen zur Onlinekommunikation oder entwerfen (digitale) Collagen zu den bei ihnen beliebten Influencer*innen auf Instagram, TikTok, YouTube und Co. Somit sollen die Jugendlichen ihr eigenes Nutzungsverhalten besser kennen lernen, für Themen wie mediale Stereotypen sensibilisiert werden und darin gestärkt werden, ihr eigenes Mediennutzungsverhalten ihren Bedürfnissen entsprechend zu gestalten. Außerdem setzen sich die Schüler*innen mit problematischen Inhalten und Verhaltensweisen im Netz sowie Handlungsstrategien auseinander. Sie lernen Erste Hilfe-Maßnahmen bei Cybermobbing und Anlaufstellen – sowohl online wie offline – bei negativen Onlineerfahrungen kennen.

Wie funktioniert eigentlich künstliche Intelligenz und was steckt hinter Anwendungen wie ChatGPT? Wie verändern sich durch KI-Anwendungen Aufgabenformate und Lernen? KI-Technologien beeinflussen auch den Lernraum Schule. Mit der Unterrichtseinheit »Machine Learning. Intelligente Maschinen« können Schüler*innen die Themen KI und Machine Learning nachvollziehen und verstehen lernen. Lehrer*innen erhalten in flexibel einsetzbaren Unterrichtsmodulen Informationen, vielfältige Methoden und Praxisanregungen rund um KI für den Unterricht. Vorkenntnisse sind dabei nicht nötig. Ein grundlegendes Verständnis über Machine Learning Algorithmen und Anwendungen ist essenziell, damit Jugendliche eine eigene Haltung zu dem Thema und ihrem Nutzungsverhalten entwickeln sowie sich zu verschiedenen ethischen Fragestellungen, die in diesem Zusammenhang entstehen, positionieren können. Die Einheit kann auch als Einstieg dienen, um aktuelle Debatten rund um die Möglichkeiten und Herausforderungen von KI in der digitalen Bildung und Medienerziehung im Unterricht zu thematisieren.

Das Unterrichtsmodul »Desinformation online« wurde in Zusammenarbeit mit weitklick – das Netzwerk für digitale Medien- und Meinungsbildung (www.weitklick.de) als Ergänzungsmodul zur Unterrichtseinheit »Meinung im Netz gestalten« veröffentlicht. Es erweitert das bereits etablierte Material zu Meinungsbildungsprozessen im Internet um die Vermittlung von Merkmalen, Motiven und Verbreitungswegen von Desinformation online sowie Möglichkeiten der Überprüfung im schulischen Kontext.

Festzuhalten bleibt: Medienpädagogische Angebote wie das soeben kurz vorgestellte OER-Angebot »Medien in die Schule« zur digitalen Bildung und Medienerziehung ermöglichen pädagogischen Fachkräften im schulischen sowie außerschulischen Kontext, den digitalen Raum gemeinsam mit Kindern und Jugendlichen produktiv, gestalterisch und auch kritisch zu nutzen und Heranwachsende in ihrer digitalen und gesellschaftlichen Teilhabe und Souveränität zu stärken.

Literatur

BNE-Portal (2022): Die Bundesregierung veröffentlicht nationale Strategie zu Open Educational Resources. Online unter: https://www.bne-portal.de/bne/de/news/oer-strategie.html, abgerufen am 11.08.2023.

Bundesministerium für Bildung und Forschung (2022): OER-Strategie. Freie Bildungsmaterialien für die Entwicklung digitaler Bildung. Online unter: https://www.bmbf.de/SharedDocs/Publikationen/de/bmbf/3/691288_OER-Strategie.html, abgerufen am 13.07.2023.

Bundeszentrale für politische Bildung (bpb) (2017): Wie wird die Qualität von OER sichergestellt? Online unter: https://www.bpb.de/lernen/digitale-bildung/oer-material-fuer-alle/248209/wie-wird-die-qualitaet-von-oer-sichergestellt, abgerufen am 15.08.2023.

Ebner, Martin & Schön, Sandra (2012): Die Zukunft von Lern- und Lehrmaterialien: Entwicklungen, Initiativen, Vorhersagen. Online unter: : http://l3t.eu/oer/images/band4_l3tswork.pdf, abgerufen am 21.06.2018.

Ehlers, Ulf-Daniel: Paradigmenwechsel in der Qualitätssicherung? Online unter: http://mapping-oer.de/themen/qualitaetssicherung/paradigmenwechsel-in-der-qualitaetssicherung/, abgerufen am 02.07.2018.

Fischer, Georg (2022): BMBF veröffentlicht OER-Strategie: Bringt das Papier die digitale Bildung in Deutschland voran? In: irights.info. Online unter: https://irights.info/artikel/oer-strategie-bmbf-deutschland/31568, abgerufen am 11.08.2023.

Kultusministerkonferenz (Hrsg.) (2016): Beschluss der Kultusministerkonferenz. Bildung in der digitalen Welt – Strategie der Kultusministerkonferenz.

Muuß-Merholz, Jöran (2017): Die 4K-Skills: Was meint Kreativität, kritisches Denken, Kollaboration, Kommunikation? In: J&K – Jöran und Konsorten. Online unter: https://www.joeran.de/die-4k-skills-was-meint-kreativitaet-kritisches-denken-kollaboration-kommunikation/, abgerufen am 11.08.2023.

Oelkers, Jürgen (2009): Fachunterricht und Interdisziplinarität. Vortrag auf dem Symposion »Forschung verändert Schule« am 5. Juni 2009 im Collegium Helveticum, ETH Zürich. Online unter: http://www.ife.uzh.ch/user_downloads/1012/CollegiuimHelveticum.pdf, abgerufen am 21.06.2018.

OERinfo (2015): Zur Definition von »Open« in »Open Educational Resources«. Online unter: https://open-educational-resources.de/5rs-auf-deutsch/, abgerufen am 13.07.2023.

UNESCO (2015): What are Open Educational Resources (OER)? URL: http://www.unesco.org/new/en/communication-and-information/access-to-knowledge/open-educational-resources/what-are-open-educational-resources-oers/; in deutscher Übersetzung von Jöran Muuß-Mehrholz: UNESCO veröffentlicht neue Definition zu OER (Übersetzung auf Deutsch). Online unter: https://open-educational-resources.de/unesco-definition-zu-oer-deutsch/, abgerufen am 23.06.2018.

13 Potenziale von Kinderwebseiten für den Kompetenzaufbau von Medienbildung und Medienerziehung im Unterricht

Laura Keller & Antje Müller

Medienerziehung wird zunehmend als Teil der Allgemeinbildung anerkannt und hält Einzug in die Lehrpläne der Länder. In dem von Medienbildung aufgespannten Feld eines Lernens mit und über Medien eröffnen sich vielfältige Themen und Methoden. Technische Endgeräte und Medien können als didaktische Mittel eingesetzt werden oder mit ihren Chancen und Risiken für die Entwicklung junger Menschen selbst ein Thema für den Unterricht darstellen. Schülerinnen und Schüler wachsen mit Medien auf. Dennoch gilt es, die sich entwickelnden Fähigkeiten und Nutzungskontexte im Blick zu behalten, um einen altersgerechten und interaktiven Umgang mit Medien zu ermöglichen und zu begleiten. Hier können ›pädagogisch wertvolle‹ Kinderwebseiten den Unterricht bereichern. Nachfolgend wird gezeigt, wo an Lehrpläne angeknüpft und mit Kinderwebseiten Wissensaneignung sowie eine aktive Auseinandersetzung mit Medien befördert werden kann.

13.1 Was sind ›pädagogisch wertvolle‹ Kinderseiten?

Internetseiten für Kinder gibt es viele – für jedes Alter und jedes Interesse scheint etwas dabei zu sein. Doch wie lassen sich ›gute‹ von ›schlechten‹ Kinderseiten unterscheiden?

Zur Identifikation geeigneter Angebote gilt es zunächst Qualitätsstandards zu definieren, die zum einen zwingend notwendige Kriterien erfüllen, zum anderen aber auch einen Ausblick auf weitere wünschenswerte Kriterien beinhalten.

Qualitätsvolle Kinderseiten lassen sich schon an einer übersichtlichen Gestaltung und klaren Navigationsführung erkennen, die den Kindern eine eigenständige Orientierung auf der Seite ermöglicht. Die grafische Gestaltung sollte sich an den sich entwickelnden Schreib-Lese-Fähigkeiten der jungen Zielgruppe orientieren – Schriftgröße und Sprache sind an das jeweilige Alter anzupassen. Kinderseiten, die überwiegend aus Text bestehen, eignen sich entsprechend weniger für Vorschulkinder. Vielmehr sollte hier ein visueller und spielerischer Zugang gewählt werden.

Auch die Aktualität der Inhalte und eine kontinuierliche Pflege der Webseite spielen eine Rolle. Dies betrifft tagesaktuelle Seiten (beispielsweise Nachrichtenseiten für Kinder) am stärksten, aber auch für andere Webangebote ist es empfehlenswert, kontinuierlich geprüfte Inhalte bereitzustellen. Dabei ist die technische Betreuung der Angebote unerlässlich – viele Kinderseiten, die beispielsweise noch das Webbrowser-Plugin Flash verwenden, können von mobilen Geräten wie Smartphones oder Tablet-PCs nicht fehlerfrei abgerufen werden. Das beeinflusst die Zugänglichkeit von altersgerechten und pädagogisch wertvollen Inhalten und schränkt parallel die Brandbreite an Nutzungskontexten ein.

Eine zentrale Rolle bei Angeboten für jüngere Nutzerinnen und Nutzer spielt außerdem der Umgang mit dem Datenschutz – was anbieterseitig seit dem 25. Mai 2018 auch auf europäischer Ebene angekommen sein dürfte. Für die Betreiber von Kinderwebseiten bedeutet das, bei der Nutzung der Seiten sollten nicht mehr Daten von Kindern eingeholt werden als unbedingt erforderlich. Das umfasst ebenso eine transparente Handhabung personenbezogener Daten. Nicht ohne Grund bitten viele Kinderseiten-Betreiber um eine elterliche Einverständniserklärung, beispielsweise bei der Teilnahme an Gewinnspielen. Mehr als nur wünschenswert wäre an dieser Stelle eine kindgerechte Datenschutzerklärung, mit denen der junge Nutzerkreis verständlich über die Verwendung von persönlichen Daten aufgeklärt und für einen kompetenten Umgang sensibilisiert wird.

Bietet die Kinderseite eine Community oder eine andere Möglichkeit des Austauschs unter Gleichaltrigen an, so können klare Verhaltensregeln und eine Moderation Orientierung bieten. Auch hier spielt der Datenschutz eine übergeordnete Rolle. Qualitätsvolle Kinderseiten untersagen, dass die Verwendung von Vor- und Zunamen, Adressen oder vergleichbaren persönlichen Daten der Kinder veröffentlicht oder ausgetauscht werden; Foren und Beiträge sind zum Schutz der Kinder und Jugendlichen idealerweise nur von Mitgliedern einsehbar. Für die jungen Nutzerinnen und Nutzer muss ferner ersichtlich sein, an wen sie sich wenden können, sollte es zu Streit, Belästigungen oder Mobbing kommen.

Gerade Kinderseiten müssen auf einen unkritischen Gebrauch vorbereitet sein. So ist in Hinblick auf Qualitätsaspekte die persuasive Wirkung von Inhalten nicht zu unterschätzen und eine auf Kinderseiten eingebundene Werbung differenziert zu betrachten. Werbung selbst muss auf Kinderseiten kein Ausschlusskriterium sein. Diese soll nur als solche erkennbar und gekennzeichnet sein, darf keine direkten Kaufaufforderungen enthalten oder das vordergründige Ziel eines Onlineangebots sein. Dies ist im besonderen Maße zu berücksichtigen, da sich die Werbekompetenz von Kindern und Jugendlichen noch in der Entwicklung befindet und sich die durch Werbung begründete Bindung zu Produkten und Unternehmen nicht selten auf das Kaufverhalten im Erwachsenenalter auswirkt.

Alle qualitätsvollen Kinderseiten eint nicht zuletzt das Selbstverständnis, sowohl gesetzliche Bestimmungen zum Kinder- und Jugendmedienschutz gemäß des Jugendmedienschutz-Staatsvertrag (JMStV), des Jugendschutzgesetz (JuSchG) als auch der Impressumspflicht für Internetangebote zu folgen. Webseiten, die diese Grundsätze nicht beachten, haben unter anderem die ungewollte Veröffentlichung privater Informationen der Kinder und Jugendlichen, nicht altersgerechte Käufe, Datendiebstahl oder die vermeintliche Kontaktaufnahme durch Dritte zur Folge.

Vor dem Hintergrund der zunehmenden Bedeutung von digitalen Medien und Medienbildung, die spätestens mit dem DigitalPakt#D[83] des Bundes Einzug in die

---

83 Auf einer bereits vorliegenden Bund-Länder-Vereinbarung aufbauend, wurde der Digital-

Curricula der Länder gehalten hat, ist das Potenzial zur Medienkompetenzförderung durch Kinderseiten kaum noch wegzudenken. Diese kann sich in eine Art Mitmach-Charakter äußern, der Kinder und Jugendliche zur reflexiven, kreativen und interaktiven Partizipation animiert, kann sich aber auch durch die Vermittlung von Wissen und der Aufklärung über Funktionsweisen, Chancen und Risiken des Internets konstituieren. Wünschenswert in diesem Kontext ist die Bereitstellung von Informationen und Materialien für Eltern, Pädagoginnen und Pädagogen zur Kinderseite selbst beziehungsweise zu ihrem Einsatz in möglichen Bildungskontexten.

Beispielhafte Initiativen wie der Erfurter Netcode, Klicktipps oder auch das Initiativbüro Gutes Aufwachsen mit Medien bieten Eltern, Lehrenden und Fachkräften eine Übersicht von über einhundert als qualitätsvoll eingestuften Kinderseiten, die vergleichbaren Qualitätsstandards entsprechen.

13.2 Welche konkreten Anschlussmöglichkeiten bieten Lehrpläne?

Medienbildung in der Grundschule und den Sekundarstufen lässt sich mit Kinderseiten facettenreich in den Unterricht einbinden. Sowohl fachspezifisch als auch fächerübergreifend bieten sich unterschiedliche Anschlussmöglichkeiten zu Theorie und Gebrauch von digitalen Medien.

Aufgabengebiet Medienerziehung

Mittlerweile ist Medienbildung ohnehin in den meisten Bildungs- und Rahmenlehrplänen der Länder als eine der zentralen Aufgaben von Schule verankert. So fanden erstmals vor dem Hintergrund der Umsetzung des für das Schuljahr 2018 anvisierten DigitalPakt Lehrplananpassungen statt, welche die Integration der Medienbildung im Einklang mit der obligatorischen Unterrichtsgestaltung brachten. In den Hamburger (Bildungsplan Gymnasium Sekundarstufe I Hamburg 2018) wie auch Hessischen (1. Fächerübergreifende Aufgabengebiete 2008) Bildungsplänen ist jeweils das Aufgabengebiet Medienerziehung enthalten. Hierbei formulieren die Rahmenpläne verbindliche Inhalte und Anforderungen am Ende bestimmter Schulstufen, während sich Hamburg auf die Sekundarstufe I des Gymnasiums und Hessen auf die Grundschule bezieht. Sowohl in den Rahmenplänen als auch in den Lehrplänen wird jedoch nur selten detailliert auf neue bzw. digitale Medien als Gegenstand oder Inhalt Bezug genommen (Bildungsplan Gymnasium Sekundarstufe I Hamburg 2018). Mittlerweile fördern Landesprogramme wie »Digitale

---

plan in den Koalitionsvertrag der neuen Regierung aufgenommen. Mitte des Jahres 2017 war ein Start für 2018 avisiert worden.

Schule Hessen« seit 2019 allerdings die Weiterentwicklung des digital gestützten Lehrens und Lernens an Schulen, welche unter anderem von gesetzlichen Bestimmungen zur Förderung digitaler Bildungsinfrastrukturen vorangerieben werden (Hessisches Kultusministerium 2023).

In ähnlicher Weise führte das Ergebnis des BLK-Modellversuchs »Differenzierte Medienerziehung«, entstanden als Element allgemeiner Bildung (1994–1998) der Länder Nordrhein-Westfalen und Sachsen zu den Rahmenplänen für die Medienerziehung in der Grundschule und in der Sekundarstufe I (vgl. Konzeption »Medienbildung und Digitalisierung in der Schule« 2018). In den Bildungsgrundsätzen NRW (2018) sind Medien als eigenständiger Bildungsbereich anerkannt und in einzelnen Lernbereichen der fachbezogenen Rahmenpläne Sachsens (vgl. u.a. Lehrplan Gymnasium Deutsch 2013) sind darüber hinaus Maßnahmen zur Medienkompetenzentwicklungen verankert. Dennoch bleiben auch hier lehrplanbezogene Ausarbeitungen und eine verbindliche Integration an der Oberfläche (vgl. Richtlinien Bildungs- und Erziehungsgrundsätze für die allgemeinbildenden Schulen in Nordrhein-Westfalen 2023). Auf Basis des verbindlichen Medienkompetenzrahmens NRW wurden bis zum Schuljahresende 2019/2020 verpflichtende Richtlinien des Landes auf alle allgemeinbildenden Schulen bezogen (2023). Die Überarbeitung der Medienkonzepte der Schulen wurde in den Jahren 2020 und 2021 vorangetrieben und mündete in NRW sowohl in aktualisierte Lehrpläne für die Sekundarstufe I des neunjährigen Gymnasiums und in neue Lehrpläne der Primarstufe (2021) und in eine angepasste Kerncurricula für die Lehrerausbildung und -fortbildung. Nachdem Sachsen bisher vorrangig auf geeignete Rahmenbedingungen mit einer zeitgemäßen Ausstattung in Schulen und auf Empfehlungen für die Integration von digitalen Medien in einzelnen Lernbereichen gesetzt hatte, wurde der Kompetenzrahmen »Kompetenzen in der digitalen Welt« für einen fächerübergreifenden Einsatz von Medienbildung zum Schuljahr 2019/2020 in sechs Stufen in die sächsischen Lehrpläne aufgenommen und wird seitdem mit der Primarstufe umgesetzt (Sächsisches Staatsministerium für Kultus 2021).

Medienbildung als fächerübergreifendes Bildungsziel

Schon länger selbstverständlich für alle Schularten und Schulstufen ist Medienbildung als fächerübergreifendes Bildungsziel in den Ländern Mecklenburg-Vorpommern (vgl. Kooperationsvereinbarung zur Förderung der Medienkompetenz 2015), Bayern (vgl. Bekanntmachung Medienbildung. Medienerziehung und informationstechnische Bildung in der Schule 2012), Bremen sowie Berlin und Brandenburg (vgl. Basiscurriculum Medienbildung 2015).

Entsprechend formuliert Mecklenburg-Vorpommern beispielsweise, wie das im Schulgesetz genannte Aufgabengebiet Medienerziehung im Unterricht und in fächerverbindende Projekte integriert werden kann (vgl. Rahmenplan Medienerziehung 2004). Dabei werden verbindliche Aufgabenbereiche, Ziele und Prinzipien der Medienerziehung benannt, die in den fächerübergreifenden Rahmenplan »Digitale Kompetenzen« ab dem Schuljahr 2018/2019 einfließen und die Überarbeitung von etwa 150 Rahmenplänen begründen. Zu den zu bearbeitenden Themen im Unterricht gehören unter anderem: Quellenarbeit, Umgang mit Suchmaschinen, kollaboratives Arbeiten auf Plattformen, Produzieren von Medien, Analyse und Verwaltung mit Datenbanksystemen, Risiken und Verhaltensweisen in digitalen Umgebungen, genauso wie Datenschutz, Urheber- und Nutzungsrechte. Diese Aufgabengebiete gelten prinzipiell für alle Schulstufen und zielen sowohl auf eine Verankerung der Medienerziehung in den Fächern als auch auf die Initiierung von fachübergreifenden und fächerverbindenden Medienprojekten ab.

Gemäß der Beschlüsse der KMK schaffte der Rahmenplan Medienbildung im Land Bremen bereits im Jahr 2002 »exemplarisch einen Raum für pädagogisches und didaktisches Handeln mit Medien und Informationstechniken« für alle Schularten der Sekundarstufe I (Medienbildung Rahmenplan für die Sekundarstufe I 2002). Mit der Einführung des fach- und stufenübergreifenden Bildungsplans wird die Vermittlung von Medienbildung nach Kompetenzbereich auch in der Grundschule sowie Sekundarstufe II verbindlich (vgl. Entwurfsfassung 2012). Dimensionen von Medienbildung unterteilen sich zum einen in Lernen mit und durch Medien sowie gesellschaftliche und kulturelle Teilhabe und Mitgestaltung. Zum anderen erhalten Identitäts- und Persönlichkeitsbildung, Haltungen, Wertorientierungen und ästhetisches Urteilsvermögen eine besondere Gewichtung und schließen den Schutz vor negativen Wirkungen der Medien und des Mediengebrauchs mit ein.

Infolge der Verabschiedung des mehrjährigen Förderprogramms Masterplan BAYERN DIGITAL II, mit Fokus auf den Ausbau der schulischen IT-Struktur sowie auf die Stärkung pädagogischer Angebote zur Medienbildung im Klassenzimmer, haben alle bayerischen Schulen bis zum Ende des Schuljahres 2018/19 ein Medienkonzept entwickelt (Bayerisches Staatsministerium für Unterricht und Kultus 2023a, vgl. Medienkonzepte an bayerischen Schulen, ISB 2017). Diese schuleigenen Mediencurricula orientieren sich am Kompetenzrahmen für Medienbildung an bayerischen Schulen und übernehmen die folgenden Funktionen: Orientierung und Transparenz, Stärkung der Medienkompetenz, Verbesserung der Unterrichtsqualität, Verzahnung bestehender Konzepte, Planung von Ausstattungs- und Fortbildungsbedarf, Unterstützung der Schulentwicklung sowie Entwicklung von Medienkonzepten im Rahmen des DigitalPakts Schule (Bayerisches Staatsministerium für Unterricht und Kultus 2023a). Seit 2014 wurde stufenweise der LehrplanPLUS eingeführt, zunächst an Grundschulen und ab Februar 2017 auch an Mittelschulen. Medienbildung mit neuen Medien ist somit als wesentlicher Baustein innerhalb der übergreifenden Bildungs- und Erziehungsziele in den einzelnen Fachlehrplänen integriert (vgl. Bayerisches Staatsministerium für Unterricht und Kultus 2016 und 2023a) und ist seitdem in den Lehrplänen und Fachlehrplänen aller Schulformen fest verankert (vgl. Medienkompetenz im LehrplanPLUS 2023b).

Fach Medienbildung im Lehrplan

Abgesehen von einem insgesamt sehr unterschiedlichen Begriffsgebrauch, Begriffsverständnis und einer heterogenen curricularen Umsetzung beabsichtigen bisher noch wenige Bundesländer den Aufbau eines eigenständigen Fachs mit einem eigenen Lehrplan für Medienerziehung und -bildung.

Nordrhein-Westfalen plante zwar die verpflichtende Einführung des Fachs Medienkunde (vgl. news4teachers.de 2018), die ursprünglich bis 2021 angestrebte Entwicklung fächerübergreifender Konzepte für die einzelnen Schulen steht allerdings noch aus (vgl. Ministerium für Schule und Bildung des Landes Nordrhein-Westfalen 2023). Auch Mecklenburg-Vorpommern strebt nach einem eigenen Unterrichtsfach, das hier Medienkunde in Verbindung mit Informatik vermittelt. So hieß es auf der Webseite des Medienpädagogischen Zentrums: »Wer im Jahr 2018 in die Schule kommt, soll bis zum Ende seiner Schulzeit eine umfassende Medienbildung erhalten« (Ministerium für Bildung, Wissenschaft und Kultur des Landes M-V 2018). Die Implementierung des durchgängigen, einstündigen Fachs »Informatik und Medienbildung« gelang schließlich mit Beginn des Schuljahrs 2019/2020. Ab Klasse 5 werden nun Schülerinnen und Schüler in den Bereichen Mediennutzung, Mediengestaltung und Medienkritik unterrichtet (vgl. Rahmenplan Informatik und Medienbildung 2020).

In der bayerischen Bildungspolitik war zunächst das zusätzliche Schulfach »Digitalkunde« im Gespräch. Eingeführt wurde ab dem Schuljahr 2018/19 jedoch zunächst nur das Pflichtfach Informatik, das ab Klasse 6 in allen Gymnasien unterrichtet und damit bundesweit als erstes übernommenes Wahlfach dieser Art Bestandteil der Allgemeinausbildung ist (vgl. Deutschlandfunk 2018). Hieran knüpften in den Folgejahren auch andere Schulformen an. So wird, neben der fächerübergreifenden Vermittlung von Medienkompetenz in der Grundschule, informatische und digitale Bildung in eigenständigen Fächern an Mittel-, Real-, Förderschulen sowie Fachoberschulen unterrichtet (vgl. Bayerisches Staatsministerium für Unterricht und Kultus 2023b).

Eines der ersten Bundesländer, das Medienbildung verbindlich in den Lehrplan zu integrieren begann, ist Thüringen. Bereits ab dem Schuljahr 2009/10 wurde bereits an allgemeinbildenden, weiterführenden und berufsbildenden Schulen die Implementierung des Kursplans »Medienkunde« (Thüringer Schulportal 2023a) vorbereitet. Beginnend mit der Klassenstufe 5 wird dieser im Umfang von mindestens zwei Jahreswochenstunden pro Doppelklassenstufe bis zur Klassenstufe 10 verbindlich unterrichtet (Thüringer Schulportal 2023b). Integriert ist der kompetenzorientierte Kurs Medienkunde im jeweiligen Leitfach (z. B. Deutsch), um medienkundliche und informatische Inhalte zu vermitteln und Medienkompetenzerwartungen in den jeweiligen Klassenstufen zu vereinen, zu konkretisieren und zu systematisieren. Mit der Einführung des Kurses ebenso für die Schülerinnen und Schüler der Klassenstufen 1 bis 4 verfügte Thüringen bis zum Schuljahr 2017/18 bereits über ein »durchgängiges schulisches Bildungsangebot für die Medienkompetenzentwicklung«.

Einige der jüngsten Entwicklungen für die Etablierung eigenständiger Fächer und fachübergreifender Medienbildung finden sich dazu in den Ländern Hessen, Saarland, Baden-Württemberg und Schleswig-Holstein. Während Hessen den im Schuljahr 2022/23 gestarteten Pilotversuch zur Einführung des Fachs »Digitale Welt« ebenso für das Schuljahr 2023/24 fortsetzt (vgl. Hessisches Kultusministerium 2022), startete das Saarland zunächst nur Weiterqualifizierungsmaßnahmen für

Lehrkräfte im Fach Informatik und kündigt den Bedarf nach einem eigenständigen und verbindlichen Schulfach ab Klassenstufe 7 an den Gemeinschaftsschulen und Gymnasien an (Ministerium für Bildung und Kultur 2021).

Baden-Württemberg hingegen hat bereits mit den Bildungsplänen 2016 einen Basiskurs für medienbildnerische Grundlagen in Klasse 5 eingeführt. Die zentrale Neuerung: Als eine von sechs übergeordneten Leitperspektiven erfolgt mit der Medienbildung eine durchgängige und damit fachübergreifende Kompetenzorientierung, auf die in den weiteren Schuljahren aufgebaut werden soll (Ministerium für Kultus, Jugend und Sport Baden-Württemberg 2023). In ähnlicher Weise verfährt das Land Schleswig-Holstein mit der am 2.3.2022 vorgestellten Leitlinie Medienkompetenz. Benannt werden hierin sechs Medienkompetenzbereiche zur fachintegrativen Vermittlung, die in den ergänzenden Fachanforderungen an den Sekundarstufen I und II sowie den Grundschulen zur verbindlichen Aufgabe für Lehrkräfte gemacht werden (vgl. Leitlinie Medienkompetenz für das Land Schleswig-Holstein 2022).

Aber auch in den Fachlehrplänen ohne Verankerung explizit informatischer oder medienkundlicher Unterrichtseinheiten – aufgezeigt am thüringischen Beispiel – finden sich konkrete Anschlussmöglichkeiten für ein medienerzieherisches Handeln an Schulen: Die Fachlehrpläne für die Grundschulen in Thüringen enthalten beispielsweise bereits zahlreiche Bezüge zur Medienkompetenzförderung, die der jeweiligen Sach-, Methoden-, Sozial- und Selbstkompetenz der Schülerinnen und Schülern zugeordnet sind und an diesem Punkt aufgegriffen werden. So heißt es beispielsweise im Fachlehrplan Deutsch zur Methodenkompetenz und methodisch-didaktischen Arbeit mit Medien ab der Schuleingangsphase bis zu Klassenstufe 4: »Der Schüler kann verschiedene Medien nutzen, z.B. Buch, Sachliteratur, Nachschlagewerke, Kinderzeitschrift, Zeitung, Plakat, Foto, Fernsehen, Computer, Video« (TMBWK 2010a, S. 13).

Aus dem skizzierten Überblick der Rahmen- und Fachlehrpläne wird ersichtlich, dass von Bundesland zu Bundesland sehr unterschiedlich ausgeprägte Konkretisierungen vorgenommen wurden, wie das Lernen mit und über Medien auf bildungspolitischer Ebene ›gedacht‹ ist. Auffällig ist dabei die hohe Gewichtung informatorischer Inhalte für die Vermittlung medienbildnerischer Grundlagen in den meist fachübergreifenden Curricula. Ob das formale Wissen um die systematische Verarbeitung und Speicherung von Informationen gleichbedeutend mit Medienbildung zu führen ist, welche ebenso eine reflektierende Komponente zu Medieneinflüssen enthält und sich auf einen lebenslangen Prozess der Vermittlung im Rahmen der Persönlichkeitsentwicklung bezieht (vgl. Spanhel 2002), bleibt allerdings weiter zu diskutieren.

13.3 Kinderwebseiten konzeptionell in die Grundschule einbinden – Wie? Was? Warum?

Die Integration von Kinderwebseiten in den Unterricht und an Schulen kann auf viele verschiedene Art und Weisen geschehen. Zunächst ist zu unterscheiden, ob die Internetangebote eher als Mittel, sprich als Werkzeug zum Lernen angesehen oder ob sie vielmehr als Gegenstand inhaltlich in den Unterricht eingebunden werden.

Im Verständnis von Medien als Mittel und der damit verbundenen Integration in den Fachunterricht müssen Lehrende die Auswahl und den Einsatz von Medien immer in Relation zu Thema, Ziel, Methode und Voraussetzungen der Schülerinnen und Schüler setzen (Wermke 2010, S. 395). Der bloße Einsatz von digitalen Medien in der Schule reicht darüber hinaus nicht aus, um Lehr- und Lernprozesse zu verbessern – dennoch bietet insbesondere der Lernort Schule Potenziale für die medienpädagogische Arbeit. Der Einbezug von Kinderseiten in den Grundschulunterricht eröffnet neue Möglichkeiten der Zielgruppenansprache, neue Lernorte und -situationen mit einem breiten Zugang zu Wissen sowie Teilhabe an gesellschaftlicher Kommunikation, die sich nicht zuletzt wiederum zur Unterstützung alternativer Lehr-/Lernmethoden eignen (Fleischer & Hajok 2016, S. 209).

Der Einsatz digitaler Medien kann demzufolge die Lernmotivation der Schülerinnen und Schüler steigern und individuelles Lernen fördern. Vorausgesetzt, diese fokussieren Vernetzungs- und Kommunikationsprozesse zwischen Lehrende und Lernende, aber auch unter Lernende selbst. Ebenso ist die Thematisierung von inhaltlichen Aspekten, wie beispielsweise der Chancen und Risiken oder der Strukturen von Massenmedien und somit der Medien als Gegenstand unumgänglich (ebd., S. 211). Gefragt ist hierbei eine fächerübergreifende Medienkompetenzförderung. In Bezug auf die Integration von handlungsorientierten medienpädagogischen Inhalten und Konzepten in den schulischen Alltag steht jedoch nicht das durch die Lehrenden zu vermittelnde Fachwissen im Mittelpunkt, sondern vielmehr die Befähigung der Schülerinnen und Schüler, sich ihre Medienwelt selbst anzueignen. Hajok und Fleischer (2016, S. 214) formulieren darüber hinaus Herausforderungen und konkrete Felder, bei denen Handlungsbedarf in der schulischen Medienbildung besteht und fordern:

> »Die eingesetzten Konzepte müssen an den Bedürfnissen und Lebenswelten von Kindern und Jugendlichen ansetzen, für eine reibungslose Integration in den Unterricht auf die Lehrpläne verweisen, evaluiert und kontinuierlich fortgeschrieben werden.«

Lehrende benötigen schnell umsetzbare, abwechslungsreiche Projektvorschläge und Ideen, die sowohl Bezüge zu den Fachlehrplänen herstellen und den Kindern Erwerb von (Schlüssel-)Kompetenzen ermöglichen. Eine Auswahl der Projektvorschläge, die im Rahmen des Kooperationsprojekts »Medienpädagogische Handreichungen für Thüringer Grundschulen« des Erfurter Netcodes und der Universität Erfurt entstanden sind, soll hier in verkürzter Form vorgestellt werden. Diese setzen die Forderung wie folgt um: Die Bedürfnisse der Kinder werden aufgegriffen, indem die im Bildungsplan formulierten Ansprüche an Medienbildung berücksichtigt werden. Dabei wird die Annäherung an die Lebenswelt der Kinder durch die Arbeit mit altersgerechten Webangeboten geleistet, während Lehrenden parallel die Aufgabe zukommt, für die Integration in den Fachunterricht Bezüge zu den hier bearbeiteten Inhalten und Begriffen herzustellen und Strukturierungen der Fachlehrpläne vorzunehmen. Die Projektvorschläge zum Einsatz von Kinderseiten stehen damit in Bezug zum Bildungsplan, zu den Fachlehrplänen und den darin formulierten Themen sowie zu den Lernbereichen. Inhaltlich orientieren sich die entwickelten Handreichungen insbesondere an den thüringischen Unterrichtsvorgaben, wobei sich Parallelen zu den Lehrplänen in den Ländern Sachsen (Rahmenplan Grundschule Sachsen 2015) sowie Brandenburg, Berlin, Bremen und Mecklenburg-Vorpommern (Rahmenlehrplan Grundschule Deutsch erarbeitet im länderübergreifenden Projekt 2004) aufzeigen lassen.

Ziel dieser Projektvorschläge ist es, die Schülerinnen und Schülern als aktive Subjekte ernst zu nehmen und ein größtmögliches Maß an Freiraum zuzusichern, um die Perspektive der handlungsorientierten Medienpädagogik aufzugreifen. An Lehrende wird appelliert, eine Gleichberechtigung von Kindern, Jugendlichen und Erwachsenen in der Projektverwirklichung anzustreben, indem sie die Schülerinnen und Schüler als Expertinnen und Experten ihrer Lebenswelt wahrnehmen – und sie so in ihrem bisherigen Medienhandeln fordern und fördern. Für diesen Rahmen wurden kurze Projektvorschläge gewählt, die zur weiteren Auseinandersetzung anregen sollen, um den Lehrenden eine möglichst wirkungsvolle, mediengestützte Unterrichtsgestaltung bei hinreichendem Raum für eine individuelle Ausgestaltung zu gewährleisten. Die Projektvorschläge bieten Lehrenden Impulse für vermittelbare Inhalte, Lernbereiche und Lernziele zum Aufbau von Kompetenzen, die sich durch den vielfältigen Medieneinsatz in der Grundschule weiterentwickeln lassen.

13.4 Einsatzmöglichkeiten von Kinderseiten im Grundschulunterricht

Wie bereits dargestellt, bieten die Fachlehrpläne für die Grundschule breite Einsatzmöglichkeiten für die Verwendung von Kinderseiten im Unterricht – die folgende Tabelle soll eine Auswahl von Kinderseiten vorstellen, die einen konkreten Fach- und Lehrplanbezug aufweisen und Pädagoginnen und Pädagogen die Suche nach Unterrichtsideen erleichtern können. Auch fächerübergreifend einsetzbare Kinderseiten sollen anschließend Beachtung finden. Zahlreiche Kinderseiten[84] ver-

---

84 Eine Orientierung für qualitätsgeprüfte Kinderwebseiten bietet unter anderem das Seitenstark-Gütesiegel, welches zuletzt im Dezember 2023 an neun digitale Kinderangebote verliehen wurde. Der Kooperationsverbund, bestehend aus Seitenstark e.V., MDR THÜRINGEN, Die Medienanstalten und Thüringer Landesmedienanstalt, würdigte kindgerechte, sichere Digitalangebote in den Themenfeldern »Natur & Umwelt«, »Gesellschaft & Teilhabe«, »Wissen, Rat & Medienkompetenz«.

fügen des Weiteren bereits über medienpädagogisches Material und ausformulierte Projektideen.

Tab. 13.1: Auswahl von Kinderseiten mit konkrtem Fach- und Lehrplanbezug

Fach	Inhalt	Projektvorschlag
Deutsch	Die deutsch-französisch-polnische Kinderseite der Bösen Wölfe (www.boeser-wolf.schule.de) bietet vielseitige Informationen zu Europa und beschäftigt sich im Rahmen eines jährlich wechselnden Kernthemas mit Fragen rund um Alltag, Arbeit und Umwelt.	Die Kinder beschäftigen sich mit den Interviews der Bösen Wölfe zu verschiedenen Themen wie u. a. Politik, Kunst oder Medien. Im Anschluss können sie ein eigenes Interview planen und durchführen.
	Im Kinderportal »Hast'n Plan?« (https://hastnplan.de/) berichtet die Medienwerkstatt Potsdam im fjs e.V., was Schüler*innen in Potsdam bewegt. Von Kultur- und Jugendevents bis hin zu persönlichen Erlebnissen führt das Portal Tipps, Berichte und Geschichten für und von Schüler*innern zusammen.	Angehende Kinderreporter können sich aus dem Portal Anregungen für eigene Berichte und Geschichten holen. Schüler*innen können am Portal mitwirken, indem sie Fehler finden, interessante Themen vorschlagen oder selbst Artikel einreichen.
	haste-toene.hamburg der Ballin-Stiftung e.V. (https://www.haste-toene.hamburg/) bündelt Kindermedien aus Hamburg und bietet Kindern die Gelegenheit, Projekte anzuschauen und selbst Radiosendungen, Podcasts, Nachrichten, Hörspiele, Trickfilme oder Comics zu produzieren	Nach einem Überblick zu produzierten Podcasts der Hamburger Kinder können Schüler*innen in Gruppen anhand eigener Texte und Einsprechübungen schrittweise die Umsetzung eines Podcast erarbeiten.
Mathematik & Informatik	In der Datenschutzwelt der Berliner Beauftragten für Datenschutz und Informationsfreiheit (https://data-kids.de/) führen tierische Figuren in »Big Data« ein. Die Kinderseite bietet anschauliche Erklärungen, Unterrichtsmaterialien, ein Lexikon und Spiele rund um das Themengebiet Daten.	Zur Befähigung von Kindern, ihr Recht auf informationelle Selbstbestimmung in der digitalen Welt durchzusetzen, können Lehrkräfte Begleitmaterialien wie Arbeitsblätter oder Bastelanleitungen zum richtigen Umgang mit und der reflektierten Prüfung von Daten in ihrem Unterricht einbinden.
Sachkunde/Heimat- und Sachunterricht	In der Stadt der Pedalpiraten (www.pedalpiraten.de) geht es um das Thema Fahrrad. Neben kindgerecht aufbereiteten Informationen zur Geschichte des Fahrrads finden sich Informationen zur Verkehrssicherheit.	In den Unterricht kann der Verkehrsparcours eingebunden werden. Wie alle Inhalte der Pedalpiraten ist auch dieser in die Stationen Wissen, Videos und Quiz aufgeteilt, welche unabhängig voneinander bearbeitet werden können.
	Die Seite Meine Forscherwelt (www.meine-forscherwelt.de) bie-	Die Lernspiele (z. B. Katis Strom-O-Mat) regen die Kinder spielerisch

Tab. 13.1: Auswahl von Kinderseiten mit konkrtem Fach- und Lehrplanbezug – Fortsetzung

Fach	Inhalt	Projektvorschlag
	tet einen interaktiven Forschergarten rund um die Themen Naturwissenschaft, Mathematik und Technik.	dazu an, sich intensiv mit Phänomenen auseinanderzusetzen, die ihnen im Alltag begegnen. Mithilfe der als Download zur Verfügung stehenden Lernbegleitung können sie im Unterricht besprochen werden.
	Bei Klassewasser (www.klassewasser.de) dreht sich alles um Wasser: Wissen, Experimente, Bastelangebote, zählen zum umfangreichen Angebot.	Die Seite ermöglicht eine kindgerechte Recherche zum Thema Wasser im Alltag (z. B.: »Nur der Po gehört ins Klo«, klärt Kinder darüber auf, was in die Toilette gehört und was nicht – oder »Die Reise durch deinen Wassertag« visualisiert mithilfe eines interaktiven Videos den täglichen Wasserverbrauch.)
Gesellschaftswissenschaften/ Gesellschaftslehre	Auf der Kinderseite der Bundeszentrale für politische Bildung (www.hanisauland.de) werden verschiedene politische Themen kindgerecht durch Filme, Comics und kurze Artikel aufgearbeitet und erklärt.	Die von der bpb bereitgestellten interaktiven Tafelbilder zu den deutschen Bundesländern und Hauptstädten können mit Whiteboards verwendet und in beliebiger Reihenfolge im Unterricht eingesetzt werden. Durch Visualisierungs- und Spielmöglichkeiten sowie Zuordnungsaufgaben wird der Zugang zum Thema erleichtert.
	grenzenzeigen.de (https://grenzenzeigen.de/) ist ein Angebot der Fachstelle Prävention gegen sexualisierte Gewalt im Bistum Trier. Mit Lese-, Video- und Hörbeispielen sowie Quizzen werden Kindern Hilfs- und Präventionsangebote aufgezeigt, um sie gegen Gewalt zu stärken und ihnen ihre Rechte aufzuzeigen.	Auch Kinder haben Rechte. Welche das sind, kann mit Hilfe des Podcast »Kinderrechte erklärt von Kindern« erarbeitet und mit dem Quiz »Kennst du deine Rechte?« überprüft werden.
Naturwissenschaften	Auf der Kinderwebsite Klimamonster (https://www.klima-kit.de/) bündeln Eltern des Vereins Parents For Future Deutschland e.V. Informationen zum Klima für Kinder. Für den Lernort Schule hält die Seite Bastelangebote, Geschichten, Quizze, Challenges, Buchtipps und Lieder zum Thema Umweltschutz bereit.	Das Quizz-Kit zu Themen wie »Energie« oder »Unterwegs« bietet einen spielerischen Zugang zum eigenverantwortlichen Umgang mit Umweltressourcen. Es können Teams in einer Quiz Challenge antreten, bei dem das Gewinnerteam ein downloadbares Klimamonster-Plakat, Sticker oder Kit zum Ausmalen gewinnt.
	Jule, Malik und NAJU laden im NAJU VERSUM zur (https://www.na	Mit Hörproben von Naturgeräuschen können Schüler*innen Tiere

Tab. 13.1: Auswahl von Kinderseiten mit konkrtem Fach- und Lehrplanbezug – Fortsetzung

Fach	Inhalt	Projektvorschlag
	juversum.de/) Entdeckung von Wiese, Wald, Gewässer, Stadt und Gebirge. Neben Videos und Podcasts bietet das Digitalangebot von Naturschutzjugend im NABU e.V. Anregungen für Experimente, Bastelideen und Spiele.	erraten oder selbst zum Tier werden, indem sie sich anhand der Downloadmaterialien etwa eine Storchenmaske basteln.
	Das Umweltbildungsprogramm des Naturparks Schwarzwald Mitte/Nord e.V. hält mit den Naturpark-Detektiven (https://naturpark-detektive.de/) aktivierende Detektiv-Ideen für Kinder bereit.	Je nach Jahreszeit kann die Klasse Detektiv-Aufträge lösen und Natur, Park oder Wiese erkunden. Anhand einer Hintergrundgeschichte und Aufgabenbeschreibung können bestimmte Pflanzen entdeckt oder mit ihnen experimentiert werden. Forscher-Ergebnisse der Klasse können eingesandt und prämiert werden.
	Susanne Gugeler und ihr Delfin-Freund FINN besuchen Artgenossen an entlegenen Orten und teilen auf der Kinderwebseite (https://www.derkleinedelfin.de/) Wissens- und Lesenswertes über Delfine, Wale und ihren Lebensräumen.	Im Rahmen einer Aktion gegen Plastikmüll im Meer können Schüler*innen ein kleines Experiment durchführen, in dem sie mit Hilfe eines Mörsers nachahmen, was mit Plastik im Meer über längere Zeit passiert. Ergebnisse und Alternativen zu Plastik können die Kinder auf einem Plakat festhalten.
	Auf Abenteuer Regenwald (www.abenteuer-regenwald.de) können sich Kinder über den Regenwald, seine Tier- und Pflanzenwelt und die Bedrohung durch Abholzung informieren.	Die Seite ermöglicht eine kindgerechte Recherche zum Thema Regenwald.
Religion & Ethik	Kinderfunkkolleg (www.kinderfunkkolleg-trialog.de) informiert über die drei Weltreligionen in Form von Podcasts und Hörmaterialien.	Mit dem Podcast »Weihnachten im Kontext der drei Weltreligionen« werden kulturelle Unterschiede erarbeitet und das Hörverstehen wird gefördert.
	Religionen entdecken (www.religionen-entdecken.de) führt kindgerecht über Videos, ein Lexikon, Spielen und viele Mitmachangebote in verschiedene Religionen ein und ermöglicht Kindern, sich mit der Bedeutung von Glauben auseinanderzusetzen.	Quizze (z. B. »Was weißt du über das Christentum?« oder »Rituale in den Weltreligionen«) können in den evangelischen oder katholischen Religionsunterricht eingebunden werden.
	Auf der Kirche-entdecken-Seite (www.kirche-entdecken.de) erkundet Kira, die Elster, zusammen	Zur Stundenvorbereitung zum Thema Kirche können die Kinder vorab die verschiedenen Kirchenräume entdecken. Erläutert wer-

Tab. 13.1: Auswahl von Kinderseiten mit konkrtem Fach- und Lehrplanbezug – Fortsetzung

Fach	Inhalt	Projektvorschlag
	mit den Kindern die Kirche, Bibel, Feiertage und Weltreligionen.	den u. a. Hauptraum, Altar, Kirchenorgel und die Werkstatt des Küsters bzw. Mesners.
	Im Trauerland (www.trauerland.org) können sich Kinder mit Trauer, Abschied und Tod auseinandersetzen. Der Zugang ist spielerisch und ernsthaft zugleich. Die Seite umfasst u. a. die Themenbereiche Gefühle, Trauerhaus, Danach, Todesarten und Erinnern.	Die Kinder beschäftigen sich mit Gefühlen (Traurigkeit, Wut, Angst, Enttäuschung, Freude, sich leer fühlen und Schuld) anhand von Videos und Texten im gleichnamigen Menüpunkt.
Musik	Auf Auditorix (www.auditorix.de) gibt es alles rund um das Thema Hören. Bereitgestellt werden Informationen über das Entstehen eines Hörspiels, das Entwickeln der Geschichte, Stimmen, Musik und Geräusche. Außerdem gibt es Tipps, wie Kinder ein eigenes Hörspiel produzieren können.	Im Spiel »Spitz die Ohren« müssen verschiedene Geräusche herausgehört und erkannt werden. Ist das auditive Feingefühl hergestellt, können auch Klänge unterschiedlicher Instrumente erraten und gleichzeitig Überlegungen dazu angestellt werden, zu welcher Stimmung und Situation diese Instrumente am besten passen würden.
	Maestro Margarini (http://maestromargarini.staatsoper.de) ermöglicht es Kindern, virtuell die Welt der Bayerischen Staatsoper kennenzulernen.	Die Kinder können am Computer spielerisch eine Oper kennenlernen und so z. B. ein eigenes Kostüm in der Schneiderei erstellen oder im Orchestergraben die Instrumente an die richtige Stelle ziehen. Sie erhalten dabei wichtige Informationen rund um die Musik, Kleidung oder über Berufe an der Oper.

Fachübergreifend zur Medienkompetenzförderung einsetzbar:

Das Internet-ABC (www.internet-abc.de) enthält umfassendes Internetwissen und Lernmodule, Hausaufgabenhilfen und die Möglichkeit, einen Internetführerschein zu erlangen.
Kindersuchmaschinen wie u. a. die Blinde Kuh (www.blinde-kuh.de) oder FragFINN (www.fragfinn.de) eignen sich fachübergreifend zur Einbindung in den Unterricht – sowohl zur fachspezifischen Recherche als auch zur Vermittlung von grundlegendem Internetwissen.

13.5 Fazit

Ausgehend von dem Konzept der handlungsorientierten Medienpädagogik, über die Skizzierung notwendiger und bereits erfolgter bundesweiter Anpassungen der Lehr- und Unterrichtskonzepte hat sich gezeigt, dass eine fächerübergreifende Medienkompetenzförderung bereits in der Grundschule unumgänglich wird. Zwar bieten viele Länder bereits fachbezogene oder fächerübergreifende Rahmenkonzepte, umfassende Konzepte zur Einbindung von Medien als Lerngegenstand und -inhalt haben jedoch noch Seltenheitswert. Qualitätsvolle, ›pädagogisch wertvolle‹ Kinderseiten können dabei ein geeignetes Tool zur Arbeit mit und Lernen über digitale Medien darstellen und bieten gleichzeitig ein hohes Potenzial für Lehr- und Lernkontexte. Mit der Darlegung von Kriterien zur qualitativen Unterscheidung von Kinderseiten und der Untersuchung möglicher Anschlussmöglichkeiten in den Lehrplänen der Leitfächer, die bundesweit ähnliche Inhalte und Kompetenzen fokussieren, wurde ein möglicher Zugang und Impuls für Lehrende geboten, medienkundliche und informatische Inhalte unter Maßgabe des Aufbaus von Sach-, Methoden-, Sozial- und Selbstkompetenzen in ihren Unterricht einzubinden.

Im Rahmen des Kooperationsprojekts »Medienpädagogische Handreichungen für Thüringer Grundschulen« des Erfurter Netcodes und der Universität Erfurt wurden konkrete Projektvorschläge entwickelt, die Bezüge zu den Fachlehrplänen herstellen und den Kindern den Erwerb von (Schlüssel-)Kompetenzen ermöglichen. Gemäß der Prinzipien der handlungsorientierten Medienpädagogik stand die Befähigung der Schülerinnen und Schüler, sich ihre Medienwelt selbst anzueignen, im Mittelpunkt. Den Bedürfnissen der Kinder wurden dementsprechend unter Berücksichtigung der im Bildungsplan formulierten Ansprüche an Medienbildung in den Projektvorschlägen und in der Auswahl altersgerechter, lebensweltnaher Webangebote entsprochen. Gleichzeitig haben Lehrende die Möglichkeit, Fachlehrpläne (neu) zu strukturieren und zwischen den dargebotenen Inhalten und Begriffen Bezüge zu Lernthemen, Kompetenzbereichen sowie (bundesweiten) Bildungsplänen herzustellen.

Literatur

Bayerisches Staatsministerium für Unterricht und Kultus (2023a): Medienkonzepte an bayerischen Schulen. Online unter: https://mebis.bycs.de/beitrag/initiative [Zugriff: 05.10.2023]

Bayerisches Staatsministerium für Unterricht und Kultus (2023b):. Medienkompetenz im LehrplanPLUS. Online unter: https://mk-navi.mebis.bycs.de/mctool/schooltypes [Zugriff: 05.10.2023]..

Bayerisches Staatsministerium für Unterricht und Kultus (2016): Bayerns Kultusminister genehmigt LehrplanPLUS für die Mittelschule. Pressemitteilung Nr. 206 vom 09.06.2016. Online unter: https://www.km.bayern.de/pressemitteilung/10146/.html [Zugriff: 05.10.2023].

Bayerisches Staatsministerium für Unterricht und Kultus (2012): Medienbildung. Medienerziehung und informationstechnische Bildung in der Schule. Online unter: http://www.schultz-pernice.de/data/pdfs/kmbek2012.pdf [Zugriff: 13.06.2018].

Behörde für Schule und Berufsbildung (2018): Gymnasium Bildungsplan Gymnasium Sekundarstufe I. Aufgabengebiete. Online unter: http://www.hamburg.de/bildungsplaene/no fl/2373350/aufgabengebiete-gym-seki [Zugriff: 04.10.2023].

Bildungsserver Mecklenburg-Vorpommern. Rahmenplan Digitale Kompetenzen (2018). Online unter: https://www.bildung-mv.de/schule-digital/rahmenplan-digitale-kompetenzen [Zugriff: 05.10.2023].

Der Ministerpräsident des Landes Schleswig-Holstein Staatskanzlei (2022): Leitlinie Medienkompetenz für das Land Schleswig-Holstein. Online unter: https://www.schleswig-holstein. de/DE/fachinhalte/M/medienkompetenz/Downloads/leitlinie_medienkompetenz.pdf?__blob=publicationFile&v=3 [Zugriff: 05.10.2023].

Der Senator für Bildung und Wissenschaft (2002): Medienbildung Rahmenplan für die Sekundarstufe I. Omline unter: http://www.lis.bremen.de/sixcms/media.php/13/2002_RPMe dien_S1.pdf [Zugriff: 05.10.2023].

Deutschlandfunk (2018): Informatik als Pflichtfach an Bayerns Schulen. Online unter: https://www.deutschlandfunk.de/informatik-als-pflichtfach-an-bayerns-schulen.680.de.html?dram:article_id=33199 [Zugriff: 05.10.2023].

Fleischer, S. & Hajok, D. (2016): Einführung in die medienpädagogische Praxis und Forschung. Weinheim: Beltz Juventa.

Die Senatorin für Bildung, Wissenschaft und Gesundheit (2012): Medienbildung. Bildungsplan für Primarstufe Sekundarstufe I Sekundarstufe II. Entwurfsfassung Juni 2012. Online unter: https://www.lis.bremen.de/sixcms/media.php/13/2012_bpmedien_aktuell.36056.pdf [Zugriff: 05.10.2023].

Hessisches Kultusministerium (2022): Hessen startet neues Schulfach »Digitale Welt«. Online unter: https://kultusministerium.hessen.de/presse/hessen-startet-neues-schulfach-digitale-welt [Zugriff: 01.10.2023].

Hessisches Kultusministerium. Digitale Schule Hessen. Bildungsstark in die Zukunft. Oneline unter: https://digitale-schule.hessen.de [Zugriff: 01.10.2023]

Hessisches Kultusministerium (1995): Rahmenplan Grundschule. 1. Aufl. Online unter: http://grundschule.bildung.hessen.de/rahmenplan/Rahmenplan.pdf [Zugriff: 05.10.2023].

Hessische Lehrkräfteakademie (2008): 1. Fächerübergreifende Aufgabengebiete. Online unter: http://grundschule.bildung.hessen.de/rahmenplan/Teil_C/TCfu1/index.html [Zugriff: 13.06.2018].

Landesinstitut für Schule und Medien Berlin-Brandenburg (LISUM) (2015): Basiscurriculum Medienbildung. Online unter: https://bildungsserver.berlin-brandenburg.de/rlp-online/b-fa chuebergreifende-kompetenzentwicklung/basiscurriculum-medienbildung/bedeutung [Zugriff: 05.10.2023].

Medienanstalt Mecklenburg-Vorpommern (2015): Kooperationsvereinbarung zur Förderung der Medienkompetenz in Mecklenburg-Vorpommern. Online unter: https://medienanstalt-mv.de/medienkompetenz/kooperationsvereinbarung.html [Zugriff: 13.06.2018].

Ministerium für Bildung, Jugend und Sport des Landes Brandenburg, Senatsverwaltung für Bildung, Jugend und Sport Berlin, Senator für Bildung und Wissenschaft Bremen, Ministerium für Bildung, Wissenschaft und Kultur des Landes Mecklenburg-Vorpommern (2004): Rahmenlehrplan Grundschule Deutsch. Online unter: https://www.lis.bremen.de/si xcms/media.php/13/04-06-23_Deutsch.pdf [Zugriff: 05.10.2023].

Ministerium für Bildung und Kindertagesförderung Mecklenburg-Vorpommern (2023): Bildung in der digitalen Welt. Online unter: https://www.bildung-mv.de/schule-digital/bildung-in-der-digitalen-welt/ [Zugriff: 05.10.2023].

Ministerium für Bildung und Kindertagesförderung Mecklenburg-Vorpommern (2020): Informatik und Medienbildung. Online unter: https://www.bildung-mv.de/schule-digital/informatik-und-medienbildung [Zugriff: 05.10.2023].

Ministerium für Bildung und Kultur (2021). Bildungsministerin Christine Streichert-Clivot: Informatik wird als eigenständiges Schulfach ab Klassenstufe 7 eingeführt. Online unter: https://www.saarland.de/mbk/DE/aktuelles/medieninformationen/2021/06/PM-2021-06-30-informatik-schulfach.html [Zugriff: 05.10.2023].

Ministerium für Bildung, Wissenschaft und Kultur (2004): Rahmenplan Medienerziehung. Online unter: https://www.bildung-mv.de/export/sites/bildungsserver/downloads/unter

richt/Rahmenplaene/Rahmenplaene_allgemeinbildende_Schulen/Medienerziehung/rp-me dienerziehung.pdf [Zugriff: 13.06.2018].

Ministerium für Bildung, Wissenschaft und Kultur des Landes Schleswig-Holstein (2018): Ergänzung zu den Fachanforderungen Medienkompetenz – Lernen mit digitalen Medien. Allgemeinbildende Schulen Sekundarstufe I Sekundarstufe II. Online unter: https://fachpor tal.lernnetz.de/files/Fachanforderungen%20und%20Leitf%C3%A4den/Sek.%20I_II/Fach anforderungen/Erg%C3%A4nzung_zu_den_Fachanforderungen_Medienkompetenz_-_ Lernen_mit_digitalen_Medien.pdf [Zugriff: 05.10.2023].

Ministerium für Kinder, Familie, Flüchtlinge und Integration des Landes Nordrhein-Westfalen, Ministerium für Schule und Bildung des Landes Nordrhein-Westfalen (2018): Bildungsgrundsätze für Kinder von 0 bis 10 Jahren in Kindertagesbetreuung und Schulen im Primarbereich in Nordrhein-Westfalen. Online unter: https://www.landesverband-kinderta gespflege-nrw.de/media/20191217_big_pdf.pdf [Zugriff: 05.10.2023].

Ministerium für Kultus, Jugend und Sport Baden-Württemberg (2023): Fächerübergreifende Themen. Medienbildung. Online unter: https://km-bw.de/Kultusministerium,Lde/Startsei te/Schule/Medienbildung [Zugriff: 05.10.2023].

Ministerium für Schule und Bildung des Landes Nordrhein-Westfalen (2023):. Medienkompetenzrahmen NRW. Online unter: https://www.schulministerium.nrw/medienkompetenz rahmen-nrw [Zugriff: 04.10.2023].

Ministerium für Schule und Weiterbildung des Landes Nordrhein-Westfalen (2012): Richtlinien und Lehrpläne für die Grundschule in Nordrhein-Westfalen. Online unter: https:// www.schulentwicklung.nrw.de/lehrplaene/upload/klp_gs/LP_GS_2008.pdf [Zugriff: 05.10.2023].

news4teachers.de (2018): Medienkunde zu unterrichten, wird Pflicht für Lehrer – in jedem Fach. VBE: Wie denn ohne Ausstattung? Online unter: https://www.news4teachers.de/2018/ 02/schulministerin-will-medienkunde-an-schulen-in-den-bestehenden-unterricht-integrie ren [Zugriff: 05.10.2023].

Qualitäts- und UnterstützungsAgentur – Landesinstitut für Schule (2023): Richtlinien Bildungs- und Erziehungsgrundsätze für die allgemeinbildenden Schulen in Nordrhein-Westfalen. Entwurf Verbändebeteiligung. Online unter: https://www.schulentwicklung. nrw.de/lehrplaene/upload/RiLi2023/Entwurf_RiLi_VerbBtlg_2023_08_18.pdf [Zugriff: 04.10.2023].

Sächsischen Bildungsinstitut (2015): Rahmenpläne für den herkunftssprachlichen Unterricht Handreichung für Lehrerinnen und Lehrer. Online unter: https://www.migration.bildung. sachsen.de/download/21_02_11_HR_Rahmenplaene_herkunftssprachlicher_Unterricht. pdf [Zugriff: 05.10.2023].

Sächsisches Staatsministerium für Kultus (2021): Schulische Medienbildung. Online unter: https://medienbildung.sachsen.de/schulische-medienbildung-4494.html [Zugriff: 04.10. 2023].

Sächsisches Staatsministerium für Kultus (2018): Medienbildung und Digitalisierung in der Schule. Online unter: https://publikationen.sachsen.de/bdb/artikel/29798/docu ments/47266 [Zugriff: 04.10.2023].

Sächsisches Staatsministerium für Kultus (2013): Lehrplan Gymnasium. Deutsch. Online unter: https://www.schule.sachsen.de/lehrplaene-und-arbeitsmaterialien-6025.html [Zugriff: 05.10.2023].

Spanhel, Dieter (2002): Medienkompetenz als Schlüssel der Medienpädagogik? In: forum medienethik 1, Medienkompetenz – Kritik einer populären Universalkonzeption, S. 48–53.

Staatsinstitut für Schulqualität und Bildungsforschung München (ISB) (2017):. Medienkonzepte an bayerischen Schulen. Referat Medienbildung. Leitfaden schulübergreifend. Online unter: https://mebis.bycs.de/assets/uploads/mig/3_2017_10_ISB_-Medienkonzepte-an-baye rischen-Schulen.pdf [Zugriff: 05.10.2023].

Thüringer Ministerium für Bildung, Wissenschaft und Kultur (TMBWK) (Hrsg.) (2010a): Lehrplan für die Grundschule und für die Förderschule mit dem Bildungsgang der Grundschule. Deutsch. Online unter: https://www.schulportal-thueringen.de/tip/resources/ medien/13946?dateiname=lp_gs_D_2010_2012.pdf [Zugriff: 05.10.2023].

Thüringer Ministerium für Bildung, Wissenschaft und Kultur (TMBWK) (Hrsg.) (2010b): Medienkunde. Online unter: https://bildung.thueringen.de/fileadmin/ministerium/publikationen/Kurs_Medienkunde.pdf [Zugriff: 05.10.2023].

Thüringer Schulportal (2023a): Medienbildung. Online unter: https://www.schulportal-thueringen.de/home/medienbildung [Zugriff: 05.10.2023].

Thüringer Schulportal (2023b): Medienbildung im Überblick. Online unter: https://www.schulportal-thueringen.de/bildung_medien/medienkunde [Zugriff: 05.10.2023].

Wermke, J. (2010): Unterricht und Medien. In: J. Hüther & B. Schorb (Hrsg.), Grundbegriffe Medienpädagogik. München: kopaed. S. 395–400.

Linkliste

Auditorix. www.auditorix.de [Zugriff: 05.10.2023]
Maestro Margarini. http://maestro-margarini.staatsoper.de [Zugriff: 05.10.2023]
Kinderfunkkolleg. www.kinderfunkkolleg-trialog.de [Zugriff: 05.10.2023]
Religionen entdecken. www.religionen-entdecken.de [Zugriff: 05.10.2023]
Kirche-entdecken-Seite. www.kirche-entdecken.de [Zugriff: 05.10.2023]
Kindertrauerland. www.trauerland.org [Zugriff: 05.04.2023]
Bösen Wölfe. www.boeser-wolf.schule.de [Zugriff: 05.10.2023]
Pedalpiraten. www.pedalpiraten.de [Zugriff: 05.10.2023]
Klassewasser. www.klassewasser.de [Zugriff: 05.10.2023]
Abenteuer Regenwald. www.abenteuer-regenwald.de [05.10.2023]
Meine Forscherwelt. www.meine-forscherwelt.de [Zugriff: 05.10.2023
Bundeszentrale für politische Bildung. www.hanisauland.de [Zugriff: 05.10.2023]
Internet-ABC. www.internet-abc.de [Zugriff: 05.10.2023]
Blinde Kuh. www.blinde-kuh.de [Zugriff: 05.10.2023]
FragFINN. www.fragfinn.de [Zugriff: 05.10.2023]

14 Notwendige Ergänzung oder Lückenfüller? Externe Anbieter von Schulmaterialien zur Medienbildung und Medienerziehung

Olaf Selg

In vielen Lebens- und Lernbereichen gibt es Themen, die von den standardmäßig vorliegenden Lehrmaterialien nicht oder nur ungenügend behandelt werden. Die Gründe hierfür können sehr unterschiedlich sein: fehlende Gelder, eine von den Entscheidern in den Ministerien und Bildungsinstitutionen für notwendig gehaltene Distanz bei bestimmten Inhalten und Meinungen, fehlendes notwendiges Spezialwissen oder die Schwierigkeit, mit der Geschwindigkeit aktueller Entwicklungen mitzuhalten, insbesondere im Medienbereich (sowohl auf der technischen wie auf der inhaltlichen Seite).

In vielen Fällen versuchen andere Anbieter daher, diese Lücken zu schließen; etwa von staatlicher Seite unterstützte, regionale (z. B. Stiftung Medienpädagogik Bayern) oder überregionale Institutionen (z. B. Bundeszentrale für politische Bildung, Vision Kino; siehe unten), aber auch Nichtregierungsorganisationen (NGOs, z. B. Amnesty International im Bereich Menschenrechte; Bund für Umwelt und Naturschutz Deutschland e. V.) und (internationale) Firmen bzw. Konzerne (z. B. Verlage, Filmverleiher oder globale Player wie Google, siehe Beitrag von de Reese, Schuler und Schreiber in diesem Band).

Nicht immer geschieht das schulische Engagement uneigennützig und natürlich kann auf diesem Weg auch eine unerwünschte Beeinflussung in die Klassenzimmer getragen werden: Gerade bei Unternehmen muss die Frage gestellt werden, ob die Materialien neutral oder eher (unterschwellige) Werbung bzw. PR für Firmen und ihre Produkte darstellen, manchen genügt auch einfach ihre Präsenz als Marke. Für die Zusammenarbeit von Schulen und Unternehmen im Bereich Medien- und Digitaler Bildung wurde die griffige Kurzformel »New Educonomy« geprägt.[85] Wie wichtig gerade digitale Angebote (plötzlich) sein können – und wie unterschiedlich Ausstattung und Kompetenzen sowohl an Schulen wie auch bei Lehrkräften und Erziehungsberechtigten verteilt sind – hat sich insbesondere in den Jahren 2020/2021 während der Corona-Pandemie gezeigt.

Das Neutralitätsgebot, das einerseits hinsichtlich religiöser und politischer Werbung bzw. Einflussnahme an Schulen in den einzelnen Bundesländern streng formuliert wird, gilt andererseits inzwischen nicht mehr immer und überall auch

---

85 Vgl. z. B. »New Educonomy«: www.bpb.de/lernen/digitale-bildung/werkstatt/247688/new-educonomy/. Siehe z. B. auch »Lobbyismus im Klassenzimmer – Unternehmen und Schule«: www.deutschlandfunkkultur.de/unternehmen-und-schule-lobbyismus-im-klassenzimmer-100.html, »Deutsch, Mathe, Werbung – Sponsoring in der Schule«: www.sueddeutsche.de/karriere/sponsoring-in-der-schule-deutsch-mathe-werbung-1.590010; ohne Grund gibt es auch in vielen Agenturen spezialisierte Abteilungen für »Schulmarketing«.

umfassend für Werbung und Sponsoring. Wegen des chronischen Geldmangels im Schulsektor liegt die Entscheidung über bestimmte Zuwendungen partiell bei den Schulen (z. B. Schulleiter/in, Schulkonferenz, Schulträger; vgl. z. B. Schulgesetz für das Land Nordrhein-Westfalen, Schulgesetz NRW – SchulG §§ 2 (8), 95 (2), 98 (1) und 99[86]), wobei »Werbung, die nicht schulischen Zwecken dient […], grundsätzlich unzulässig«[87] bleibt. Damit kann die Verwendung von Schulmaterialien aus schulfremden Quellen nach Absprache der Gremien als zulässig gewertet werden.

Die nachfolgenden beiden Beispiele für die Erstellung von Materialien zur Medienbildung bzw. -erziehung betreffen Institutionen, die im Bildungssektor so verankert sind, dass ihre Tätigkeit anerkannten Zielen bzw. ideellen Vorgaben folgt, sie i. d. R. also primär keine kommerziellen Interessen verfolgen: die Bundeszentrale für politische Bildung und Vision Kino als bundesweit agierende Einrichtungen.«

14.1 Medienbildung mit der Bundeszentrale für politische Bildung (bpb)[88]

Die bpb ist keine explizit für die schulische (Medien-)Bildung agierende Einrichtung, sondern »unterstützt alle interessierten Bürgerinnen und Bürger dabei, sich mit Politik zu befassen«[89]. Der Bezug zur Medienbildung leitet sich ab von der Verpflichtung, »Verständnis für politische Sachverhalte zu fördern, das demokratische Bewusstsein zu festigen und die Bereitschaft zur politischen Mitarbeit zu stärken«[90]. Der Zugang zu jungen Menschen bzw. Schüler/innen über (digitale) Medien erscheint hier unerlässlich:

> »Jugendliche und junge Erwachsene spricht sie [die bpb] mit altersgemäßen Themen und Medien direkt an. Sie erarbeitet spezielle Medienpakete und Fortbildungen für junge Erwachsene in Sportvereinen, bei Bundeswehr oder Polizei. Im Zeitalter der Mediengesell-

---

86 Schulgesetz für das Land Nordrhein-Westfalen: bass.schul-welt.de/6043.htm.
87 Ebd. Vgl. z. B. Bayerisches Gesetz über das Erziehungs- und Unterrichtswesen (BayEUG), Art. 84 »Kommerzielle und politische Werbung« www.gesetze-bayern.de/Content/Document/BayEUG-84 und ausführlich Hessisches Kultusministerium: »Leitfaden zum Umgang mit Sponsoring, Werbung, Spenden und mäzenatischen Schenkungen an Schulen«: https://kultus.hessen.de/sites/kultus.hessen.de/files/2021-09/leitfaden_zum_umgang_mit_sponsoring_werbung_spenden_und_maezenatischen_schenkungen_an_schulen.pdf.
88 Gegründet wurde die bpb 1952 zunächst als »Bundeszentrale für Heimatdienst«, die 1963 in »Bundeszentrale für politische Bildung« umbenannt wurde und als »nicht rechtsfähige Bundesanstalt im Geschäftsbereich des Bundesministeriums des Innern« agiert: www.bpb.de/die-bpb/ueber-uns/geschichte-der-bpb/36421/gruendung-und-aufbau-1952-1961/.
89 www.bpb.de/die-bpb/ueber-uns/.
90 Vgl. www.bpb.de/die-bpb/ueber-uns/auftrag/51743/demokratie-staerken-zivilgesellschaft-foerdern/ und den Erlass über die Bundeszentrale für politische Bildung (BpB) vom 24. Januar 2001, § 2: www.bpb.de/die-bpb/ueber-uns/auftrag/51244/erlass-ueber-die-bundeszentrale-fuer-politische-bildung-bpb/.

schaft macht sich die bpb moderne Kommunikationsmethoden zu eigen und verfolgt einen crossmedialen Ansatz.«[91]

Medien (Techniken und Inhalte) dienen also auf der einen Seite der Motivation, der Ansprache der jungen Zielgruppe. Auf der anderen Seite ist das Erlernen von medienspezifischen Kompetenzen zugleich eine zunehmende Voraussetzung für eine Teilhabe an politischer Meinungsbildung, an politischen Prozessen gerade in Zeiten zunehmender Distanz zur etablierten Politik.

Zentral bei der Umsetzung der Bildungsmaterialien ist der »Beutelsbacher Konsens«, der 1976 als Reaktion auf auseinanderdriftende parteipolitisch eingefärbte Richtlinien in den Bundesländern für gesellschaftspolitische Schulfächer. Er beinhaltet ein »Überwältigungsverbot«, die Verpflichtung zur Kontroverse statt Einseitigkeit und die Orientierung an der Interessenlage der Schüler/innen.[92] Die Schüler/innen zu befähigen, die »eigene Interessenlage zu analysieren sowie nach Mitteln und Wegen zu suchen, die vorgefundene Lage im Sinne seiner Interessen zu beeinflussen«[93], sich also kompetent mit dem eigenen Leben und der gesellschaftlichen Situation auseinanderzusetzen sowie eine eigene Meinung zu bilden, diese Aussage aus dem Diskurs zum Beutelsbacher Konsens ist heute auch übertragbar als ein Ziel der Materialien zur Medienerziehung, zumal Meinungsbildung und daraus hervorgehende Handlungen bzw. das »Analysieren« und »Beeinflussen« der eigenen Situation zunehmend über relativ neue mediale Kanäle erfolgt.

Die Planung und Ausarbeitung von Materialien erlaubt die Zusammenarbeit mit weiteren Institutionen[94] und damit die Hinzuziehung von Fachleuten, die sich dann allerdings an den Qualitätsmaßstäben der bpb ausrichten müssen: »Wir sind dem Grundgesetz, den Menschenrechten und der demokratischen politischen Kultur verpflichtet. Unsere Grundsätze sind Überparteilichkeit und wissenschaftliche Ausgewogenheit.«[95]

---

91 www.bpb.de/die-bpb/ueber-uns/auftrag/51743/demokratie-staerken-zivilgesellschaft-foerdern/.
92 Vgl. www.bpb.de/die-bpb/ueber-uns/auftrag/51310/beutelsbacher-konsens/.
93 Vgl. H. G. Wehling: Konsens a la Beutelsbach. In: S. Schiele & H. Schneider (Hrsg.), Das Konsensproblem in der politischen Bildung. Stuttgart 1977, S. 173 ff.
94 »Zur Erfüllung unseres Arbeitsauftrages arbeiten wir als Schnittstelle zwischen Staat, Politik, Bildungsinstitutionen, Wissenschaft und Medien mit allen Kräften der Zivilgesellschaft. Ständige Kooperationspartner sind vor allem die Landeszentralen für politische Bildung und die freien Träger der politischen Bildung. Darüber hinaus suchen wir die Zusammenarbeit mit anderen Bildungseinrichtungen, Nichtregierungsorganisationen, Stiftungen und anderen gesellschaftlichen Akteuren« www.bpb.de/die-bpb/ueber-uns/auftrag/51248/leitbild-der-bundeszentrale-fuer-politische-bildung/.
95 Ebd.

14.2 Zwei Best Practice-Beispiele der letzten Jahre: »Krieg in den Medien« und »Faszination Medien«

Die »Multimedialen Lernumgebungen«[96] zur Medienbildung können sowohl eher von einem relevanten Thema im Medienkontext motiviert sein wie z. B. die didaktische DVD und das zugehörige Online-Dossier »Krieg in den Medien«[97] als auch von den vielen Facetten der Medieninhalte, -formen und des Medienumgangs, wie die didaktische DVD und die zugehörige Informationsplattform »Faszination Medien«[98].

Die Vorteile derartiger Materialien zur (schulischen wie auch außerschulischen) Medienerziehung, die zugleich beispielgebend für zukünftige Projekte sind, können in einigen wesentlichen Punkten zusammengefasst werden:

- Die schon angesprochene Zusammenarbeit mit externen Partnern: Bei der inhaltlichen Ausarbeitung leitend war jeweils die medienpädagogische Abteilung der Freiwilligen Selbstkontrolle Fernsehen e. V., bei »Krieg in den Medien« waren zudem die Hessische Stiftung Friedens- und Konfliktforschung (HSFK) und das Institut für Bildung in der Informationsgesellschaft (IBI) der TU Berlin beteiligt, bei »Faszination Medien« die Filmuniversität Babelsberg KONRAD WOLF. Hier waren sowohl Experten für die Themen als auch für die didaktische Aufbereitung gemeinsam tätig, was sicherstellte, dass die Behandlung bestimmter Inhalte an sich nicht im Vordergrund stand, sondern mit einer schülergerechten Aufbereitung einhergeht (vgl. auch oben zum »Beutelsbacher Konsens«).
- Die Vermittlung von Wissen und die Aneignung von Kompetenzen im Umgang mit Medien entstehen in der praktischen Interaktion: Zunächst müssen die Schüler/innen technische Endgeräte (PCs, Tablets etc.), an denen im Unterricht mit dem jeweiligen Material gearbeitet wird, in Dienst nehmen können, dann kann die direkte Auseinandersetzung mit den zumeist jugendaffinen Medienbeispielen stattfinden und von den Lehrkräften erzieherisch und pädagogisch begleitet werden. Mit den Lernmaterialien lassen sich mindestens drei methodische Ansätze verfolgen: erstens themenorientiert (»Krieg«, »Medien«[99]), zweitens ein sinnvoller Unterricht bzw. Kompetenzerwerb am Computer/Laptop selbst

---

96 Vgl. Dohnicht 2011, S. 185 ff.
97 »Krieg in den Medien« – DVD (2007, Aktualisierung 2009/10): www.bpb.de/shop/multimedia/dvd-cd/33926/krieg-in-den-medien, www.bpb.de/gesellschaft/medien-und-sport/krieg-in-den-medien/130734/krieg-in-den-medien-dvd?p=all (ggf. mit neueren Betriebssystemen nicht mehr kompatibel); Dossier (2010/11) mit abgewandelten didaktischen Anteilen: www.bpb.de/themen/medien-journalismus/krieg-in-den-medien/; vgl. auch Selg 2009.
98 »Faszination Medien« – DVD (2014, Neuauflage 2021): www.bpb.de/shop/multimedia/dvd-cd/520176/fame-faszination-medien/, Übersicht mit didaktischen Beispielen: www.bpb.de/lernen/digitale-bildung/faszination-medien/; vgl. auch Selg 2015.
99 Zugleich können die Lehrkräfte die Welten erkunden, die ihre Schüler/innen faszinieren, die ihnen aber fremd sind und zu denen sie ggf. sonst keinen Zugang finden.

(und nicht nur ein »Reden« über Medien und Mediengebrauch[100]) und drittens ressourcenorientiert durch eine Vielzahl von Medienbeispielen (Videos, Bilder, Experteninterviews; alle oftmals eingebunden in Aufgabenstellungen). Sie motivieren die Schüler/innen (sowie die Lehrkräfte), die DVDs und damit die Themenbereiche zu erforschen, zu erfahren, zu hinterfragen und auch eigene Ideen zu entwickeln.

- Die Anfertigung eines in sich geschlossenen Produkts – einer DVD oder einer USB-Scheckkarte –, das keine komplexe Installation vor der Verwendung erfordert: Bei Lehrerfortbildungen wurde deutlich, dass die Befürchtung, mit technischen Problemen im Unterricht konfrontiert zu werden und damit auch vor den Schülerinnen und Schülern als hilflos zu erscheinen, ein Haupthinderungsgrund für den Einsatz von Medien und Lernsoftware sein können (vgl. Selg 2009, S. 16).
- Wie zuvor schon erwähnt – es wurden nicht nur das medienpädagogische Material (und eine umfassende didaktische Handreichung) für Lehrkräfte erstellt, sondern darüber hinaus Fortbildungen ermöglicht zur Einführung in die Arbeit mit den DVDs, was auf die »andere Seite« von Medienerziehung verweist: Die Fort- und Weiterbildung von Lehrkräften zu Medienthemen und -techniken ist und bleibt eine Notwendigkeit, wenn Medienbildung funktionieren soll und auch Schule attraktive Angebote zur erzieherischen Begleitung des Medienumgangs junger Menschen leisten will. Dies weniger, weil es immer noch auch einen »Unwillen« von Lehrkräften gibt, sich mit neuen Lehrmitteln auseinanderzusetzen – es kommen schließlich immer mehr Lehrkräfte mit entsprechenden eigenen Grunderfahrungen und -wissen an die Schulen. Vielmehr besteht permanent die Notwendigkeit (und wird bestehen bleiben), sich in (medienspezifische) Neuheiten einzuarbeiten. Die Flankierung von Materialien zur Medienerziehung mit dem Angebot der entsprechenden Schulung für Lehrkräfte erscheint insofern optimal zu sein.

Qualitätssicherung von außen ist notwendig

Die angefertigten medienpädagogischen Materialien dürfen kein Selbstzweck sein, daher ist eine Überprüfung ihrer Eignung und Qualität wichtig. Sie sollte in einem ersten Schritt schon in der Entstehungsphase stattfinden; in beiden Fällen wurden die DVDs vor der Fertigstellung im Unterricht erprobt.

Ebenso wichtig sind Bewertungen des fertigen Materials durch externe Institutionen, beispielsweise die Gesellschaft für Pädagogik, Information und Medien e. V. (GPI)[101] oder das Serviceportal für »Qualitätsgeprüfte Unterrichtsmaterialien« von der Verbraucherzentrale Bundesverband e. V. (vzbv)[102].

---

100 Die beiden DVDs sind als »Unterrichtmedien« insofern keine »Stellvertreter für die Wirklichkeit«, sondern enthalten Ausschnitte der medialen Wirklichkeit; vgl. Dohnicht 2011, S. 170.
101 Gesellschaft für Pädagogik, Information und Medien e. V. (GPI): www.gpi-online.eu/, archive.comenius-award.de/Details.php?gesID=1666&StartAt=100&usr=&ProjectID=1&auszart=&auszjahr=2008.

Zusätzlich wurde bei den Fortbildungen für Lehrkräfte deren Feedback eingeholt und darüber hinaus ergaben sich in einigen Schulen wertvolle Rückmeldungen der Schüler/innen als unmittelbare Zielgruppe von der Verwendung der Materialien im Unterricht. Sie haben beispielsweise – teils ganz allgemein, teils detailliert – sowohl Vorteile als auch Schwächen von »Faszination Medien« erkannt und benannt, die sich folgendermaßen zusammenfassen lassen:

Rückmeldungen Schüler/innen

positive Statements/Vorteile	negative Statements/Nachteile
(sehr) übersichtliche Gestaltung	zu Beginn Orientierungsschwierigkeiten: zu viele thematische Verzweigungen
ansprechendes Design/schön gestaltet	Ich fände es gut, wenn es Vollbild gäbe.
Man kann selbst entscheiden, welchen Bereich man anguckt und was einen interessiert.	Verwirrung, weil man bei einigen Videos nicht weiterklicken kann.
(sehr) interessant	manchmal für Schüler zu unübersichtlich
aktuell	
gut gewählte und erklärte Themen	
Man erfährt viel über die Themenbereiche.	teilweise zu lange Texte
sehr informativ	sehr [= zu] viele Informationen
Die Themen werden neutral betrachtet.	Man muss gegen oder für etwas stimmen, aber kann sich nicht neutral äußern.
nett gestaltete Filme	teilweise schlechter Ton der Videos/keine Lautstärkesteuerung
nicht so langweilig wie die typischen »Schulfilme«	keine Pausentaste, kein Vorspulen bei Videos/man muss sich jedes Video ganz angucken
alles ist interaktiv	kleinere [technische] Bugs
die Aufgaben machen teilweise Spaß	
Sehr gut mit den Fragen immer dazwischen, dann schaltet man nicht irgendwann das Gehirn völlig ab, sondern passt auf.	

Manche der negativ beurteilten Punkte sind natürlich aus didaktischen Gründen beabsichtigt (z. B. die Notwendigkeit, sich einige Videos ganz anschauen zu müssen). Insgesamt zeigt die teils differenzierte Kritik von Schülerinnen und Schülern,

---

102 Verbraucherzentrale Bundesverband e. V. (vzbv): www.verbraucherbildung.de/material kompass, www.verbraucherbildung.de/meldung/faszination-medien-multimediales-lernen-schule-und-jugendarbeit.

dass die Zielgruppe in der direkten Auseinandersetzung mit »Faszination Medien« der beabsichtigten medienkritischen Haltung schon ein Stück nähergekommen ist.

Diese Rückmeldungen sind insgesamt wichtig, um Verbesserungen in Neuauflagen und zukünftige weitere Projekte eingehen zu lassen, was im Falle von »Faszination Medien« in der auch inhaltlich aktualisierten Neuauflage auch geschehen ist, z. B. nach Hinweis von Lehrkräften wegen veränderter Hardware auch in den Unterrichtsräumen die Bereitstellung des Materials nicht mehr nur als DVD, sondern auch als USB-Stick.

Es bleibt die Frage, ob ein Trägermedium im Online-Zeitalter noch als zeitgemäß zu werten ist. Im Idealfall werden Materialien sowohl online als auch offline zur Verfügung gestellt.[103] Aktualisierungen und thematische Erweiterungen – auch durch Verlinkungen zu anderen bpb-Angeboten, etwa zu neuen Web- bzw. Erklärvideos zu Desinformation und Falschmeldungen im Ukrainekrieg seit 2022 oder zur Zusammenführung von digitaler Bildung und Künstlicher Intelligenz (KI) im Unterricht – könnten bei Online-Inhalten allerdings jederzeit, wesentlich schneller und oft auch kostengünstiger durchgeführt werden.[104] Voraussetzung für die Online-Nutzung ist natürlich ein entsprechend leistungsfähiger Internetzugang für Schulen.

Immer beliebter und wichtiger werden mobile Lern- und Informations-Apps für Smartphones und Tablets. Diese Tools sind noch näher am Mediennutzungsverhalten der Schüler/innen.[105] Auch hier ist auf die notwendigen Voraussetzungen zu achten, insbesondere die Ausstattung der Schulen mit entsprechenden Geräten.[106]

14.3 Filmbildung mit Vision Kino – Netzwerk für Film- und Medienkompetenz

In unserer Zeit, in der viele visuellen Formate auf die Größe von Smartphone-Bildschirmen schrumpfen und jederzeit ohne Umstände (also immer, überall und auch vermeintlich »kostenlos«) verfügbar sein müssen, steht die Sichtung von Kinofilmen – erst recht in einem Kino als Kulturort – vor einer besonderen Herausforderung. Das Kino als »Massenmedium« wurde natürlich schon von der Verbreitung des Fernsehens in seiner Popularität beschnitten. Nun aber wachsen junge

---

103 Vgl. z. B. auch bpb-Dossier und DVD »VorBild – Politische Bildung für Förderschulen«: www.bpb.de/lernen/angebote/vorbild/, www.bpb.de/shop/multimedia/dvd-cd/33907/vorbild/.
104 Vgl. hierzu auch Selg 2015. Hinsichtlich der Verlinkung von vorhandenen, älteren und neuen Inhalten als aktuelle Ergänzungen auch zwischen verschiedenen Dossiers gibt es noch ein großes Potenzial.
105 Vgl. jährliche JIM- und KIM-Studien unter www.mpfs.de/studien/?tab=tab-18-1 bzw. www.mpfs.de/studien/?tab=tab-18-2.
106 »Bring your own device« (BYOD) kann Sicherheitsprobleme und soziale Ungleichheit fördern und in der Praxis zum Handling sehr unterschiedlicher Funktionalitäten führen.

Menschen auf, die von ihren Erfahrungen und Bedürfnissen her noch weiter entfernt sind von der großen Leinwand und für die Internetangebote auf kleinen Displays das Sehverhalten dominieren.[107]

Wozu also – dazu noch zentral gesteuert – eine Vision vom Kino als Zukunftsmedium aufrechterhalten und wieso im schulischen Kontext, mit den bundesweiten »SchulKinoWochen«[108] und Unterrichtsmaterialien? Eine Antwort auf diese Frage findet sich bei Alain Bergala: »Wenn also die Begegnung mit dem Kino als Kunst nicht in der Schule stattfindet, so droht sie für sehr viele Kinder nirgendwo stattzufinden.«[109]

Vision Kino unterstützt erstens nicht nur den (traditionellen) Kinofilm als Kulturtechnik bzw. das (traditionelle) Kino oder den »Filmpalast« als Kulturort (also »Kino als Kunst«, siehe A. Bergala). Gefördert wird zweitens zugleich auch die immer unerlässlicher werdende Kompetenz bzw. Technik der Bildwahrnehmung bzw. »Bildlesekompetenz«[110]. Es erscheint »unbestritten [...], dass spätestens mit der Digitalisierung nun die visuelle Kommunikation wieder in den Vordergrund getreten ist. Damit rückt nach der Dominanz von Schrift und Text für unser kulturelle Leben auch die Bedeutung der visuellen Kommunikation für die Weltwahrnehmung in den Fokus«[111].

Vision Kino ist eine 2005 ins Leben gerufene »gemeinnützige Gesellschaft zur Förderung der Film- und Medienkompetenz von Kindern und Jugendlichen« und »wird unterstützt von der Beauftragten der Bundesregierung für Kultur und Medien, der Filmförderungsanstalt, der Stiftung Deutsche Kinemathek sowie der ›Kino macht Schule‹ GbR«[112]. Die angebotenen Materialien haben eine hohe Praxisrelevanz für einen möglichst schnellen Einstieg in die Arbeit mit Filmen.[113] Durch Vision Kino erfahren Lehrkräfte in mehrfacher Hinsicht Unterstützung:

FilmTipps

Lehrkräfte haben die Möglichkeit, sich bei der Filmauswahl unterstützen zu lassen. Für eine Übersicht und eine kompakte Information über aktuell relevante Filme mit bundesweitem Kinostart gibt es die FilmTipps: »Um Lehrkräften und Pädagog*innen eine Orientierungshilfe für den Einsatz von aktuellen Filmen in Schule, Un-

---

107 Vgl. Medienpädagogischer Forschungsverbund Südwest 2022 zu »TV, YouTube, Netflix & Co« und 2023 zu »Fernsehen, Netflix, YouTube & Co.«; das Kino ist nahezu kein Thema mehr.
108 Vgl. hierzu: Selg 2012.
109 Bergala 2006, S. 31.
110 Müller 2012, S. 24 ff.
111 Müller 2012, S. 23.
112 Diese besteht aus »dem Verband der Filmverleiher e. V., dem HDF Kino e. V., der Arbeitsgemeinschaft Kino – Gilde deutscher Filmkunsttheater e. V. und dem Bundesverband kommunale Filmarbeit e. V.«, siehe www.visionkino.de/ueber-uns/.
113 Komplexere Modelle und Überlegungen zu den Möglichkeiten von Filmbildung bzw. Filmanalyse im schulischen Kontext siehe z. B. Ines Müller (hier auch die Darstellung verschiedener weiterer »Vermittlungsansätze der Filmbildung« S. 29–52), Tobias Kurwinkel & Philipp Schmerheim: Kinder- und Jugendfilmanalyse. Konstanz/München 2013.

terricht und der außerschulischen Bildungsarbeit zu bieten, sichtet VISION KINO ganzjährig das aktuelle Kinoprogramm. Monatlich werden acht bis zehn Filme vor Kinostart in den FilmTipps hinsichtlich ihres filmpädagogischen Potenzials empfohlen.«[114] Die Filme werden vorab von Fachleuten angeschaut. Sie verfassen jeweils einen FilmTipp zu bestimmten Kriterien (z. B. Filmästhetik, Filminhalt und Filmpädagogik[115]) sowie eine resümierende Begründung und leiten daraus entweder eine Empfehlung für den Film ab – dann werden der FilmTipp und damit die Empfehlung für eine Verwendung des Films im schulischen Kontext veröffentlicht. Oder aber es wird von einer Empfehlung abgesehen – dann wird der Film nicht als Tipp gelistet.

> »Der filmästhetische Aspekt zielt auf die möglichst stimmige, gelungene Integration von Drehbuch, Filmsprache, Erzählweise und anderer wichtiger Gestaltungsmittel eines Werkes ab. Das leitende inhalts- und themenbezogene Kriterium erfasst die möglichst hoch einzuschätzende individuelle, existenzielle, gesellschaftliche, politische, ethisch-moralische und (zeit-)geschichtliche Bedeutung eines Films. Das schulisch wie außerschulisch maßgebliche pädagogische Kriterium fragt – jenseits von ›Zeigefinger-Pädagogik‹ – nach dem möglichst hoch einzuschätzenden ›Bildungswert‹ eines Films.«[116]

Die Liste der über 1.376 FilmTipps[117] reicht zurück bis ins Jahr 2005 (wenn es die Wiederaufführung eines besonderen Films im Kino gibt, dann können auch ältere Filme einen FilmTipp bekommen[118]) und bietet daher für Lehrkräfte einen wichtigen übersichtlichen und umfassenden Fundus, der online auch nach Klassenstufen und Altersempfehlungen sortiert werden kann. Ziel von Vision Kino ist es allerdings weniger, eine Sichtung in der Schule bzw. in der Klasse zu unterstützen als vielmehr bei aktuellen Filmen zum Gang ins Kino anzuregen, also das Kino zum Lernort zu machen. Die FilmTipps können als PDF heruntergeladen und damit auch in Papierform ausgedruckt werden; online ist aber i. d. R. immer auch ein offizieller Trailer zum Film verfügbar, sodass ein erster visueller Eindruck vom Film möglich ist. Diese Zugriffsmöglichkeit auf eine schulgerechte Kinofilm-Datenbank ist mit Blick auf eine schnelle Übersicht über geeignete Filme für den Unterrichtskontext sehr zielführend.

Praxisleitfäden

Bei Vision Kino können verschiedene »Praxisleitfäden«[119] abgerufen werden (z. B. »Praktische Filmarbeit«, »Schule im Kino – Filmbildung für Lehrkräfte«, »Film im

---

114 Übersicht FilmTipps: www.visionkino.de/filmtipps/.
115 Altersempfehlung, Unterrichtsfächer, Inhalt, Umsetzung, Anknüpfungspunkte für die pädagogische Arbeit und Themen für den Unterricht für unterschiedliche Fächer, Klassenstufen und Schularten.
116 Sabine Genz, Projektleiterin Publikationen und Projekte bei Vision Kino, auf Anfrage d. Verf.
117 Stand: Oktober 2024 .
118 Um Schüler/innen mit dem kulturellen Filmerbe bekannt zu machen, werden z. B. im Programm der SchulKinoWochen immer auch Filmklassiker gezeigt. Die zugehörigen Filmkurzbeschreibungen sind dann so aufgebaut wie ein FilmTipp.
119 Übersicht Leitfäden: www.visionkino.de/unterrichtsmaterial/leitfaeden/.

Fremdsprachenunterricht«, »Inklusion und Film«). Sie beinhalten eher allgemeine und nicht auf einen bestimmten Kinofilm bezogene Informationen. Sie dienen der Vor- sowie Nachbereitung des Kinobesuchs im Unterricht oder des Filmeinsatzes im Unterricht und klären insbesondere praxisbezogene Fragen (z. B. »Wie finde ich den zum Unterricht passenden Film?«, »Soll ich einen Film in Originalversion auswählen?«, »Wo finde ich das passende Kino?«).

Enthalten sind aber auch unterrichtsmethodische bzw. didaktische Hinweise: »Im Kino finden Filme ihre optimalen Rezeptionsbedingungen und bieten die Chance, Lerninhalte aktiv und lebendig zu erschließen. Aber das reicht alleine nicht aus, damit junge Menschen Filmkultur vertieft kennenlernen. Wir wollen ein Bewusstsein für die Kunstform Film wecken und anregen, über Ästhetik und Inhalt sowie gesellschaftliche und historische Bezüge zu sprechen.«[120] Letzteres ist im Sinne einer diskursiven Auseinandersetzung mit und Begleitung von Rezeptionserfahrungen junger Menschen ein überaus wichtiger Zugang medienerzieherischen Handelns.

Insgesamt liegt auch bei den Praxisleitfäden der Fokus auf der Unterstützung der Organisation und Durchführung eines Kinobesuchs im medienerzieherischen Kontext, wobei die Praxisnähe entscheidend erscheint, um mögliche Hemmschwellen beim Filmbesuch oder -einsatz im Unterricht abzubauen.

Filmhefte

Es gibt umfassende medienpädagogische Begleithefte zu aktuellen (Kino-)Filmen, die in Kooperation mit den Verleihern entstehen und jeweils aufwendig gestaltet sind. Diese »Materialien für die schulische und außerschulische Bildung«[121] werden in einer bestehenden Reihe herausgegeben und erscheinen zumeist als PDF zum kostenlosen Download; gelegentlich wird auch ein Heft gedruckt und als Beilage in Lehrerzeitschriften vertrieben. Für die Filmhefte wurden spezielle Qualitätsstandards definiert, da das Vorhandensein eines Filmhefts eine wichtige Voraussetzung für eine Aufnahme der Filme in das Programm der jährlichen SchulKinoWochen ist.[122] Mit den Standards für formale wie inhaltliche Aspekte der Filmhefte werden den Autorinnen und Autoren wichtige Hinweise zur Ausarbeitung der ca. 10 bis ca. 30 Seiten langen Publikationen gegeben (z. B. ein »Gliederungsraster« mit »Mindestanforderungen« und Hinweisen auf »inhaltliche Bausteine« wie »Filmdaten«, »Inhaltsbeschreibung«, »Entwicklung von Problem- und Themenstellung«, »Arbeitsmöglichkeiten – Lehrplanbezüge«, »Filmische(s) Erzählen und Gestaltungsmittel«, »Hintergrundinformationen«, »Ideenbausteine für den Unter-

---

120 Sabine Genz auf Anfrage d. Verf.
121 So lautet der standardmäßige Untertitel; bis Mitte 2024 wurden 38 Hefte erstellt.
122 Filmhefte werden daher auch unabhängig von Vision Kino von den Filmverleihern in Auftrag gegeben, für die die zusätzlichen Besucher/innen während der SchulKinoWochen sicher eine Motivation darstellen. Das Interesse der Verleiher an der Erstellung von Schulmaterial ist allerdings stark schwankend. Auf vorhandene Filmhefte wird jeweils auch ausgehend von den FilmTipps verlinkt.

richt«[123]). Mit den Standards wird sichergestellt, dass keine Presse- oder Werbetexte in den Unterricht gelangen, sondern speziell für die medienpädagogische Behandlung des Films ausgearbeitete Beiträge und Aufgabenstellungen bzw. Arbeitsblätter. Sie sollen sowohl die jeweilige inhaltlich-thematische als insbesondere auch die formal-ästhetische, filmspezifische Seite behandeln, ohne dass hier aber strenge und damit für den jeweiligen Einzelfall hinderliche Vorgaben gemacht werden.[124] Da die Materialien verschiedene Altersgruppen und Schulstufen ansprechen sollen, sind sie oft sehr umfassend. Von den Lehrkräften werden zumeist nur Teile der Filmhefte für die medienpädagogische bzw. medienerzieherische Arbeit genutzt. Erfahrungsgemäß sind die Materialien dennoch ein sehr wichtiger, die Vor- und Nachbereitung einer Filmsichtung erleichternder und damit ein wesentlicher Faktor für den Besuch einer Schulkino-Vorstellung (oder Behandlung eines Films im Schulunterricht nicht nur mit Blick auf inhaltliche, sondern auch auf filmästhetische Aspekte).

FilmTipp Zoom

Eine Zwischenstellung zwischen FilmTipp und Filmheft nimmt der 2018 eingeführte FilmTipp Zoom ein (Ende Juni 2023 gibt es 45). Er wirft »einen genauen Blick auf die Aspekte eines Films, die ihn zu etwas Besonderem machen. Das können gesellschaftspolitische Fragestellungen ebenso wie die ungewöhnliche Kameraarbeit sein«[125]. Mit diesem Format werden zwei Lücken gefüllt: Erstens die zwischen der Kurzinformation der Filmtipps und der Langinformation der Schulfilmhefte, was die Möglichkeit für Lehrkräfte unterstützt, einen Film schnell und kompakt als Medienbeispiel für eine eher »gesellschaftspolitische« oder eher filmästhetische Fragestellung auszuwählen. Mehr noch als bei den FilmTipps wird hier online – über den jeweiligen Kinotrailer hinaus – die Bereitstellung von Szenenbildern oder eines kurzen Filmausschnitts zur Szenenanalyse angestrebt. Und zweitens gleicht man so das Fehlen von ausführlichen Filmheften etwas aus, die nicht z. B. durch die Verleiher in Auftrag gegeben worden sind.

Didaktische DVDs

Die angebotenen didaktischen DVDs, die eigenständige Angebote unabhängig von den anderen Materialien sind, haben mehrere Funktionen:

---

123 Qualitätsstandards für filmpädagogisches Begleitmaterial: https://www.visionkino.de/fileadmin/user_upload/filmtipps/Qualit%C3%A4tsstandards_Schulfilmhefte.pdf.https://www.visionkino.de/fileadmin/user_upload/filmtipps/Qualit%C3%A4tsstandards_Schulfilmhefte.pdf

124 »Es gibt keine allgemein gültige Methode zur Erfassung, Analyse und Vermittlung von Filmen; SFH [Schulfilmhefte] können sich deshalb hinsichtlich Methoden und Schwerpunktsetzungen stark unterscheiden. / Der filmpädagogische Analyse- und Verstehensprozess ist prinzipiell unabgeschlossen. Publizistisch-didaktische Filmvermittlung bedeutet deshalb immer auch (begründete) didaktische Reduktion« (ebd.). Dies spiegelt sich in den verschiedenen Filmheften durchaus wider.

125 FilmTipp Zoom: www.visionkino.de/unterrichtsmaterial/filmtipp-zoom/

1. Sie stellen zu einigen ausgewählten Filmen Ausschnitte und Materialien für den Einsatz im Unterricht zur Verfügung. Einerseits dienen sie damit der direkten Arbeit mit und am Medium Film. Dies ist bei einer reinen Filmsichtung im Kino kaum möglich, sondern in diesen Fällen bleibt es i. d. R. bei vor- und nachbereitenden Gesprächen, unter Einbeziehung der Arbeitsblätter aus den Filmheften. Andererseits wird damit Thema Film doch in die Schulräume verlagert. Das erscheint aber vernachlässigenswert gegenüber dem Vorteil einer genauen Betrachtung von filmischen Aspekten. Zudem erscheint die Arbeit mit den Filmausschnitten auch erst sinnvoll nach einer Sichtung des gesamten Films – im Idealfall dann wiederum in einem Kino.
2. Die DVDs liefern die kompakte Basis für bestimmte, nicht leicht zu erarbeitende Themenstellungen wie z. B. »Urheberrecht, Schutz des geistigen Eigentums und illegale Kopien« (Bsp. DVD »Im falschen Film?!«)[126].
3. Mithilfe der DVDs können Schritte zur inklusiven Medienbildung und zur Förderung von (deutscher) Sprachkompetenz unternommen werden: »Mit der DVD ›Film (er)leben‹ möchten wir Lehrkräfte bei ihrem Vorhaben, Barrieren aufzubrechen, unterstützen. Die aktuelle Edition mit fünf neuen Filmen enthält Ausschnitte aus insgesamt zehn herausragenden deutschen Filmen, die für Kinder von sechs bis zwölf Jahren geeignet sind und die auf der DVD weitgehend barrierefrei vorliegen. Dank Audiodeskription und/oder erweiterten Untertiteln können sie gemeinsam mit allen Schülerinnen und Schülern, auch solchen mit Seh- oder Hörschädigung, bearbeitet werden. Die neue Edition der DVD enthält außerdem – wie schon die Neuauflage von 2016 – Arbeitsmaterialien für den Unterricht mit Kindern, die die deutsche Sprache lernen oder besonderer Sprachförderung bedürfen.«[127] Damit wird verdeutlicht, dass Filmbildung in mehrfacher Hinsicht ein integratives Element der Medienerziehung sein kann (siehe hierzu z. B. auch unter »Projekte« und die Materialsammlung »Deutsch lernen mit Filmen«[128]).

Interaktive Angebote

Interaktive Lernbausteine

Die interaktiven Lernbausteine werden seit 2019 »zur Ergänzung und vertiefenden Nachbereitung des Kinobesuchs«[129] angeboten: »Interaktive Lernbausteine sind filmspezifische Selbstlernangebote, die Ausschnitte aus Filmen in interaktiven Aufgabenformen mit Werkzeugen zur Verfügung stellen.«[130] Ziel ist es, in Zukunft ca. drei bis vier Module pro Jahr bereitzustellen. Motiviert wurde die Entwicklung

---

126 Didaktische DVDs: www.visionkino.de/unterrichtsmaterial/didaktische-dvds/.
127 Ebd.
128 Projekte: www.visionkino.de/projekte/. Materialsammlung »Deutsch lernen mit Filmen«: www.visionkino.de/unterrichtsmaterial/materialsammlung-deutsch-lernen-mit-filmen/.
129 Digitale Filmbildung: www.visionkino.de/unterrichtsmaterial/interaktive-lernbausteine/.
130 Digitale Filmbildungsangebote von Vision Kino: https://lernbausteine.visionkino.de/index/infos.html.

von den Lernbausteinen des Vereins »Neue Wege des Lernens e. V.«[131] Die Entwicklung der Lernbausteine ist nicht nur aufwändig, sondern erfordert auch ein entsprechendes Entgegenkommen der Rechteinhaber bei der Bereitstellung von Filmausschnitten. Insbesondere gegenüber Filmheften haben sie wesentliche Vorteile:

- Die Lernbausteine aktivieren und motivieren die Schüler/innen durch Interaktion und Arbeit am Filmmaterial. Es bleibt also nicht bei der mündlichen oder schriftlichen Auseinandersetzung mit einem Film.[132]
- Es gibt häufig nicht eine »richtige« Lösung, sondern Kreativität und verschiedene Perspektiven sowie »selbstbestimmtes Entwerfen von Lösungswegen und eigenständiges Handeln«[133] sind gefragt.
- Die Ergebnisse können online geteilt werden, sowohl unter den Schüler/innen als auch mit einer Lehrkraft.

Interaktive Lernplattform

Seit Anfang 2024 gibt es das umfassende Lernportal »filmisch«. Unter den Leitworten »erkunden, spielen, verstehen« werden Informationen, interaktive Werkzeugtools und drei Filmbildungskurse angeboten. Die Inhalte richten sich nicht nur an Schülerinnen und Schüler, sondern auch Lehrkräfte können hier ihr Know-how zum Bereich Filmbildung erweitern.[134]

Letztlich ist Vision Kino ein Angebot, das den Gang ins Kino durch die hier skizzierten (Unterrichts-)Materialien und durch konkrete Veranstaltungen (insbesondere die »SchulKinoWochen«[135], aber auch die Beteiligung am »Wissenschaftsjahr«[136]) unterstützt und damit eine Brücke schlägt zwischen der Schule als Ort der Medienerziehung und schulfernen Orten. Diese sind gleichwohl in die Medienerziehung einzubinden, da sie Plätze sind, deren Besonderheit es im Kontext von Medienbildung ebenfalls zu vermitteln gilt (z. B. auch Bibliotheken oder Produk-

---

131 Der gemeinnützige Verein Neue Wege des Lernens e. V. entwickelt ebenfalls sehr gute Materialien u. a. zur Filmbildung, vgl. www.neue-wege-des-lernens.de/projekte/.
132 »Wir haben eine 9. Klasse befragt, die für uns die Lernbausteine zum Film WO IST ANNE FRANK unter realen Bedingungen im Schulalltag getestet hat. Die Schüler/innen haben uns in unserem Ansatz bestätigt, dass sie die Möglichkeit, ausgewählte Ausschnitte aus dem Film noch einmal in Ruhe oder auch mehrfach zu betrachten und dann handlungsorientiert mit ihnen zu arbeiten, sehr geholfen hat, den Film inhaltlich und in Bezug auf seine Ästhetik sowie den Einsatz von filmischen Mitteln zu analysieren und zu reflektieren. Ein sehr schönes Kompliment machte uns ein Schüler, der schlicht feststellte: ›Das hat Spaß gemacht!‹«, so Gabriele Blome, Ansprechpartnerin für die interaktiven Lernbausteine bei Vision Kino, auf Anfrage d. Verf.
133 www.visionkino.de/unterrichtsmaterial/interaktive-lernbausteine/
134 Siehe https://filmisch.online/
135 »Bei den SchulKinoWochen findet der Unterricht im Kino statt. Jährlich können Schulklassen aller Schulformen und Klassenstufen Kinovorstellungen zu vergünstigten und einheitlichen Sonderpreisen in einem Kino in ihrer Nähe besuchen.« SchulKinoWochen: www.visionkino.de/schulkinowochen/.
136 Wissenschaftsjahr: www.visionkino.de/wissenschaftsjahr/.

tionsstätten von Film und Rundfunk). In diesem Zusammenspiel kann es besser gelingen, z.B. den Wert und damit die Wertschätzung für ein Medium zu verdeutlichen, was beim (Kino-)Film ganz konkrete Auswirkungen auf das Verständnis bestimmter (brisanter) Themen haben kann, z.B. »Raubkopien« und die Fragestellung, welche Menschen mit ihrem Lebensunterhalt direkt von der Einhaltung der Bestimmungen des Urheberrechts abhängig sind – beispielsweise das gesamte Personal eines Kinos.[137]

Dass dies an vielen Stellen funktioniert, kann den Rückmeldungen von Lehrkräften z.B. bei Materialbestellungen oder bei Fortbildungen entnommen werden. Zudem werden die SchulKinoWochen per Onlinebefragung evaluiert, was auch der Verbesserung der Materialien dient (z.B. Bereitstellung frei editierbarer Arbeitsblätter).

14.4 Fazit

Verschiedene überregionale und auch regionale Institutionen flankieren beim Thema Medienbildung bzw. Medienerziehung die Schule als (primäre) Institution für den Unterricht. Sie können Spezialgebiete mit Fachleuten und ihren Fachkenntnissen bedienen und damit auch die Verbindung zu nichtschulischen Lerninhalten und -orten schaffen oder zumindest die Perspektive auch auf Medienereignisse und -formate lenken, die in der Schule bzw. bei den Lehrkräften nicht

---

[137] Trotz einer notwendigen Schwerpunktsetzung im Bereich Digitalisierung durch die Kultusministerkonferenz (»Bildung in der digitalen Welt«, siehe www.kmk.org/themen/bildung-in-der-digitalen-welt.html und www.kmk.org/dokumentation-statistik/beschluesse-und-veroeffentlichungen/bildung-in-der-digitalen-welt.html#c2623) sollte Filmbildung nicht aus dem Blick verloren werden; vgl. zuvor: »Medienbildung in der Schule« (Beschluss der Kultusministerkonferenz vom 8. März 2012): »Indem Medien Teil unserer Kultur und zugleich ihre Mittler sind, versteht sich Medienbildung immer auch als Querschnittsaufgabe kultureller Bildung. Sie befördert dabei kommunikatives, kooperatives und kreatives Handeln und ermöglicht fächerübergreifende Anschlusskommunikation. Einen Beitrag hierbei leistet die schulische Filmbildung. In der Begegnung mit dem Medium Film, seiner Sprache und seiner Wirkung wird die Sinneswahrnehmung geschult, die ästhetische Sensibilität gefördert, die Geschmacks- und Urteilsbildung unterstützt und die individuelle Ausdrucksfähigkeit erweitert« (S. 5) und »Die Schule sollte zur Vermittlung von Medienbildung sowohl innerschulisch als auch an außerschulischen Orten eng und verstärkt mit anderen Institutionen und Trägern zusammenarbeiten. Dazu zählen neben Institutionen aus dem Bereich des Kinder- und Jugendmedienschutzes sowie des Datenschutzes insbesondere außerschulische Bildungs- und Kultureinrichtungen, Bibliotheken und öffentlich-rechtliche Medienanbieter ebenso wie Public Private Partnership-Kooperationen von Öffentlicher Hand mit der Kino-, Film- und Medienwirtschaft« (S. 8). www.kmk.org/fileadmin/Dateien/veroeffentlichungen_beschluesse/2012/2012_03_08_Medienbildung.pdf

unbedingt gerne behandelt werden, insbesondere wenn geeignete (schülergerechte) Materialien fehlen.[138]

Möglicherweise kann mit extern erstellten Materialien sichergestellt werden, dass Medienthemen, die sich oft mit hoher Geschwindigkeit weiterentwickeln (z. B. neue Fernsehformate oder Internet-Portale, -Anwendungen und Apps), trotz der Schwerfälligkeit der Erstellung von Schulmaterialien auf dem konventionellen Weg (über Verlage etc.), zeit- und in der Gestaltung schülernah behandelt werden.[139] Ein zentraler Aspekt von Medienerziehung ist hier, dass Lehrkräfte und Schüler/innen sich Medieninhalte gemeinsam erschließen und zur diskursiven Auseinandersetzung mit der Medienwelt nutzen können.

Dies bedeutet, dass mit dieser ergänzenden »Öffnung der Schule« bzw. die »Öffnung des Unterrichts«[140] Medienthemen teilweise anders angeboten werden können, was insbesondere heißen sollte: die Schüler/innen stärker motivieren durch die Einbeziehung ihrer Perspektive(n). Die Materialien sollten daher mit ihren Lernsituationen näher an der »Zielgruppe« sein.

Insgesamt lässt sich auch feststellen: Es sind viele Faktoren, die sinnvolle Materialien für die Medienbildung beeinflussen und für ein am Medienumgang von Kindern und Jugendlichen orientiertes erzieherisches Handeln wichtig sind. Natürlich dürfen sie Rahmenrichtlinien und insbesondere gesetzlichen Regelungen nicht entgegenstehen. Die inhaltliche Nähe zum Schulunterricht und ihre (technisch-organisatorisch) leichte Handhabbarkeit erscheinen als Grundvoraussetzungen. Daher sollten die (Einzel-)Angebote bzw. Materialien so flexibel sein, dass sie in die verschiedensten Schultypen und Altersstufen integriert werden können.

Literatur

Bayerisches Gesetz über das Erziehungs- und Unterrichtswesen (BayEUG) (2000). Online unter: www.gesetze-bayern.de/Content/Document/BayEUG-84.
Bergala, Alain (2006): Kino als Kunst. Filmvermittlung an der Schule und anderswo. Bonn.
Brügelmann, Hans (2005): Schule verstehen und gestalten. Perspektiven der Forschung auf Probleme von Erziehung und Unterricht. Lengwil/Konstanz.
Bundeszentrale für politische Bildung (bpb). www.bpb.de.
Dohnicht, Jörg (2011): Medien im Unterricht. In: Gislinde Bovet & Volker Huwendiek (Hrsg.), Leitfaden Schulpraxis. Pädagogik und Psychologie für den Lehrberuf. Berlin, S. 170–00.
Gesetz über Urheberrecht und verwandte Schutzrechte (Urheberrechtsgesetz – UrhG). Hrsg.: Bundesministerium der Justiz und für Verbraucherschutz (BMJV) (2018). Online unter: www.gesetze-internet.de/urhg/BJNR012730965.html#BJNR012730965BJNG004800123.
Kultusministerkonferenz (2012): »Medienbildung in der Schule«. Online unter: www.kmk. org/fileadmin/Dateien/veroeffentlichungen_beschluesse/2012/2012_03_08_Medienbildung.pdf.

---

138 Z. B. »Krieg« als insgesamt und nicht nur in der Auswahl von Medienbeispielen schwer zu behandelndem Thema; die DVD »Faszination Medien« enthält in Schule und Öffentlichkeit umstrittene Themenbereiche wie »Computerspiele«, »Reality TV« und »Prominent um jeden Preis« (einschließlich der Auseinandersetzung mit Fernsehformaten wie »Germany's Next Topmodel« und »Deutschland sucht den Superstar«).
139 Siehe z. B. auch klicksafe.de, handysektor.de, internet-abc.de, schau-hin.info.
140 Damit an die Überlegungen z. B. von Brügelman (2005, S. 28 ff.) zum Thema »Öffnung des Unterrichts‹ – mehr als nur eine andere Methode« anknüpfend.

Kultusministerkonferenz: Strategie »Bildung in der digitalen Welt«. Online unter: www.kmk.org/themen/bildung-in-der-digitalen-welt.html und www.kmk.org/dokumentation-statistik/beschluesse-und-veroeffentlichungen/bildung-in-der-digitalen-welt.html#c2623

Medienpädagogischer Forschungsverbund Südwest (mpfs) (2022): JIM 2022. Jugend, Information, Medien. Basisuntersuchung zum Medienumgang 12- bis 19-Jähriger. Stuttgart 2022. Online unter: Online unter: www.mpfs.de/fileadmin/files/Studien/JIM/2022/JIM_2022_Web_final.pdf.

Medienpädagogischer Forschungsverbund Südwest (mpfs) (2023): KIM-Studie 2022. Kindheit, Internet, Medien. Basisuntersuchung zum Medienumgang 6- bis 13-Jähriger. Stuttgart 2022. Online unter: www.mpfs.de/fileadmin/files/Studien/KIM/2022/KIM-Studie2022_website_final.pdf.

Müller, Ines (2012): Filmbildung in der Schule. Ein filmdidaktisches Konzept für den Unterricht und die Lehrerbildung. München, S. 24ff.

Schulgesetz für das Land Nordrhein-Westfalen (Schulgesetz NRW – SchulG) (2022), bass.schulwelt.de/6043.htm.

Selg, Olaf (2009): Mit KIM unterwegs. Fortbildungsveranstaltungen zur DVD-ROM »Krieg in den Medien«. In: tv diskurs. Verantwortung in audiovisuellen Medien 13. Jg., 1 (Ausgabe 47), S. 14–17. fsf.de/data/hefte/ausgabe/47/selg014_tvd47.pdf.

Selg, Olaf (2012): Im Gespräch mit Sabine Genz: Medienkonsum braucht Kompetenz. Filmbildung durch die SchulKinoWochen. In: tv diskurs. Verantwortung in audiovisuellen Medien 16. Jg., 1 (Ausgabe 59), S. 10–13. Online unter: tvdiskurs.de/data/hefte/ausgabe/59/selg_genz010_tvd59.pdf.

Selg, Olaf (2015): »Ich finde die DVD ganz in Ordnung.« In: tv diskurs. Verantwortung in audiovisuellen Medien 19. Jg., 4 (Ausgabe 74), S. 12–15. Online unter: fsf.de/data/hefte/ausgabe/74/selg_fame_012_tvd74.pdf

Vision Kino – Netzwerk für Film- und Medienkompetenz: www.visionkino.de.

15 Medienerziehung als Thema von Kinder-, Jugend- und Erziehungshilfen

Daniel Hajok

Mit Internet, Onlinediensten und nicht zuletzt den mobilen Alleskönnern haben sich die Möglichkeiten junger Menschen stark erweitert. Jugendliche, bereits Kinder, agieren heute weitgehend autonom in der Welt der Medien und entziehen sich dabei zunehmend einer Kontrolle durch die Erziehenden – mit neuen Chancen für ein partizipatives Medienhandeln, aber auch erweiterten Risiken. Dieser Beitrag beantwortet fünf zentrale Fragen, die sich den Fachkräften hinsichtlich einer angemessenen Begleitung und Unterstützung von Kindern, Jugendlichen und Familien bei ihrem Medienumgang stellen, für ein besonderes pädagogisches Handlungsfeld: die Hilfen zur Erziehung (HzE). Dabei werden auf der Grundlage einer auf den Bereich der stationären Kinder- und Jugendhilfen fokussierten Darstellung (Hajok 2015) auch Herausforderungen für die Fachkräfte in den sozialpädagogischen Familienhilfen, Beratungsstellen und der ambulanten Hilfen für Heranwachsende und ihre Erziehenden formuliert, die an anderer Stelle vom Autor bereits einbezogen (Hajok 2019) und alle Handlungsfelder der Kinder-, Jugend- und Familienhilfen aktuell in einem an Fachkräfte adressierten Handbuch systematisch berücksichtigt sind (Hajok 2025).

15.1 Welche ›Probleme‹ des Medienumgangs junger Menschen prägen die Kinder-, Jugend- und Erziehungshilfen?

Wie in einigen Beiträgen dieses Bandes bereits systematisch herausgearbeitet, hat sich in den letzten Jahren mit den Entwicklungen einer zunehmend digitalen Welt nicht nur der Umgang junger Menschen mit Medien, sondern auch das Heranwachsen und Erziehen grundlegend gewandelt. Immer früher nutzen junge Menschen die vielfältigen Möglichkeiten digitaler Endgeräte und Anwendungen zu Information und Orientierung, Austausch und Vernetzung, Selbstausdruck, Kooperation und Kollaboration (Wagner & Würfel 2013), stehen aber auch neuen Risiken gegenüber: Als Nutzer*innen standardisierter Inhalte kommen sie immer früher mit expliziten Darstellungen von Gewalt, Sexualität und Extremismus in Kontakt. Als Marktteilnehmer*innen machen sie unliebsame Erfahrungen mit Intransparenzen, versteckten Kosten, Targeting und Weitergabe sensibler Daten. Als

Kommunizierende werden sie im Austausch mit anderen zuweilen mit Mobbingattacken, Grooming, Sexting, Gruppen- und Konsumdruck konfrontiert. Und als Akteure sind sie es manchmal selbst, die andere attackieren, sich zu freizügig präsentieren oder zu tief in die Welt der Medien abtauchen (Dreyer et al. 2013).

Gleich aus welchen sozialen Verhältnissen die Heranwachsenden kommen und in welchen Kontexten sie von Erwachsenen begleitet werden – ihre persönlichen Interessen und Vorlieben, realen und medialen (Vor-)Erfahrungen sowie Anregungen aus dem sozialen Umfeld sind wichtige Einflüsse für das, was sie mit den Medien anfangen wollen. Was sie mit den Medien anfangen können, ist von ihrem Entwicklungsstand und in besonderem Maße von ihren medienbezogenen Fähigkeiten bedingt (▶ Kap. 3). Diese bilden die Heranwachsenden schrittweise und beständig aus – weniger durch Unterrichtung, mehr durch handelndes Lernen und erzieherischer Begleitung, ganz überwiegend im selbstständigen Erkunden der zunehmend mediatisierten bzw. digitalisierten Welt. Im Resultat lässt sich ein je spezifischer Unterstützungs- und Schutzbedarf erkennen, der idealtypisch an das Alter der Heranwachsenden gebunden, aber auch vielfach mit den je spezifischen Lebenshintergründen verschränkt ist.

In den Handlungsfeldern der Kinder-, Jugend- und Erziehungshilfen haben es die pädagogischen Fachkräfte in den Handlungsfelder mit immer mehr jungen Menschen aus ›schwierigen‹ Lebensverhältnissen und mit persönlichen Vorerfahrungen zu tun, die einen besonderen Unterstützungsbedarf haben.[141] Regelmäßig haben die Kinder, Jugendlichen und jungen Erwachsenen vor einer Betreuung und Begleitung in den Hilfeeinrichtungen keine angemessene Erziehung erfahren und waren Teil einer ›Konfliktfamilie‹ mit einer schwierigen Familienkonstellation (Arbeitslosigkeit oder Scheidung/Trennung der Eltern, Allianzen unter Geschwistern etc.) und innerfamiliären Problemen (Störungen/pathologisches Verhalten, differente Erziehungsstile, fehlende Absprachen etc.), wie sie schon seit längerem in den Zusammenhängen mit dem Medienumgang in den Familien gesehen werden (Wagner et al. 2016). Viele haben persönliche Erfahrungen mit Vernachlässigung, Gewalt und Missbrauch, Devianz und Delinquenz, und nicht selten haben sie bereits irritierende, belastende, verstörende etc. Erfahrungen mit Medien (und des darauf bezogenen Handelns ihrer Erziehenden) gemacht. Weit verbreitet sind noch immer Benachteiligungen im Bereich digitaler Medien, was die technischen Zugänge und Endgeräte anbetrifft – und die Möglichkeiten, die Potenziale für das eigene Leben tatsächlich wahrnehmen zu können.

Im Kontext dieser Vorerfahrungen junger Menschen werden die Fachkräfte in den Handlungsfelder der Kinder-, Jugend- und Familienhilfen immer häufiger mit problematischen Erfahrungen und Umgangsweisen mit Medien sowie damit ver-

---

141 Nach dem Anstieg in den Jahren vor der Covid19-Pandemie erhalten in Deutschland noch immer über eine Millionen junge Menschen mit den SGB VIII-Leistungen für erzieherische Hilfen. Das Gros stellen die Angebote von Erziehungsberatung und ambulanten Hilfen für Familien mit Minderjährigen dar. Es folgen die spezifischen Betreuungsformen in (teilstationären) Tagesgruppen sowie der (stationären) Fremdunterbringung, Vollzeitpflege und Heimerziehung mit über 200.000 jungen Menschen in Betreuung, in jedem sechsten Fall aufgrund einer (akuten) Kindeswohlgefährdung durch Vernachlässigung, psychische und körperliche Misshandlungen oder sexuelle Gewalt (Destatis 2023a, b).

bundenen Erziehungsproblemen und Familienkonflikten konfrontiert, die einen Bedarf an professioneller Unterstützung im Sinne einer angemessenen, an Schutz und Befähigung junger Menschen orientierten Medienerziehung erkennen lassen. So wurde eine Computerspiel- und Internetsucht neben den bekannten Problemlagen (Alkohol-, Tabak-, Drogenkonsum, psychopathologischen Auffälligkeiten) schon vor zehn Jahren als eine ›typische‹ Problemlage der stationären Jugendhilfe herausgearbeitet (LWL 2014) und wissen die Fachkräfte in den ambulanten Hilfen und Beratungsstellen immer häufiger von ›medieninduzierten‹ Familienkonflikten und Erziehungsproblemen zu berichten. Und mit den ersten vorliegenden, systematisch erfassten Daten aus den stationären Einrichtungen wird deutlich, dass es auch in den dortigen Erziehungskontexten nicht konfliktfrei läuft und Unsicherheiten, fehlendes Verständnis und Handlungskompetenzen der professionell Erziehenden in vielen Einrichtungen (noch) keine angemessene Begleitung des Medienumgangs betreuter Kinder und Jugendlicher zu beobachten ist (Hajok 2025). Ohne unnötig zu dramatisieren: Ein (vermeintlich) problematischer Medienumgang junger Menschen und Schwierigkeiten bzw. Unsicherheiten von Erziehenden, hier angemessen zu agieren, prägen heute mittelbar und unmittelbar die Arbeit in den Kinder-, Jugend- und Erziehungshilfen.

Für den familiären Bereich, der die Vorerfahrungen der in den Kinder- und Jugendeinrichtungen betreuten Heranwachsenden prägt und in den Beratungssettings der zu unterstützende bzw. zu begleitende Zielbereich des pädagogischen Handelns ist, erscheinen noch immer drei Dinge zentral: Erstens Konflikte mit Medien spielen eine nicht unerhebliche Rolle in (fast) allen Familien, also keineswegs nur in den Kontexten von Migrationshintergrund oder niedrigem sozioökonomischem Status vorzufinden sind. Zweitens ist der Medienumgang in der Regel nur ›ein‹ Problem, sind die medienbezogenen Konflikte oft Ausdruck von generellen familiären Kommunikations- und Beziehungsproblemen, die im erzieherischen Handeln betroffener Familien eher ›überdeckt‹, anstatt aufgearbeitet werden. Und drittens stellt insbesondere der konfliktbehaftete Umgang mit digitalen Medien im Erzieherischen eine besondere, als sehr anstrengend wahrgenommene Herausforderung und Belastung dar und wird eine positive Eltern-Kind-Interaktion vielerorts von multiproblematische Familiensituationen ›blockiert‹ (Wagner et al. 2016).

Die in diesem Zugang herausgearbeiteten Erfahrungen aus der Erziehungs- und Beratungspraxis lassen dann auch ein besonderes Potenzial digitaler Medien als Katalysator für Konflikte zwischen Heranwachsenden und Erziehenden erkennen, das eine wichtige Basis in den fehlenden Kontrollmöglichkeiten, finanziellen Belastungen und unübersichtlichen Gefährdungslagen (Nutzung ungeeigneter Inhalte, prekäre Umgangsweisen, Preisgabe persönlicher Daten etc.) hat. Hinzu kommt, dass Heranwachsende gerade die kritisch gesehenen Möglichkeiten (von digitalen Spielen, Onlinediensten etc.) aus sozialem Druck heraus und zur Abgrenzung vom Elternhaus nutzen. Die Erziehenden wiederum sind von der Angebotsvielfalt überfordert und für den Umgang mit digitalen Medien oft selbst kein gutes Vorbild. Nicht selten agieren sie übertrieben besorgt (und beschützend), setzen digitale Medien aus Hilflosigkeit heraus als Erziehungsmittel ein (und vermischen dabei

Erziehungsbereiche) oder erschweren mit immer selteneren persönlichen Begegnungen eine wirkliche Bearbeitung von Konflikten.

15.2 Welche besonderen Herausforderungen stellen sich den pädagogischen Fachkräften in den Einrichtungen?

Wie in anderen Bereichen der professionellen Betreuung, Begleitung und Unterstützung junger Menschen wird den Fachkräften in den stationären Kinder- und Jugendhilfen zum einen auch hinsichtlich des Medienumgangs von Kindern und Jugendlichen ein großes Maß an Vertrauen entgegengebracht – von den Heranwachsenden selbst, ihren Sorgeberechtigten, Leitungskräften und anderen mehr. Quasi selbstverständlich wird ihnen die Kompetenz unterstellt, dies mit ihrem professionalisierten Hintergrund auch leisten zu können. Zwar gibt es in den meisten Einrichtungen mehr oder minder klare Regelungen zum Medienumgang. Mit den zunehmend individualisierten digitalen Anwendungen und mobilen Medienzugängen entziehen sich Heranwachsende aber nicht nur in ihren Familien immer früher einer angemessenen Reglementierung und Kontrolle von außen, sondern auch in den Einrichtungen der Kinder- und Jugendhilfe. Wenn die Heranwachsenden selbst immer häufiger die einzigen sind, die wissen, welche Medien sie wann, warum, wie lange und mit welchen Konsequenzen genutzt haben, dann sind Aufklärung und Prävention im Vorfeld der eigentlichen Mediennutzung wichtiger denn je (Hajok 2014).

Zum anderen haben aber auch die pädagogischen Fachkräfte keineswegs immer die ›richtigen‹ Konzepte eines an der Mediennutzung ihrer Schützlinge orientierten medienerzieherischen Handelns parat. Von den aktuellen Problemen und erweiterten Risikolagen digitaler Medien erfahren nicht wenige erst dann, wenn es entsprechende Erfahrungen in den stationären Einrichtungen selbst, in deren Peripherie oder im (privaten) Umfeld der Betreuer*innen gibt. In den Erziehungshilfen und Beratungsangeboten müssen die Fachkräfte erst die verschiedenen Problemschichten ›abtragen‹ und erkennen, dass die medienbezogenen Konflikte oft nur ein Problem und in komplexe Belastungen und Störungen familiärer Beziehung eingebunden sind, um dann zielgerichtet mit dem ›System Familie‹ arbeiten zu können (Wagner et al. 2016).

Sicher nicht förderlich ist, dass der Medienumgang junger Menschen und das darauf bezogene Handeln Erziehender in der Ausbildung pädagogischer Fachkräfte noch immer keine angemessene Berücksichtigung erfährt. Die fehlende Professionalisierung ist nach wie vor ein Kernproblem, das erst allmählich angegangen wird (Hajok 2025). Selbst die in der Praxis so wichtigen (unübersichtlichen) gesetzlichen Regelungen zum Kinder- und Jugendmedienschutz, Datenschutz und zu den Persönlichkeitsrechten junger Menschen, auf die am Ende des Beitrags noch gesondert eingegangen wird, sind in Studium oder Ausbildung kein selbstverständlich vermittelter Background, sondern müssen von den Fachkräften oft im Eigenengagement selbst ›entwirrt‹ werden.

Immerhin wurden in den letzten Jahren vielerorts Programme zur medienpädagogischen Fort- und Weiterbildung der Fachkräfte (Fachprofile zu Medienbildung und Jugendmedienarbeit, berufsbegleitende Weiterbildungen zu Medienberater*innen etc.) initiiert. Ebenso haben viele Träger und Einrichtungen die Zeichen erkannt und für ihre Mitarbeiter*innen Fachtagungen, Kurse und Seminare organisiert, die nah dran sind am eigenen pädagogischen Alltag, ihre Breitenwirkung allerdings noch entfalten müssen. Dass die hier angeeigneten Möglichkeiten einer Begleitung und Unterstützung von Kindern, Jugendlichen und ihren Erziehenden tatsächlich in der Praxis ankommen, ist dann in besonderem Maße von einer systematischen Verankerung in der pädagogischen Arbeit der jeweiligen Einrichtung abhängig. Auch hier hat sich einiges getan, es bleibt aber zu vermuten, dass noch immer nur die wenigsten Einrichtungen über ein Medienkonzept verfügen, das mit klar formulierten Zielen, Maßnahmen und Instrumenten eine angemessene Begleitung und Unterstützung junger Menschen beim Medienumgang zu einem definierten Teil der pädagogischen und erzieherischen Arbeit macht.

Eine weitere Herausforderung besteht darin, dass die Medienwelten von Kindern und Jugendlichen von jeher sehr eigen und daher auch nur sehr schwer von Erwachsenen mit ihren eigenen, ganz anderen medienbiografischen zu durchschauen sind. Man muss seine Schützlinge nur nach ihren aktuellen Highlights aus der Welt von *TikTok*, *YouTube* oder digitalen Spielen fragen, um unmissverständlich klar vermittelt zu bekommen, dass man hier mit den Erfahrungen aus der eigenen Kindheit und Jugend nicht mehr allzu weit kommt. Mit den rasanten Medienentwicklungen sind die präferierten Zugänge, Angebote und Umgangsweisen junger Menschen zudem eine sehr schnelllebige Sache. Gerade erst hatten die Erziehenden verwundert festgestellt, dass junge Menschen ihren Alltag und Austausch am PC via Facebook organisieren, da taten sie dies bereits zeitlich und räumlich entgrenzt mit ihren Smartphones via *WhatsApp* und Instagram. Gerade erst hatten sie sich selbst mit *Facebook* vertraut gemacht, schon wandern die Jugendlichen dort wieder ab. In den Jahren danach waren es dann *Instagram*, *Twitch* und zuletzt TikTok, bei denen die Interessen und das Verständnis zwischen Betreuten und Fachkräften kaum weiter auseinanderliegen könnten.

Nicht aus dem Blick der Kinder- und Jugendhilfen sollte auch geraten, dass der soziale Hintergrund der Menschen eine große Bedeutung für die Nutzung digitaler Medien hat und sich im konvergenten Medienhandeln milieuspezifische Unterschiede reproduzieren, innerhalb derer diejenigen mit der größeren Vielfalt und Nutzungsbandbreite auch stärker von den Artikulations-, Partizipations- und Bildungsmöglichkeiten profitieren können. Die daraus abgeleitete Herausforderung für die Kinder- und Jugendhilfen, mit der Nutzung sozialer Netzwerke die soziale Teilhabe Heranwachsender zu fördern und ihnen auch hier alternative Bildungszugänge zu ermöglichen (Kutscher 2014), wurde bei vielen Leitungs- und Führungskräften vernommen, ist in der Praxis aber vielerorts noch immer nicht umgesetzt. Allein bei der Ausstattung in stationären Einrichtungen und der ›Ermöglichung‹ von Medienzugängen, die Kindern und Jugendlichen im Alter der

Betreuten selbstverständlich zur Verfügung stehen, gibt es – trotz des Gegensteuerns unter den Bedingungen der Covid19-Pandemie – bis heute Defizite, sowohl was gleichberechtigte Zugänge und den Abbau von Benachteiligungen als auch verbindliche Regelungen und konzeptionelle Ausrichtung anbetrifft (DigiPäd 24/7 2022).

Letztlich ist auch die auf den Medienumgang junger Menschen bezogene pädagogische Arbeit vielschichtig, aufwendig und nur eine der vielen Herausforderungen in Kinder-, Jugend- und Erziehungshilfen. Die hierfür in den Einrichtungen zur Verfügung stehenden fachlichen, personellen und (medien-)technischen Ressourcen sind sehr begrenzt – ohne dass hier eine schnelle, politisch gewollte, strukturelle Verbesserung im Feld der Kinder-, Jugend- und Familienhilfen in Sicht ist.[142] Die größte Herausforderung für die pädagogischen Fachkräfte besteht nun vermutlich darin, wie sie unter diesen schwierigen Rahmenbedingungen die eingangs geschilderten medienbezogenen ›Probleme‹ von jungen Menschen und Familien, die ja regelmäßig nur eines von vielen Problemen ausmachen, in ihrer Arbeit – strukturell – überhaupt angemessen berücksichtigen können.

15.3 Welche (medien-)pädagogischen Konzepte lassen sich sinnvoll in die Arbeit mit Kindern, Jugendlichen und Erziehenden integrieren?

Gerade hinsichtlich der Nutzung digitaler Endgeräte und Anwendungen, die sich zusehends einer Reglementierung und Kontrolle von außen versperren, sind in den stationären Hilfeeinrichtungen neben einer adäquaten Umsetzung der etablierten restriktiven Maßnahmen zum Kinder- und Jugendmedienschutz vor allem präventiv-befähigende Möglichkeiten zu verfolgen. Oder anders formuliert: Die Heranwachsenden sind von vornherein dafür stark zu machen bzw. dabei zu unterstützen, die Chancen, die ihnen die neuen Möglichkeiten bieten, für sich und ein verantwortungsvolles Zusammenleben wahrzunehmen, sowie mögliche Gefahren des (eigenen) Medienumgangs frühzeitig erkennen und ihnen (im Idealfall) von selbst aus dem Weg gehen zu können. In den ambulanten Erziehungshilfen und Beratungsstellen spielen neben den Möglichkeiten, mit denen Heranwachsende und ihre Erziehenden für Potenziale und Risiken sensibilisiert werden können, konkrete Unterstützungsangebote für die Bewältigung von negativen Medienerfahrungen sowie von Familienkonflikten und Erziehungsproblemen, die ihre Wurzeln in einem unangemessenen Medienumgang haben, eine besondere Rolle.

---

142 Deutlich wurde dies auf oberster politischer Ebene mit dem Koalitionsvertrag der letzten Bundesregierung, die eine digitale Bildungsoffensive startete und mit dem Digitalpakt#D 5 Mrd. Euro in die Ausstattung von Schulen stecken wollte, während die Vorhaben für die Förderung eines medienerzieherischen und -pädagogischen Engagements in der Kinder- und Jugendhilfe unkonkret und die Ausgaben dafür unbeziffert blieben (Hajok 2018).

Je nach eigenem Tätigkeitsfeld im stationären, ambulanten oder offenen Rahmen können die pädagogischen Fachkräfte bereits heute auf ein breites Arsenal an theoretisch konzipierten und praxiserprobten (medien-)pädagogischen Zugängen zurückgreifen, die sich idealtypisch fünf grundlegenden Handlungskonzepten zuordnen lassen. Sie beziehen sich auf die Auswahl von Medien (Aufklären und Bewahren), auf die Mediennutzung selbst (Reflektieren und Handeln) sowie auf die Verarbeitung der dabei gemachten Erfahrungen (Reparieren) (Süss et al. 2018). Um diese Konzepte im pädagogischen Alltag dann ›mit Leben‹ zu füllen, können auch die Fachkräfte in den Kinder-, Jugend- und Erziehungshilfen mittlerweile auf ein breites Angebot von an Eltern und Heranwachsende adressierten Unterstützungsangeboten im Internet zurückgreifen (▶ Kap. 18).

Das *Aufklären* setzt im Vorfeld der eigentlichen Mediennutzung an und hat eine besondere Bedeutung sowohl für einen wirksamen Schutz von Kindern und Jugendlichen als auch für die Förderung von Medienkompetenz. Ziel ist es, dass Heranwachsende frühzeitig über Medien, ihre Inhalte und Funktionen, dahinterstehende Interessen, Chancen und Risiken aufgeklärt werden bzw. Möglichkeiten erhalten, sich entsprechendes Wissen (pädagogisch begleitet) selbst anzueignen. In der Beratungspraxis ist das Problembewusstsein der Erziehenden zu schärfen und auf die Risiken des Medienumgangs (nicht altersangemessene Inhalte, Mobbing, Grooming, Kostenfallen etc.) hinzuweisen. Wenn die Fachkräfte in den Einrichtungen selbst noch nicht über die notwendigen Einblicke verfügen, sollten sie sich in berufsbegleitenden Qualifizierungen, Teamfortbildungen, Fachtagen etc. auf den Stand bringen und – unterstützt von externen Expert*innen – auch Infoveranstaltungen für die Heranwachsenden und ihre Erziehenden anbieten. Ein erster Schritt ist oft schon getan, wenn auf die frei zugänglichen Unterstützungsangebote (insbes. von Klicksafe.de) hingewiesen wird und für die Heranwachsenden und ihre Erziehenden die für sie relevanten Informations- und Aufklärungsmaterialien zum Mitnehmen bereit liegen bzw. ihnen diese – auch in der aufsuchenden Arbeit – zur Verfügung gestellt werden.

Das *Bewahren* zielt demgegenüber darauf ab, die Medienzugänge in den Einrichtungen und betreuten Familien an den gesetzlichen Bestimmungen zum Kinder- und Jugendmedienschutz (s. u.) zu orientieren. Für die pädagogischen Fachkräfte in stationären Einrichtungen heißt das, beim Medienumgang der Heranwachsenden auf die Altersfreigaben von Film-DVDs, Computerspielen und Kinofilmen sowie auf die Sendezeitschienen im Fernsehen zu achten. In der Beratungspraxis sind die Erziehenden entsprechend für altersangemessene Medienzugänge ihrer Kinder zu sensibilisieren. Für die Arbeit mit Heranwachsenden gibt es bereits praxiserprobte sensibilisierende Angebote wie den – mittlerweile aktualisierten – *stop&go Jugendschutzparcours*, mit dem die Akzeptanz, Transparenz und Nachvollziehbarkeit auch von denjenigen Schutzmaßnahmen erhöht werden kann, die junge Menschen bei ihrem Medienumgang einschränken (Lauber et al. 2015). Im Hinblick auf die technischen Schutzeinstellungen und Tools bei den genutzten Endgeräten und beliebten Diensten müssen sich Eltern wie die pädagogische Fachkräfte nicht mehr durch ein Dickicht an Angeboten bewegen. Auf Medienkindersicher.de werden sie (auch in leichter Sprache) Schritt für Schritt angeleitet, wie Bildschirmzeiten am Smartphone begrenzt, Schutzeinstellungen am Router vorgenommen, ein Jugendschutzfilter installiert, altersdifferenzierte Profile festgelegt, der begleitete/eingeschränkte Modus bei *TikTok* aktiviert werden können und anderes mehr.

Das *Reflektieren* setzt am konkreten Medienumgang der Kinder und Jugendlichen in den Einrichtungen und betreuten Familien an und zielt darauf ab, die Heranwachsenden und ihre Erziehenden, die mit ihrer eigenen Mediennutzung eine wichtige Vorbildfunktion haben, zu einem kritisch-reflexiven Medienumgang und einer bewussten Ausgestaltung des eigenen Medienalltags anzuregen – gemeinsam und innerhalb ihres ›Systems‹. Auch wenn die Zeitfenster, in denen alle anwesend sind, oft eng begrenzt sind, sollten in den stationären Einrichtungen und Familien Räume für gemeinsame Medienaktivitäten und den Austausch und die (gemeinsame) Verarbeitung persönlicher Medienerfahrungen geschaffen werden. In der Beratungspraxis sollten Eltern dafür sensibilisiert werden, solche wichtigen, auch für die Nähe-Distanz-Gestaltung der Familienmitglieder wichtigen Räume (wieder) zum Bestandteil des Zusammenlebens zu machen. Sinnvoll ist auch der Einsatz spezieller Medienangebote, die Reflexionsprozesse anderer Heranwachsender widerspiegeln (wertvoll die Filme des Medienprojekt Wuppertal), oder von Lernangeboten, die Heranwachsende nicht nur über ›ihre‹ Medien aufklären, sondern auch peer-to-peer zur Reflexion über den eigenen Medienumgang anregen (zu empfehlen etwa JUUUPORT und Handysektor.de).

Weniger an den Gefahren, sondern an den Potenzialen digitaler Medien für Kreativität und Selbstausdruck, Kooperation und Kollaboration junger Menschen orientiert sich das *Handeln*. Aufgrund der vielerorts noch immer bestehenden Vorbehalte gegenüber den digitalen Medienwelten von Heranwachsenden, einer weiterhin als defizitär einzuschätzenden medienpädagogischen Aus-, Fort- und Weiterbildung der pädagogischen Fachkräfte sowie der fehlenden Kapazitäten für Projektarbeit in der Gruppe sind die Einrichtungen der stationären Kinder- und Jugendhilfe vielleicht nicht der beste Ort für längerfristige Projekte aktiver Medienarbeit, die mit ihren handlungstheoretisch fundierten, offenen Zugängen als ›Königsdisziplin‹ medienpädagogischer Praxis gilt (Fleischer & Hajok 2016). An sich können die in solchen Projekten initiierten und pädagogisch begleiteten learning-by-doing-Prozesse für Kinder und Jugendliche aber durchaus eine willkommene Abwechslung vom Alltag sein – mehr denn je, wenn sie an den Lebenswelten junger Menschen anknüpfen. Mit ihrem ›direktem Draht‹ zu benachteiligten Kindern und Jugendlichen können über die Kinder-, Jugend- und Erziehungshilfen zudem gerade die Zielgruppen erreicht werden, die anderswo nur schwer zu erreichen sind. Einrichtungen der offenen Kinder- und Jugendarbeit, die regelmäßig auch medienpädagogische Angebote bieten, eröffnen hier neue Perspektiven einer Kooperation vor Ort. Und auch Exkursionen und Freizeiten lassen sich entsprechend nutzen. Für die Berater*innen und Begleiter*innen von Familien bietet sich an, die Familien auf solche Angebote aufmerksam zu machen.

Das *Reparieren* zielt darauf ab, Heranwachsende bei der Bewältigung negativer Medienerfahrungen zu unterstützen. Im Einflussbereich der erweiterten Risikolagen in der Welt digitaler Medien machen faktisch mit den ersten Onlineerfahrungen nicht Wenige unliebsame Erfahrungen mit verängstigenden Inhalten, wenig später auch mit Übergriffen, Mobbing, Medienabhängigkeit und anderem mehr

(▶ Kap. 2), die sie ohne externe Unterstützung nicht angemessen bewältigen können. Kinder-, Jugend- und Familienhilfen können hier ihr besonderes Potenzial entfalten und die kommunikative Aufarbeitung negativer Medienerfahrungen zu einem wichtigen Element ihrer Arbeit machen. Hierfür müssen die pädagogischen Fachkräfte frühzeitig und vorurteilsfrei mit den Heranwachsenden über ihre Medienerfahrungen ins Gespräch kommen und auch den Erziehenden entsprechende Unterstützungsangebote unterbreitet werden. Angesichts der besonderen Bedeutung von Peers, was das Anvertrauen und eine konkrete Unterstützung anbetrifft, sind in den stationären Einrichtungen auch entsprechende partizipative Ansätze ›auf Augenhöhe‹ wie das Konzept der Medienscouts zu stärken (Hajok 2025). Im Falle identifizierter (oder vermuteter) nachhaltiger Entwicklungsbeeinträchtigungen müssen sie wissen, an welche Stellen spezialisierter und professionalisierter Hilfe- und Therapieangebote sie die Betroffenen vermitteln können.

15.4 Wie sind Heranwachsende in den Einrichtungen angemessen medienerzieherisch zu begleiten und Erziehende zu unterstützen?

Es steht außer Frage: Mit der zunehmenden Mediatisierung des Alltags von Kindern und Jugendlichen steigt auch die Notwendigkeit eines angemessenen, am konkreten Medienumgang orientierten erzieherischen Handelns. Pädagogische Fachkräfte können hier durchaus aus den Erfahrungen und Umgangsweisen in Familien ›lernen‹ und das eigene Handeln auf festere Füße stellen. Denn oft wissen Eltern gar nicht, welche Medienangebote ihre Kinder nutzen und welche Gefahren hier im Einzelnen lauern. Viele sind sich auch unsicher, was denn eigentlich der ›richtige‹ Umgang mit der Mediennutzung ihrer Kinder ist – und wenden medienerzieherische Maßnahmen inkonsistent an (Junge 2013). Hinzu kommt, dass es große Unterschiede darin gibt, was die Heranwachsenden selbst und ihre Erziehenden (Brüggen et al. 2022) sowie pädagogische Fach- und Lehrkräfte (Gebel et al. 2018) hinsichtlich der beliebten Onlinezugänge als besonders problematisch ansehen (▶ Kap. 4).

Doch welche Formen medienerzieherischen Handelns gibt es überhaupt? Und welche haben für die pädagogische Arbeit in den Kinder-, Jugend- und Erziehungshilfen eine besondere Bedeutung? Einen guten Orientierungsrahmen bietet hier noch immer eine größer angelegte qualitative Studie (Eggert et al. 2013), in der sechs, idealtypisch voneinander abgrenzbare Muster medienerzieherischen Handelns in Familien extrahiert wurden. Sie führen den Fachkräften neben einigen Defiziten im erzieherischen Umgang auch sinnvolle Handlungsoptionen vor Augen, etwa wenn die Erziehenden den Medienumgang ihrer Schützlinge mit nur vereinzelten Regelungen und ohne Begleitung laufen lassen oder nur sehr intuitiv agieren und situativ eingreifen (▶ Kap. 7). Wertvolle Impulse für Fachkräfte geben auch die aktuelleren Zugänge zur familiären Medienerziehung, die systematisch die Zusammenhänge von medienerzieherischem Handeln und Haltung der Erziehenden herausarbeiten (Eggert et al. 2021).

Das medienerzieherische Handeln in den Hilfeeinrichtung ist natürlich in besonderem Maße an den spezifischen Gegebenheiten, der Gruppenzusammensetzung und den persönlichen Hintergründen der betreuten Heranwachsenden und Erziehenden auszurichten. In den meisten Fällen werden die pädagogischen Fachkräfte in den stationären Einrichtungen ›gut fahren‹, wenn sie frühzeitig klare zeitliche und inhaltliche Regelungen zum Medienumgang setzen und im Alltag dann die Heranwachsenden orientiert an ihren Bedürfnissen, Alter und Entwicklungsstand individuell unterstützen. In den Erziehungshilfen und Beratungsstellen sind die Fachkräfte selbst ›gut beraten‹, wenn sie die Erziehenden für die beiden empfohlenen Formen medienerzieherischen Handelns sensibilisieren und ihnen die konkrete Unterstützungsangebote zur Hand geben und aufzeigen, wie sie eine angemessene Reglementierung und Begleitung im familiären Alltag dann auch umsetzen können.

Eine angemessene Reglementierung der Mediennutzung junger Menschen hat dann die größten Aussichten auf Erfolg, wenn die zeitlichen und inhaltlichen Regelungen (und Konsequenzen bei Regelverstößen) von Erziehenden und Heranwachsenden gemeinsam ausgehandelt und (schriftlich) fixiert werden. Ursprünglich für die familiäre Medienerziehung konzipiert, haben sich hier schriftlich fixierte Vereinbarungen etabliert, gestützt etwa vom Onlinetool Mediennutzungsvertrag.de, das mittlerweile ein zentrales Regelungsinstrument für nicht wenige stationäre Einrichtungen ist. Frühzeitig in der Beziehungsarbeit zwischen (Bezugs-)Betreuer*innen und betreuten Heranwachsenden etabliert, lassen sich hier nicht nicht nur die wichtigen gemeinsamen Aushandlungsprozesse umsetzen, sondern entlang (noch abänderbarer) Vorschläge auch mehr Verbindlichkeit herstellen (Hajok 2025). Das vor einigen Jahren als gemeinsam gestartete Projekt der EU-Initiative Klicksafe und des Vereins Internet-ABC fokussiert auf die beiden Altersgruppen (6–12 und 12+) die relevantesten Regelungsbereiche (allgemeine Regelungen zum Medienumgang, zeitliche Absprachen, spezielle Regelungen zu Handys/Smartphones, Internet, Fernsehen/Videos, digitalen Spielen) und verfolgt an vielen Stellen bereits eine aufklärende Funktion.

Generell sind solche Vereinbarungen nicht nur ein sinnvoller pädagogischer Zugang zu den Kindern in Familien, sondern – individualisiert für die betreuten Heranwachsenden – auch für die Settings der stationären Hilfen. Ihr besonderer Wert liegt darin, dass auf diese Weise die auf den Medienumgang bezogenen erzieherischen Maßnahmen quasi selbstverständlich zu einem Teil der Erziehung werden. Werden die Vereinbarungen gemeinsam getroffen und mit der Zeit auch neuen Gegebenheiten angepasst, ist zudem ein wichtiger Schritt für eine Etablierung einer diskursiven Begleitung des Medienumgangs junger Menschen getan, bei dem die Erziehenden und pädagogischen Fachkräfte ohnehin nicht mehr jederzeit dabei sein können.

Um sich für eine angemessene medienerzieherische Begleitung junger Menschen fit zu machen, sollten die pädagogischen Fachkräfte auch die anderen gut gemachten Informations- und Unterstützungsangebote im Internet nutzen

(▶ Kap. 18). Die wichtigsten sind an anderer Stelle um solche ergänzt worden, die Unterstützung direkt für die Handlungsfelder der Kinder- und Jugendhilfen bieten (Hajok 2025). Für Familienberater*innen sind die hier versammelten Informationen ein wichtiger Grundstein, den Erziehenden Hilfestellung bei der Bewältigung ihrer Konflikte und Problemlagen zu geben. Mit Fokus auf einen Schutz junger Menschen vor belastenden, verstörenden etc. Medieninhalten und problematischen Umgangsweisen können auch die skizzierten technischen Hilfsmittel (s. o.) eine angemessene medienerzieherische Begleitung junger Menschen flankieren, sie aber nie ersetzen. Ohne dass es hier hundertprozentig Sicherheit gibt – wenn pädagogische Fachkräfte und Erziehende bestimmte Sicherheitseinstellungen auf den Endgeräten ihrer Schützlinge vornehmen, das W-LAN, Smartphone, die Spielkonsole zeitlich begrenzt, altersdifferenzierende Profile bei Streamingdiensten eingerichtet werden, sind die im Erzieherischen gesetzten Grenzen noch einmal ganz anders sichtbar.

Wie für ›normale‹ Familien ist auch für die stationären Einrichtungen, in denen Heranwachsende frühzeitig und über einen langen Zeitraum betreut werden, zu fordern, dass die jeweils ersten Schritte ihrer Schützlinge in der Welt digitaler Medien aktiv und diskursiv begleitet werden. Das sollte auf der Grundlage klarer (Ziel-) Vorstellungen geschehen, die im pädagogischen Konzept der Einrichtung verankert oder – besser noch – in einem speziellen Medienkonzept verbindlich festgehalten sind. Der große Nutzen für eine angemessene Erziehung und pädagogische Begleitung von Kindern und Jugendlichen kann kaum überschätzt werden. Denn wird von Beginn an auf eine offene ›Gesprächskultur‹ gesetzt, werden die Heranwachsenden – das die anvisierte Idealvorstellung – auch bei negativen Medienerfahrungen von sich aus auf die Fachkräfte und Erziehenden zugehen und sich mit ihnen gerade über die Erfahrungen austauschen, die sich einer direkten Kontrolle und Begleitung von außen weitgehend entziehen.[143] Auf diese Weise lässt sich auch einer weit verbreiteten Umgangsweise entgegenwirken, dass sich nur noch etwa jede*r zweite Heranwachsende bei negativen Onlineerfahrungen seinen Eltern anvertraut (BITKOM 2014, Hasebrinck et al. 2019).

Allerdings setzt eine aktive diskursive Begleitung seitens der Fachkräfte und Erziehenden voraus, auch für die Medienumgangsweisen von Kindern und Jugendlichen offen zu sein, denen sie eher skeptisch, vielleicht sogar ablehnend gegenüberstehen. Eine Offenheit pädagogisch ›leben‹ und gleichzeitig eine eigene Haltung zeigen, ohne zu moralisieren oder abzuwerten, ist hier der Schlüssel. Auch sollte nicht verschwiegen werden, dass ein medienerzieherisches Handeln, das auf gemeinsam ausgehandelte verbindliche Regeln und eine diskursive Begleitung setzt, in zweierlei Hinsicht einen besonderen ›Aufwand‹ für pädagogische Fachkräfte und Erziehende bedeutet. Es erfordert zum eine starke Orientierung am Medienumgang von Kindern und Jugendlichen – eine Offenheit gegenüber medialen Vorgaben, ein grundlegendes Verständnis, wie jungen Menschen Medien wahrnehmen, was ihnen Spaß macht, was sie überfordert oder ängstigt. Zum anderen erfordert es ein hohes

---

143 Mit zusätzlich in den Einrichtungen angebotenen anonymen Feedback- und Meldemöglichkeiten lassen sich auch negative Erfahrungen, die stark konfliktbeladen oder schambehaftet sind, für die pädagogische Aufarbeitung nutzbar machen.

Maß an Aktivität – eine Vielfältigkeit in den Interaktionen, Durchsetzung von Regeln, Sanktionen und Zugangsbeschränkungen, eine gemeinsame Mediennutzung und Gespräche über die Inhalte und Umgangsweisen, eine Auseinandersetzung mit Fragen der Medienerziehung auch außerhalb der Interaktionen mit den Heranwachsenden (Eggert et al. 2013).

15.5 Welche rechtlichen Bestimmungen sind beim Umgang mit digitalen Medien zu beachten?

Eine wichtige Grundlage des Handelns in den Einrichtungen der Kinder-, Jugend- und Familienhilfen sind neben den pädagogischen und erzieherischen Konzepten (und spezifischen Zielvorstellungen in den Einrichtungen) die gesetzlichen Bestimmungen, wie sie im Achten Buch Sozialgesetzbuch zur Kinder- und Jugendhilfe (SGB VIII) in Paragrafen gegossen sind. Solche zu beachtende ›Verrechtlichungen‹ sind auch aus vielen anderen Bereichen bekannt, nicht zuletzt im Kinderschutz allgemein und Kinder- und Jugendmedienschutzes spoeziell, der mit seinen ›eigenen‹ gesetzlichen Regelungen wiederum selbst für die Hilfeeinrichtungen überaus relevant ist. Ebenso der Bereich der zu wahrenden Allgemeinen Persönlichkeitsrechte (APR), der zuletzt mit der im Mai 2018 in Kraft getretenen Datenschutz-Grundverordnung (DSGVO) die Hilfeeinrichtungen in der Praxis vor fast unlösbare Aufgaben zu stellen schien.

Nimmt man die UN-Kinderrechtskonvention (UN-KRK) von 1989 in den Einrichtungen der Kinder-, Jugend- und Familienhilfen ernst, dann stellt sich eigentlich gar nicht die Frage, ob den betreuten Heranwachsenden in den Einrichtungen bestimmte Medien zur Verfügung stehen sollten. Denn die in der Konvention fixierten kulturellen Rechte, Informations- und Versorgungsrechte beinhalten auch das Recht von Kindern auf Zugang zu kindgerechten Medienangeboten. Wie dann der Medienumgang in den Einrichtungen ausgestaltet wird, hierfür sind nicht zuletzt die mit dem Jugendalter bereits erstarkten Rechte zu berücksichtigen, etwa der Schutz der Privat- und Intimsphäre im nichtöffentlichen Bereich (Wahrung des höchstpersönlichen Lebensbereichs), die (noch) eingeschränkte Geschäftsfähigkeit mit dem Recht zu Vertragsabschlüssen, Käufen, Nutzung von Onlinediensten, die informationelle Selbstbestimmung mit dem Recht an der selbstbestimmten Verwendung persönlicher Daten (mitsamt Einschränkungen des Handelns Erziehender und pädagogischer Fachkräfte) sowie die sexuelle Mündigkeit, die bei Einsichtfähigkeit (Abschätzung der Folgen des eigenen Handelns) hierzulande bspw. den einvernehmlichen, individualisierten Austausch erotischen Bildmaterials (Sexting) unter Jugendlichen nicht verbietet.

Grundsätzlich wird ein angemessener medienerzieherischer Umgang in den Einrichtungen nicht erst seit heute als eine aus dem SGB VIII abgeleitete Aufgabe aller Einrichtungen der Bildung, Förderung und Erziehung in öffentlicher und freier Trägerschaft verstanden (Schäfer 2014). Im Zuge der fortschreitenden Digitalisierung quasi von allem sind gerade in den letzten zwei, drei Jahren noch einige andere SGB VIII-Regelungen mit nicht nur einem Rechtsgutachten und im praktischen praktischen pädagogischen Alltag ausdrücklich auch auf die Begleitung des Medienumgangs junger Menschen und die Beratung von Eltern bei medienumgangsbezogenen Fragen übertragen worden (Hajok 2025), obschon noch immer nicht allzu viele Einrichtungen auf die Umsetzung gut vorbereitet sind.

Grundsätzlich müssen die pädagogischen Fachkräfte bei der Ausgestaltung der Medienzugänge ihrer besonderen, im Jugendschutzgesetz (JuSchG) fixierten Verantwortung gerecht werden. Gleich ob sie haupt- oder nebenberuflich, auch ehrenamtlich, in Einrichtungen der stationären Kinder- und Jugendhilfe erzieherisch tätig sind, haben sie besondere Aufsichts- und Fürsorgepflichten zu erfüllen. Diejenigen, die aufgrund einer Vereinbarung mit den Personensorgeberechtigten zeitweise oder dauerhaft Erziehungsaufgaben übernehmen, sind Erziehungsbeauftragte im Sinne des § 1 Abs. 1 Nr. 4 JuSchG und als solche ausdrücklich mit der Pflege, Erziehung, Beaufsichtigung und Bestimmung des Aufenthalts der Kinder und Jugendlichen in ihrer Obhut betraut.[144] Die Beaufsichtigung dient vor allem dem Schutz der Heranwachsenden vor Gefahren und – im Rahmen der Aufsichtspflicht – auch dem Schutz Dritter (Kliemann & Fegert 2013), wird mit den aus der UN-KRK abgeleiteten ›erstarkten‹ digitalen Rechten von Kindern und Jugendlichen heute aber sehr viel weiter gesehen und muss heute auch den in Hilfekontexten nicht nur den Belangen von Schutz und Sicherheit Rechnung, sondern betreuten Heranwachsenden auch Zugang und Teilhabe sowie Förderung und Befähigung bieten (im Weiteren Hajok 2025).

Zwar werden Kinder und Jugendliche längst nicht mehr nur als passive Konsumenten gesehen, die den Medien und ihren Inhalten hilflos ›ausgeliefert‹ sind. Gesetzlich verankert sind bestimmte Medieninhalte bzw. Umgangsweisen mit Medien aber geeignet, die Heranwachsenden in ihrer Entwicklung zu einer gemeinschaftsfähigen Persönlichkeit zu beeinträchtigen, ja sogar (schwer) zu gefährden. Deshalb sind die gesetzlichen Bestimmungen in stationären Einrichtungen zu beachten und Erziehende durch die Fachkräfte in den Erziehungshilfen und Beratungsstellen entsprechend zu sensibilisieren. Während für Kino, Filme auf DVD, Blu-ray etc., Computerspiele und ›klassische Trägermedien‹ die Regelungen des Jugendschutzgesetzes (JuSchG) gelten, sind hindichtlich Rundfunk und Telemedien (inkl. Internet und Onlinedienste) die des Jugendmedienschutz-Staatsvertrages (JMStV) zu berücksichtigen – generell natürlich die medienbezogenen Vorschriften des Strafgesetzbuches (StGB). Eine (öffentliche) Verbreitung des beim Sexting unter Jugendlichen ausgetauschten Bildmaterials kann etwa unter den Straftatbestand der Jugendpornografie fallen, freizügige Darstellungen von unter 14-Jährigen im Netz können in die Nähe von absolut unzulässiger Kinderpornografie rücken, öffentlich

---

144 Die Erziehungsbeauftragung ist spezialgesetzlich im JuSchG geregelt. Sie zielt darauf ab, Personen zeitweise damit zu beauftragen, thematisch und räumlich begrenzt Erziehungsaufgaben zu übernehmen. Erziehungsbeauftragte sind selbst nicht Träger eines verfassungsrechtlichen Erziehungsrechts (▶ Kap. 4), sondern setzen dieses nur vertretungshalber für die Erziehungs- bzw. Personensorgeberechtigten um.

gepostete Gewaltclips ein Zugänglichmachen von Menschenwürde verletzenden Darstellungen sein – das sind nur einige Beispiele.

Mit den Erweiterungen in der digitalen Welt gibt es heute eine Vielzahl von (frei zugänglichen) Medieninhalten, die Minderjährigen generell oder aber bestimmten Altersgruppen nicht zugänglich gemacht werden dürfen. Dazu zählen Darstellungen, die absolut unzulässig sind, deren Verbreitung also auch unter Erwachsenen tabu ist, sowie jugendschutzrelevante Inhalte im Spektrum schwer entwicklungs- oder jugendgefährdender Darstellungen, entwicklungsbeeinträchtigender Darstellungen und unerlaubter Werbung. Mit den in den letzten Jahren angepassten Bestimmungen geraten mehr und mehr auch Nutzungs- und Interaktionsrisiken in den Blick. Mit den zu Beginn des Beitrags skizzierten veränderten Rollen von Kindern und Jugendlichen beim Medienumgang mitsamt neuer Umgangs- und Verhaltensrisiken werden auch noch ganz andere gesetzliche Bestimmungen relevant. Neben den bereits angesprochenen Persönlichkeitsrechten sind zum Beispiel auch Urheberrechte zu beachten. Ausgangspunkt von Mobbing im Netz etwa ist oft die unberechtigte Verwendung von Bildmaterial eines Dritten, über den sich dann die Häme und Hetze ergießt.

Auch wenn der Medienumgang junger Menschen in der Welt digitaler Medien längst nicht mehr zuverlässig zu reglementieren und zu kontrollieren ist – nach wie vor macht sich gemäß § 27 Abs. 1 JuSchG jeder strafbar, der Minderjährigen ein indiziertes oder schwer jugendgefährdendes Medium zugänglich macht (vorrätig hält, ausstellt, ankündigt, vorführt etc.) und so die Möglichkeit der Kenntnisnahme durch Minderjährige eröffnet (ohne dass die Kenntnisnahme tatsächlich erfolgen muss). Als eine Tatbegehung durch Unterlassung wird schon lange gedeutet, wenn ein*e Betreuer*in in einer Hilfeeinrichtung das lautstarke Abspielen von Musik im Beisein Minderjähriger duldet, obwohl er es für möglich hält, dass die Liedtexte schwer jugendgefährdend sind oder bereits indiziert wurden, dann macht er sich gegebenenfalls gemäß § 27 Abs. 3 Nr. 1 JuSchG in Verbindung mit § 13 StGB strafbar (Kliemann & Fegert 2013). Hier greift nicht das besondere Erziehungsprivileg von Personensorgeberechtigten, die den gleichen Liedtext ihrem eigenen Kind zugänglich machen dürfen, sofern sie ihre Erziehungspflicht nicht gemäß § 27 Abs. 4 JuSchG gröblich verletzen.

15.6 Fazit

Allein schon aus den gesetzlichen Bestimmungen ergibt sich also ein konkreter Handlungsbedarf für einen angemessenen erzieherischen Umgang mit Medien in den verschiedenen Handlungsfeldern von Kinder-, Jugend- und Familienhilfe. Restriktiv-bewahrende Schutzmaßnahmen sind hier aber nur die eine Seite der Medaille. Die andere Seite ist, dass sich die pädagogischen Fachkräfte nicht den neuen Entwicklungen versperren, sondern junge Menschen auch beim Umgang mit digitalen Medien aktiv begleiten müssen. Sich auf die veränderten Zugänge und

Präferenzen der Schützlinge einzulassen, sie zu akzeptieren und im pädagogischen Alltag zum Thema zu machen, ist ein wichtiger Ausgangspunkt für eine angemessene Begleitung und Beratung. Im Weiteren sind Kinder und Jugendliche frühzeitig über die Chancen und Risiken digitaler Medien aufzuklären, zur Reflexion des eigenen Medienumgangs und zu einem selbstbestimmten partizipativen Medienhandeln anzuregen. Ebenso müssen die pädagogischen Fachkräfte in den Erziehungshilfen und Beratungsstellen die Eltern für die Potenziale und Gefahren des Medienumgangs sensibilisieren und sie für eine an den Bedürfnissen und Fähigkeiten ihrer Kinder orientierte Medienerziehung stark machen.

Mehr denn je müssen Kinder-, Jugend- und Familienhilfen dazu beitragen, dass Heranwachsende in Hilfekontexten wie alle anderen an den Potenzialen der digitalen Welt (Information und Orientierung, Aneignung schulischen Wissens, Selbstausdruck und Kreativität etc.) teilhaben. Bei negativen Erfahrungen und Verarbeitungsschwierigkeiten sind professionelle Unterstützungsangebote für die Betroffenen angezeigt – und eine Stärkung eigener Bewältigungsstrategien und der Peers als wichtigste Unterstützungsinstanz (Hajok 2025). Konzepte und Materialien für die Erfüllung der diversen Aufgaben gibt es bereits, und auch an Fort- und Weiterbildungsangeboten fehlt es kaum noch. All dies muss aber auf eine möglichst breite Bereitschaft und vorhandene Ressourcen in den Einrichtungen treffen, um Kinder-, Jugend- und Familienhilfen zu einem wichtigen Ort für ein angemessenes medienerzieherisches Handeln zu machen und damit gerade die Heranwachsenden und Familien adäquate Unterstützung erhalten, die mit ihren Vorerfahrungen und Lebenshintergründen auch in anderen Lebensbereichen benachteiligt sind.

Literatur

BITKOM (2014): Jung und vernetzt. Kinder und Jugendliche in der digitalen Gesellschaft. Berlin. Online unter: https://www.bitkom.org/sites/default/files/file/import/BITKOM-Studie-Jung-und-vernetzt-2014.pdf

Destatis (Statistisches Bundesamt) (2023a): Über 207 000 junge Menschen wuchsen 2022 in einem Heim oder einer Pflegefamilie auf. Pressemitteilung Nr. 493 vom 21. Dezember 2023. Online unter: https://www.destatis.de/DE/Presse/Pressemitteilungen/2023/12/PD23_493_225.html

Destatis (Statistisches Bundesamt) (2023b): Statistiken der Kinder- und Jugendhilfe. Gefährdungseinschätzungen nach § 8a Absatz 1 SGB VIII. Online unter: https://www.destatis.de/DE/Themen/Gesellschaft-Umwelt/Soziales/Kinderschutz/Publikationen/Downloads-Kinderschutz/gefaehrdungseinschaetzungen-5225123217004.pdf?__blob=publicationFile

DigiPäd 24/7 (2022): Das Recht junger Menschen auf analog-digitale Teilhabe verwirklichen – Empfehlungen für stationäre Einrichtungen der Kinder- und Jugendhilfe sowie Internate. TH Köln und Universität Hildesheim. Online unterr https://digipaed24-7.de/wp-content/uploads/2022/05/DigiPaed-24-7_Handlungsempfehlungen_v2.pdf

Eggert, S., Schwinge, C. & Wagner, U. (2013): Muster medienerzieherischen Handelns. In: U. Wagner, G. Christa & L. Claudia (Hrsg.) (2013), Zwischen Anspruch und Alltagsbewältigung: Medienerziehung in der Familie. München, S. 141–219.

Eggert, S., Oberlinner, A., Pfaff-Rüdiger, S. & Drexl, A. (2021): FAMILIE DIGITAL GESTALTEN. FaMeMo – eine Langzeitstudie zur Bedeutung digitaler Medien in Familien mit jungen Kindern. München. Online unter: https://www.jff.de/fileadmin/user_upload/jff/veroeffentlichungen/2021/jff_muenchen_2021_veroeffentlichungen_familie_digital_gestalten.pdf

Fleischer, S. & Hajok, D. (2016): Einführung in die medienpädagogische Praxis und Forschung. Kinder und Jugendliche im Spannungsfeld der Medien. Weinheim und Basel.
Gebel, C., Brüggen, N., Hasebrink, U., Lauber, A., Dreyer, S., Drosselmeier, M. & Rechlitz, M. (2018): Jugendmedienschutzindex: Der Umgang mit onlinebezogenen Risiken. Ergebnisse der Befragung von Lehrkräften und pädagogischen Fachkräften. Berlin.
Gebel, C., Lampert, C., Brüggen, N., Dreyer, S., Lauber, A. & Thiel, K. (2022): Jugendmedienschutzindex 2022. Der Umgang mit online bezogenen Risiken. Ergebnisse der Befragung von Kindern, Jugendlichen und Eltern. Berlin.
Hajok, D. (2025): Praxishandbuch Medienberatung in der Kinder- und Jugendhilfe. Weinheim.
Hajok, D. (2019): Herausforderungen für die Kinder-, Jugend- und Erziehungshilfen: Pädagogische Fachkräfte im Spannungsfeld digitaler Medien. In: TPJ – Theorie und Praxis der Jugendhilfe, Heft 24, S. 36–62.
Hajok, D. (2018): Neuer Wind für einen angemessenen Umgang mit Digitalen Medien? Stellungnahme zum Koalitionsvertrag von CDU, CSU und SPD. In: Dialog Erziehungshilfe, Heft 3/2018, S. 16.
Hajok, D. (2015): Zum Umgang mit digitalen Medien in der stationären Kinder- und Jugendhilfe. In: KJug – Kinder- und Jugendschutz in Wissenschaft und Praxis, Jg. 60, Heft 3, S. 85–90.
Hajok, D. (2014): Grenzgänge im Netz? Wie sich mit dem Medienumgang Jugendlicher die Ansprüche an Jugendschutz und pädagogische Praxis verändert haben. In: Die Kinderschutz-Zentren (Hrsg.), Nur schwierig oder schon gefährdet? Jugendliche in problematischen Lebenssituationen. Köln, S. 87–113.
Hasebrink, U., Lampert, C. & Thiel, K. (2019): Online-Erfahrungen von 9- bis 17-Jährigen. Ergebnisse der EU Kids Online-Befragung in Deutschland 2019. Hamburg. Online unter: https://leibniz-hbi.de/uploads/media/default/cms/media/9rqoihm_EUKO_DE_191209.pdf
Junge, T. (2013): Jugendmedienschutz und Medienerziehung im digitalen Zeitalter. Eine explorative Studie zur Rolle der Eltern. Wiesbaden.
Kliemann, A. & Fegert, J. M. (2013): »Killerspiele«, Pornos und Gewaltvideos: Neue Medien in Einrichtungen für Kinder und Jugendliche. In: ZKJ – Kindschaftsrecht und Jugendhilfe, Jg. 98, Heft 3/2013, S. 98–107.
Kutscher, N. (2014): Virtuelle soziale Netzwerke als Herausforderung für eine mediatisierte Kinder- und Jugendhilfe. In: ajs-information, Jg. 50, Heft 2/2014, S. 4–8.
Lauber, A., Würfel, M., Maroni, S. & Brauer, M. (2015): stop & go – Ein Jugendschutzparcours zum Einsatz in Schulen und Jugendarbeit. In: KJug – Kinder- und Jugendschutz in Wissenschaft und Praxis, Jg. 60, Heft 2, S. 52–57.
LWL (Landschaftsverband Westfalen-Lippe, LWL-Koordinationsstelle Sucht) (Hrsg.) (2014): Suchtmittelkonsum und suchtbezogene Problemlagen von Kindern und Jugendlichen in der stationären Jugendhilfe. Forum Sucht Sonderband 8. Münster.
Schäfer, K. (2014): Aufgaben der Kinder- und Jugendhilfe in der Medienerziehung junger Menschen. In: Jugendhilfe, Jg. 52, 1, S. 5–15.
Süss, D., Lampert, C. & Wijnen, C. W. (2013): Medienpädagogik. Ein Studienbuch zur Einführung. 2. Auflage. Wiesbaden.
Wagner, U., Eggert, S. & Schubert, G. (2016): MoFam – Mobile Medien in der Familie. Langfassung der Studie. München.
Wagner, U. & Würfel, M. (2013): Gesellschaftliche Handlungsfähigkeit in mediatisierten Räumen. In: A. Hartung, A. Lauber & W. Reißmann (Hrsg.), Das handelnde Subjekt und die Medienpädagogik. München: kopaed, S. 159–167.

16 Jugendmedienbildung in ländlichen Räumen

Björn Schreiber & Isgard Walla

16.1 Einleitung

»Dorfromantik« – das Spiel des Jahres 2023. In der Begründung der Jury heißt es: »›Dorfromantik‹ nimmt den Druck aus dem Alltag. Das kooperative Wohlfühlspiel steckt von Partie zu Partie neue, spannende Ziele, aber verlieren kann man nie« (Spiegel 2023). Damit scheint nicht nur ein Spielmechanismus beschrieben zu sein, sondern eine sich seit der Coronapandemie zumindest verstärkende Romantisierung des einfachen, ungestörten und ruhigen Lebens auf dem Lande. Bezeichnend sind die Titel der durchweg positiven Rezensionen wie »Landflucht zum Selberbauen« (Die Zeit 2021) oder »In Dorfromantik baut ihr die perfekte Welt und wollt nie wieder weg« (Game Star 2022). Damit wird – mutmaßlich aus einer urbanen Perspektive – das oftmals auch durch Einschränkungen, Hindernisse und Herausforderungen geprägte Leben auf dem Land verklärt. Zusätzlich vereinheitlichen sie ganz unterschiedliche Regionen mit ungleichen strukturellen und soziodemografischen Merkmalen und werden natürlich der Vielfalt ruraler Räume in Brandenburg und Deutschland nicht gerecht.

Dabei ist aus (medien-)pädagogischer Perspektive besonders diese Vielfalt ländlicher Räume sowohl Herausforderung als auch Chance. Denn: Themen und Megatrends der Digitalisierung, die Heranwachsende bewegen und beeinflussen, sind unabhängig von Lebensort und Regionalität des Aufwachsens. Gleichzeitig bedürfen ländliche Räume aufgrund ihrer strukturellen wie individuellen Gegebenheiten und Herausforderungen einer besonderen Berücksichtigung und einer anpassungsfähigen und kompensierenden Medienbildung und Medienerziehung.

Dieser Beitrag gibt einen Überblick über strukturelle Merkmale ländlicher Räume und den damit verbundenen medienpädagogischen Herausforderungen und zeigt auf, welche Anforderungen an medienpädagogische Maßnahmen gestellt werden. Nicht zuletzt versucht er, Lösungsansätze und Empfehlungen aufzuzeigen.

16.2 Ländliche Räume

Das Bild ländlicher Räume ist von positiven wie negativen Zuschreibungen, Stigmatisierungen und Wertungen geprägt: Eingeschränkte Mobilität, fehlende ÖPNV-

Anbindung, begrenzter Mobilfunk, langsamer Breitbandausbau und wenige Bildungs-, Kultur- und Freizeitangebote stehen Vorstellungen wie unberührte Natur, intergenerativer Zusammenhalt und glückliche Kindheit gegenüber (vgl. Bundeszentrale für politische Bildung 2020).

Ländliche Räume sind nicht einheitlich zu definieren. Auch die Betrachtung von ländlichen Räumen als Gegensatz zu städtischen Räumen wird ihrer Heterogenität nicht gerecht.

Trotz ähnlicher Strukturmerkmale können die regionalen Bedingungen sehr unterschiedlich sein. Denn, je nachdem, was die Region prägt – landwirtschaftliche Produktion, Industrie oder Dienstleistungsangebote – verändert dies die Infrastruktur und verursacht damit weitere Unterschiede. Die wirtschaftliche Produktivität einer Region kann auf landwirtschaftlicher Nutzung, auf Rohstoffvorkommen und/oder auf Tourismusangeboten beruhen.

Etwa die Hälfte der Einwohner*innen Deutschlands lebt in ländlichen Räumen. Im Land Brandenburg gibt es überwiegend dünn besiedelte ländliche Kreise und einige ländliche Kreise mit Verdichtungsansätzen im Umland von Berlin und Potsdam. Die Nähe zu städtischen Räumen hat ebenso Auswirkungen auf eine Region wie die verkehrstechnische Anbindung (vgl. Bundesinstitut für Bau-, Stadt- und Raumforschung o. J.).

Durch Digitalisierung, Globalisierung, Transformation der Arbeitswelt und fortschreitenden Strukturwandel nähern sich die Arbeits- und Lebenswelten in städtischen und ländlichen Räumen zunehmend an. Politische Debatten zu Themen wie Klimawandel, Umweltschutz, Pandemie, Rassismus, Geschlechtergerechtigkeit oder Krieg finden sowohl in ländlichen als auch in urbanen Räumen statt. Durch verstärkten Zuzug oder Siedlungsumbau sind eher urban verortete Themen, wie z. B. Gentrifizierung und Diversität, mittlerweile auch in ländlichen Räumen präsent. Auch der Einfluss (sozialer) Medien auf Sozialisierung und Lebensentwürfe wirkt auf Alle – unabhängig vom Wohnort (vgl. Bundeszentrale für politische Bildung 2020).

Dennoch gibt es Faktoren, die den ländlichen Alltag stärker bestimmen als den städtischen, und besondere Herausforderungen für die (medienpädagogische) Kinder- und Jugendarbeit darstellen:

- Mobilitätseinschränkungen, fehlende Zugänge zu ÖPNV, Internet und Mobilfunk sowie zu Bildungs-, Kultur- bzw. Freizeitangeboten können Faktoren für eine mangelnde (digitale) Teilhabe darstellen und Auswirkungen auf Chancengerechtigkeit und die Bildungsbiografie haben.
- Der Fachkräftemangel wirkt erschwerend auf die zunehmend überlasteten Strukturen der Jugendhilfe.
- Die politischen Strukturen und Netzwerke sowie der direktere Kontakt zu politischen Akteur*innen und Ressourcen können Teilhabe erleichtern, aber auch blockierend wirken.
- Die geringere Anonymität in ländlichen Räumen kann zu Stigmatisierung und Ausgrenzung führen und damit Teilhabe verhindern, wenn individuelle Lebensentwürfe nicht den sozialen Normen entsprechen (vgl. Nicolai & Sebastian 2022).

Medienbildung bietet das Potenzial, den besonderen Bedingungen ländlicher Räume in der Kinder- und Jugendarbeit mit kreativen und innovativen Angeboten zu begegnen und Teilhabe von Kindern und Jugendlichen zu ermöglichen (vgl. Landesfachverband Medienbildung Brandenburg e.V. 2023).

16.3 Herausforderungen der Medienpädagogik und Medienerziehung in ländlichen Räumen

Gesellschaftliche Veränderungen haben auch ländliche Räume erreicht und beeinflusse in einem erheblichen Maße Aufwachsen, Zivilgesellschaft und wirtschaftliche Strukturen. Fragen der demografischen, digitalen und technologischen Veränderungen prägen das Leben in ruralen Räumen, die sich an einer »Schnittstelle von Tradition und Moderne« befinden (Arbeitsgemeinschaft der evangelischen Jugend in Deutschland aej, o. J.). Dabei wirken die Veränderungen zuweilen fundamentaler als in urbanen Räumen. Besonders in Bezug auf einen unumkehrbaren digitalen Transformationsprozess müssen deshalb die unterschiedlichen Voraussetzungen ländlicher Räume berücksichtigt werden. Die Frage, wie Heranwachsende in diesem Transformationsprozess begleitet werden und sich aktiv in diesen einbringen, ist ebenso unter zivilgesellschaftlichen wie demografischen Gesichtspunkten von besonderer Bedeutung. Medienpädagogik und Medienerziehung haben in diesem Zusammenhang eine Schlüsselrolle inne. Denn:

> »Um ländliche Räume zukunftsorientiert zu entwickeln, ist die Beteiligung von Kindern und Jugendlichen an ihrer Gestaltung wesentlich. Digitalisierung nimmt dabei einen bedeutenden Stellenwert ein. Sie bietet das Potential, den besonderen Bedingungen ländlicher Räume in der offenen Kinder- und Jugendarbeit mit kreativen und innovativen Angeboten zu begegnen« (Landesfachverband Medienbildung Brandenburg, 2023, S. 9).

Um dieser Schlüsselrolle gerecht zu werden, müssen sich medienpädagogische Institutionen, Einrichtungen, Netzwerke und pädagogische Fachkräfte selbst zahlreichen Herausforderungen auf struktureller und inhaltlicher Ebene stellen, die mit dem Leben, Arbeiten und Gestalten in ländlichen Räumen einhergehen.

Eine Problematik für die pädagogische Arbeit ist der mangelnde Forschungsstand zur Medienbildung in ländlichen Räumen. Aktuelle Untersuchungen zum Aufwachsen in eben diesen Räumen thematisieren medienpädagogische und medienerzieherische Fragestellungen nicht, beziehen sich zumeist auf einzelne Bundesländer und sind nicht oder nur bedingt auf andere Regionen übertragbar (vgl. u. a. Arbeitspapier Aufwachsen junger Menschen im ländlichen Raum Brandenburgs; Jugend in ländlichen Räumen Baden-Württembergs). Die in diesem Beitrag aufgezeigten Befunde stützen sich auf Erfahrungen, Befragungen und die konkreten Projektarbeit in Brandenburg. Sie können nur bedingt generalisiert werden, werfen dennoch ein Schlaglicht auf pädagogische und strukturelle Fragestellungen, denen ländliche Räume im Generellen begegnen müssen. Dabei fällt auf, dass vor allem strukturelle Herausforderungen im Vordergrund stehen, die jedoch erheblichen Einfluss auf einer inhaltlichen sowie einer individuellen Ebene bei Pädagog*innen selbst haben.

Als einer der größten Herausforderungen erweist sich der Fachkräftemangel, der durchaus eine umfassende und flächendeckende Medienbildung und Medienerziehung in ländlichen Räumen verhindert. Konkrete Zahlen und Untersuchungen zum Fachkräftemangel im Arbeitsfeld der Medienpädagogik existieren nicht, jedoch stützen Zahlen im Bereich Erziehung, Sozialarbeit und Heilerziehungspflege diese Wahrnehmung. Auf eine kleine Anfrage der Fraktion DIE LINKE aus dem Jahr 2022 antwortete die Bundesregierung, dass zwischen 2022 und 2025 ca. 288.000 Stellen nachbesetzt werden müssen (vgl. Deutscher Bundestag, Drucksache 20/1433). Untersuchungen aus solchen Bundesländern, die eher ländlich geprägt sind, zeigen auch auf einer allgemeineren Ebene einen generellen Fachkräftemangel auf (vgl. hierzu u. a. Partnerkreis Industrie & Wirtschaft 2023).

Ein ausgeprägter Fachkräftemangel führt auf einer inhaltlichen Ebene zwangsläufig zu einer Angebotsreduzierung. Gerade unter dem Aspekt des Aufwachsens junger Menschen in einem Poly-Krisen-Modus (Corona und seine Nachwirkungen, der Angriffskrieg gegen die Ukraine und die Klimakrise) (vgl. u.a Schnetzer/Hurrelmann 2022, S. 6), haben oft andere Maßnahmen als solche der Medienerziehung und Medienbildung Vorrang. Zudem kann ein dauerhafter, durch Fachkräftemangel verursachte Arbeitsdruck von Pädagog*innen hinderlich sein für eine kontinuierliche Weiterbildung, die besonders in Bezug auf ein stetig steigendes medienpädagogisches Anforderungsprofil – sowohl in Bezug auf neue Technologien, ihre gesellschaftlichen Auswirkungen als auch ihren Einsatz in pädagogischen Settings – essenziell ist.

Medienbildung und Medienerziehung in einem Zeitalter der Digitalisierung erfordern – auch in einem emanzipatorischen und partizipativen Sinne – neben zeitgemäßen Maßnahmen auch die Verfügbarkeit aktueller Technik und digitaler Infrastruktur. Der noch immer unzureichende Breitband- und Mobilfunkausbau in ländlichen Räumen stellt dementsprechend eine weitere strukturelle Herausforderung dar (vgl. u. a. Bundesministerium für Ernährung und Landwirtschaft o. J.). Für Einrichtungen der außerschulischen Medienbildung zeigt sich eine im Vergleich zum Lernraum Schule weit geringere technische Ausstattung als zusätzliche zentrale und oftmals durch Kommunalverwaltung und Politik unbeachtete Problematik. Nicht umsonst forderte der Deutsche Bundesjugendring gemeinsam mit anderen bundesweit agierenden Jugendverbänden bereits in 2021 einen »Digitalpakt Kinder- und Jugendarbeit« (vgl. Deutscher Bundesjugendring 2021).

Wenig überraschend sind Fragen der Mobilität in ländlichen Räumen eine der größten Herausforderungen. Medienpädagogische Zugänge sind aufgrund von Zentralisierung von Bildungseinrichtungen in Oberzentren und einem abnehmenden Angebot des öffentlichen Personennahverkehrs stark limitiert und zeitkostenaufwendig (vgl. hierzu u. a. Klinge 2021).

Diese wenigen Beispiele für strukturelle Herausforderungen haben Einfluss auf inhaltliche Aspekte der medienpädagogischen/-erzieherischen Arbeit in ländlichen Räumen.

Eine mangelnde technische Ausstattung oder ein fehlender bzw. nur eingeschränkt nutzbarer Breitbandbandzugang können medienpädagogische Maßnahmen wie bspw. digitale Jugendarbeit, hybride Angebote etc. verhindern (vgl. Landesfachverband Medienbildung Brandenburg o. J.).

Auch individuelle Themen und Einstellungen bei Pädagog*innen selbst stellen eine Herausforderung für medienpädagogische Maßnahmen in ländlichen Räumen dar. So ließ sich vor allem nach den coronabedingten Einrichtungsschließungen und den damit verbundenen vermehrt eingesetzten digitalen Angeboten eine Form digitaler Müdigkeit in einer Vielzahl von Gesprächen im Rahmen des Projektes »jumblr – Jugendmedienbildung im ländlichen Raum« feststellen. Auch wenn dieser Eindruck sicher nicht verallgemeinerbar ist und einer Mehrheit von engagierten und kompetenten Pädagog*innen nicht gerecht wird, sollte die Wahrnehmung trotzdem ernst genommen und in Bezug auf die Qualifizierung von Pädagog*innen berücksichtigt werden (vgl. ebd.)

16.4 Medienpädagogische Ansätze: Projekt jumblr^{JIM} – Jugendmedienbildung im ländlichen Raum

Der Landesfachverband Medienbildung Brandenburg e.V. (lmb) setzt das Projekt *jumblr^{JIM} – Jugendmedienbildung im ländlichen Raum* seit 2019. um. Der Name des Projekts ist abgeleitet vom Englischen »jumble« das »Durcheinander« bedeutet. Im Projekt jumblr^{JIM} steht es für medienpädagogische Vielfalt und Jugendmedienbildung im ländlichen Raum in Brandenburg. Das Projekt soll mit digitaler Medienbildung in Regionen wirksam werden, wo sich buchstäblich Fuchs und Hase »Gute Nacht« sagen.

jumblr^{JIM} unterstützt Fachkräfte der Jugend(sozial)arbeit bei der Entwicklung und Umsetzung medienpädagogischer Maßnahmen in den ländlichen Regionen Brandenburgs. Hierzu gibt jumblr^{JIM} Expertisen, Impulse und Erfahrungen zu medienpädagogischen Themen- und Fragestellungen sowie Projektansätzen weiter. Durch gemeinsame Lern- und Experimentierräume schafft das Projekt die geteilte Wissensbasis für zukünftige medienpädagogische Projekte. Das Projekt agiert in vier Fokusbereichen:

- Wissensvermittlung: Aufbereitung und Weitergabe aktueller Themen und Debatten der Medienbildung.
- Inspiration: Setzen neuer Impulse und Themen für die medienpädagogische Arbeit.
- Vernetzung: Zusammenbringen medienpäd. Expert*innen und Akteur*innen.
- Erkenntnisse: Eruierung, welche Medienbildung es für den ländlichen Raum in Brandenburg braucht.

Um seine Ziele zu erreichen und die Besonderheiten ländlicher Räume zu berücksichtigen, hat jumblr^JIM verschiedene Maßnahmen und Angebote entwickelt und erprobt. Einige werden im Folgenden exemplarisch dargestellt:

Jährlich setzt das Projekt einen besonderen Fokus auf drei Themen, die Jugendarbeit und nicht zuletzt auch junge Menschen bewegen. In 2023 sind diese: *pädagogische Haltung, Nachhaltigkeit und diversitätssensible Medienbildung*. Mit dieser Schwerpunktsetzung möchte jumblr^JIM gezielt aktuelle Themen der Medien- und Demokratiebildung aufgreifen und Impulse für die pädagogische Praxis setzen. Diesen Themen setzen auch den Rahmen für die inhaltliche Ausgestaltung der weiteren Angebote von jumblr^JIM wie beispielsweise den jumblr^JIM-Sessions.

Hierbei handelt es sich um 90-minütige Online-Veranstaltungen, in denen ein*e Expert*in mit einem kurzen fachlichen Input den Raum für den kollegialen Austausch öffnet. Dieses Format findet online statt, um den Fachkräften weite Anfahrtswege zu ersparen und dennoch den Dialog mit anderen Kolleg*innen und der*dem Referent*in zu ermöglichen. Die Regelmäßigkeit des Angebots und seine Bewerbung über die sozialen Medien haben dieses Format auch über die Grenzen Brandenburgs bekannt und zu einer festen Größe gemacht.

Einen ähnlichen Ansatz wie die jumblr^JIM-Sessions verfolgen auch die Praxisqualifizierungen. Diese finden ebenfalls online statt. Sie haben jedoch in der Regel einen Umfang von 15 Stunden. Hier erhalten Fachkräfte der Jugend(sozial)arbeit Fachinputs, praktische Übungen, Raum für den kollegialen Austausch sowie Werkzeuge und Beratung für die Umsetzung eigener Projekte. Letzteres ist ein wichtiger Teil, da das erlernte Wissen durch die praktische Anwendung vertieft werden soll. Dies wurde bisher von den Teilnehmenden sehr unterschiedlich bewertet. Manche waren noch nicht so weit, das Erlernte in eine Projektidee zu überführen, andere bedankten sich für die Zeit, die in den Fortbildungen für die Entwicklung gegeben wurde.

In den ersten Jahren von jumblr^JIM fanden sogenannte Regionalfachtage statt. Diese Präsenzveranstaltungen sollten Fachkräfte aus Brandenburg, unterteilt in zwei bis vier Regionen (z. B. Ost-West), zusammenbringen. Die Anwesenden äußerten sich sehr zufrieden über dieses Format. Jedoch blieben die Anmeldezahlen deutlich unter den Erwartungen. Da in diesen kleinen Gruppen der fachliche Austausch als sehr zielführend wahrgenommen wurde, beschloss das Projektteam, diese Regionalfachtage durch die Medienpädagogischen Werkstätten zu ersetzen. Diese finden lokal in verschiedenen Landkreisen mit örtlichen Kooperationspartner*innen statt. Dieses Format richtet sich an maximal 20 Fachkräfte eines Landkreises.

Ziel dieser Formate ist der Austausch zu medienpädagogischen Fragestellungen, die Überwindung von Herausforderungen, die Vernetzung bestehender Angebote sowie das Geben von Anregungen für die konzeptionelle Weiterentwicklung der eigenen Arbeit.

Kern jeder Veranstaltung ist ein Praxisworkshop, bei dem kreative Methoden der medienpädagogischen Arbeit kennengelernt und ausprobiert werden können. Im Anschluss daran gibt es einen Austausch sowie eine Beratung zu konkreten Einsatzmöglichkeiten in der eigenen pädagogischen Arbeit. Die ersten Werkstätten wurden mit wechselnden Referenten zu den Themen »Digitale Musik«, »Making«, »Gaming« und zu »AR/VR« durchgeführt. Das Konzept, Anregungen und konkrete

Hilfestellungen für die Umsetzung in der Praxis zu geben, hat hier gut funktioniert. Interessanterweise hat der Impuls zur Bedeutung von Medienbildung in der Arbeit mit Jugendlichen bei mehreren Teilnehmenden den Wunsch hervorgerufen, dass dieser auch für die örtlichen Jugendämter organisiert werden sollte, um ein besseres Verständnis für die Relevanz in der Arbeit mit Jugendlichen zu schaffen.

Ein Bedarf, der in der Kommunikation mit Fachkräften immer wieder genannt wurde – als direkte Folge des Fachkräftemangels in Brandenburg – ist der nach Referent*innen mit medienpädagogischer Expertise. Diesem Bedarf trägt die Medienpädagogische Landkarte, die auf der Projektwebsite zu finden ist, Rechnung. Die Karte gibt einen Überblick über Institutionen und Medienpädagog*innen in Brandenburg und ist filterbar nach deren Schwerpunktthemen und räumlichen Aktionsfeldern. Das bisherige Feedback ist sehr gut. Es sind jedoch noch nicht alle Dozent*innen und Institutionen darin enthalten.

Im Rahmen des Projekts sind acht Anregungen für die Praxis entstanden, in denen die Erfahrungen, Erkenntnisse und das Feedback aus der Zusammenarbeit mit Akteur*innen aus Brandenburg eingeflossen sind. Diese lauten:

1. **Lokale und regionale Netzwerke und Kooperationen leben**
   Die Arbeit in Netzwerken kostet zeitliche und personelle Ressourcen, ermöglicht jedoch auch den Zugriff auf einen größeren Ressourcenpool (Technik, Expertise, Fachkräfte) sowie Sichtbarkeit und Inspiration.
2. **Lebenswelt der Jugendlichen aufgreifen**
   Die Verknüpfung der Themen der Jugendlichen mit den Möglichkeiten der Digitalisierung eröffnet neue Handlungsspielräume für die pädagogische Arbeit.
3. **Identifikation mit dem ländlichen Sozialraum stärken**
   Medienpädagogische Projekte zur Sozialraumerkundung können die Identifikation der Jugendlichen mit ihrem Lebensraum verstärken und im besten Fall auch auf positiv auf das Demokratieverständnis wirken.
4. **Räumliche Strukturen berücksichtigen**
   Digitale Angebote können das Fehlen einer jugendgerechten Infrastruktur nicht ausgleichen, sie können jedoch Zugänge und geschützte Räume für Jugendliche schaffen.
5. **Jugendlichen mehr Autonomie geben**
   Selbstverwaltete digitale Angebote stärken die Autonomie Jugendlicher. Die notwendige (medien-)pädagogische Begleitung kann (auch) digital erfolgen.
6. **Sichtbar sein**
   Jugendliche sind motiviert, ihren Sozialraum mitzugestalten. Das Engagement und die Ideen der Jugendlichen kann durch digitale Beteiligungs-Tools sichtbar gemacht werden.
7. **Gegebenheiten flexibel und kreativ gestalten**
   Wichtiger als die (mangelnde) Ausstattung sind bei der Umsetzung eines Projekts mit Jugendlichen die pädagogische Haltung, der Einsatz jugendgerechter Methoden sowie die Flexibilität auf aktuelle Situationen einzugehen.
8. **Fachlichkeit (weiter-)entwickeln**
   Um auf die stetige Veränderung der digitalen Gesellschaft und damit einhergehende Einflüsse auf die (medien-)pädagogische Praxis reagieren und Potenziale

und Risiken für die Arbeit mit Jugendlichen erkennen zu können, braucht es die kontinuierliche fachliche Weiterentwicklung und Qualifizierung von Fachkräften (vgl. Landesfachverband Medienbildung Brandenburg e.V. 2023, S. 10ff.).

16.5 Von Maßnahmen und Projekten zur Strategie

Die zuvor aufgezeigten Denkanstöße zur Medienbildung in ländlichen Räumen konzentrieren sich auf die konkrete Projektarbeit in der Medienbildung und Medienerziehung und zeigen auf, dass qualitative Aspekte auf einer inhaltlichen wie methodischen Ebene von besonderer Bedeutung sind. Denn: nur wenn Maßnahmen auf die Bedürfnisse von Heranwachsenden abgestimmt sind, sie flexibel auf neue, nicht antizipierbare Herausforderungen eingehen können, die Partizipationsbedürfnisse ihrer Zielgruppen und auch die strukturellen Gegebenheiten vor Ort berücksichtigen, sind die Angebote attraktiv und sichtbar genug und können von Kindern und Jugendlichen überhaupt genutzt werden.

Die Empfehlungen sind ebenfalls keinesfalls neu oder innovativ, sondern heben die Wichtigkeit einer fachlich hochwertigen medienpädagogischen und medienerzieherischen Arbeit hervor. Dabei scheint ein kritischer Blick auf den Begriff der Innovation besonders sinnvoll. Dieser bedarf einer genaueren Bestimmung, die die jeweiligen Bedingungen, unter der Medienbildung und Medienerziehung stattfinden kann, stärker berücksichtigt. Maßnahmen, die auf den ersten Blick eher klassisch anmuten, aber dennoch die oben genannten Aspekte berücksichtigen, können dabei für die jeweilige Einrichtung, die Region und die dort lebenden Heranwachsenden selbst durchaus neu und innovativ sein und sollten auch als solche betrachtet, eingeordnet und vor allem wertgeschätzt werden. Damit angesprochen sind auch Projektförderer, Trägerinstitutionen und Verwaltung vor Ort. Kritisch zu betrachten ist zusätzlich, dass die Empfehlungen auch einen kompensatorischen Charakter für strukturelle Defizite ländlicher Räume haben.

Und dennoch: Sie zeugen zudem von einer – vielleicht nicht nur für ländliche Räume zutreffenden – Wahrnehmung: Medienbildung, digitale Jugendarbeit und medienerzieherische Maßnahmen sind noch immer nicht selbstverständlich, obwohl die Digitalisierung mit all ihren positiven wie negativen Einflüssen auf unsere Gesellschaft unumkehrbar ist und Heranwachsende dementsprechend begleitet und unterstützt werden müssen, diese mitzugestalten. Dementsprechend ist es ebenfalls Aufgabe der Medienpädagogik und Medienerziehung, Leitlinien und Visionen ihrer Arbeit zu vermitteln. Mit den Leitlinien der Europäischen Jugendarbeit liegt bereits ein solcher umfassender Ansatz vor (vgl. Digital Youth Work 2019).

Gemeinsam mit den oben genannten Denkanstößen zeichnet sich ein detailliertes Bild einer Medienbildung und digitalen Jugendarbeit, die inklusiv, divers ist und digitale Ungleichheiten in den Blick nimmt, die eine Haltung vertritt und Heranwachsende dabei unterstützt, eine eigene zu entwickeln, die sozialräumlich und lebensweltlich, vernetzt und auf einer fachlich fundierten Basis agiert und die strukturell fest verankert ist. Zur Umsetzung dieses umfassenden Blicks bedarf es einer Strategie, die die individuellen Voraussetzungen ländlicher Räume berücksichtigt und strukturelle Bedingungen, Formate der Aus-Fort- und Weiterbildung, der Netzwerkarbeit, Qualitätsentwicklung, Beratung, Fachkräftebindung, digitaler Zugänge und ebenfalls Aspekte des Jugendmedienschutzes und der Jugendbeteiligung berücksichtigt.

16.6 Schluss

Die angebotenen Einblicke und Denkanstöße zeugen davon, dass das Aufwachsen von Kindern und Jugendlichen nur wenig mit dem Bild der »Dorfromantik« vereinbar sind und, entgegen der in der Einleitung zitierten Jurybewertung zum Spiel des Jahres, Heranwachsende sehr wohl »verlieren« können. Beispielsweise wurden Aspekte der Digitalen Armut in der Debatte zu oft eindimensional in Bezug auf eine Zugangsarmut zu digitalen Angeboten diskutiert. Vielmehr sollte die damit ebenfalls verbundenen Aspekte der Chancen- und Teilhabebenachteiligung in den Blick genommen werden, die das Aufwachsen in ländlichen Räumen besonders betreffen können.

Die aufgezeigten Aspekte weisen darauf hin, dass medienpädagogische und medienerzieherische Angebote in besonderer Weise von strukturellen Gegebenheiten abhängig sind. Diese Abhängigkeit wird sich – so die Erfahrungen aus dem Projekt jumblr[jim] – in zahlreichen Regionen – beispielsweise in der sich in einem tiefgreifenden Strukturwandel befindenden Lausitz – eher verstärken. Umso dramatischer sind das Fehlen aktueller Forschung zu medialen Lebenswelten von Heranwachsenden in ländlichen Regionen und ein wachsender Fachkräftemangel. Neue digitale Herausforderungen wie Künstliche Intelligenz, die massiven Einfluss auf die Lebenswelt aller Menschen und die Wahrnehmung eines gleichberechtigten und demokratischen Zusammenlebens in einer Gesamtgesellschaft haben werden, können so nur ungenügend berücksichtigt und auf ihre besonderen Einflüsse auf das Aufwachsen in ländlichen Räumen untersucht und bearbeitet werden.

Literatur

Antes, Wolfgang, Wenzl, Udo & Wichmann, Stefanie (Hrsg.) (2022): Jugend im ländlichen Raum Baden-Württembergs: Aufwachsen – Mitgestalten – Leben. Online unter: https://studie.land/wp-content/uploads/2022/01/Studie_Land_220110.pdf [Stand: 18.08.2023].
Arbeitsgemeinschaft der evangelischen Jugend in Deutschland (aej) (o. J.): Kinder- und Jugendarbeit in ländlichen Räumen. Online unter: https://www.aej.de/arbeit/laendliche-raeume [Stand: 15.08.2023].
Arbeitspapier Aufwachsen junger Menschen im ländlichen Raum Brandenburgs (2019). Online unter: https://www.forum-netzwerk-brandenburg.de/de/ueber-uns/themen/jugend/arbeitspapier-jugend-im-laendlichen-raum [Stand: 10.09.2023].

Bundesinstitut für Bau-, Stadt- und Raumforschung (o.J.): Laufende Raumbeobachtung – Raumabgrenzungen, Siedlungsstrukturelle Kreistypen. Online unter: https://www.bbsr.bund.de/BBSR/DE/forschung/raumbeobachtung/Raumabgrenzungen/deutschland/kreise/siedlungsstrukturelle-kreistypen/kreistypen.html [Stand: 10.09.2023]

Bundesministerium für Ernährung und Landwirtschaft (o.J.): Flächendeckende Breitbandversorgung – auch in ländlichen Regionen. Eine leistungsfähige digitale Infrastruktur wird gerade auf dem Land immer mehr zu einem Bestimmungsfaktor für deren Zukunftsfähigkeit. Online unter: https://www.bmel.de/DE/themen/laendliche-regionen/digitales/breitband-und-mobilfunkversorgung/breitbandstrategie.html [Stand: 15.07.2023].

Bundeszentrale für politische Bildung (bpb) (Hrsg.) (2020): Informationen zur politischen Bildung / izpb, Nr. 343, Ländliche Räume. Online unter: https://www.bpb.de/system/files/dokument_pdf/IzPB_343_Laendliche-Raeume_barrierefrei_2.pdf [Stand:18.08.2023]

Deutscher Bundesjugendring (2021): Digitalpakt Kinder- und Jugendarbeit. Online unter: https://www.dbjr.de/artikel/digitalpakt-kinder-und-jugendarbeit [Stand: 18.07.2023].

Deutscher Bundestag (2022): Drucksache 20/1433. Online unter: https://dserver.bundestag.de/btd/20/014/2001433.pdf [Stand: 14.07.2023].

Digital Youth Work (2019): Leitlinien der Europäischen digitalen Jugendarbeit. Online unter: https://www.digitalyouthwork.eu/wp-content/uploads/2019/09/european-guidelines-for-digital-youth-work-web.pdf [Stand: 14.07.2023].

GameStar: Exklusivtest (2023): In Dorfromantik baut ihr eure perfekte Welt und wollt nie wieder weg. Online unter: https://www.gamestar.de/artikel/dorfromantik-test-eine-perfekte-welt,3379932.html [Stand 07.10.2023].

Klinge, Alexander (2021): Ländliche Mobilität. Bundeszentrale für politische Bildung. Online unter: https://www.bpb.de/themen/stadt-land/laendliche-raeume/335912/laendliche-mobilitaet/#node-content-title-1 [Stand: 10.07.2023].

Landesfachverband Medienbildung Brandenburg e.V. (Hrsg.) (2023): jumblr^{JIM}-Dialog 01 Denkanstöße für die Medienbildung in ländlichen Räumen. Online unter: https://medienbildung-brandenburg.de/jumblr-denkanstoesse-fuer-medienbildung-in-laendlichen-raeumen/ [Stand: 10.08.2023].

Landesfachverband Medienbildung Brandenburg e.V. (2023): Online am Limit: Medienpädagogische Herausforderungen für Brandenburg – Vortrag im Rahmen des Safer Internet Day 2023. Online unter: https://medienbildung-brandenburg.de/online-am-limit-medienpaedagogische-herausforderungen-fuer-brandenburg/ [Stand: 15.07.2023].

Nicolai, Sebastian (2022): Ländlicher Raum. Die Herausforderungen medienpädagogischer Jugendarbeit im ländlichen Raum. Bachelorarbeit, Fachhochschule Clara Hoffbauer Potsdam. Potsdam. [nicht veröffentlicht]

Partnerkreis Industrie & Wirtschaft (2023): Brandenburg 2023. Online unter: https://www.uni-potsdam.de/de/wirtschaft-transfer-gesellschaft/piw/partnerkreis-studien/brandenburg-in-2030 [Stand: 15.07.2023].

Schnetzer, Simon & Hurrelmann, Klaus (2022): Jugend in Deutschland – Trendstudie Sommer 2022. Jugend im Dauerkrisen-Modus – Klima, Corona, Krieg. Datajockey-Verlag Kempten.

Spiegel (2023): Spielen Sie auch Dorfromantik Frau Zehmke? – ein Interview von Alexander Smoltczyk. Online unter: https://www.spiegel.de/panorama/dorfromantik-und-die-dorf-realitaet-spielen-sie-auch-dorfromantik-frau-zehmke-a-800bdfef-83dc-4b9e-a5ed-c76777f48d19 [Stand 06.10.2023]

Die Zeit (Hrsg.) (2021): Landflucht zum Selberbauen. Online unter: https://www.zeit.de/digital/games/2021-04/dorfromantik-videospiel-erfolg-computerspiel [Stand 06.10.2023].

17 Medienkompetenzförderung für geistig beeinträchtigte Heranwachsende – eine Projektidee

Sarah Marie Kazmaier & Johanna Wunsch

17.1 Überblick

»Weil wir einfach [...] am Ende der Nahrungskette stehen ((lacht)), mit unserer Schulform [...] Wir wurden einfach überhaupt nicht mitbedacht« (Aussage Medienkoordinator. In: Geuting, Keeley & Stommel 2021)

Dieses Zitat stellt deutlich heraus, dass der sonderpädagogische Bereich in vielen Belangen vernachlässigt wird – gerade das Thema Medienkompetenz kommt zu kurz. Im Forschungsprojekt *DiGGi_Köln – Digitalisierung im Förderschwerpunkt geistige Entwicklung* wurden Fachkräfte, Lehrkräfte und – besonders zu betonen – die Zielgruppe selbst, sprich Schüler:innen mit geistiger Beeinträchtigung befragt, wie digitale Bildung und Teilhabe bisher realisiert und ermöglicht wird und wie sie zukünftig ausgestaltet werden kann. Die Ergebnisse sprechen für sich: Der Bedarf an medienpädagogischen Projekten im sonderpädagogischen Bereich, die fest im Lehrplan verankert sind, ist nach wie vor vorhanden. Immerzu wird von fehlenden, geeigneten Konzepten für inklusive Lernbereiche gesprochen (vgl. Bosse et al. 2019; Bosse & Haage 2019; Bosse & Hasebrink 2016).

Schon Bosse (2012) formulierte Anforderungen zur medienpädagogischen Förderung von Lehrkräften, deren Aktualität und Wichtigkeit im Forschungsprojekt DiGGi_Koeln nochmals betont wurde (vgl. Geuting, Gollwitzer, Keeley, Kuhlmann, Mairhofer & Stommel 2022). Diese Erkenntnisse stellen die Grundlage für diesen Artikel dar: Eine Idee, ein geeignetes, durchführbares Medienbildungsprojekt für die angesprochene Zielgruppe zu erstellen – im Bewusstsein darüber, dass dies nicht die Lösung des eigentlichen Problems darstellen kann, sondern lediglich ein erster Schritt in Richtung langfristige Medienbildung für alle ist.

17.2 Warum inklusive Medienbildung?

Der Begriff der inklusiven Medienbildung fordert zur ständigen Reflexion des eigenen Denkens und Handelns auf, um den Blick auf die Inklusion und gegen Exklusion zu richten. Man spricht von inklusiver Medienbildung als Katalysator für eine gelingende Inklusion.[145] Mit dem Konzept des Empowerments,[146] in Verbindung mit der (inklusiven) Medienbildung, kann den Strukturen der Exklusion in (medien-)pädagogischen Handlungsfeldern gegenübergetreten werden (vgl. Kamin, Schluchter & Zaynel, 2018).

Digitale Medien sind allgegenwärtig. Sie stellen daher einen zentralen Zugang zur Lebenswelt aller Bürger:innen sowohl mit als auch ohne Beeinträchtigung dar, um die Teilhabe am kulturellen und öffentlichen Leben zu ermöglichen. Dabei können digitale Medien den Alltag von Menschen mit Beeinträchtigung sowohl erleichtern als auch erschweren. Indem bestimmte Zugänge verwehrt bleiben, können sie die Exklusion sogar begünstigen (vgl. Bosse 2016).

Insbesondere für Heranwachsende nehmen digitale Medien eine Schlüsselrolle ein und sind aus dem Alltag nicht mehr wegzudenken. WhatsApp, TikTok und Co. tragen enorm zur Organisation und Gestaltung des alltäglichen Lebens bei. Laut JIM-Studie (2022) besitzen 98 % aller Jugendlichen ein Smartphone. WhatsApp, Instagram und TikTok gelten als wichtigste Apps der Heranwachsenden zwischen zwölf und 19 Jahren. Aus aktuellen Studien (vgl. DiGGi_Köln 2022) und den eigenen Erfahrungswerten aus der Praxis an Förderschulen zeigt sich, dass das Smartphone auch im Alltag von Heranwachsenden mit geistiger Beeinträchtigung eine Schlüsselrolle einnimmt. Dadurch muss auch ihnen eine Teilhabe an Medienkompetenzförderung ermöglicht werden, die an ihren spezifischen Kompetenzen und Lebenshintergründen angepasst wurde.

Nach Bosse (2016) muss Teilhabe in drei Ebenen gedacht werden: Teilhabe IN Medien, Teilhabe AN Medien und Teilhabe DURCH Medien. Mit der Teilhabe IN Medien ist die mediale Darstellung, beispielsweise über Blogs oder soziale Netzwerke, gemeint. Die mediale Zugänglichkeit wird durch die Teilhabe AN Medien dargestellt, welche den gleichberechtigten Zugang aller Menschen zu Informationen und zur Kommunikation mittels Medien darstellt. DURCH Medien kann inklusive Medienbildung gelingen. Dies lässt sich so verstehen, dass der Erwerb von Medienkompetenz aller Menschen im Mittelpunkt steht. Mit der Methode der aktiven Medienarbeit ist dieses Ziel umsetzbar und trägt dadurch zur Teilhabe der Kinder und Jugendlichen am gesellschaftlichen, medialen Leben bei (vgl. Bosse 2014, 2016).

---

145 Inklusive Medienbildung bezeichnet hier eine pädagogische Herangehensweise, die darauf abzielt, alle Lernenden, unabhängig von ihren individuellen Fähigkeiten, Bedürfnissen oder Hintergründen, in den Bildungsprozess einzubeziehen und ihnen den kompetenten und verantwortungsbewussten Umgang mit digitalen Medien zu vermitteln. Dadurch soll Menschen mit Beeinträchtigung die Teilhabe am gesellschaftlichen Leben ermöglicht werden (vgl. Kazmaier & Wunsch 2021).
146 Empowerment heißt wörtlich übersetzt so viel wie Selbstbefähigung oder auch Selbstermächtigung und ist ein Prozess, in dem sich Personen in Situationen der Benachteiligung ihrer eigenen Stärken bewusst werden und daraufhin ihre Ressourcen nutzen, um diese Situationen zu bewältigen (vgl. Herriger 2020).

17.3 Was unterscheidet Medienbildung von inklusiver Medienbildung?

Inklusive Medienbildung setzt speziell am Individuum an. Die Erfahrungen und individuellen Herausforderungen der Heranwachsenden sind hier von besonderer Bedeutung. Selbstbestimmung und Empowerment stehen im Vordergrund der medienpädagogischen Praxis. Dies gilt für alle Zielgruppen reflexiv-praktischer pädagogischer Arbeit mit und über Medien. Dieser Beitrag beschäftigt sich speziell mit der Zielgruppe Heranwachsende mit geistiger Beeinträchtigung.

Selbstbestimmung kann u. a. durch die eigene Gestaltung der Arbeitsphasen, Festlegen der Arbeitszeit und des -ortes sowie der Auswahl an Lernpartner:innnen erreicht werden. In der pädagogischen Praxis der Fachkräfte spielt Flexibilität eine wichtige Rolle. Um individuellen Bedürfnissen gerecht zu werden, müssen inklusive Arbeitsmaterialien und -zugänge und eine Offenheit gegenüber der eigentlichen Planung gewährleistet sein (vgl. Kamin, Schluchter & Zaynel 2018). Aufgrund dieser Erkenntnisse müssen, unter Einbezug der Rahmenbedingungen inklusiver Medienbildung, individuelle Konzepte für die Praxis entworfen werden.

17.4 Rahmenbedingungen inklusiver Medienbildung

Herausgestellt wurde bereits die Wichtigkeit der Individualisierung, die als Grundlage für inklusive Medienbildung unabdingbar ist. Im Sinne der Teilhabe aller an Medienbildung müssen nach Kamin, Schluchter & Zaynel (2018) nachfolgend skizzierte zehn Rahmenbedingungen beachtet werden, durch welche die inklusive Medienbildung in Theorie und Praxis weiter vorangetrieben werden soll.

Rahmenbedingung	Kurze Erläuterung
Ressourcenorientierung	Ansetzen an vorhandenen Ressourcen der Teilnehmenden
Assistive Technologien, Unterstützte Kommunikation, Universelles Design	Hilfsmittel zur Unterstützung von Interaktion und Kommunikation berücksichtigen
Barrierefreiheit	Zugänglichkeit von Veranstaltungsort und Projektmaterialien
Kooperatives Lernen	Andere unterstützen, aber auch selbst Unterstützung erhalten
Vielfältige Rezeptions- und Ausdrucksformen	Vielfalt durch Einsatz von (digitalen) Medien

Rahmenbedingung	Kurze Erläuterung
Vielzahl an inhaltlichen Ankerpunkten für Themen, Interessen sowie Wissensbeständen, Fähigkeiten und Fertigkeiten	Vielzahl, um eigene Stärken und Schwächen zu erfahren
Experimentelle Zugänge und Umgangsweisen	Individualität aller Teilnehmenden wird berücksichtigt
Handlungsorientierung	Learning-by-Doing-Ansatz
Ausbalancieren von Struktur und Offenheit	Anpassung des Projektes auf die individuellen Bedürfnisse aller Teilnehmenden
Demokratische Prozesse etablieren	Teilnehmende tragen gleichberechtigt zum Gelingen des Projektes bei

Bei der *Ressourcenorientierung* steht die Anerkennung der Fähigkeiten und Bedürfnisse der Kinder und Jugendlichen im Mittelpunkt. Dadurch wird das Vertrauen der Heranwachsenden in ihre eigenen Fähigkeiten gestärkt, was einen positiven Beitrag zu ihrer Entwicklung leisten kann. Zusätzlich gilt es Räume zu schaffen, in denen Möglichkeiten entdeckt und vorhandene Ressourcen entfaltet werden können. Hierbei können experimentelle Zugänge und verschiedene Methoden der aktiven Medienarbeit helfen.

Interaktion und Kommunikation ist für Heranwachsende mit Beeinträchtigung oftmals nicht ohne Hilfsmittel möglich. Daher gilt es in der inklusiven Medienbildung *Assistive Technologien* und Formen der *Unterstützten Kommunikation* einzubeziehen. Assistive Technologien sind technische Hilfsmittel oder Geräte (z. B. Spracherkennungssoftware oder elektronische Lesegeräte), die Menschen mit Beeinträchtigung dabei unterstützen, alltägliche Aufgaben auszuführen und zur Verbesserung der Lebensqualität beizutragen. Unterstützte Kommunikation bezeichnet das Verwenden von Methoden oder Technologien, die Menschen mit eingeschränkten Sprach- oder Kommunikationsfähigkeiten dabei helfen zu kommunizieren, z. B. über Bildsymbole. Zudem muss das Prinzip des *Universellen Designs* mitgedacht werden, sodass alle Materialien von allen, unabhängig ihrer individuellen Fähigkeiten, genutzt werden können. (vgl. Kamin, Schluchter & Zaynel 2018).

Zu den Rahmenbedingungen gehört ebenfalls die *Barrierefreiheit*, bei welcher sowohl die Zugänglichkeit des Veranstaltungsortes als auch aller eingesetzten Materialien mitgedacht werden muss. Bei der inhaltlichen Gestaltung der Angebote ist es zentral, Leichte Sprache[147] anzuwenden (vgl. ebd.; Schluchter 2019).

Bei *Kooperativem Lernen* steckt die Bedeutung schon im Begriff selbst. Es geht darum, sowohl als Expert:in andere zu unterstützen als auch von anderen Unterstützung zu erhalten. In medienpädagogischen Angeboten sollte auf *vielfältige Rezeptions- und Ausdrucksformen* geachtet werden. Durch den Einsatz digitaler Medien lässt sich diese Vielfalt durch Audio, Bild und Video erreichen. Auch hier muss auf

---

147 Das Konzept der Leichten Sprache arbeitet mit einer leicht verständlichen Sprache, die es Menschen mit Leseschwierigkeiten ermöglicht, Sätze und Texte zu verstehen. Dabei werden einfache Worte und kurze Sätze verwendet (vgl. BMAS 2014).

Leichte Sprache und Unterstützte Kommunikation geachtet werden. Durch eine *Vielzahl an inhaltlichen Ankerpunkten für Themen, Interessen sowie Wissensbeständen, Fähigkeiten und Fertigkeiten* werden eigene Stärken und Schwächen erfahrbar gemacht (vgl. Kamin, Schluchter & Zaynel 2018; Schluchter 2019).

Zur Entdeckung der Stärken und Schwächen tragen, besonders für diese Zielgruppe, *experimentelle Zugänge und Umgangsweisen* bei. Diese ermöglichen es den Kindern und Jugendlichen, sich in ihrem eigenen Tempo und auf individuelle Art und Weise in ein medienpädagogisches Projekt einzufinden.

Durch Einzel- oder Gruppenarbeit kann Medienwissen über produktive Methoden eigenständig erlangt werden; die Rede ist von *Handlungsorientierung*. Im Hinblick auf Individualisierung ist das *Ausbalancieren von Struktur und Offenheit* zu nennen, welches die Anpassung eines Medienprojektes an die individuellen Bedürfnisse aller Teilnehmenden hervorhebt. Als durchführende Fachkraft ist es wichtig, ein Projekt so offen zu gestalten, dass individuelle Anpassungen jederzeit möglich sind. *Demokratische Prozesse zu etablieren* führt zu einem gelungenen Medienprojekt, da alle Teilnehmenden gleichberechtigt dazu beitragen, ein gemeinsames Ziel (das Medienprojekt) zu erreichen (vgl. Kamin, Schluchter & Zaynel 2018).

Durch Beachtung dieser Rahmenbedingungen und besonderer Berücksichtigung der Individualität aller Teilnehmenden kann aktive Medienarbeit auch bei Kindern und Jugendlichen mit Beeinträchtigungen gelingen.

17.5 Projektkonzept für inklusive Medienbildung

Die Erstellung eines allgemeingültigen Medienbildungskonzeptes für Heranwachsende mit (geistiger) Beeinträchtigung gleicht einer Idealvorstellung und ist, aufgrund des bereits herausgearbeiteten Aspekts der Individualisierung, nicht möglich. Dennoch ist dies kein Grund, diese Zielgruppe außer Acht zu lassen, vielmehr gilt es, entsprechende Förderung zu ermöglichen (vgl. Kazmaier & Wunsch 2019).

Ein medienpädagogisches Projektkonzept für diese Zielgruppe sollte sich an den zuvor erwähnten Rahmenbedingungen orientieren. Zusätzlich ist zu betonen, dass sich die inhaltliche Darstellung der Themen in Medienprojekten für geistig beeinträchtigte Heranwachsende nicht von anderen Medienprojekten unterscheiden sollte. Lediglich die Herangehensweise muss beachtet werden, indem Darstellungsweisen vereinfacht, zeitliche Komponenten angepasst werden und die Individualität der Teilnehmenden besondere Beachtung findet.

In der Konzeption der nachfolgend vorgestellten Projekte wurde auf die Heterogenität der Zielgruppe geachtet, jedoch konnten nicht alle Ausprägungen von geistiger Beeinträchtigung abgebildet werden. Aus diesem Grund wurde so individuell wie möglich und so allgemein wie nötig gearbeitet. Die verschiedenen Ausprägungen von geistiger Beeinträchtigung können nur dann bedacht werden, wenn die einzelnen Schüler:innen mit ihren individuellen Beeinträchtigungen bekannt sind (vgl. Kazmaier & Wunsch 2019).

Das nachfolgende Medienbildungsprojekt beinhaltet die Gestaltung eines digitalen Comics mittels Tablet zum Thema Freundschaft. Das Thema Freundschaft wurde gewählt, um eine Auseinandersetzung mit Gegenständen der Lebensrealität – ganz im Sinne der aktiven Medienarbeit – von Heranwachsenden mit geistiger Beeinträchtigung zu fördern.

Zu beachten ist, dass innerhalb der Zielgruppe unterschiedliche Schweregrade der Beeinträchtigung vorliegen können. Zusätzlich bedingen sich geistige Beeinträchtigung sowie körperliche und motorische Beeinträchtigungen oftmals (vgl. Speck 2013). Die Bedienung eines Tablets und einer App zur Erstellung eines Comics erfordert wenig körperliche Betätigung und stellt somit einen niedrigschwelligen Zugang dar.

Um möglichst viel Gestaltungsfreiraum zu ermöglichen und die Heterogenität der Zielgruppe zu beachten, wurden im Projektkonzept verschiedene Schwerpunkte gesetzt. Lehr- und Fachkräfte können diese in Hinblick auf ihre Zielgruppe auswählen und bearbeiten – basierend auf dem Gedanken einer Methodenkiste. Dabei ist ein stringentes Vorgehen in der aufgeführten Reihenfolge oder auch ein individuelles Vorgehen, je nach Bedarf der Schüler:innen, möglich.

Projektskizze

Freundschaft – weil man mit Freund:innen alles schafft: Ein Medienprojekt zum Thema Freundschaft für Schüler:innen mit dem Förderschwerpunkt geistige Entwicklung	Titel
Heranwachsende mit geistiger Beeinträchtigung	Zielgruppe
Ab Klassenstufe fünf	Klassenstufe
Das Projekt ist universell für alle Bundesländer konzipiert. Da Bildung Ländersache ist, kann kein konkreter Lehrplanbezug hergestellt werden.	Lehrplanbezug
In der Lebenswelt von Heranwachsenden ist das Thema Freundschaft fest verankert. Freundschaften begleiten uns ein Leben lang und tragen enorm zur Lebensqualität bei. Durch das Medienprojekt soll der Bezug zu sozialen Beziehungen und deren Aufrechterhaltung gestärkt werden.	Thema
Das Thema Freundschaft, als Gegenstand sozialer Realität, kann mithilfe der Erstellung eines Comics (als zielgruppenadäquate visuelle Aufbereitung) intensiv erfasst werden. Dabei können eigene Standpunkte und Interessen erkannt und vertreten werden. Gleichzeitig werden die kommunikative Kompetenz sowie insbesondere die Medienkompetenz gestärkt. Die Orientierung an realen Gegebenheiten, die Förderung von Zusammenarbeit und die Erstellung eigener Produkte führen, durch die aktive Medienarbeit, zu nachhaltigem Lernen. Durch mediale Angebote können neue Erfahrungsräume erkundet und das Thema Freundschaft kreativ erschlossen werden.	Kompetenzen

Beispielhaft: Fünf Projekttage für die Förderschule mit dem Schwerpunkt geistige Entwicklung. Das Projekt kann zeitlich individuell an die Schüler:innen mit Förderbedarf angepasst werden.	Zeitbedarf
Einzelarbeit, Partnerarbeit, Gruppenarbeit, Sitzkreis, Gruppengespräch	Sozialform
Ziel des Projektes ist es zum einen, die Bedeutung von Freundschaft als zentrale Ressource der Lebensqualität zu begreifen. Zum anderen soll die Förderung der Medienkompetenz durch aktive Medienarbeit mit dem Tablet stattfinden. Dabei wird eine mediale, diskriminierungsfreie Teilhabe ermöglicht.	Ziel
iPads, Ladekabel, Drucker, Beamer, App Comic Life 3, vorbereitete Projektmaterialen	Materialien
Mind. eine Fachkraft und ein:e Medienpädagog:in, je nach Förderbedarf anpassbar	Anzahl der Fachkräfte

Es können nicht alle individuellen Ausprägungen von Beeinträchtigung abgebildet und diese in einem standardisierten Konzept berücksichtigt werden. Daher wurde ein Projektkonzept erstellt, welches nach den individuellen Bedürfnissen der Schüler:innen zusammengestellt werden kann. Das Projekt ist beispielhaft für fünf Tage ausgelegt, um die unterschiedlichen Arbeitstempi zu berücksichtigen. Es kann somit sowohl verlängert als auch verkürzt werden, um allen Schülerinnen und Schülern eine gleichberechtigte Teilnahme zu ermöglichen.

Das Konzept stellt lediglich eine beispielhafte Durchführung des Projektes dar und ist an jeder Stelle individuell anpassbar.

Die App Comic Life 3 ist nicht barrierefrei und auch nicht speziell auf die Zielgruppe der geistig Beeinträchtigten angepasst. Aufgrund der intuitiven Bedienung lässt sich die App dennoch, mit entsprechender Einweisung, verwenden. Mit dem Konzept wurde versucht, der Zielgruppe eine Teilhabe an einem Medienprojekt zu ermöglichen. Dies beinhaltet auch die Benutzung und das Erkunden der App Comic Life 3. Die Heranwachsenden haben so die Möglichkeit der medialen Teilhabe und werden trotz dessen, dass die App nicht barrierefrei ist, inkludiert. Innerhalb der Projektkonzeption wurde auf Barrierefreiheit geachtet: so wurden beispielsweise Bildsymbole und Leichte Sprache verwendet.

Detaillierter Projektablauf

Projekttag 1

Schwerpunkt 1	
Inhalt	Einstieg in das Thema Freundschaft
Lernziele	Gemeinsame Beschäftigung mit Aspekten der Freundschaft

Schwerpunkt 1	
	• Eigene Freundschaften reflektieren • Bedeutung von Freundschaften verstehen
Zeit	Aufgrund der förderspezifischen Besonderheiten werden im Projektplan keine Zeitrichtwerte ausgewiesen. Die Zeitplanung ist durch die Fachkraft individuell bestimmbar.
Methoden	Vorlesen, Anhören einer Geschichte zum Thema Freundschaft oder Anschauen eines Videos zum Thema Freundschaft im Plenum
Material	Geschichten zum Thema Freundschaft, Adapter, Beamer, Laptop, Leinwand, Verlängerungskabel

Den Einstieg in das Thema Freundschaft bildet eine Geschichte[148]. Die Geschichte kann sowohl von den Schüler:innen eigenständig gelesen oder von der Fachkraft vorgelesen werden. Alternativ kann ein Video zum Thema Freundschaft gemeinsam angeschaut werden.

Im Anschluss kann eine Diskussion stattfinden, in der das Thema Freundschaft aufgegriffen und über die Geschichte gesprochen werden kann. Leitende Fragen können sein: »Was fällt dir zu der Geschichte ein?«, »Wie findest du die Geschichte?«, »Hast du so etwas auch schon einmal erlebt?«.

Schwerpunkt 2a	
Inhalt	Eigenschaften eines Freundes oder einer Freundin • »Was ist ein guter Freund oder eine gute Freundin für dich?«
Lernziele	Eigene Interessen/Standpunkte in der Gruppe äußern und vertreten Eigene Präferenzen reflektieren
Zeit	Aufgrund der förderspezifischen Besonderheiten werden im Projektplan keine Zeitrichtwerte ausgewiesen. Die Zeitplanung ist durch die Fachkraft individuell bestimmbar.
Methoden	Gruppengespräch Tafelbild
Material	Tafel, Kreide, Magnete

Zu Beginn des Gruppengespräches wird die Frage »Was ist ein guter Freund oder eine gute Freundin für dich?« von der Fachkraft gestellt. Hier können zur Visualisierung Symbole verwendet werden. Die Antworten der Schüler:innen werden von den Schüler:innen selbst oder von der Fachkraft an der Tafel gesammelt.

---

148 Die Geschichte kann individuell gewählt werden. Im vorliegenden Projekt handelt sie von einem im Matsch stecken gebliebenen Auto und dem Versuch, das Auto zu befreien. Fazit der Geschichte ist, dass nur durch Hilfe aller das Auto wieder fahrbereit gemacht werden kann und man mit Freund:innen stärker ist.

III Medienerziehung und Medienbildung in Schule und anderswo

Schwerpunkt 2b	
Inhalt	Lieblingseigenschaften eines Freundes oder einer Freundin • »Was magst du an ihm oder ihr?«
Lernziele	Eigene Interessen/Standpunkte in der Gruppe äußern und vertreten Eigene Präferenzen reflektieren
Zeit	Aufgrund der förderspezifischen Besonderheiten werden im Projektplan keine Zeitrichtwerte ausgewiesen. Die Zeitplanung ist durch die Fachkraft individuell bestimmbar.
Methoden	Gruppengespräch Mindmap (Umriss einer Person)
Material	Großes Blatt Papier, Edding, Stifte

Das zweite Gruppengespräch bietet eine Alternative oder eine Ergänzung zu Schwerpunkt 2a. Im Idealfall werden beide Schwerpunkte behandelt, um eine geeignete Wissensgrundlage für den nachfolgenden Projektablauf zu schaffen. Zu Beginn des Gruppengespräches wird eine Schülerin oder ein Schüler ausgewählt. Diese:r legt sich auf ein großes Blatt Papier. Der Umriss der Person wird mit einem Edding nachgezeichnet. Die Frage »Was magst du an ihm oder ihr?« wird von der Fachkraft gestellt. Zur Visualisierung können Symbole zum Thema Freundschaft in den Umriss gelegt/gemalt werden. Die Antworten der Schüler:innen werden gesammelt und von den Schüler:innen selbst oder von der Fachkraft in dem Umriss niedergeschrieben.

Schwerpunkt 3	
Inhalt	Lieblingsbeschäftigungen mit dem Freund oder der Freundin • »Was machst du gerne mit deinem Freund oder deiner Freundin?«
Lernziele	Gemeinsame Interessen reflektieren Besonderheiten der eigenen Freundschaft erfahren Kreativer Umgang mit Aspekten der Freundschaft
Zeit	Aufgrund der förderspezifischen Besonderheiten werden im Projektplan keine Zeitrichtwerte ausgewiesen. Die Zeitplanung ist durch die Fachkraft individuell bestimmbar.
Methoden	Bild malen Gruppengespräch
Material	Papier, Stifte, Tafel, Magnete

Um das Thema Freundschaft zu vertiefen, können die Schüler:innen sich mit den Unternehmungen auseinandersetzen, die sie gerne mit ihrem Freund oder ihrer Freundin machen. Dafür schreibt die Fachkraft die leitende Frage »Was machst du gerne mit deinem Freund oder deiner Freundin?« an die Tafel. Die Schüler:innen werden aufgefordert, ein Bild zu der Thematik zu malen. Die Bilder werden im Anschluss kurz im Plenum besprochen.

Projekttag 2

Schwerpunkt 1	
Inhalt	Technikeinführung • Kennenlernen des iPads
Lernziele	Kennenlernen eines technischen Mediums Gemeinsames Erlernen neuer Fähigkeiten Umgang mit einem technischen Medium
Zeit	Aufgrund der förderspezifischen Besonderheiten werden im Projektplan keine Zeitrichtwerte ausgewiesen. Die Zeitplanung ist durch die Fachkraft individuell bestimmbar.
Methoden	Geführtes Anleiten und eigenständiges Ausprobieren im Umgang mit dem iPad
Material	iPads, Ladekabel

Um alle Schüler:innen auf den gleichen Wissensstand zu bringen, erfolgt eine intensive Technikeinführung für das iPad. Dabei soll der Fokus vor allem auf die Aspekte gelegt werden, die auch im späteren Projektverlauf für die Comicerstellung relevant sind. Es geht um den allgemeinen Umgang des iPads (Nutzung eines technischen Mediums, Ein-/und Ausschalten, Laden des iPads, Öffnen und Schließen einer App). Des Weiteren soll der Schwerpunkt darauf liegen, die Kamera zu bedienen und erstellte Fotos im Nachhinein aufzurufen. Die einzelnen Schritte werden von der Fachkraft vorgeführt. Die Schüler:innen haben im Anschluss Zeit, um den Umgang mit dem iPad eigenständig zu üben und sich auszuprobieren. Je nach individuellem Förderbedarf wird die Möglichkeit der Einzel-, Partner- oder Gruppenarbeit gegeben. Die Anzahl der benötigten iPads wird darauf abgestimmt. In Inputphasen, die durch die Fachkraft erfolgen, wird das iPad von den Schüler:innen auf den dafür vorgesehenen iPad-Parkplatz (auf Blatt Papier gezeichnetes Parkplatzsymbol) gelegt. Dieser Parkplatz wird zuvor von der Fachkraft eingeführt. Zudem werden Regeln im Umgang mit einem Tablet erläutert, die von der Fachkraft bestimmt werden (z. B. kein Essen und Trinken, während das iPad auf dem Tisch liegt).

Schwerpunkt 2a	
Inhalt	Einstieg in das Thema Comic • »Was ist ein Comic?«, »Wofür ist ein Comic da?«, »Wen sprechen Comics an?«
Lernziele	Neue Darstellung von Geschichten kennenlernen Alle Schüler:innen auf einen gemeinsamen Wissensstand bringen

Schwerpunkt 2a

	Motivation für die Erstellung eines eigenen Comics steigern
Zeit	Aufgrund der förderspezifischen Besonderheiten werden im Projektplan keine Zeitrichtwerte ausgewiesen. Die Zeitplanung ist durch die Fachkraft individuell bestimmbar.
Methoden	Gruppengespräch
Material	iPads, Ladekabel, Beispiel-Comic (von Fachkraft erstellt)

Der Einstieg in die Darstellungsform des Comics erfolgt durch einen Beispiel-Comic (erstellt von Fachkraft) zum Thema Freundschaft. Hier werden vorrangig die Fragen »Was ist ein Comic?« und »Wofür ist ein Comic da?« erläutert und im Plenum besprochen. Im Anschluss wird den Schüler:innen erklärt, dass der Beispiel-Comic auf dem iPad entstanden ist und dass im Verlauf des weiteren Projektes ein solcher Comic zum Thema Freundschaft entstehen soll.

Schwerpunkt 2b

Inhalt	Einführung in die App Comic Life 3 • »Was machen wir mit der App?«
Lernziele	Kennenlernen einer neuen App Erlernen neuer Fähigkeiten in Bezug auf digitale Medien Anwendung neu erlernter Fähigkeiten Eigenes Können reflektieren Bedienung der App Comic Life 3
Zeit	Aufgrund der förderspezifischen Besonderheiten werden im Projektplan keine Zeitrichtwerte ausgewiesen. Die Zeitplanung ist durch die Fachkraft individuell bestimmbar.
Methoden	Geführtes Anleiten und eigenständiges Ausprobieren im Umgang mit dem iPad und der App Comic Life 3
Material	iPads, Ladekabel, App Comic Life 3, Beispiel-Comic (von Fachkraft erstellt)

Mit der Einführung in die App Comic Life 3 wird das Wissen über Comics und die neu erlernten technischen Fähigkeiten vereint. Den Einstieg in die App Comic Life 3 bietet der Beispiel-Comic. Anhand dessen, sowie mithilfe der App Comic Life, wird von der Fachkraft Schritt für Schritt erklärt, wie ein Comic erstellt wird. Die Schüler:innen haben währenddessen die Möglichkeit, die Schritte am iPad nachzuverfolgen und auszuprobieren. Im Anschluss wird den Schüler:innen Zeit gegeben, um alle Funktionen der App zu erkunden. Je nach individuellem Förderbedarf wird die Möglichkeit der Einzel-, Partner- oder Gruppenarbeit gegeben. Die Anzahl der benötigten iPads wird darauf abgestimmt.

Projekttag 3

Schwerpunkt 1	
Inhalt	Wiederholung des Themas Freundschaft • Reflexion Tag 1
Lernziele	Reflexion des bisher Erlernten Gemeinsamen Wissensstand für die Umsetzung des Projektes erreichen Eigenes Wissen reflektieren
Zeit	Aufgrund der förderspezifischen Besonderheiten werden im Projektplan keine Zeitrichtwerte ausgewiesen. Die Zeitplanung ist durch die Fachkraft individuell bestimmbar.
Methoden	Tafelbild
Material	Tafel, Kreide

Um einen gemeinsamen Wissensstand zu erreichen, erfolgt eine Zusammenfassung des Projekttages eins durch die Fachkraft. Folgende Leitfragen sind möglich, die mit den Schüler:innen besprochen werden können: »Was haben wir am ersten Tag gemacht?«, »Was wissen wir zum Thema Freundschaft?«, »Könnt ihr euch noch daran erinnern, dass wir xy gemacht haben?«. Die gesammelten Antworten können in Stichpunkten, sowohl von den Schüler:innen selbst als auch von der Fachkraft, an die Tafel geschrieben werden.

Schwerpunkt 2	
Inhalt	Wiederholung des Themas Comic • Reflexion Tag 2
Lernziele	Reflexion des bisher Erlernten Gemeinsamen Wissensstand für den Umgang mit der App Comic Life 3 erreichen Eigenes Wissen reflektieren Festigung der medialen Fähigkeiten
Zeit	Aufgrund der förderspezifischen Besonderheiten werden im Projektplan keine Zeitrichtwerte ausgewiesen. Die Zeitplanung ist durch die Fachkraft individuell bestimmbar.
Methoden	Eigenständiges Ausprobieren der App Comic Life 3
Material	iPads, Ladekabel, App Comic Life 3, Beispiel-Comic (von Fachkraft erstellt)

Um einen gemeinsamen Wissensstand zu erreichen, erfolgt eine Zusammenfassung des Projekttages zwei durch die Fachkraft. Folgende Leitfragen sind möglich, die mit den Schüler:innen besprochen werden können: »Was haben wir am zweiten Tag gemacht?«, »Was wissen wir zum Thema Comic?«, »Könnt ihr euch noch daran erinnern, dass wir xy gemacht haben?«. Die gesammelten Antworten können in Stichpunkten, sowohl von den Schüler:innen selbst als auch von der Fachkraft, an die Tafel geschrieben werden. Im Anschluss können die Schüler:innen ihre neu erlernten Fähigkeiten noch einmal vertiefen, indem sie sich die App ein weiteres Mal anschauen und ausprobieren. Dafür steht der Beispiel-Comic zur Verfügung. Je nach individuellem Förderbedarf wird die Möglichkeit der Einzel-, Partner- oder Gruppenarbeit gegeben. Die Anzahl der benötigten iPads wird darauf abgestimmt.

Schwerpunkt 3	
Inhalt	Verknüpfung der Thematik Freundschaft mit der App Comic Life 3 Erstellung eines Drehbuches zum Thema Freundschaft
Lernziele	Eigene Präferenzen reflektieren Eigene Freundschaften reflektieren Eigene Interessen/Standpunkte in der Gruppe äußern und vertreten Gemeinsame, kreative Auseinandersetzung mit Aspekten der Freundschaft
Zeit	Aufgrund der förderspezifischen Besonderheiten werden im Projektplan keine Zeitrichtwerte ausgewiesen. Die Zeitplanung ist durch die Fachkraft individuell bestimmbar.
Methoden	Gruppenarbeit mit Anleitung durch Fachkraft
Material	Papier, Stifte, Beispiel-Comic (von Fachkraft erstellt), Beispiel-Drehbuch (kurz skizzierter Comic), Memory-Spiel

Um die Thematik Freundschaft und Comic zu verknüpfen, soll ein Drehbuch zum Thema Freundschaft erstellt werden. Dies dient der eigenen Comicerstellung. Dazu führt die Fachkraft in das Thema Drehbuch ein: »Wofür ist ein Drehbuch da?« und »Wozu ist es wichtig, ein Drehbuch zu erstellen?«. Hier soll für die Schüler:innen deutlich werden, dass eine grobe Skizze die nachfolgende Erstellung des Comics am iPad erleichtern kann. Als Orientierungshilfe kann die Fachkraft auf Fragen wie: »Was macht meinen guten Freund oder meine gute Freundin aus?« oder »Was mache ich gerne mit meinem Freund oder meiner Freundin?« eingehen. Um die Erstellung zu erleichtern, kann es helfen, sich mit folgenden Fragen zu beschäftigen: »Was für eine Geschichte möchte ich im Comic erzählen?«, »Was möchte ich im Comic darstellen?«, »Welche Personen sollen im Comic zu sehen sein?«, »Was sagen die Personen?«, »Sagen die Personen überhaupt etwas im Comic?«.

Die Erstellung des Drehbuchs erfolgt auf Papier und kann in Einzel-, Partner- oder Gruppenarbeit durchgeführt werden. Dabei kann die Gruppengröße von der Fachkraft, je nach Förderbedarf der Schüler:innen, individuell bestimmt werden. Zur zufälligen Gruppeneinteilung in Zweiergruppen kann das Memory-Spiel verwendet werden. Alternativ können die Gruppen von den Schüler:innen oder der Fachkraft selbst eingeteilt werden.

Zur Erstellung des Drehbuchs kann das Bespieldrehbuch herangezogen werden. Hilfestellungen werden jederzeit durch die Fachkraft angeboten.

Projekttag 4

Schwerpunkt	
Inhalt	Erstellung eines Comics zum Thema Freundschaft
Lernziele	Neu erlernte Fähigkeiten umsetzen Bedienung der App Comic Life 3 Kreativer Umgang mit dem Thema Freundschaft Thema Freundschaft reflektiert darstellen Teamfähigkeit fördern Eigene Interessen/ Standpunkte in der Gruppe äußern und durchsetzen
Zeit	Aufgrund der förderspezifischen Besonderheiten werden im Projektplan keine Zeitrichtwerte ausgewiesen. Die Zeitplanung ist durch die Fachkraft individuell bestimmbar.
Methoden	eigenständige Gruppenarbeit
Material	iPads, Ladekabel, App Comic Life 3, Beispiel-Comic (von Fachkraft erstellt), Drehbücher der Schüler:innen

Am vierten Projekttag geht es um die digitale Umsetzung der am Vortag erstellten Drehbücher. Die Umsetzung erfolgt in der Schüler:innen-Konstellation vom Vortag. Die Comicerstellung soll möglichst selbstständig durch die Schüler:innen erfolgen. Dazu kann auf das neu erlernte Wissen zurückgegriffen werden. Hilfestellungen werden jederzeit durch die Fachkraft angeboten.

Projekttag 5

Schwerpunkt 1	
Inhalt	Vorstellung der eigenen Comics
Lernziele	Präsentieren von eigenen Projekten Stolz für erbrachte Leistungen empfinden
Zeit	Aufgrund der förderspezifischen Besonderheiten werden im Projektplan keine Zeitrichtwerte ausgewiesen. Die Zeitplanung ist durch die Fachkraft individuell bestimmbar.
Methoden	Präsentation Gruppengespräch
Material	iPads, Ladekabel, App Comic Life 3, Beamer, Leinwand, erstellte Comics der Schüler:innen

Zur Vorstellung der Ergebnisse werden die Comics der einzelnen Schüler:innen beziehungsweise der Gruppen präsentiert. Die Schüler:innen können dabei den Fragen nachgehen: »Was haben wir dargestellt?«, »Was ist zu sehen?«, »Was möchten wir mitteilen?«. Eine Gesprächsrunde gibt die Möglichkeit, Feedback zu geben und zu erhalten. Zur Orientierung dienen die Fragen: »Was war gut?«, »Was war schlecht?«, »Was kann besser gemacht werden?«. Die Feedbackrunde wird von der Fachkraft moderiert.

Schwerpunkt 2	
Inhalt	Comicbuch binden
Lernziele	Eigenes Produkt in den Händen halten Würdigung aller Projekte Stolz auf erbrachte Leistungen empfinden Ergebnissicherung visualisieren
Zeit	Aufgrund der förderspezifischen Besonderheiten werden im Projektplan keine Zeitrichtwerte ausgewiesen. Die Zeitplanung ist durch die Fachkraft individuell bestimmbar.
Methoden	Gemeinschaftliches Stationsarbeiten
Material	Drucker, Papier, Locher, Heftklammern, erstellte Comics der Schüler:innen, Stationskarten (Symbole Drucken, Sortieren, Lochen, Heften)

Um ein haptisches und visuelles Ergebnis des Projektes in den Händen halten zu können, wird ein Comicbuch aus allen angefertigten Comics erstellt. Die Schüler:innen können in diesen Prozess eingebunden werden, indem verschiedene Stationen aufgebaut werden. Die Stationen setzen sich aus: Drucken, Sortieren, Lochen und Heften zusammen. Hierfür können vorbereitete Stationskarten genutzt werden, um die Stationen zu kennzeichnen. Schüler:innen, die mit den Aufgaben von Projekttag drei oder vier früher fertig sind, können ein Deckblatt für das gemeinsame Heft erstellen (siehe Zusatzaufgaben). Das fertig gestellte Comicbuch kann als Gesprächsanlass dienen, um andere an der eigenen Gefühlswelt und an Bedürfnissen teilhaben zu lassen.

Schwerpunkt 3	
Inhalt	Reflexion des gesamten Projektes • »Was fand ich gut?«, »Was fand ich schlecht?«, »Was fiel mir schwer?«, »Was fiel mir leicht?«, »Was hat mir am besten gefallen?«
Lernziele	Stärken und Schwächen eingestehen Mit Kritik umgehen können Eigenes Verhalten reflektieren Eigene Arbeit reflektieren Kritische Auseinandersetzung mit dem eigenen Projekt

Schwerpunkt 3	
Zeit	Aufgrund der förderspezifischen Besonderheiten werden im Projektplan keine Zeitrichtwerte ausgewiesen. Die Zeitplanung ist durch die Fachkraft individuell bestimmbar.
Methoden	Gruppengespräch
Material	Kreppband, Tafel, Magnete

Den Abschluss aller Projekttage bildet eine Feedbackrunde. Hierbei kann folgenden Fragen nachgegangen werden: »Was fand ich gut?«, »Was fand ich schlecht?«, »Was fiel mir schwer?«, »Was fiel mir leicht?«, »Was hat mir am besten gefallen?«. Die Schüler:innen können sich in der gesamten Gruppe zu den Fragen äußern.

Die Feedbackrunde kann mit einer interaktiven Frage abgeschlossen werden: »Wie war das Projekt insgesamt?«. Dazu können Smiley-Karten (glücklicher/trauriger Smiley) auf der jeweils linken und rechten Seite des Raumes angebracht werden. Die Schüler:innen haben die Möglichkeit sich, je nach Antwort, auf die linke oder rechte Seite zu stellen. Die glückliche Smiley-Karte bedeutet, dass das Projekt als gut empfunden wurde. Die traurige Smiley-Karte bedeutet, dass das Projekt als nicht so gut empfunden wurde. Es gibt die Möglichkeit sich in der Mitte zu positionieren.

Zusatzmaterial

Begrüßung/Abschluss/Aktivierungsspiele/Zusatzaufgaben	
Inhalt	Begrüßung Verabschiedung Aktivierung Freiwillige Zusatzaufgaben für Schüler:innen, die bereits fertig mit der aktuellen Aufgabe sind
Lernziele	Gemeinsamer Start in den Tag Gemeinsamer Abschluss des Tages Ankommen in der Gruppe und der Situation Neue Energie tanken Motivation und Vorfreude steigern
Zeit	Aufgrund der förderspezifischen Besonderheiten werden im Projektplan keine Zeitrichtwerte ausgewiesen. Die Zeitplanung ist durch die Fachkraft individuell bestimmbar.
Methoden	Sitzkreis Gruppengespräch Einzelarbeit
Material	Aktivierungsspiele und -lieder, iPads, Ladekabel, Bänder für Freundschaftsbänder, Schere, Papier, Stifte

Begrüßung/Warm Up und Abschluss der Projekttage

Ein gemeinsamer Start sowie Abschluss des Tages können von besonderer Bedeutung sein, da dadurch ein Ankommen in der Gruppe und der Situation ermöglicht wird. Zudem wird die Konzentration der Schüler:innen gefördert. Aktivierungslieder und -spiele können zum Warm-Up bereits hier eingesetzt werden.

Durch einen gemeinsamen Abschluss des Tages kann der Gruppenzusammenhalt gefördert und das Ende eines Tages signalisiert werden. Zudem ist dieser wichtig für einen strukturierten Projektablauf.

Aktivierung

Die Aktivierung in Form von Spielen und Liedern kann zu jeder Zeit im Projektverlauf eingesetzt werden. Sie dient der Abwechslung und kann die Schüler:innen neu motivieren und aktivieren. Durch gemeinsames Bewegen und Spielen außerhalb der Projektumgebung wird neue Energie geschöpft und die Möglichkeit gegeben, sich kognitiv neu zu sortieren. Es ist jederzeit möglich, auf schon bekannte Spiele, Methoden oder Techniken zurückzugreifen, um den Projektalltag zu erleichtern.

Freiwillige Zusatzaufgaben

Schüler:innen, die mit der Bearbeitung einer Aufgabe bereits fertig sind, kann die Möglichkeit freiwilliger Zusatzaufgaben gegeben werden. Entsprechende Materialien müssen zur Verfügung gestellt werden.

- Schüler:innen haben die Möglichkeit, ein Deckblatt für das Comicbuch zu erstellen, welches an Tag fünf benötigt wird.
- Schüler:innen können Freundschaftsarmbänder knüpfen. Anleitungen in Bild und Video müssen bereitgestellt werden.
- Schüler:innen können ihren Mitschüler:innen jederzeit Hilfestellungen geben.
- Schüler:innen kann die Möglichkeit gegeben werden, weitere Bilder zum Thema Freundschaft zu malen.
- Schüler:innen können sich weiterführend mit der Handhabung des iPads auseinandersetzen, beispielsweise Bilder oder Videos machen.

Das vorliegende Projektkonzept wurde von sonderpädagogischen Lehr- und Fachkräften evaluiert. Hauptaugenmerk lag dabei auf dem Förderschwerpunkt Geistige Entwicklung. Aufgrund der Pandemielage, bei Zeitpunkt der Erstellung, konnte das Projekt nicht mit der Zielgruppe durchgeführt und evaluiert werden. Nach Meinung der Expert:innen lassen sich Projekte dieser Art, mit individuellen Anpassungen an die Zielgruppe, realisieren.

17.6 Fazit und Ausblick

Das Leben von Kindern und Jugendlichen verlagert sich heutzutage in großen Teilen in das Internet. Social Media ermöglicht es der jungen Generation, sich auszuprobieren und herauszufinden, welchen Platz sie in der Gesellschaft einnehmen möchte. Dies betrifft auch die Zielgruppe dieses Artikels, Schüler:innen mit geistiger Beeinträchtigung sowie ihre begleitenden Fach- und Lehrkräfte.

Durch das vorliegende, in diesem Artikel beschriebene, modularisierte Projekt wird der in der Kölner Studie (s. Einleitung) geforderte Bedarf an medienpädagogischen Projekten im sonderpädagogischen Bereich und vor allem an fehlenden, geeigneten Konzepten für inklusive Lernbereiche – zumindest als Vorschlag – beantwortet.

Die Module im vorliegenden Projektvorschlag können den Schüler:innen und Fachkräften helfen, sich in der Medienwelt orientieren und positionieren zu können. Dadurch kann die Teilhabe, für die genannte Zielgruppe, in einer digitalisierten Gesellschaft gelingen.

Das beschriebene modularisierte Projekt kann den Fachkräften helfen, die Heranwachsenden bei diesen Prozessen begleiten und unterstützen zu können. Dabei ist der inklusive Medienbildungsansatz und die Förderung unverzichtbar – gerade für Heranwachsende mit geistiger Beeinträchtigung.

Durch das beschriebene Projekt wird deutlich, dass Medienerkenntnisse am besten erlangt werden, wenn eigenständig Inhalte erstellt werden – ganz nach dem Learning-by Doing-Ansatz. Dies betont die Wichtigkeit, Projekte im Rahmen der aktiven Medienarbeit durchzuführen, um medienkompetentes Handeln zu stärken.

Dafür wurden im vorliegenden Artikel Rahmenbedingungen vorgestellt, die in einem eigenständigen Projekt angewendet wurden. Dabei fand auch die Arbeitsweise der inklusiven Medienbildung in modularisierter Form Berücksichtigung.

Weiterhin lässt sich herausstellen, dass, wird der Blick auf die inklusive Medienbildung und die Gruppe der geistig beeinträchtigten Heranwachsenden geworfen, Spezialisierung und Individualisierung zu jeder Zeit mitgedacht werden müssen, um den Schritt der Teilhabe der Zielgruppe am gesellschaftlichen Leben durch inklusive Medienbildung und -förderung gehen zu können. Voraussetzung dafür ist nicht nur der Einbezug der Zielgruppe, sondern auch die gezielte Förderung von Fachkräften und die tiefere Verankerung des Themas in den Lehrplänen. Durch das modularisierte Projekt können Lehr- und Fachkräfte des sonderpädagogischen Bereiches Zugang zu konkreten Arbeitsweisen der inklusiven Medienpädagogik erhalten.

Der Fokus muss nun auf der Organisation und Verankerung der Aus- und Weiterbildung pädagogischer Lehr- und Fachkräfte im Bereich inklusive Medienbildung liegen.

Literatur

Bosse, I. (2014): Ethische Aspekte inklusiver Medienbildung. Gleichberechtigter Zugang zu Information und Kommunikation als Voraussetzung. In: Communicatio Socialis, 1, 6–16.

Bosse, I. & Haage, A. (2019): Basisdaten zur Mediennutzung von Menschen mit Behinderung. In: I. Bosse, J. Schluchter & I. Zorn (Hrsg.), Handbuch Inklusion und Medienbildung.Weinheim: Beltz, S. 49–64.

Bosse, I., Schluchter, J.-R. & Zorn, I. (Hrsg.) (2019): Handbuch Inklusion und Medienbildung. Weinheim, Basel: Beltz.

Bundesministerium für Arbeit und Soziales (BMAS). (Hrsg.) (2014): Leichte Sprache. Ein Ratgeber. Frankfurt (Main): Zarbock.

Geuting, J., Gollwitzer, M., Keeley, C., Kuhlmann, A., Mairhofer, P. & Stommel, T. (2022). Digitale Teilhabe im sonderpädagogischen Schwerpunkt Geistige Entwicklung. Ergebnisse des Forschungsprojekts DiGGi_Koeln. *Zeitschrift für Heilpädagogik*, 73, 464–479.

Geuting, J., Keeley, C. & Stommel, T. (2021): Digitalisierung im Förderschwerpunkt Geistige Entwicklung: Annäherung an ein Grundlagen- und Forschungsdesiderat. In: Zeitschrift für Heilpädagogik, 72, 249–258.

Herriger, N. (2020): Empowerment in der Sozialen Arbeit. Eine Einführung. Stuttgart: Kohlhammer.

Kamin, A.-M., Schluchter, J.-R. & Zaynel, N. (2018): Zur Theorie und Praxis einer inklusiven Medienbildung. In: Bundeszentrale für gesundheitliche Aufklärung (BZgA). (Hrsg.), Inklusive Medienbildung. Ein Projektbuch für pädagogische Fachkräfte. Bad Oeynhausen: Kunst und Werbedruck, S. 15–42.

Kazmaier, S. M. & Wunsch, J. (2019): Sonderpädagogischer Umgang mit medialer Jugendkultur – Partizipative Medienkompetenzförderung mit geistig beeinträchtigten Kindern und Jugendlichen. Bachelorarbeit, Universität Erfurt.

Kazmaier, S. M. & Wunsch, J. (2021): Teilhabechancen für Heranwachsende mit geistiger Beeinträchtigung: Perspektiven und Projektkonzepte zur Medienkompetenzförderung. Masterarbeit, Universität Erfurt.

Schluchter, J.-R. (2019): Methoden inklusiver Medienbildung. In: I. Bosse, J.-R. Schluchter & I. Zorn (Hrsg.), Handbuch Inklusion und Medienbildung. Weinheim, Basel: Beltz, S. 198–207.

Schluchter, J.-R. (2019): Methoden inklusiver Medienbildung. In: I. Bosse, J.-R. Schluchter & I. Zorn (Hrsg.), Handbuch Inklusion und Medienbildung. Weinheim, Basel: Beltz, S. 198–207.

Speck, O. (2013): Geistige Behinderung. In: G. Theunissen, W. Kuhlig & K. Schirbort (Hrsg.), Handlexikon Geistige Behinderung. Schlüsselbegriffe aus der Heil- und Sonderpädagogik, Sozialen Arbeit, Medizin, Psychologie, Soziologie und Sozialpolitik. Stuttgart: Kohlhammer, S. 147–149.

Theunissen, G., Kulig, W. & Schirbort, K. (Hrsg.). (2013): Handlexikon Geistige Behinderung. Schlüsselbegriffe aus der Heil- und Sonderpädagogik, Sozialen Arbeit, Medizin, Psychologie, Soziologie und Sozialpolitik (2., überarbeitete und erweiterte Auflage). Stuttgart: Kohlhammer.

Internetquellen

Bosse, I. (2016): Teilhabe in einer digitalen Gesellschaft – Wie Medien Inklusionsprozesse befördern können. Online unter: https://www.bpb.de/gesellschaft/medien-und-sport/medienpolitik/172759/medien-und-inklusion. [Zugriff am 06.05.2023].

Bosse, I. & Hasebrink, U. (2016): Mediennutzung von Menschen mit Behinderungen. Forschungsbericht. Hrsg. von Die Medienanstalten & Aktion Mensch. Berlin. Online unter: https://www.die-medienanstalten.de/fileadmin/user_upload/die_medienanstalten/Publika

tionen/Weitere_Veroeffentlichungen/Studie-Mediennutzung_Menschen_mit_Behinderungen_Langfassung.pdf. [Zugriff am 07.05.2023].

Bosse, I., Zaynel, N. & Lampert, C. (2019): Mediennutzung und Vermittlung von Medienkompetenz in der Behindertenhilfe in Bremen. Ergebnisse der MeKoBe-Studie. Online unter: https://www.jff.de/fileadmin/user_upload/merz/cover/2019/merz_5-19_0925_df_Bosse-etal.pdf. . [Zugriff am 07.05.2023].

Medienpädagogischer Forschungsverband Südwest. (2022): JIM-Studie 2022. Jugend, Information, Medien. Basisuntersuchung zum Medienumgang 12–19-Jähriger. Online unter: https://www.mpfs.de/fileadmin/files/Studien/JIM/2022/JIM_2022_Web_final.pdf. [Zugriff am 06.05.2023].

18 Medienerziehung im Internet – ein Überblick

Sandra Fleischer-Tempel & Daniel Hajok

Mit der gestiegenen Bedeutung digitaler Medien in der Lebenswelt der Heranwachsenden (und ihrer Erziehenden) findet auch das auf den Medienumgang von Kindern und Jugendlichen bezogene pädagogische und erzieherische Handeln zunehmend im Internet statt. Finanziert von EU-Geldern, Bundesministerien, Landesmedienanstalten, Stiftungen oder großen Wirtschaftsunternehmen mit direktem Draht ins Netz traten immer mehr Initiativen, Projekte und Vereine auf den Plan, die mit ihren Konzepten und Materialien Kinder und Jugendliche selbst medienerzieherisch begleiten – oder Erziehenden und pädagogischen Fachkräften Konzepte, Instrumente und Materialien dafür an die Hand geben. Neben wirtschaftlichen, politischen und öffentlichen Interessen steht dahinter der pädagogische Impetus, die jeweilige Zielgruppe des Handelns dort abzuholen, wo sie mit ihren Neigungen und Interessen sowieso unterwegs ist – oder eben sie dorthin zu bewegen, wo sich das eigene pädagogische Anliegen besonders gut einlösen lässt.

In der Rückschau wird deutlich, dass die diversen Aktivitäten eng an die öffentlichen Diskurse der 2000er-Jahre gebunden und gewissermaßen auch eine Reaktion darauf sind. Im Fokus stehen die rasanten Entwicklungen in der Welt digitaler Medien und die schnelle Aneignung der neuen Möglichkeiten nicht nur, aber vor allem durch Heranwachsende. Neben den Entwicklungen an sich, die ein Tempo vorgelegt haben, mit dem zu Beginn weder die Medienpolitik noch die Medienpädagogik Schritt halten konnte (und von jetzt auf gleich auch nicht die Kompetenzen der Menschen), haben nicht zuletzt die öffentlichen Diskurse zu den – ganz wie man es nimmt – besorgniserregenden bzw. verheißungsvollen Entwicklungen die Vorstellungen von einer angemessenen Medienerziehung geprägt.

Hervorzuheben sind hier zum einen die öffentlichen Diskussionen, die auf die Gefahren insbesondere digitaler Medien fokussierten und die altbekannte bewahrpädagogische Haltung wieder aufflammen ließen. Im Mittelpunkt stand hier die Forderung nach einer strengeren erzieherischen Kontrolle und Einschränkung des Medienumgangs Heranwachsender. Erziehende und pädagogische Fachkräfte sollten entsprechend sensibilisiert und ein wirksamer Kinder- und Jugendmedienschutz auch in der Welt digitaler Medien etabliert werden. Nicht unbeeindruckt davon formierten sich zum anderen die zwei unterschiedlichen Positionen im medienpädagogischen Fachdiskurs neu. Die einen bezweifelten angesichts der globalisierten, kommerzialisierten und intransparenten Strukturen, dass Internetangebote und Onlinedienste in Erziehungskontexten überhaupt ›beherrschbar‹ seien. Die anderen forderten, dass man die neuen Möglichkeiten nun auch dafür nutzen müsse, um Erziehende und pädagogische Fachkräfte für ein angemessenes medienerzieherisches Handeln stark zu machen und junge Menschen direkt in ihren neuen medialen Handlungs- und Erfahrungsräumen erzieherisch zu begleiten.

Es ist dem Engagement der letztgenannten Akteure zu verdanken, dass Kinder und Jugendliche, Erziehende und pädagogische Fachkräfte heute im Internet schnell Zugang zu einer Vielzahl von Angeboten finden können, die direkt oder indirekt zu einem angemessenen Medienumgang beitragen. Das Spektrum reicht hier von geschützten Surfräumen für Kinder, über Informations- und Aufklärungsseiten für Heranwachsende, Ratgebern für Eltern und pädagogische Fachkräfte bis hin zu Portalen, die unterschiedlichen Zielgruppen eine Vielzahl von Konzepten, Materialien und Informationen zur Medienerziehung bieten. Wir haben einige dieser Internetangebote in nachfolgender Tabelle zusammengestellt und den Schwerpunkt auf diejenigen gelegt, die aus unserer Sicht sowohl was die konzeptionelle Ausrichtung als auch die Zielgruppenansprache und didaktische Aufbereitung anbetrifft für unterschiedliche Facetten medienerzieherischen Handelns sehr empfehlenswert sind. Dabei zeigen einige von ihnen, dass Medienerziehung vielfach auch ein integraler Bestandteil von Medienkompetenzförderung und Medienbildung in den informellen bzw. formelle Bildungskontexten ist.

Tab. 18.1: Ausgewählte Onlineangebote zur Unterstützung von Medienerziehun

LINK ANBIETER/TRÄGER	ZIELGRUPPE(N)/ HANDLUNGSFELD(ER)	KURZBESCHREIBUNG
https://fragfinn.de fragFINN e.V.	**Kinder** Internetnutzung von Kindern	Geschützter Surfraum für Kinder von sechs bis zwölf Jahren mit Surf- und Video-Tipps, Spielen und der Suchmaschine fragFINN.de (auch als Browser-App), mit der nur kindgeeignete Internetseiten (redaktionell geprüft) angezeigt und Kinderseiten in den Suchergebnissen ganz oben platziert werden.
https://mekokita.gmk-net.de Gesellschaft für Medienpädagogik und Kommunikationskultur (GMK) e.V.	**Pädagogische Fachkräfte** Kita	Themenhefte und breit gefächertes Angebot an Materialien zur Initiierung und Durchführung kleiner Medienprojekte in Kindertagesstätten zu Themen wie (mobiles) Kinderfernsehen, Fotopraxis, Hörspiele, Kinderrechte, digitales Kinderzimmer, Werbung, Natur und Technik, Selbstwahrnehmung, Ernährung und Vielfalt.
https://rananmausundtablet.de Medienanstalt Hessen	**Pädagogische Fachkräfte** Kita und Grundschule	Informationen und Projektideen zur Medienerziehung und frühkindlichen Medienbildung zur Förderung kommunikationsfreudiger und medienkompetenter, lernender, forschender und entdeckungsfreudiger, kreativer, fantasievoller und künstlerischer sowie wertorientierter und verantwortungsvoll handelnder Kinder.

Tab. 18.1: Ausgewählte Onlineangebote zur Unterstützung von Medienerziehun – Fortsetzung

LINK ANBIETER/TRÄGER	ZIELGRUPPE(N)/ HANDLUNGSFELD(ER)	KURZBESCHREIBUNG
https://mediasmart.de Media Smart e.V.	Erziehende, pädagogische Fachkräfte, Lehrkräfte und Kinder Vor- und Grundschule, weiterführende Schule, Elternarbeit	Frei erhältliche (Unterrichts-)Materialien zur Förderung der Medien- und Werbekompetenz, praktische Tipps und Hilfestellung für Eltern zur Werbeerziehung, Anleitung von Kindern zu einem konstruktiven Umgang, Aufklärung über die Intention von Werbung und Befähigung von Kindern zum angemessenen Umgang
https://seitenstark.de Seitenstark e.V.	**Kinder, Eltern, Multiplikatoren** Familie, Vor- und Grundschule	Versammelt mit Gütesiegel ausgezeichnete digitale Angebote (Kinderseiten, digitale Spiele etc.), die mit positiven Inhalten für Kinder Qualitätsstandards erfüllen. Themenwelt, Forum und aufklärerische Clips für Kinder rund um Internet und Onlinedienste.
https://internet-abc.de Landesanstalt für Medien NRW (LfM)	Kinder, Lehrkräfte und Eltern Familie und Grundschule	Informations- und Wissensangebot rund ums Internet mit aktuellen Informationen, Surfschein und Tipps für Kinder, Aufklärungs- und Beratungsangeboten für Eltern sowie interaktiven Lernmodulen, Unterrichtsmaterialien und Praxishilfen für Lehrkräfte.
https://schau-hin.info Gemeinsame Initiative von BMFSFJ, ARD, ZDF und AOK-Gesundheitskasse	Eltern und andere Erziehende Familie, Kinder- und Jugendhilfe	Medienerziehungsratgeber mit umfassenden Informationen, Tipps, Experteninterviews, Downloadmaterial, Broschüren, Flyer, Elternquiz etc. zu medienumgangsbezogenen Chancen und Risiken und Möglichkeiten einer angemessenen medienerzieherischen Begleitung von Kindern und Jugendlichen
https://elternguide.online Kooperationsprojekt von FSM, Klicksafe, JFF, DKHW, fragFINN, FSF, USK	Eltern und andere Erziehende Familie, Kinder- und Jugendhilfe	Elternratgeber zur angemessenen Begleitung der Nutzung von Apps, Spielen, Websites in der Familie mit kurzen Beiträgen zu aktuellen Themen und Unterstützung von Erziehenden bei konkreten Fragen mit Guided Tour (Schritt für Schritte)
https://mediennutzungsvertrag.de Gemeinsames Angebot von Klicksafe und Internet-ABC	Eltern und andere Erziehende Familien, Kinder- und Jugendhilfe	Modular aufgebautes Angebot für Erziehende, um gemeinsam mit ihren Kindern (6–12 und 12+) und entlang konkreter Vorschläge allgemeine, zeitliche und inhaltliche Regelungen zu Handy/Smartphone, Internet, Fernsehen/(Online-)Videos und (digitale) Spiele auszuhandeln und zu fixieren.

Tab. 18.1: Ausgewählte Onlineangebote zur Unterstützung von Medienerziehun – Fortsetzung

LINK ANBIETER/TRÄGER	ZIELGRUPPE(N)/ HANDLUNGSFELD(ER)	KURZBESCHREIBUNG
https://medien-kindersicher.de Landesmedienanstalten und Klicksafe	**Eltern und andere Erziehende** Familien, Kinder- und Jugendhilfe	Informiert über technische Schutzmöglichkeiten und gibt (auch in leichter Sprache) Schritt-für-Schritt-Anleitungen für die Installation und Aktivierung von Jugendschutzsoftware, SafeSearch-Funktion, eingeschränkter/begleiteter Modus, Bildschirmzeiten, altersdifferenzierte Profile etc.
https://flimmo.de Programmberatung für Eltern e.V.	**Eltern und andere Erziehende** Familie, Kinder- und Jugendhilfe	Elternratgeber für Fernsehen, Streaming und YouTube mit kurzen pädagogischen Empfehlungen zu aktuellen, für Kinder interessanten Sendungen, Filmen, Serien etc. (mit Suchfunktion), Hintergrundwissen und Tipps zur Medienerziehung mit Schwerpunkt Bewegtbild
https://klicksafe.de EU Initiative für mehr Sicherheit im Netz	**Pädagogische Fachkräfte, Lehrkräfte, Erziehende, Kinder und Jugendliche** Schule, Familie, Kinder- und Jugendhilfe	Umfassendes Angebot zum präventiven Kinder- und Jugendmedienschutz zu allen aktuellen Risiken des Medienumgangs junger Menschen und zielgruppenspezifischen Materialien (Unterrichtseinheiten, Lern-/Erklärvideos, Broschüren, Flyer, Tipps etc.).
https://spieleratgeber-nrw.de Fachstelle für Jugendmedienkultur NRW (fjmk)	**Erziehende, pädagogische Fachkräfte** Familie, Kinder- und Jugendhilfe	Ratgeber zu Chancen und Risiken digitaler Spiele, der Eltern und Fachkräften mit pädagogischen Empfehlungen Orientierung bietet. Über die Suchfunktion gelangt man zu den Bewertungen von über 1.900 Spielen, die unter Einbezug von Kindern und Jugendlichen entstanden sind.
https://kinderrechte-digital-leben.de Der Kinderschutzbund Landesverband Thüringen e.V.	**Kinder und Jugendliche** Familie, Kinder- und Jugendhilfe, Peers	Unterstützung Heranwachsender, die in der UN-KRK verankerten Schutz-, Förder-, Teilhaberechte in digitalen Lebenswelten zu (er-)kennen, wahrzunehmen und sich für sie einzusetzen (Aufklärungsarbeit, Initiierung/Begleitung von Aushandlungsprozessen zwischen Kindern und Erziehenden).
https://handysektor.de Landesanstalt für Medien NRW (LfM), MPFS, Klicksafe	**Kinder und Jugendliche** Familie, Kinder- und Jugendhilfe, Peers	Anlaufstelle für Kinder und Jugendliche mit vielen Tipps, Informationen und kreativen Ideen zum kritisch-reflexiven Umgang mit Smartphones, Tablets, Apps und Onlinediensten. Praxisnahe Aufbereitung bildungsnaher Themen im Bereich »Schule und Lernen« (z. B. Lern-Apps, Lernvideos auf *YouTube* etc.)

Tab. 18.1: Ausgewählte Onlineangebote zur Unterstützung von Medienerziehun – Fortsetzung

LINK ANBIETER/TRÄGER	ZIELGRUPPE(N)/ HANDLUNGSFELD(ER)	KURZBESCHREIBUNG
https://juuuport.de Niedersächsische Landesmedienanstalt (NLM) und andere	Kinder und Jugendliche Familie, Kinder- und Jugendhilfe, Peers	Bundesweite Beratungsplattform, die jungen Menschen via Kontaktformular oder WhatsApp kostenlose Beratung bei Online-Problemen wie Cybermobbing, Mediensucht, sexueller Belästigung, Abzocke, Datenklau etc. durch ehrenamtlich aktive Jugendliche und junge Erwachsene bietet.
http://jugendschutzparcours.de Bundesarbeitsgemeinschaft Kinder- und Jugendschutz (BAJ) e.V.	Jugendliche und pädagogische Fachkräfte Außerschulische/mobile Jugendarbeit	Heranwachsende setzen sich selbständig und spielerisch mit Normen des Jugendschutzes und Themen wie Sucht, Werbung, Konsum, jugendgefährdende Medien auseinander. Akzeptanz, Transparenz und Nachvollziehbarkeit restriktiv-bewahrender Maßnahmen sollen befördert werden.
http://medien-in-die-schule.de FSM, FSF, Google	Lehrkräfte und Jugendliche Schule	Bietet zahlreiche Unterrichtsanregungen und mediendidaktische Werkzeuge zur Unterstützung Lehrender, um Jugendliche beim Medienumgang zu begleiten, für Risiken zu sensibilisieren, Handlungsalternativen aufzuzeigen und anzuregen, Medien kreativ für eigene Zwecke zu nutzen.
https://www.medienfuehrerschein.bayern Stiftung Medienpädagogik Bayern	Pädagogische Fachkräfte und Lehrkräfte Kita, Schule, außerschulische Jugendarbeit	Materialien (inkl. digitaler Elemente) für die Bereiche frühkindliche Medienbildung (z. B. Entdecken/Verstehen von Medien, Medienhelden) und Medienbildung in Grundschule (z. B. Werbebotschaften im TV, Chancen/Risiken von Computerspielen), weiterführenden Schulen (z. B. Castingshows, Informations-/Recherchekompetenz), berufsbildenden Schulen (z. B. Datenschutz, Urheberrecht) und außerschulischer Jugendarbeit (z. B. Selbstdarstellung im Netz, verletzendes Online-Handeln)

In der Zusammenschau können die in der Tabelle aufgeführten Onlineangebote natürlich keinen Anspruch auf Vollständigkeit erheben – es geht um einen exemplarischen Ausschnitt dessen, was es aktuell (noch) gibt. Die dienstälteste Kindersuchmaschine etwa, die in der ersten Auflage des Bandes die tabellarische Übersicht anführte, musste nach dem Auslaufen der 20-jährigen Förderung durch das BMFSFJ ihren Betrieb einstellen. Andere Angebote wie JUUUPORT mit seinem Peer-to-peer-Ansatz sind dazu gekommen und stehen beispielhaft dafür, dass gerade im Hinblick auf den Medienumgang junger Menschen die Unterstützung Heranwachsender untereinander in den letzten Jahren immer wichtiger geworden ist.

Die in der Tabelle zusammengefassten Angebote können dennoch nur sehr ausschnitthaft das Spektrum an Möglichkeiten einer angemessenen Begleitung des Medienumgangs Heranwachsender und einer entsprechenden Unterstützung von Erziehenden, Eltern wie pädagogischen Fachkräften, abbilden. Und natürlich findet man in der heutigen Zeit im Netz auch Zugang zu den vielen Angeboten, die sich weiterhin klassischen Formaten (Handreichungen, Flyer, Poster etc.) der Aufgabe widmen, Heranwachsenden für einen reflexiv-praktischen Medienumgang stark zu machen und die Erziehenden für eine adäquate Erziehung auch in den Bereichen zu stärken, die ihnen oft (noch) fremd sind. An pädagogisch ›sinnvollen‹ Zugängen, Konzepten und Materialien zur Medienerziehung für ganz unterschiedliche Handlungsfelder mangelt es nicht. Die Frage ist vielmehr, wie Heranwachsende, Erziehende und pädagogische Fachkräfte Zugang dazu finden.

Verzeichnisse

Verzeichnis der Autorinnen und Autoren

Erika Bartsch, seit 2023 Medienpädagogin im Projekt »MEiFA – Medienwelten in der Familie« unter dem Dach des Mit Medien e. V. Bildung | Beratung | Erfahrungsraum. Der Schwerpunkt der Projektarbeit liegt auf der Familienmedienbildung sowie der Weiterbildung von pädagogischen Fachkräften in den Themen Mediennutzungsverhalten von Kindern und Jugendlichen, aktuellen Medientrends, digitale Spiele, (Influencer*innen-)Werbung, digitale Balance und Mediennutzungsregeln, Cybergrooming, Cybermobbing und niedrigschwellige Medienprojekte in der Kinder- und Jugendarbeit. *erika.bartsch@mitmedien.net*

Julia Behr, JFF – Institut für Medienpädagogik in Forschung und Praxis. Sie arbeitet in der medienpädagogischen Praxis schwerpunktmäßig mit Jugendlichen sowie in der Qualifizierung von pädagogischen Fachkräften im Bereich jugendlichen Online-Handeln und Jugendmedienschutz, der kulturellen sowie frühkindlichen Medienbildung. *julia.behr@jff.de*

Niels Brüggen, Dr., Kommunikations- und Medienwissenschaft, Erziehungswissenschaft und Informatik, arbeitet seit 2007 am JFF – Institut für Medienpädagogik in Forschung und Praxis und leitet dort die Abteilung Forschung. Seine Arbeitsschwerpunkte sind Aneignung digitaler Medien durch Jugendliche, Kinder- und Jugendmedienschutz, (post-)digitale Jugendarbeit und medienpädagogische Evaluationsforschung. *niels.brueggen@jff.de*

Stephan Dreyer, Dr. iur., ist Senior Researcher für Medienrecht und Media Governance am Leibniz-Institut für Medienforschung | Hans-Bredow-Institut (HBI). Einer seiner Tätigkeitsschwerpunkte ist die interdisziplinäre Begleitung und Erforschung der rechtlichen Rahmung des Aufwachsens von Kindern in digitalen Medienumgebungen. Als Experte in den Schnittbereichen von Kinder- und Jugendmedienschutz, technischen und KI-basierten Ansätzen für Sicherheit, Befähigung und Teilhabe sowie Aspekten des Kinderdatenschutzes untersucht er medienregulatorische und kinderrechtliche Fragestellungen im Angesicht neuer Technologien, Angebotsstrukturen und Nutzungspraktiken. *s.dreyer@leibniz-hbi.de*

Susanne Eggert, Dr. phil., Studium der Kommunikations- und Medienwissenschaft, Germanistik, Hispanistik und Psychologie in Leipzig und Trier. Seit 1998 wissenschaftliche Mitarbeiterin am JFF – Institut für Medienpädagogik in Forschung und Praxis, seit 2017 stellvertretende Leitung der Abteilung Forschung. Von 2006 bis 2015 verantwortliche Redakteurin der medienpädagogischen Fachzeitschrift merz | medien + erziehung. Forschungsschwerpunkte: Medien in der Familie, Medien in der frühen Kindheit, Elterliche Medienerziehung, Digitale Bildung im Kindesalter, Medienaneignung von Heranwachsenden in herausfordernden Verhältnissen, Medien und Inklusion. *susanne.eggert@jff.de*

Sandra Fleischer-Tempel, Dr. phil., positiv evaluierte Juniorprofessorin; Prokuristin für Bildung und Digitales DPFA Akademiegruppe; bis 2018 Professorin für Kindheitspädagogik DPFA Hochschule Sachsen; bis 2015 Juniorprofessorin für Kindermedien an der Universität Erfurt. Schwerpunktthemen Medienpädagogik, Mediendidaktik und Tiergestützte Pädagogik.

Christa Gebel, Dipl-Psych., arbeitet seit 1999 am JFF–Institut für Medienpädagogik in Forschung und Praxis. Ihre Forschungsschwerpunkte sind der Jugendmedienschutz, der Medienumgang in der Familie und der Umgang Jugendlicher mit Online-Medien. *christa.gebel@jff.de*

Daniel Hajok, Dr. phil., Honorarprofessor an der Universität Erfurt, Seminar für Medien- und Kommunikationswissenschaft und Gründungsmitglied der Arbeitsgemeinschaft Kindheit, Jugend und neue Medien (AKJM) in Berlin. Arbeitsschwerpunkte: Medien, Gesellschaft und Soziale Arbeit, Kinder- und Jugendmedienschutz, Erforschung des Umgangs junger Menschen mit digitalen Medien. *d.hajok@akjm.de*

Sarah Marie Kazmaier studierte Erziehungswissenschaften und Management mit Schwerpunkt Sonderpädagogik und Kinder-und Jugendmedien im Bachelor an der Uni Erfurt. Ebenfalls an der Uni Erfurt absolvierte sie ihren Master in Kinder-und Jugendmedien auch mit dem Fokus auf Sonderpädagogik. Danach langjährige Arbeit als Referentin und Redakteurin für Medien- und Finanzbildung für Schülerinnen und Schüler, Lehrkräfte und Eltern, außerdem Redaktionsleitung der Informationswebseite medien-kindersicher.de. Jetzt sonderpädagogische Lehrkraft an einer gewerblichen Schule.

Laura Keller, Studium der Kultur- und Bildungswissenschaften sowie Kinder- und Jugendmedien in Lüneburg und Erfurt. Freiberuflich als Medienpädagogin in Projekten rund um die Themen Internet, Social Media und Film sowie als Fachautorin tätig. Seit 2018 Mitarbeiterin der HABA Digitalwerkstatt Berlin. Arbeitsschwerpunkte: Medienkompetenzförderung, 21st Century Skills, Digitale Technologie als Werkzeug zum Lernen und Lehren in Schulkontexten. *laura.keller@posteo.de*

Achim Lauber, Kommunikationswissenschaftler und Medienpädagoge, arbeitet seit 2017 am JFF–Institut für Medienpädagogik in Forschung und Praxis. Seine Forschungsschwerpunkte sind der Jugendmedienschutz, Sozialisation und Mediatisierung, Digitaler Wandel. *Achim.lauber@jff.de*

Verzeichnis der Autorinnen und Autoren

Klaus Lutz, Medienpädagoge, ist pädagogischer Leiter des Medienzentrums Parabol sowie Lehrbeauftragter an der Georg-Simon-Ohm Hochschule in Nürnberg. Er unterrichtet dort Medienpädagogik als Querschnittsangebot in den Studienschwerpunkten Erwachsenenbildung und Jugendarbeit und im Querschnittsmodul Medien in der Sozialen Arbeit. Darüber hinaus ist er an der Hochschule mitverantwortlich für die Zusatzqualifizierung zur Medienberatung sowie den Betrieb der Medienwerkstatt. Weiter Aufgabenbereiche: Medienfachberater für den Bezirk Mittelfranken, Zweiter Vorsitzender des JFF – Institut für Medienpädagogik, Mitglied in der Redaktion der Medienpädagogischen Fachzeitschrift merz | medien + erziehung. Im Weiteren: Medienarbeit mit Kindern sowie Fortbildungen für Erzieherinnen und Erzieher und Lehrerinnen und Lehrern. Entwicklung von Modellprojekten im Bereich ePartizipation, Computerspiele und ihre Nutzung im Alltag von Kindern und Jugendlichen. *lutz@parabol.de*

Ronald Lutz, Prof. i.R., Dr. phil, Soziologe und Kulturanthropologe, von 1993 bis 2019 Professor an der FH Erfurt, Fakultät Angewandte Sozialwissenschaften, Schwerpunkte: Allgemeine Soziologie, Besondere Lebenslagen, Internationale soziale Ungleichheit. Zur Zeit Lehrbeauftragter für Internationale Soziale Ungleichheit an der TH Würzburg, FAS; Mail: *lutz@fh-erfurt.de*

Bastian Miersch, Erziehungswissenschaften B.A., ist seit Juli 2022 Medienpädagoge in den Projekten »MEiFA – Medienwelten in der Familie« und »Aktiv mit Medien – Medienmentor*innen für Senior*innen« unter dem Dach des Mit Medien e. V. Bildung | Beratung | Erfahrungsraum tätig. Der Schwerpunkt der Arbeit des Projektes »MEiFA – Medienwelten in der Familie« liegt auf der Familienmedienbildung sowie der Weiterbildung von pädagogischen Fachkräften in den Themen Mediennutzungsverhalten von Kindern und Jugendlichen, aktuellen Medientrends, digitale Spiele, (Influencer*innen-)Werbung, digitale Balance und Mediennutzungsregeln, Cybergrooming, Cybermobbing und niedrigschwellige Medienprojekte in der Kinder- und Jugendarbeit. Seit März 2022 erwirbt er den Master of Arts (Medienpädagogik) an der Fachhochschule Südwestfalen in Soest. Er ist zudem seit September 2021 als medienpädagogische Honorarkraft der Thüringer Landesmedienanstalt und des Thüringer Instituts für Lehrerfortbildung, Lehrerplanentwicklung und Medien tätig. *bastian.miersch@mitmedien.net*

Antje Müller studierte Medienforschung und Medienpraxis (B.A.) an der Technischen Universität Dresden, seit 2015 Kinder- und Jugendmedien (M.A.) an der Universität Erfurt und arbeitet seit 2016 bei merz | medien + erziehung, Zeitschrift für Medienpädagogik. Zu ihren thematischen Schwerpunkten gehören Medienforschung und -erziehung, handlungsorientierte Medienpädagogik sowie Kinder- und Jugendmedienschutz. *antje.mueller85@gmx.de*

Lidia de Reese, Medienpädagogin (M.A.), ist seit 2017 bei der Freiwilligen Selbstkontrolle Multimedia-Diensteanbieter (FSM e.V.) als Referentin für Medienbildung und Social Media Managerin tätig. Ihre Schwerpunkte sind medienpädagogische Bildungsmaterialien, Projekte und Tools zur Unterstützung von Familien, pädagogischen Fachkräften und Heranwachsenden im Hinblick auf sichere und positive Onlineerfahrungen für Kinder und Jugendliche. Zuvor war sie als Medienpädagogin bei der Kindersuchmaschine fragFINN.de sowie im Projekt- und Bildungsmanagement beim medienpädagogischen Fort- und Weiterbildungsinstitut BITS 21 im fjs e.V. tätig. *dereese@fsm.de*

Frank Röhrer ist Lehrer und arbeitet als Referent für Medienpädagogik, mit dem Schwerpunkt Kinder- und Jugendmedienschutz beim »Mit Medien e.V. – Bildung | Beratung | Erlebnisraum«. Er entwickelt und realisiert Projekte, Fortbildungen und Vorhaben in den Themenfeldern Digitalisierung, Medienbildung und Medienkompetenz. Seit 2004 ist er Sachverständiger für Jugendschutz und Vertreter des Vertreters der Obersten Landesjugendbehörde bei der Freiwilligen Selbstkontrolle der Filmwirtschaft, FSK. Beim Deutschen Kinder Medienfestival Goldener Spatz fungierte er viele Jahre als Kinderjuryleiter »Wettbewerb Digital«. Er ist Mitglied des Thüringer Landesjugendhilfeausschusses. frank.roehrer@mitmedien.net

Björn Schreiber ist seit Januar 2024 Geschäftsführer des Landesjugendrings Brandenburg e.V. und vertritt die Interessen der landesweit aktiven Jugendverbände und der Stadt- und Kreisjugendringe im Bundesland. Zuvor war der Diplompädagoge Geschäftsführer des Landesfachverbandes Medienbildung Brandenburg e.V. sowie im Bereich der Verbraucherbildung mit einem Fokus auf Digitalisierung und digitaler Nachhaltigkeit beim Verbraucherzentrale Bundesverband und als Referent für Medienbildung und Jugendmedienschutz bei der Freiwilligen Selbstkontrolle Multimedia-Diensteanbieter (FSM e.V.) tätig.

Jo Loreen Schuler, Medienwissenschaftlerin (M.A.), studierte Medienwissenschaften an der Filmuniversität Babelsberg KONRAD WOLF sowie Filmwissenschaften und Soziologie an der Johannes Gutenberg-Universität in Mainz. Seit September 2022 ist sie bei der Freiwilligen Selbstkontrolle Multimedia-Diensteanbieter (FSM e.V.) als Referentin für Medienbildung beschäftigt. Zuvor arbeitete sie als Medienpädagogin an einem Berliner Gymnasium und unterstützte dort Schüler*innen, Lehrer*innen und Eltern bei ihren Bedarfen im Bereich der Medienbildung und im digitalen Alltag.

Iren Schulz, Dr. phil., ist Referentin für Medienbildung und Digitalisierung im Thüringer Bildungsministerium sowie selbständige Medienpädagogin und Mediencoach bei der Initiative SCHAU HIN! Was dein Kind mit Medien macht. Inhaltliche Schwerpunkte ihrer Tätigkeiten sind die Ressourcen und Risiken digitaler Medien sowie die damit verbundene Medienkompetenzförderung in Familie, Kindergarten, Schule und Freizeit. *www.irenschulz.de*

Olaf Selg, Dr. phil., ist freier Publizist in den Bereichen politische und kulturelle sowie Medien-Bildung und Mitbegründer der Arbeitsgemeinschaft Kindheit, Jugend und neue Medien (AKJM). Seine Arbeitsschwerpunkte sind die Konzeption und Ausarbeitung von Informations- und Bildungsangeboten (Print, Online) sowie die Durchführung von partizipativen Interviewprojekten. *o.selg@akjm.de*

Friederike Siller, Dr. phil., Professorin am Institut für Medienforschung und Medienpädagogik (IMM) der Technischen Hochschule Köln. Zuvor Juniorprofessorin für Medienpädagogik an der Universität Mainz. Studium der Germanistik und Erziehungswissenschaft in Freiburg i. Brsg. und Hamburg, Promotion an der Universität Mainz. Forschungsschwerpunkte: Medienkompetenz und medienpädagogische Kompetenz, Kinderrechte im digitalen Umfeld, Bildungsmedien für Kinder. *friederike.siller@th-koeln.de*

Isgard Walla ist Diplom-Pädagogin und Coachin mit langjähriger Berufserfahrung und Expertise in den Themenfeldern Medienbildung, Jugendarbeit und digitaler Partizipation. Sie arbeitete u. a. für die Deutsche Kinder- und Jugendstiftung als Leiterin für das Projekt jugend.beteiligen.jetzt und als Referentin für Medienbildung für die Freiwillige Selbstkontrolle Multimedia-Diensteanbieter (FSM e.V.). Seit 2022 ist sie beim Landesfachverband Medienbildung Brandenburg e.V. als Referentin für Medienbildung und Projektleiterin für jumblr^{JIM} – Jugendmedienbildung im ländlichen Raum tätig. *walla@medienbildung-brandenburg.de*

Johanna Wunsch studierte Lehr-, Lern- und Trainingspsychologie sowie Erziehungswissenschaft mit den Schwerpunkten Sonderpädagogik und Kinder- und Jugendmedien (B.A.) und Kinder- und Jugendmedien (M.A.) in Erfurt. Freiberufliche Medienpädagogin mit dem Fokus auf aktiver Medienarbeit mit Kindern und Jugendlichen, Social Media und digitale Medien in der Familie. Seit 2023 Referentin im Angebot Eltern und Medien der Landesanstalt für Medien NRW. *info@johannawunsch.de*